PRESCRIÇÃO
FUNÇÃO, PRESSUPOSTOS E TERMO INICIAL

RACHEL SAAB

Prefácio
Gustavo Tepedino

PRESCRIÇÃO
FUNÇÃO, PRESSUPOSTOS E TERMO INICIAL

Belo Horizonte

2019

© 2019 Editora Fórum Ltda.

É proibida a reprodução total ou parcial desta obra, por qualquer meio eletrônico, inclusive por processos xerográficos, sem autorização expressa do Editor.

Conselho Editorial

Adilson Abreu Dallari
Alécia Paolucci Nogueira Bicalho
Alexandre Coutinho Pagliarini
André Ramos Tavares
Carlos Ayres Britto
Carlos Mário da Silva Velloso
Cármen Lúcia Antunes Rocha
Cesar Augusto Guimarães Pereira
Clovis Beznos
Cristiana Fortini
Dinorá Adelaide Musetti Grotti
Diogo de Figueiredo Moreira Neto
Egon Bockmann Moreira
Emerson Gabardo
Fabrício Motta
Fernando Rossi
Flávio Henrique Unes Pereira

Floriano de Azevedo Marques Neto
Gustavo Justino de Oliveira
Inês Virgínia Prado Soares
Jorge Ulisses Jacoby Fernandes
Juarez Freitas
Luciano Ferraz
Lúcio Delfino
Marcia Carla Pereira Ribeiro
Márcio Cammarosano
Marcos Ehrhardt Jr.
Maria Sylvia Zanella Di Pietro
Ney José de Freitas
Oswaldo Othon de Pontes Saraiva Filho
Paulo Modesto
Romeu Felipe Bacellar Filho
Sérgio Guerra
Walber de Moura Agra

Luís Cláudio Rodrigues Ferreira
Presidente e Editor

Coordenação editorial: Leonardo Eustáquio Siqueira Araújo

Av. Afonso Pena, 2770 – 15º andar – Savassi – CEP 30130-012
Belo Horizonte – Minas Gerais – Tel.: (31) 2121.4900 / 2121.4949
www.editoraforum.com.br – editoraforum@editoraforum.com.br

Dados Internacionais de Catalogação na Publicação (CIP) de acordo com a AACR2

S111p	Saab, Rachel
	Prescrição: função, pressupostos e termo inicial / Rachel Saab. – Belo Horizonte : Fórum, 2019.
	235p. ; 14,5cm x 21,5cm.
	ISBN: 978-85-450-0560-5
	1. Direito Civil. 2. Direito Processual Civil. 3. Prescrição. I. Saab, Rachel. II. Título.
	CDD: 342.1
	CDU: 347

Elaborado por Daniela Lopes Duarte - CRB-6/3500

Informação bibliográfica deste livro, conforme a NBR 6023:2002 da Associação Brasileira de Normas Técnicas (ABNT):

SAAB, Rachel. *Prescrição*: função, pressupostos e termo inicial. Belo Horizonte: Fórum, 2019. 235p. ISBN 978-85-450-0560-5.

À Alice, por me ensinar o significado de vó.

AGRADECIMENTOS

Em primeiro lugar, e sempre, Àquele em quem me amparo. À querida família, Genivaldo, Claudete, Isaque e Alice, comunhão de afetos e lócus privilegiado de meu desenvolvimento particular, agradeço pelo imprescritível amor com que têm me sustentado, por toda a vida. Agradeço também aos avós Almezinda e Olegário, origem de tudo.

Ao professor Gustavo Tepedino, de quem aprendi a imperscrutável ciência do tempo – que nos exige ambição enorme, paciência enraivecida e ensolarada saúde mental, à maneira de Mário de Andrade. Para além da dedicada orientação acadêmica – desde a graduação –, devo-lhe o despertar do interesse pelo direito civil e o imerecido e incansável incentivo, a todo o tempo, sem o qual nada teria sido possível.

A todos os professores do Mestrado em Direito Civil da UERJ, que tanto me ensinaram. Em especial, agradeço às professoras Maria Celina Bodin de Moraes e Gisela Sampaio da Cruz Guedes, que, partilhando o interesse pelos insolúveis debates atinentes à prescrição, abriram espaço para dúvidas e reflexões conjuntas em eletiva sobre aludido instituto. Tive a grande alegria, ainda, de contar com a presença da Professora Gisela Sampaio da Cruz Guedes nas bancas de qualificação e defesa da dissertação – da qual resultou este livro.

Ao Professor Rodrigo Xavier Leonardo – que também integrou a banca de defesa da dissertação –, agradeço pela atenta leitura do trabalho e pelos valiosos comentários e sugestões, que muito acrescentaram às reflexões sobre o termo inicial da prescrição.

Ao Professor Carlos Edison do Rêgo Monteiro Filho, que integrou a banca de qualificação, agradeço pela relevante contribuição no delineamento do tema.

A todos os integrantes do Veirano Advogados, nas pessoas de Luiz Guilherme Migliora e Rosângela Delgado, agradeço pela acolhida tão calorosa e pelo apoio incondicional à realização do mestrado. Em particular, agradeço a Pedro Boueri, que, com doses diárias de seu otimismo inarredável – imprescindível à nossa rotina contenciosa –, incentivou-me à conclusão deste trabalho.

A todos os membros do Gustavo Tepedino Advogados, lugar em que aprendi a refletir criticamente sobre o Direito. Em especial, agradeço a Paula Bandeira, que, desde a primeira entrevista de estágio – a qual desencadeou uma série de afortunados eventos –, tem me brindado com valiosas críticas e conselhos.

Aos amigos com os quais o direito civil me presenteou: Diana Castro, além da amizade contínua – em tempos de crise –, releu cuidadosamente este trabalho; Francisco Viégas e Vynicius Guimarães gentilmente se dispuseram a discutir as questões controvertidas, atendendo às urgências narcisistas de uma mestranda, e Rodrigo Freitas ofereceu-me oportuno apoio na reta final.

Agradeço ao professor Gustavo Kloh por me conceder o acesso à sua especializada biblioteca, cujas obras foram fundamentais aos estudos refletidos na dissertação que deu origem a este livro.

À Luiza Feldman, agradeço pelo dedicado esforço na revisão das notas bibliográficas, ajuda essencial nesta empreitada. A Daniela Barcellos, agradeço pelo apoio crucial em cada etapa desse processo.

Agradeço também à turma do Mestrado em Direito Civil 2015.1, carinhosamente denominada *Gang do Canaris* – Amanda Guimarães, Bruna Mendonça, Camila Aguileira, Fernanda Cohen, Larissa Vargas, Nathália Canuto, Rafael Cândido e Rodrigo Gomes –, nossa rede de apoio permanente e inquebrantável, que confirma a prevalência das situações subjetivas existenciais sobre as patrimoniais.

A todos os queridos amigos, por trazerem leveza em meio ao caos e celebrarem realizações sequer concretizadas. Em especial, a Bruna Aguiar, Damaris di Donatto e Ana Clara Azevedo, pela certeza do afeto.

Por fim, agradeço às Chicas – Tamila Carvalho, Malu Rabat, Fernanda Mayrink, Caio Kiebitz e Raquel Câmara –, dádivas que me acompanham ao *"capturar pensamentos fugidios, acreditar em construções inviáveis, em ideias malucas, alucinações, e poder revisitá-los"*.

O tempo – que fazer dele? Como adivinhar, Luis Mauricio,
o que cada hora traz em si de plenitude e sacrifício?
Hás de aprender o tempo, Luis Mauricio. E há de ser tua ciência
Uma tão íntima conexão de ti mesmo e tua existência,
que ninguém suspeitará nada. E teu primeiro segredo
seja antes de alegria subterrânea que de soturno medo.

(Carlos Drummond de Andrade)

SUMÁRIO

PREFÁCIO
Gustavo Tepedino 13

INTRODUÇÃO 17

CAPÍTULO 1
CONTROVÉRSIAS ACERCA DA FUNÇÃO DA PRESCRIÇÃO 21
1.1 Punição à inércia do credor e presunção de abandono do direito 21
1.2 Interesse público como fundamento da prescrição: o mito da segurança jurídica 25
1.3 Proteção do devedor e dificuldade de produção probatória 35
1.4 Ponderação entre estabilização das relações sociais e efetividade: a segurança jurídica informada por valores constitucionais 41

CAPÍTULO 2
ANÁLISE FUNCIONAL DOS PRESSUPOSTOS FÁTICOS DA PRESCRIÇÃO 49
2.1 A inércia do titular do direito em perspectiva dinâmica e funcional 49
2.2 Ponderações sobre o decurso do tempo: causas suspensivas, impeditivas e interruptivas do prazo prescricional 62

CAPÍTULO 3
TERMO INICIAL DA PRESCRIÇÃO 95
3.1 Críticas à redação do artigo 189 do Código Civil de 2002 95
3.2 Violação ao direito como lesão a interesse juridicamente tutelado 97
3.3 Valoração funcional e dinâmica da relação jurídica: pretensão como exigibilidade da prestação 111
3.4 Hipóteses em que a possibilidade de exercício da pretensão precede a violação ao direito: obrigação sem termo e obrigação quesível 124

3.5 Hipóteses em que a possibilidade de exercício da pretensão é posterior à violação 143
3.5.1 Ausência de ciência da violação pelo titular do direito: impossibilidade objetiva de saber 152
3.5.2 Identificação do conteúdo da ciência exigível para o decurso do prazo prescricional: evento lesivo, autoria, existência e extensão do dano 182

CONCLUSÃO 213

REFERÊNCIAS 219

PREFÁCIO

A extraordinária riqueza dogmática do direito civil vem a lume sempre que, diante da frenética evolução dos fatos sociais, a solução de novos problemas faz ressurgir o interesse por temas antigos, considerados suficientemente sedimentados em doutrina, a exigir, por isso mesmo, enorme esforço interpretativo para a sua reconstrução.

Tal é o caso da prescrição, cujas intrincadas controvérsias interpretativas não se aplacaram, antes se intensificaram, após a codificação de 2002. Com a evolução das tecnologias e das comunicações, reduziram-se, de uma maneira geral, os prazos prescricionais. Imaginou-se então que as dificuldades geradas pela influência do tempo no direito seriam amainadas, reduzindo-se o tempo necessário para a reação daquele que tem seu direito violado, em benefício da coleta das provas, do contraditório e da segurança jurídica.

Ledo engano: a despeito de toda a revolução tecnológica, nem sempre se pode ter conhecimento da lesão ao direito, da sua dimensão ou extensão. Por isso, nem sempre é dado à vítima exercer o seu direito imediatamente após a lesão. Em contrapartida, as tecnologias permitem identificar e evidenciar, muito tempo depois do fato lesivo, a violação ao direito, a qual se encontra, por vezes, aparentemente sepultada. Quando teria início, nesses casos, o prazo prescricional? Justificar-se-ia, diante de tais hipóteses, a flexibilização do Princípio da Segurança Jurídica, que a prescrição, justamente, procura tutelar?

A tais indagações, entre outras, debruça-se Rachel Saab nesta obra admirável ora apresentada ao público, examinando numerosos problemas interpretativos na legalidade constitucional e sugerindo parâmetros para superar a colisão de princípios que frequentemente se apresentam entre a justiça (em favor do credor) e a segurança (em benefício do devedor). Para tanto, a autora estrutura a obra em três capítulos. No primeiro deles, procura estabelecer sistematicamente as controvérsias acerca da função da prescrição, apresentando, então, a evolução histórica da categoria em perspectiva crítica. Dentre as acepções associadas ao fundamento do instituto, alude-se à ideia de punição à inércia do credor e presunção de abandono do direito, bem como sua vinculação à segurança jurídica, pautada em interesse público que se volta à consolidação das situações de fato, cuja interpretação concebeu decisões legislativas e posições doutrinárias diferentes ao longo do tempo. Também a proteção do devedor é invocada para justificar a prescrição, assim como, em diferentes matizes, a segurança jurídica, inserida no contexto de acesso à justiça e demais valores constitucionais.

Em seguida, no segundo capítulo, analisam-se os pressupostos fáticos da prescrição em viés dinâmico e funcional. Alude-se, nessa esteira, à inércia do titular e às teorias que a circundam, de modo a propor sua remodelação, afastando-se da ideia de mera inação por determinado lapso temporal e focalizando nas peculiaridades do caso concreto. Propõe-se a análise das causas suspensivas, impeditivas e interruptivas, em alusão às circunstâncias legais pertinentes, para propor o alargamento dessas causas em perspectiva funcional, diante das diversas peculiaridades fáticas.

Finalmente, no terceiro capítulo, apresenta-se o panorama atual do termo inicial da prescrição, aludindo-se, em primeiro momento, à proposta de afastamento da literalidade na leitura do disposto no artigo 189 do Código Civil. Analisa-se, neste cenário, a violação ao direito, referenciada pelo dispositivo em análise como lesão a interesse juridicamente tutelado. Destaca-se, nessa esteira, que as noções de direito subjetivo e de autonomia privada se encontram remodeladas, plasmadas pela axiologia constitucional. Ressaltam-se, neste particular, em razão da valoração funcional e dinâmica da relação jurídica, as hipóteses em que a possibilidade de exercício da pretensão precede a violação ao direito (obrigação sem termo e obrigação quesível) e aquelas outras em que tal exercício da pretensão é posterior à violação. Analisam-se, ao propósito, de modo instigante, as hipóteses de impossibilidade objetiva de se conhecer a lesão, procurando-se estabelecer critério de exigibilidade da ciência do evento danoso por parte da vítima para a deflagração do prazo prescricional.

Em tal cenário, volta-se Rachel Saab à releitura contemporânea da prescrição, em empreitada que exprime a versão atualizada de sua dissertação de mestrado em Direito Civil no Programa de Pós-Graduação da Universidade do Estado do Rio de Janeiro (UERJ), aprovada por banca examinadora que tive a honra de presidir, juntamente com os professores Gisela Sampaio da Cruz Guedes (UERJ) e Rodrigo Xavier Leonardo (UFPR), tendo a autora obtido a nota máxima, com distinção, louvor e recomendação de publicação.

Advogada militante, percebe-se que a profundidade teórica e a extraordinária bibliografia utilizada pela autora não tornam a obra árida ou acadêmica. Pelo contrário, Rachel Saab permite ao leitor compreender, com relativa simplicidade, tema tão complexo, preocupada com o direito aplicado à rica casuística, que analisa minuciosamente, de modo a propor critérios teóricos iluminados pelas práxis onde, afinal, se justifica e se legitima a atividade doutrinária. O livro servirá, por isso mesmo, de leitura obrigatória para os estudiosos e profissionais do direito, propiciando diálogo extremamente benfazejo ao direito civil contemporâneo.

Rio de Janeiro, junho de 2018.

Gustavo Tepedino
Professor Titular de Direito Civil da Faculdade de Direito da Universidade do Estado do Rio de Janeiro (UERJ).
Doutor em Direito Civil pela Universidade de Camerino, Itália. Professor Visitante das universidades de Molise (Itália); São Francisco (Califórnia, EUA); e Poitiers (França).
Pesquisador Visitante do Instituto Max Planck de Direito Privado Comparado e Internacional (Hamburgo, Alemanha).
Membro da Academia Internacional de Direito Comparado e da Academia Brasileira de Letras Jurídicas.

INTRODUÇÃO

*Substituímos a eternidade pela repetição,
e o mundo começou a tornar-se monótono
como uma lição de solfejo.
Tememos a maior das vertigens,
que é a da duração.*

(Inês Pedrosa)

"Sua antiguidade é o fundamento sobre o qual repousa: será proibido indagar-se acerca de seu início, porque o direito também possui seus mistérios, e há segredos que considera impenetráveis."[1] Em tais termos, Troplong introduz a temática da prescrição, a qual se voltaria a consolidar situações fáticas que perduraram por considerável lapso de tempo. A inércia do titular – que constitui pressuposto fático do instituto – seria percebida como mera ausência de exercício da pretensão durante o período determinado por lei. Conforme aponta San Tiago Dantas, "mesmo quando as partes nada combinam a respeito da eficácia do tempo, o decurso dele produz modificações importantes

---

[1] *Son antiquité est le fondement sur lequel elle reposera: il sera défendu de s'enquérir de son commencement, car le droit a aussi ses mystères, et il y a des secrets qu'il défend de pénétrer.* E o autor prossegue, abordando a prescrição aquisitiva: *Consacrée par le temps, la propriété sera par cela même réputée légitime et authentique, par une sorte de fiction mystique que conseille l'intérêt public* (TROPLONG, Raymond. *De la prescription*, tome premier. Paris: Charlie Hungrey, 1857, p. 16). Tradução livre: "Sua antiguidade é o fundamento em que repousa: será proibido indagar-se acerca de seu início, porque o direito também possui seus mistérios, e há segredos que considera impenetráveis". "Consagrada pelo tempo, a propriedade será reputada legítima e autêntica, por uma sorte de ficção mística que informa o interesse público".

no direito, levando ora à aquisição de direitos, que não se tinha, ora à perda de direitos de que éramos titulares efetivos".[2]

O transcurso do tempo figuraria como medida de todas as coisas, sendo apto a determinar o momento em que um direito não se revelaria mais exigível. Desse modo apreendida, a prescrição se assemelha a instituto pertencente ao domínio das ciências exatas: por meio de mero cálculo aritmético, seria possível estabelecer a data em que o prazo prescricional se consumou, descurando-se das circunstâncias fáticas. Tal abordagem se justificaria na abstrata segurança jurídica que fundamenta o instituto, assegurando maior previsibilidade quanto ao resultado da incidência das regras prescricionais, independentemente das peculiaridades fáticas irrepetíveis do caso concreto. Nesse cenário, as causas impeditivas e suspensivas se restringiriam àquelas hipóteses previstas em lei, de sorte que a fluência do prazo prescricional somente seria impactada se a impossibilidade de agir do titular pudesse ser formalmente conduzida à *fattispecie* abstrata prevista na regra jurídica. Caso contrário, o decurso do prazo prescricional não restaria impedido ou suspenso, ainda que demonstrada a impossibilidade de exercício da pretensão, por parte do titular.

Sob essa perspectiva, os contornos da segurança jurídica que funcionaliza o instituto são delineados de forma abstrata e formal. Em adoção da técnica subsuntiva, a certeza jurídica encerra espécie de uniformidade na aplicação das regras prescricionais sobre as mais variadas situações fáticas. Nesse contexto, a regra jurídica infraconstitucional é entendida como unidade lógica isoladamente considerada; o fato jurídico é enquadrado à norma abstrata, cindindo-se em fases a interpretação e aplicação da lei.

Tal raciocínio, no entanto, acaba por subverter a ordem hierárquica do ordenamento constitucional, ao afastar a incidência direta dos princípios e valores constitucionais às relações de direito privado. Com efeito, a constitucionalização do direito civil atribui eficácia direta às normas constitucionais, as quais não constituem mero limite externo à legislação infraconstitucional e aos atos decorrentes da autonomia privada; antes, os limitam internamente, figurando como sua justificação de normatividade.[3] Em rechaço da técnica subsuntiva, a hermenêutica

---

[2] DANTAS, San Tiago. *Programa de Direito Civil, teoria geral*. Rio de Janeiro: Forense, 2001, p. 341.

[3] As normas constitucionais, na verdade, têm um papel que não pode reduzir-se a representar limites e impedimento à lei ordinária ou constituir-se em simples suportes hermenêuticos para o mais completo conhecimento do ordenamento. Elas, além de indicar os fundamentos e as justificações de normatividade de valor interdisciplinar tanto das instituições

em função aplicativa representa processo unitário de interpretação e aplicação do direito, ao confrontar o fato concreto à totalidade das normas e valores, na individuação da disciplina aplicável. Conforme destaca Gustavo Tepedino:

> [M]ostra-se insustentável o vetusto processo hermenêutico silogístico conhecido como subsunção, que pressupõe a dualidade inexistente entre a norma jurídica (premissa maior) e a hipótese (premissa menor). A norma jurídica é um posterius e não um prius em relação ao processo interpretativo. Resulta da valoração do fato concreto, à luz de todo o ordenamento que, traduzindo-se na atividade interpretativa, exige ponderação no exame das peculiaridades do objeto cognitivo.[4]

Ao descurar das particularidades do caso concreto, a abordagem tradicional do instituto provoca efeito inverso àquele pretendido, ampliando as hipóteses em que a aplicação do prazo prescricional se revela insegura. A esse respeito, Gisela Sampaio e Carla Lgow alertam que "[n]ão se trata de uma questão simples e, de fato, não o é, sendo mesmo um paradoxo que este instituto, que tem como fundamento axiológico a segurança, seja tão cercado de vicissitudes".[5] Em específico, se desconsiderada a efetiva possibilidade de exercício da pretensão, haverá hipóteses em que a prescrição se consumará sem que haja sido oportunizado ao titular valer-se da pretensão que lhe fora atribuída.

Nesse cenário, propõe-se que sejam revisitados os conceitos que permeiam o instituto da prescrição, analisando-os à luz da metodologia civil-constitucional. Em primeiro lugar, o conteúdo da segurança jurídica – que funcionaliza a prescrição – deverá ser reconstruído, de modo a ser informado pelos valores e normas constitucionais, assegurando-se a unidade e complexidade do ordenamento constitucional. Acerca da ressignificação dos tradicionais institutos, já sublinhou Luiz Edson Fachin que "os significados se constroem e refundam de modo

---

jurídicas quanto dos institutos jurídicos, apontam parâmetros de avaliação dos atos, das atividades e dos comportamentos, como princípios de relevância normativa nas relações intersubjetivas (PERLINGIERI, Pietro. A Doutrina do Direito Civil na Legalidade Constitucional. In: TEPEDINO, Gustavo (Org.). *Direito Civil Contemporâneo*. São Paulo: Atlas, 2008, p. 2).

[4] TEPEDINO, Gustavo. Unidade do Ordenamento e Teoria da Interpretação. In: TEPEDINO, Gustavo. *Temas de Direito Civil*. t. III. Rio de Janeiro: Renovar, 2009, p. 428.

[5] CRUZ, Gisela Sampaio da; LGOW, Carla. Prescrição: questões controversas. In: TEPEDINO, Gustavo (Org.). *Diálogos sobre Direito Civil*. v. III. Rio de Janeiro: Renovar, 2012, p. 564-565.

incessante, sem juízos aprioristicos de exclusão".[6] Afastando-se da formal e abstrata noção de certeza jurídica, delineiam-se os contornos da segurança jurídica na estabilização de determinada relação jurídica, na qual se inserem interesses juridicamente tutelados e sobre a qual incidem valores constitucionais colidentes, os quais deverão ser ponderados na individuação do ordenamento do caso concreto.

Uma vez examinado o conteúdo da segurança jurídica, são analisados os pressupostos fáticos da prescrição, em abordagem funcional e dinâmica. A inércia deixa de ser compreendida como ausência de exercício da pretensão durante certo lapso temporal, investigando-se a inação do titular no âmbito da concreta relação jurídica em que se insere, com redobrada atenção (i) ao comportamento exigível do titular do direito; (ii) à possibilidade de exercício da pretensão; e (iii) ao comportamento efetivamente adotado pelo titular. Nesse contexto, a impossibilidade de agir ganha relevo, a afastar a configuração da inércia que constitui pressuposto da prescrição. Por conseguinte, são revisitadas as causas impeditivas e suspensivas dos prazos prescricionais, apurando-se se sua incidência pode ser ampliada a hipóteses fáticas que, a despeito de não encontrarem previsão legal, guardam com as causas estipuladas em lei identidade funcional.

Por fim, enfrentam-se as questões atinentes ao termo inicial da prescrição. A se considerar que a configuração da inércia passa a depender da efetiva possibilidade de exercício da pretensão, o momento em que esta surge e se afigura concretamente exercitável assume centralidade na determinação do termo inicial dos prazos prescricionais. Nesse contexto, são analisadas as hipóteses em que a exercibilidade da pretensão se descola da data da lesão a um interesse juridicamente tutelado, acentuando-se que as peculiaridades fáticas impactam na fluência do prazo prescricional. Desse modo, o instituto da prescrição é funcionalizado à renovada noção de segurança jurídica, informada pelos valores constitucionais. Nas instigantes palavras de Pietro Perlingieri, ao lançar as bases da metodologia civil-constitucional, "é preciso predispor-se a reconstruir o direito civil".[7]

---

[6] FACHIN, Luiz Edson. A construção do direito privado contemporâneo na experiência crítico-doutrinária brasileira a partir do catálogo mínimo para o direito civil-constitucional no Brasil. In: TEPEDINO, Gustavo (Org.). *Direito Civil Contemporâneo*. São Paulo: Atlas, 2008, p. 15.

[7] PERLINGIERI, Pietro. *Perfis de Direito Civil*. Rio de Janeiro: Renovar, 2002, p. 34.

CAPÍTULO 1

CONTROVÉRSIAS ACERCA DA FUNÇÃO DA PRESCRIÇÃO

Ben se' tu manto che tosto raccorce:
sì che, se non s'appon di dì in die,
lo tempo va dintorno con le force.
(Dante Alighieri)

1.1 Punição à inércia do credor e presunção de abandono do direito

Nos primórdios do ordenamento jurídico brasileiro, a prescrição era percebida como espécie de punição à inércia do credor. Sem se afastar das exigências de segurança jurídica e paz social,[8] afirmava-se

---

[8] Acerca das múltiplas funções atribuídas à prescrição, afirma Carvalho Santos: "Em regra, dão os autores como fundamento da prescrição a negligência do credor. (...) Mas, em rigor, não é propriamente a negligência só por si que a justifica, mas tão-somente enquanto significa renúncia do direito creditório. (...) O interesse social, por outro lado, está a exigir que tenham solução definitiva as situações contrárias ao direito. E se o credor permanece inerte, sem providenciar para o exercício efetivo de seu direito, estabelece-se uma incerteza, uma situação de dúvida, que a ordem jurídica condena. E por condená-la, não tolerando que permaneça este estado contrário aos interesses superiores da ordem pública, é que impõe um termo, fazendo tal estado cessar (...) Por onde se vê que, em última análise, o fundamento da prescrição não é um único, mas o conjunto de diversas razões, entre as quais alguns autores ainda acrescentam a proteção ao devedor, no sentido de evitar que

que a prescrição constituía uma pena à negligência do titular do direito, que deliberadamente optara por não exercê-lo, razão pela qual a perda da pretensão não se mostrava injusta ou iníqua.[9]

O posicionamento já era adotado no Título LXXIX, Livro IV, das Ordenações Filipinas, o qual previa um prazo geral de 30 (trinta) anos para as ações pessoais, tendo por fundamento a inação negligente do credor. Tal prazo, no entanto, não era aplicável às situações em que se apurasse a má-fé do devedor, a qual atrairia a imprescritibilidade da respectiva dívida. Como se lê:

> Se alguma pessoa fôr obrigada a outra em alguma certa cousa, ou quantidade, por razao de algum contracto, ou quasi, contracto, poderà ser demandado até trinta anos, contados do dia, que essa cousa, ou quantidade haja de ser paga, em diante. E passados os ditos trinta anos, não poderá ser mais demandado por essa cousa ou quantidade; *por quanto por a negligencia, que a parte teve, de não demandar em tanto tempo sua cousa, ou dívida, havemos por bem, que seja prescripta a ação, que tinha para demandar*. Porém esta Lei não haverá lugar nos devedores, que tiverem má fé; porque eles tais não poderão prescrever per tempo algum, por se não se dar occasião de peccar, tendo o alheo indevidamente.[10]

Na Consolidação das Leis Civis de Teixeira de Freitas, manteve-se a referência à negligência do credor.[11] Todavia, restou afastado o requisito da boa-fé subjetiva, em observância ao disposto na lei de 18 de agosto de 1769, que estabelecera que se reputasse por não escrita qualquer referência a pecado como motivo da legislação pátria.

---

fique ele sempre obrigado a fazer sempre a prova de ter pago, tanto mais dependente do credor quanto mais inerte fosse este. Daí o ensinamento geralmente acolhido de serem três os fundamentos da prescrição: a) a necessidade de delimitar um tempo de exigibilidade da obrigação, no interesse da ordem e da harmonia social; b) a proteção ao devedor; c) a inércia do credor" (CARVALHO SANTOS, J. M. de. *Código Civil Brasileiro Interpretado*: Parte Geral, volume III. Rio de Janeiro: Freitas Bastos, 1953, p. 372).

[9] V. Manuel Antonio Coelho da Rocha: "A vantagem de fixar o direito de propriedade, e de obstar a litígios, sempre fataes para a sociedade e quasi sempre ruinosos para as partes tem levado os legisladores de todas as nações cultas a adotar as prescripções: fundando-se na presunção de estar satisfeita uma obrigação, e ter cessado um direito, que se não fez valer em um longo período; e de que nada tem de iniquo o impor a um credor, ou proprietário negligente, esta pena da sua inacção" (ROCHA, Manuel Antonio Coelho da. *Instituições de Direito Civil Portuguez*. tomo I. Coimbra: Livraria de J. Augusto Orcel, 1857, p. 358).

[10] ALMEIDA, Candido Mendes de. *Codigo Philippino ou Ordenações e Leis do Reino de Portugal*. Rio de Janeiro: Typhographia do Instituto Philomathico, 1870, p. 896-898.

[11] V. artigo 854 da Consolidação das Leis Civis: "Nesta prescrição, só motivada pela negligência do credor, não se exige o requisito da boa-fé".

À punição do credor inerte como fundamento da prescrição somava-se a presunção de abandono ou renúncia do direito pelo seu titular. Nessa direção, afirma Carvalho de Mendonça que a inércia prolongada do credor traduziria, implicitamente, a renúncia ao próprio direito, estabelecendo "uma contradição entre o prescribente e o sujeito ativo da obrigação, de modo tal que o direito daquele aumenta à medida que o deste decresce e atinge o seu maximum quando o do outro se anula inteiramente".[12]

Ainda que não considere a punição ao titular como fundamento central do instituto, Câmara Leal entende que a sua inércia provocaria um mal social ao não remover o estado antijurídico instituído pela lesão ao direito. Nessa perspectiva, a inação representaria o descumprimento do dever de cooperação social, reprimido pela perda da pretensão decorrente do reconhecimento da prescrição.[13]

O entendimento de que a punição à inércia constitui uma das funções da prescrição é reafirmado por autores contemporâneos, dentre os quais Arnoldo Wald[14] e Judith Martins-Costa,[15] a qual propõe que seja revisitado o conceito de inércia, de modo que não corresponda a toda e qualquer inatividade, mas a um efetivo comportamento concludente do

---

[12] Carvalho de Mendonça, Obrigações, nº 417. Veja-se a íntegra do excerto: "Não é, porém, a negligência em si que justifica realmente a prescrição e sim a hipótese, implicitamente formulada, de que tal negligência prolongada importa a renúncia do direito creditório. E a razão última dessa hipótese reside no caráter temporário das relações humanas, na necessidade de se resolverem certas situações de fato, que não podem ser permanentes, que não devem gravar gerações futuras. O tempo legitima aquilo que se respeitou deixando durar, 'ne in perpetuum incerta sint jura'. Eis como a prescrição tende a legitimar o que é normalmente contrário ao direito. Ela supõe no titular do crédito a inércia e o abandono de seu direito".

[13] CÂMARA LEAL, Antônio Luís da. *Da prescrição e da decadência*. Rio de Janeiro: Forense, 1978, p. 17.

[14] Ambos os institutos visam simultaneamente a punir os inativos (*dormientibus non succurrit jus*) e garantir a estabilidade das relações jurídicas. Costuma-se dizer que a prescrição importa um sacrifício da justiça em favor da ordem e da segurança jurídica (WALD, Arnoldo. *Direito Civil*. v. I. Rio de Janeiro: Saraiva, 2011, p. 303).

[15] Nas palavras de Judith Martins-Costa: "Tanto no passado quanto no presente, a função primordial e imediata da prescrição é punir a inércia, como traduzido nos arcanos adágios: *Dormientibus non sucurrit jus* e *iura scripta vigilantibus*. No entanto, a inércia a ser punida não significa todo e qualquer fato da inatividade. Trata-se, mais propriamente, da inércia 'como não-atividade quando esta pode ser desempenhada'. A inação do titular se há de verificar 'em circunstâncias que o direito positivo considere adequado avaliar como 'justificadora da composição da prescrição e da subsequente eficácia prescricional'" (MARTINS-COSTA, Judith. Notas sobre o *Dies a Quo* do Prazo Prescricional. *Revista Eletrônica ad Judicia*, Porto Alegre, RS, ano I, número I, out./dez. 2013, p. 3).

titular,[16] no sentido de não exercer a pretensão que lhe fora atribuída. Tratar-se-ia de inércia qualificada, punindo-se a inatividade do credor que, ainda que implicitamente, demonstrou não possuir interesse no exercício do seu direito.[17]

Em crítica à presunção de renúncia ou abandono do direito pelo credor, Luiz Carpenter aponta que esta não poderia ser afastada por prova em sentido contrário. A se considerar que as afirmações hipotéticas só se mantêm enquanto os fatos concretos não as contrariem, tem-se que a presunção de renúncia ao direito é contrariada, a todo tempo, por prescrições consumadas a favor dos prescribentes, a despeito de contrárias à vontade dos titulares dos direitos.[18]

Além disso, pondera-se que a prescrição não poderia ser considerada como uma sanção ao titular do direito, simplesmente por não ter se valido dos meios necessários à sua defesa. Partindo do pressuposto de que o exercício da pretensão é uma faculdade atribuída ao seu titular, o não exercício não implicaria infringência de qualquer dever legal ou contratual, não podendo ser penalizado.[19]

Nessa direção, Caio Mário da Silva Pereira relembra que só estão sujeitas à punição as condutas contrárias à ordem jurídica, dentre as quais não se enquadra o não exercício do direito subjetivo e de sua pretensão. Tendo em vista que a inércia do credor não configura qualquer antijuridicidade, não poderia ser objeto de sanção.[20]

Em rechaço ao argumento de punição ao credor inerte, Pugliese aduz que traduziria concessão exclusivamente moral, alheia ao âmbito jurídico. De mais a mais, se reprovável a inação do credor, não menos condenável seria a conduta do devedor que, conhecendo a sua obrigação, não a cumpre; não haveria, portanto, razão para se recompensar a inércia do devedor e punir aquela imputada ao credor.[21]

---

[16] Sobre o conceito de comportamento concludente, veja-se a obra de MOTA PINTO, Paulo. *Declaração Tácita e Comportamento Concludente no Negócio Jurídico*. Coimbra: Almedina, 1995.

[17] MARTINS-COSTA, Judith. Notas sobre o *Dies a Quo* do Prazo Prescricional. *Revista Eletrônica ad Judicia*, Porto Alegre, RS, ano I, número I, out./dez. 2013, p. 4.

[18] CARPENTER, Luiz Frederico. *Da Prescrição*. Rio de Janeiro: Editora Nacional de Direito, 1958, p. 80.

[19] MARQUES, José Dias. *Prescrição*. Coimbra: Coimbra Editora, 1953, p. 15.

[20] O nosso direito pré-codificado via nela uma punição ao credor negligente, o que não é de boa juridicidade, pois que punível deve ser o comportamento contraveniente à ordem constituída, e nada comete contra ela aquele que mais não fez do que cruzar os braços contra os seus próprios interesses, deixando de defender os seus direitos (PEREIRA, Caio Mário da Silva. *Instituições de Direito Civil*. v. I. Rio de Janeiro: Forense, 2006, p. 683).

[21] PUGLIESE, Giuseppe. *La Prescrizione Estintiva*. Turino: Unione Tipografico-Editrice Torinese, 1924, p. 21.

1.2 Interesse público como fundamento da prescrição: o mito da segurança jurídica

Afastando-se de considerações morais acerca da conduta do titular, a necessidade de pacificação das relações sociais, em prol da segurança jurídica, exsurge como o fundamento central da prescrição.[22] Nessa direção, já se alegou que a prescrição constitui o mais benéfico e importante instituto legal, por estabelecer prazos peremptórios para o exercício de direitos, assegurando a ordem social.[23]

A prescrição voltar-se-ia a consolidar as situações de fato que se constituíram e se prolongaram por considerável lapso temporal, em torno das quais a sociedade se organizou, na expectativa de não serem alteradas.[24] Nessa perspectiva, a prescrição promoveria a adequação das situações de direito às situações de fato.[25] Caso não houvesse barreiras temporais, o exercício tardio de direitos acabaria por desconstituir situações já confirmadas pelo decurso do tempo, em torno das quais a sociedade se desenvolveu.

---

[22] Conforme leciona San Tiago Dantas: "A essa razão, acrescenta-se uma outra que é, talvez, a razão fundamental em que se amparam os nossos dois institutos [prescrição e decadência]. Esta influência do tempo consumido pelo direito pela inércia do titular serve a uma das finalidades supremas da ordem jurídica que é estabelecer a segurança das relações sociais. Tenho eu o direito de anular o meu matrimônio, mas não o faço. Passam-se anos e anos e a situação jurídica contrária ao meu direito se mantém, sem que eu me abalance a praticar os atos capazes de corrigi-la. Então, para que a insegurança não reine na sociedade, para que nós não estejamos expostos, a cada dia, à discussão de certas situações que o tempo já se incumbiu de consagrar, vem a prescrição considerar desaparecidos todos os defeitos e estender a sua anistia sobre os defeitos porventura existentes nas relações entre os indivíduos" (DANTAS, San Tiago. *Programa de Direito Civil, Teoria Geral*. Rio de Janeiro: Forense, 2001, p. 342).

[23] *Le motif le plus général et le plus décisif, également applicable à la prescription des actions et à l'usucapion, est le besoin de fixer les rapports de droit incertains, susceptibles de doutes et de contestations, en renfermant l'incertitude dans un laps de temps déterminé* (SAVIGNY, Friedrich Carl von. *Traité de Droit Romaine*. t. V. Paris: Librairie de Firmin Didot Frères, Fils et Cie, 1858, p. 274-276). Tradução livre: "O motivo mais geral e mais decisivo, aplicável igualmente à prescrição das ações e à usucapião, é a necessidade de estabilizar as incertas relações jurídicas, suscetíveis de dúvidas e contestações, de modo que a incerteza seja contida em um lapso de tempo determinado".

[24] V. ANDRADE, Manoel Domingues de. *Teoria geral da relação jurídica*. v. II. Coimbra: Almedina, 2003, p. 446.

[25] Conforme leciona Santoro-Passarelli: "A razão do instituto não é tanto a da certeza das relações jurídicas, habitualmente indicada, como a da adaptação da situação de direito à situação de fato: uma vez que um direito subjetivo não é exercido por quem o poderia fazer, durante um certo tempo, esse direito perde-se para o seu titular" (SANTORO-PASSARELLI, Francesco. *Teoria Geral do Direito Civil*. Coimbra: Atlântida Editora, 1967, p. 88). Na mesma direção, veja-se: "A prescrição consiste na transformação de um estado de fato em uma situação de direito pelo decurso do tempo" (ESPÍNOLA, Eduardo. *Sistema do Direito Civil Brasileiro*. Rio de Janeiro: Editora Rio, 1977, p. 614).

Se, de um lado, a possibilidade de exercício das pretensões a qualquer tempo favoreceria os credores, de outra parte, provocaria enorme insegurança nas relações sociais, impedindo que qualquer questão surgida entre as partes fosse tida por encerrada. Nessa direção, Laurent ludicamente aponta que, se os direitos pudessem ser exercidos a qualquer tempo (ainda que datassem de mais de dez mil anos atrás!), a população permaneceria em estado de perpétua e universal insegurança, não havendo fortuna que restasse a salvo de questionamentos.[26]

Já se ponderou que a prescrição – extintiva e aquisitiva – constituiria espécie de esbulho, espoliando o proprietário de seu bem, e o credor, do seu direito de crédito. Baudry-Lacantinerie e Tissier concluem, no entanto, que há um momento em que é preciso que a última palavra seja dita, em que a incerteza do direito é mais dolorosa do que a injustiça.[27]

Ao examinar os fundamentos racional e jurídico da prescrição, Giuseppe Pugliese afirma que direitos que remontam a origens antigas e permanecem em desuso por grande tempo se revelam à coletividade como "indignos de tutela social". Para o autor, a prescrição constituiria instituto de direito privado que atenderia ao interesse público,[28]

---

[26] Nas palavras do autor: "*Que l'on se représénte un instant l'état d'une société où l'on pourrait faire valoir des droits qui datent de dix mille ans! Ce serait une cause universelle de trouble et de perturbation dans l'état des fortunes; il n'y aurait pas une famille, pas une personne qui serait à l'abri d'une action par laquelle sa position sociale serait remise en question. Une incertitude permanente et universelle aurait pour suite un trouble général et incessant*" (LAURENT, F. *Principes de droit civil français*, tome XXXII. Paris: A. Durand e Pedone-Lauriel, 1878, p. 15). Tradução livre: "Imagine-se, por um instante, o estado de uma sociedade em que se possa reivindicar direitos que datam de dez mil anos! Seria uma causa universal de desordem e perturbação no estado de fortunas; não haveria uma família, tampouco uma pessoa que estaria imune ao ajuizamento de uma ação na qual se desafiasse sua posição social. A incerteza permanente e universal resultaria em uma desordem geral e contínua".

[27] Veja-se: "*Il primo pensiero che destano allo spirito le definizioni riportate è che la prescrizione costituisce una spoliazione; il proprietario è spogliato del suo diritto di proprietà, il creditore del suo diritto di credito. Ma è noto che la prescrizione è, invece, un'istituzione necessaria per la stabilità di tutti i diritti. (...) È pure una necessità sociale che i diritti non possano venire esercitati indefinitamente. (...) Vi ha un momento in cui occorre che sia detta l'ultima parola, in cui l'incertezza del diritto è più dolorosa dell'ingiustizia*" (BAUDRY-LACANTINERIE, G.; TISSIER, Alberto. *Trattato Teorico-Pratico di Diritto Civile. Della Prescrizione*. Milano: Casa Editrice Dottor Francesco Vallardi, 1930, p. 20-25). Tradução livre: "O primeiro pensamento que as definições indicadas despertam no espírito é de que a prescrição constitui um esbulho; o proprietário é espoliado de seu direito de propriedade, o credor, do seu direito de crédito. Mas é sabido que a prescrição é, ao invés, um instituto necessário à estabilidade de todos os direitos. (...) É, pois, uma necessidade social que os direitos não possam ser exercitados indefinidamente (...) há um momento em que é preciso que a última palavra seja dita, em que a incerteza do direito é mais dolorosa que a injustiça".

[28] PUGLIESE, Giuseppe. *La Prescrizione Estintiva*. Turino: Unione Tipografico-Editrice Torinese, 1924, p. 22. V. também Troplong: "*Tout doit avoir une fin, et l'Etat est intéressé à ce que les droits ne restent pas trop longtemps en suspens*" (TROPLONG, Raymond. *De la*

conduzindo ao apaziguamento das relações sociais e ao término da incerteza jurídica.[29]

Em sentido similar, Câmara Leal defende que os efeitos da prescrição não podem ser confundidos com o seu fundamento. Para o autor, a verdadeira função da prescrição se identificaria no interesse jurídico-social; tratar-se-ia de instituto de ordem pública, que impede a instauração de uma instabilidade permanente, em defesa da harmonia social. O interesse público constituiria o motivo inspirador do instituto; a estabilidade social, sua finalidade objetiva; e a punição indireta à negligência do credor, o meio de sua realização.[30]

Apesar de reconhecer a prescrição como medida de ordem pública – no que se refere ao seu fundamento –, Câmara Leal entende que, em relação aos seus efeitos, constitui instituição de ordem privada, "por isso que regula relações jurídicas entre particulares, extinguindo as ações que protegem direitos privados".[31] Em consequência, posiciona-se contrariamente à possibilidade de a prescrição ser reconhecida de ofício

---

prescription, tome premier. Paris: Charlie Hungrey, 1857, p. 17). Tradução livre: "Tudo deve ter um fim e o Estado é interessado em que os direitos não fiquem por muito tempo em suspenso".

[29] Confira-se: "*Questo modo di vedere è in piena armonia collo scopo sociale della prescrizione, perchè questa è un istituto del diritto privato ma provede anche ad un interesse pubblico, del che a persuasi fa considerazione, che sotto un certo aspetto agevolmente riconoscibile ha una grande somiglianza coll'autorità della cosa giudicata, dacché anch'essa sottrae alla incertezza e alla discussione i rapporti giuridici ed esclude le ansie e la inquietudine*" (PUGLIESE, Giuseppe. *La Prescrizione Estintiva*. Turino: Unione Tipografico-Editrice Torinese, 1924, p. 21). Tradução livre: "Esse modo de ver está em plena harmonia com o objetivo social da prescrição, porque esta é um instituto de direito privado mas também realiza um interesse público, o qual se deve ter em consideração, e que, sob um certo aspecto, possui grande semelhança com a autoridade da coisa julgada, uma vez que esta subtrai das relações jurídicas a incerteza e a possibilidade de contestação, afastando as ansiedades e inquietudes".

[30] Nas palavras do autor: "Posto que possa a prescrição oferecer diversas utilidades, não devemos confundi-las com o seu fundamento. Este deve conter o motivo primário de sua instituição, aquele que levou o legislador a cria-la, muito embora a sua aplicação viesse a revelar, mais tarde, a utilidade dessa criação, pelas suas benéficas consequências. (...) Colocada a questão nesse terreno, devemos reconhecer que o único fundamento aceitável da prescrição é o interesse jurídico-social. Tendo por fim extinguir as ações, ela foi criada como medida de ordem pública, para que a instabilidade do direito não viesse a perpetuar-se, com sacrifício da harmonia social, que é a base fundamental do equilíbrio sobre que se assenta a ordem pública. (...) Aí estão os três fundamentos romanos da prescrição: o interesse público, a estabilização do direito, o castigo à negligência; representando o primeiro o motivo inspirador da prescrição; o segundo, a sua finalidade objetiva; o terceiro, o meio repressivo de sua realização. Causa, fim e meio, trilogia fundamental de toda instituição, devem constituir o fundamento jurídico da prescrição" (CÂMARA LEAL, Antônio Luís da. *Da prescrição e da decadência*. Rio de Janeiro: Forense, 1978, p. 15-16, grifou-se).

[31] CÂMARA LEAL, Antônio Luís da. *Da prescrição e da decadência*. Rio de Janeiro: Forense, 1978, p. 93.

pelo juízo. Ao atribuir ao prescribente a possibilidade de renunciar ao prazo prescricional já consumado, a lei teria concedido ao sujeito passivo a liberdade de valer-se – ou não – da exceção de prescrição; tal liberdade se mostraria incompatível com a outorga de poderes ao juiz para reconhecer de ofício a prescrição, mesmo contra a vontade do beneficiário.[32]

A despeito de a prescrição voltar-se ao atendimento de interesses que integram a ordem pública, uma vez consumada, caberia unicamente ao devedor o juízo acerca da conveniência de invocá-la ou não em seu favor, com o fim de desvincular-se da obrigação exigida pela contraparte. Para Humberto Theodoro Júnior, haveria em tal decisão uma questão ética que a legislação não se propôs a resolver.[33]

Na mesma direção se posiciona San Tiago Dantas ao destacar que cabe ao prescribente invocar a exceção existente em seu favor e, caso isso não ocorra, "o juiz não tem razão nenhuma para me absolver daquilo de que eu não quero ser absolvido".[34]

Em sentido oposto, Yussef Said Cahali pontua que a prescrição seria matéria de ordem pública, tendo sido estabelecida por considerações de ordem social, e não no interesse das partes.[35]

O consolidado entendimento doutrinário de que a prescrição só poderia ser arguida pela parte a quem aproveita era confirmado

---

[32] Deixando, pois, o legislador ao prescribente a liberdade de utilizar-se, ou não, do benefício da prescrição, permitindo-lhe renunciá-la expressa ou tacitamente, não podia conferir ao juiz uma autoridade incompatível com essa liberdade, investindo-o do poder de decretar a prescrição contra a vontade do beneficiário, ou diante da presunção de sua renúncia pela não-argüição. Daí a regra, muito logicamente estatuída, de que a prescrição, como benefício que é, depende de ser invocada pelo prescribente, para ser conhecida e julgada pelo juiz, porque *invito beneficium non datur* (CÂMARA LEAL, Antônio Luís da. *Da prescrição e da decadência*. Rio de Janeiro: Forense, 1978, p. 93-94).

[33] Confira-se: "O instituto da prescrição está impregnado de uma preocupação de ordem pública, enquanto voltado genericamente para atender a necessidade de certeza e segurança nas relações jurídicas, funcionando como impedimento à eternização dos litígios e como expediente adequado à conservação das situações jurídicas consolidadas pela longa duração no tempo. Porém, uma vez consumada a prescrição, a usufruição dos seus efeitos liberatórios já não mais diz respeito ao interesse público. Cabe ao devedor julgar, no âmbito de seus interesses, a conveniência ou não de liberar-se da obrigação sem realizar a prestação que lhe é exigida e sem obter um julgamento a respeito de sua substância. Há nisso um problema ético que a lei não quer absorver" (THEODORO JUNIOR, Humberto. *Comentários ao novo código civil*: Volume III, tomo II (arts. 185 a 232), Dos atos jurídicos lícitos, dos atos ilícitos, da prescrição e da decadência, da prova. Rio de Janeiro: Forense, 2008, p. 211-212).

[34] DANTAS, San Tiago. *Programa de direito civil, Teoria geral*. Rio de Janeiro: Forense, 2001, p. 348.

[35] CAHALI, Yussef Said. *Prescrição e Decadência*. São Paulo: Revista dos Tribunais, 2012, p. 24.

pela disciplina legal aplicável[36] até o advento da Lei nº 11.280/2006. Com a alteração do artigo 219, §5º, do Código de Processo Civil de 1973[37] e a revogação do artigo 194 do Código Civil de 2002, autorizou-se o reconhecimento de ofício da prescrição pelo juízo, a qualquer tempo e em qualquer grau de jurisdição.[38] Até então, a possibilidade de reconhecimento *ex officio* pelo juízo cível se restringia às hipóteses em que a prescrição favorecesse o absolutamente incapaz. No âmbito tributário, o magistrado poderia conhecer de ofício da prescrição do crédito fiscal, após a prévia oitiva da Fazenda Pública (artigo 40, §4º, Lei Federal nº 6.830/1980, com as alterações promovidas pela Lei Federal nº 11.051/2004). Com a modificação do Código de Processo Civil de 1973, essa possibilidade foi ampliada para toda e qualquer prescrição. Em consequência, a jurisprudência pátria firmou-se no entendimento de que a prescrição constitui matéria de ordem pública.[39]

---

[36] Nesse sentido, vejam-se (i) os artigos 162 e 166 do Código Civil de 1916: "Art. 162. A prescrição pode ser alegada, em qualquer instância, pela parte a quem aproveita"; "Art. 166. O juiz não pode conhecer da prescrição de direitos patrimoniais, se não foi invocada pelas partes"; (ii) o artigo 194 do Código Civil de 2002: "Art. 194. O juiz não pode suprir, de ofício, a alegação de prescrição, salvo se favorecer a absolutamente incapaz."; e (iii) artigo 219, §5º, Código de Processo Civil de 1973: "Não se tratando de direitos patrimoniais, o juiz poderá, de ofício, conhecer da prescrição e decretá-la de imediato".

[37] O juiz pronunciará, de ofício, a prescrição.

[38] Em crítica à alteração legal, veja-se: ALBUQUERQUE JUNIOR, Roberto Paulino de. Reflexões iniciais sobre um profundo equivoco legislativo; ou de como o art. 3 da Lei 11.280/2006 subverteu de forma atécnica e desnecessária a estrutura da prescrição no Direito brasileiro. *Revista de Direito Privado*, São Paulo, v. 7, n. 25, p. 280-296, jan. 2006.

[39] BRASIL. Superior Tribunal de Justiça. *Recurso Especial nº 890.311/SP*, da Terceira Turma. Brasília, de 23 de agosto de 2010. Disponível em: <www.stj.jus.br/SCON/jurisprudencia/doc.jsp?livre=890311&b=ACOR&p=true&l=10&i=2>. Acesso em: 29 jan. 2017, às 8h54.
"PROCESSUAL CIVIL. AÇÃO DE COBRANÇA. SEGURO DE VIDA EM GRUPO. REVELIA. ALEGAÇÃO DE PRESCRIÇÃO FORMULADA PELO REVEL EM APELAÇÃO. POSSIBILIDADE.
I - Declarada a revelia, o revel pode intervir no processo em qualquer fase, recebendo-o no estado em que se encontra (CPC, art. 322). Assim, tendo o réu assumido o processo a tempo de interpor o recurso de Apelação, pode ele alegar em suas razões toda a matéria de direito que deva ser apreciada pelo juiz, entre as quais, se inclui a prescrição.
II - Embora a redação do art. 219, §5º, do CPC - então vigente - não determinasse que, em se tratando de direitos patrimoniais, o juiz se pronunciasse de ofício sobre o tema da prescrição, em sendo a questão suscitada pelo revel nas razões da Apelação, não poderia o Tribunal estadual deixou de enfrentar e julgar a matéria, sob o argumento de o réu estar inovando na lide.
III - Recurso Especial provido para, cassado o v. Acórdão, realizar-se novo julgamento das demais matérias da Apelação."
A jurisprudência do STJ "firmou-se no sentido de que as matérias de ordem pública, tais como prescrição e decadência, nas instâncias ordinárias, podem ser reconhecidas a qualquer tempo, ainda que alegadas em embargos de declaração, não estando sujeitas a preclusão"

A alteração legal foi objeto de acalorado debate doutrinário. Em crítica à inovação legislativa, Alexandre Câmara pondera que o direito brasileiro jamais admitiu o reconhecimento de ofício da prescrição, acompanhando o tratamento dado à matéria por outros ordenamentos jurídicos.[40] No seu entender, o reconhecimento de ofício da prescrição não guardaria coerência interna com o sistema estabelecido no Código Civil, que autoriza a renúncia da prescrição pelo prescribente; no mecanismo estipulado no Código Civil, a prescrição atuaria como uma exceção a ser oposta em face de uma cobrança pela contraparte. Assim, a norma teria invadido a esfera da autonomia privada, levando o juiz a reconhecer de ofício a prescrição, ainda que a parte tenha deliberadamente optado a não se valer desta. Por essas razões, o autor conclui que o dispositivo violaria o princípio constitucional da liberdade.[41]

(BRASIL. Superior Tribunal de Justiça. *Agravo Regimental no Agravo em Recurso Especial nº 686.634/DF*, da Terceira Turma. Brasília, de 09 de agosto de 2016. Disponível em: <www.stj.jus.br/SCON/jurisprudencia/doc.jsp?livre=686634&b=ACOR&p=true&l=10&i=4>. Acesso em: 29 jan. 2017, às 08h57).

V. tb. BRASIL. Superior Tribunal de Justiça. *Agravo Interno no Recurso Especial nº 1.349.008/PR*, da Segunda Turma. Brasília, de 22 de novembro de 2016. Disponível em: <www.stj.jus.br/SCON/jurisprudencia/toc.jsp?livre=1349008&&tipo_visualizacao=RESUMO&b=ACOR>. Acesso em: 29 jan. 2017, às 8h59). BRASIL. Superior Tribunal de Justiça. *Agravo Regimental no Recurso Especial nº 1.335.503/MG*, da Segunda Turma. Brasília, de 04 de 02 de 2015. Disponível em: <www.stj.jus.br/SCON/jurisprudencia/doc.jsp?livre=1335503&b=ACOR&p=true&l=10&i=3>. Acesso em: 29 jan. 2017, às 09h03; BRASIL. Superior Tribunal de Justiça. *Recurso Especial nº 1.252.842/SC*, da Segunda Turma. Brasília, de 14 de junho de 2011. Disponível em: <www.stj.jus.br/SCON/jurisprudencia/doc.jsp?livre=1252842&b=ACOR&p=true&l=10&i=18>. Acesso em: 29 jan. 2017, às 09h08.

[40] O autor destaca (i) o artigo 2.938 do Código Civil italiano, nos termos do qual *"il giudice non può rilevare d'ufficio la prescrizione non opposta"* (tradução livre: "O juiz não pode declarar de ofício a prescrição não oposta"); (ii) o artigo 2.552 do Código Civil argentino: *"El juez no puede declarar de oficio la prescripción"* (tradução livre: "O juiz não pode declarar, de ofício, a prescrição"; (iii) o artigo 303 do Código Civil português, segundo o qual "o tribunal não pode suprir, de ofício, a prescrição; esta necessita, para ser eficaz, de ser invocada, judicial ou extrajudicialmente, por aquele a quem aproveita, pelo seu representante ou, tratando-se de incapaz, pelo Ministério Público; e (iv) o artigo 2.247 do Código Civil francês, na dicção do qual *"[l]es juges ne peuvent pas suppléer d'office le moyen résultant de la prescription"* (tradução livre: "Os juízes não podem suplantar, de ofício, os meios de declaração da prescrição").

[41] Veja-se: "Pois a norma ora em exame, ao estabelecer que o juiz tem o poder de reconhecer de ofício a prescrição, invade, de forma absolutamente desarrazoada e irracional, a esfera da autonomia privada dos participantes de uma relação jurídica obrigacional, ao levar o juiz a ter de reconhecer uma prescrição que o prescribente não quer que lhe aproveite. Penso, assim, que há aqui mais uma inconstitucionalidade do dispositivo sub examine, que viola o princípio constitucional da liberdade. Ainda que assim não fosse, porém, penso que outra inconstitucionalidade haveria. Isto porque a meu ver é inconstitucional a norma jurídica que invade desnecessariamente a autonomia da vontade, corolário da garantia constitucional da liberdade" (CÂMARA, Alexandre Freitas. *Reconhecimento de Ofício da Prescrição*: Uma Reforma Descabeçada e Inócua. Disponível em: <http://www.abdpc.org.br/artigos/artigo1020.htm>. Acesso em: 06 dez. 2016).

De igual modo, Fredie Didier Jr. sustenta que a possibilidade de renúncia – ainda que tácita – à prescrição não pode ser afastada. A prescrição – cuja natureza é de exceção substancial – não se torna direito indisponível pela faculdade de reconhecimento de ofício pelo juízo.[42] Nessa esteira, o autor defende que, antes de pronunciar de ofício a prescrição, o magistrado deveria sempre consultar as partes em respeito ao contraditório e, especialmente, tendo em vista que as circunstâncias fáticas podem alterar seu julgamento acerca da matéria.[43]

A propósito, enunciado aprovado na IV Jornada de Direito Civil reassegura a possibilidade de renúncia à prescrição já consumada, mesmo após a revogação do artigo 194 do Código Civil de 2002:

> A revogação do art. 194 do Código Civil pela Lei n. 11.280/2006, que determina ao juiz o reconhecimento de ofício da prescrição, não retira do devedor a possibilidade de renúncia admitida no art. 191 do texto codificado.[44]

Em sentido oposto, manifestando-se a favor da alteração legal, Fabrício Zamprogna Matiello argumenta que teria acentuado o interesse público envolvido no reconhecimento da prescrição.[45]

Diante das severas críticas feitas à redação do artigo 219, §5º, do Código de Processo Civil de 1973, o parágrafo único do artigo 487 do Código de Processo Civil de 2015 estipulou que a prescrição não será reconhecida sem que antes seja conferida às partes oportunidade de se manifestar.[46] Dessa forma, temperou o reconhecimento de ofício pelo

---

[42] DIDIER JR., Fredie. Aspectos processuais da prescrição: conhecimento ex officio e alegação em qualquer fase do procedimento. In: CIANCI, Mirna (Coord.). *Prescrição no Código Civil – Uma análise interdisciplinar*. São Paulo: Saraiva, 2011, p. 157.

[43] Nas palavras do autor: "Não pode o magistrado decidir com base em questão de fato ou de direito, ainda que possa ser conhecida *ex officio*, sem que sobre ela sejam as partes intimadas a manifestar-se. Deve o juiz consultar as partes sobre esta questão não alvitrada no processo, e por isso não posta em contraditório, antes de decidir. Eis o dever de consultar, próprio de um processo cooperativo. Trata-se de manifestação da garantia do contraditório, que assegura aos litigantes o poder de tentar influenciar na solução da controvérsia" (DIDIER JR., Fredie. Aspectos processuais da prescrição: conhecimento ex officio e alegação em qualquer fase do procedimento. In: CIANI, Mirna (Coord.). *Prescrição no Código Civil – Uma análise interdisciplinar*. São Paulo: Saraiva, 2011, p. 156).

[44] Enunciado 295 aprovado na IV Jornada de Direito Civil, organizada pelo Centro de Estudos Judiciários do Conselho da Justiça Federal.

[45] MATIELLO, Fabrício Zamprogna. *Código Civil comentado*. São Paulo: LTr, 2013, p. 155.

[46] Ressalvada a hipótese do §1º do art. 332, a prescrição e a decadência não serão reconhecidas sem que antes seja dada às partes oportunidade de manifestar-se.

juiz, concedendo ao prescribente prazo para que se manifeste, inclusive no sentido de afastar a configuração automática da prescrição.[47] Nada obstante, a matéria continua sendo percebida como de ordem pública,[48] podendo ser reconhecida a qualquer tempo e em qualquer grau de jurisdição. O caráter de ordem pública da prescrição seria confirmado pela impossibilidade de redução ou ampliação do prazo prescricional

---

[47] A esse respeito, confiram-se julgados do Superior Tribunal de Justiça, acentuando a necessidade de observância do contraditório antes de declarar-se, de ofício, prescrita a pretensão: "*Nas hipóteses de declaração de ofício da prescrição intercorrente, deve o credor ser previamente intimado para opor algum fato impeditivo à incidência da prescrição, em respeito ao princípio do contraditório*" (BRASIL. Superior Tribunal de Justiça. Agravo Interno nos Embargos de Declaração no Agravo em Recurso Especial nº 821.983/SC, da Terceira Turma. Brasília, de 04 de novembro de 2016. Disponível em: <www.stj.jus.br/SCON/jurisprudencia/toc.jsp?livre=821983&&tipo_visualizacao=RESUMO&b=ACOR>. Acesso em: 29 jan. 2017, às 8h46 – grifou-se).

Veja-se também: "7. Possibilidade, em tese, de se declarar de ofício a prescrição intercorrente no caso concreto, pois a pretensão de direito material prescreve em três anos.

(...)

9 Necessidade apenas de intimação do exequente, concedendo-lhe oportunidade de demonstrar causas interruptivas ou suspensivas da prescrição.

10. "*O contraditório é princípio que deve ser respeitado em todas as manifestações do Poder Judiciário, que deve zelar pela sua observância, inclusive nas hipóteses de declaração de ofício da prescrição intercorrente, devendo o credor ser previamente intimado para opor algum fato impeditivo à incidência da prescrição*" (REsp 1.589.753/PR, Rel. Ministro MARCO AURÉLIO BELLIZZE, TERCEIRA TURMA, DJe 31.05.2016).

11. Entendimento em sintonia com o disposto no novo Código de Processo Civil (art. 921, §§4º e 5º, CPC/2015).

12. RECURSO ESPECIAL PARCIALMENTE PROVIDO. (BRASIL. Superior Tribunal de Justiça. *Recurso Especial nº 1.593.786/SC*, da Terceira Turma. Brasília, de 30 de setembro de 2016. Disponível em: <www.stj.jus.br/SCON/jurisprudencia/doc.jsp?livre=1593786&b=ACOR&p=true&l=10&i=3>. Acesso em: 29 jan. 2017, às 8h50 – grifou-se).

[48] Acerca do conceito de ordem pública, veja-se a lição de Carlos Maximiliano: "[a] distinção entre prescrições de ordem pública e de ordem privada consiste no seguinte: entre as primeiras o interesse da sociedade coletivamente considerada sobreleva a tudo, a tutela do mesmo constitui o fim principal do preceito obrigatório; é evidente que apenas de modo indireto a norma aproveita aos cidadãos isolados, porque se inspira antes no bem da comunidade do que no do indivíduo; e quando o preceito é de ordem privada sucede o contrário: só indiretamente serve o interesse público, à sociedade considerada em seu conjunto; a proteção do direito do indivíduo constitui o objetivo primordial. Os limites de uma e de outra espécie têm algo de impreciso; os juristas guiam-se, em toda parte, menos pelas definições do que pela enumeração paulatinamente oferecida pela jurisprudência" (MAXIMILIANO, Carlos. *Hermenêutica e aplicação do Direito*. Rio de Janeiro: Forense, 1998, p. 216).

pelas partes,[49] nos termos do artigo 192 do Código Civil de 2002.[50][51] Além disso, sua renúncia só seria admitida após consumada a prescrição, na dicção do artigo 191 do Código Civil.[52][53]

A possibilidade de reconhecimento *ex officio* da prescrição denota, em certa medida, a perspectiva subsuntiva a partir da qual a doutrina tradicional percebe o instituto. A identificação do momento em que se consuma a prescrição prescindiria da valoração das peculiaridades fáticas. Ao revés, em exercício automático e mecânico, deveria o intérprete enquadrar o caso concreto à *fattispecie* abstrata prevista na norma, de modo a determinar os termos inicial e final do prazo prescricional. Dessa forma, assegurar-se-ia a estabilização das relações sociais, com a consolidação das situações fáticas pelo mero decurso temporal, o qual encobriria a exigibilidade do direito.

Nesse contexto, a segurança jurídica – que fundamenta a prescrição – encerraria a previsibilidade de resultado da aplicação da norma jurídica. Como se vê, aludida noção de certeza jurídica se ampara na técnica subsuntiva sob a equivocada premissa de que a aplicação automática das regras jurídicas infraconstitucionais conduziria à previsibilidade das decisões judiciais e, em consequência, à incidência uniforme das leis sobre as mais diversas situações fáticas, desconsiderando-se suas particularidades irrepetíveis. Procede-se, assim, à indevida

---

[49] Em sentido diverso, na experiência francesa, a recente reforma legislativa permitiu que as partes reduzam ou aumentem o prazo prescricional, desde que observados os limites mínimo de 1 (um) e máximo de 10 (dez) anos. Como se lê no artigo 2.254 do Código Civil francês: "*La durée de la prescription peut être abrégée ou allongée par accord des parties. Elle ne peut toutefois être réduite à moins d'un an ni étendue à plus de dix ans*". Tradução livre: "A duração da prescrição pode ser reduzida ou ampliada por acordo das partes. Contudo, esta não poderá ser reduzida para período inferior a um ano ou superior a dez anos".

[50] Art. 192. Os prazos de prescrição não podem ser alterados por acordo das partes.

[51] Há interesse público em que não se pré-exclua, ou não se dificulte, por negócio jurídico, a prescrição. É o princípio da inegociabilidade da prescrição (MIRANDA, Pontes de. *Tratado de Direito Privado*. t. VI. Rio de Janeiro: Editor Borsoi, 1970, p. 109).

[52] Art. 191. A renúncia da prescrição pode ser expressa ou tácita, e só valerá, sendo feita, sem prejuízo de terceiro, depois que a prescrição se consumar; tácita é a renúncia quando se presume de fatos do interessado, incompatíveis com a prescrição.

[53] A segunda vedação é no sentido de que a renúncia à prescrição somente pode ser efetuada após o decurso do prazo para a sua caracterização. Não é possível renunciar à prescrição se essa não se consumou. Em outras palavras, não há renúncia antecipada. Admitir a renúncia antes do decurso do prazo seria dar margem ao abuso, tornando-a, provavelmente, cláusula padrão nos contratos, quando se trata de instituto de ordem pública e que não pode ficar sujeito a critérios pessoais dos interessados, especialmente de forma ampla e irrestrita (DELGADO, José Augusto *et al*. *Comentários ao Código Civil Brasileiro*. v. II, Rio de Janeiro: Forense, 2008, p. 889).

subversão da ordem hierárquica do ordenamento civil-constitucional, no âmbito da qual a norma prescricional é percebida como unidade lógica isoladamente considerada, cuja aplicação independe da confrontação do fato jurídico à totalidade das normas e valores que integram o ordenamento, na individuação da disciplina aplicável.[54]

No entanto, tal conceito de certeza jurídica é dotado de certa ambivalência: na tentativa de assegurar a previsibilidade da aplicação das regras prescricionais – em modelo matemático –, alcança-se maior incerteza. Com efeito, a insegurança será maior nas hipóteses em que, a despeito de jamais ter sido conferida ao titular a concreta possibilidade de exercer sua pretensão, reste consumada a prescrição. Daí se afirmar o mito da segurança jurídica,[55] caso seus contornos sejam delineados em tão abstratos termos.

Na crítica mordaz de Marco Bona à jurisprudência italiana, o critério político de seleção das demandas ressarcitórias encontraria justificação no mito da certeza jurídica, de modo que, afastando-se da necessária ponderação entre valores constitucionais colidentes e interesses conflitantes, poderia ser declarada prescrita uma demanda: *"Un'azione prescritta – è noto – alleggerisce l'agenda delle udienze, evita tediose istruttorie e,peraltro, ben si concilia con i programmi di abbattimento del contenzioso che, nell'abusato nome dell'Europa e nella ricerca di un efficientismo che poco c'entra con la Giustizia, da qualche tempo aleggiano pesanti sui giudici, anche quelli più coscienziosi"*.[56]

---

[54] A esse respeito, veja-se a crítica ao método subsuntivo feita por Gustavo Tepedino: "Em consequência, segundo tal raciocínio, a regra deveria prevalecer sobre o princípio, pois indicaria uma opção política indiscutível quanto a certa norma de comportamento. Tratar-se-ia de uma versão remodelada no vetusto brocardo latino in claris non fit interpretativo, o qual pressupõe que a norma seja uma unidade lógica isoladamente considerada, descartando a necessidade, para que adquira sentido, de confrontá-la com todas as demais normas que compõem o sistema. Na esteira de tal entendimento, acaba-se por subverter a ordem hierárquica do ordenamento, aplicando-se os princípios à luz de regras infraconstitucionais" (TEPEDINO, Gustavo. Normas constitucionais e Direito Civil na Construção Unitária do Ordenamento. In: *Temas de Direito Civil.* t. III. Rio de Janeiro, Renovar, 2009, p. 8).

[55] O mito da certeza jurídica é cunhado por Jerome Frank: *"The essence of the basic legal myth or illusion is that law can be entirely predictable. Back of this illusion is the childish desire to have a fixed father-controlled universe, free of chance and error due to human fallibility"* (FRANK, Jerome. *Law and the Modern Mind.* Nova Iorque: Coward-McCann, 1930, p. 34). O autor, no entanto, atribui aos magistrados absoluta discricionariedade no processo decisório, sugerindo que não estariam vinculados aos valores que informam o ordenamento jurídico. Tradução livre: "A essência do mito legal ou ilusão é de que a aplicação da lei pode ser inteiramente previsível. Tal ilusão se ampara no desejo infantil de se inserir em um universo totalmente controlado, livre de chances de erro imputáveis à falibilidade humana".

[56] BONA, Marco. Prescrizione e Dies a Quo Nel Danno Alla Persona: Quale Modello? (Commento Critico Ad Una Sentenza Da Dimenticare). *Responsabilità civile e previdenza,*

1.3 Proteção do devedor e dificuldade de produção probatória

Em crítica ao posicionamento que identifica no interesse público o fundamento central do instituto, parte da doutrina contemporânea sustenta que a prescrição atende prioritariamente a interesses de ordem privada – ainda que estes realizem, indiretamente, um interesse da coletividade.[57] De modo a justificar tal entendimento, destaca-se a possibilidade de renúncia à prescrição pelo devedor, uma vez consumada.[58] Caso se estivesse diante de interesse público ou, ainda, se se tratasse de instituto de ordem pública, não restaria à disposição do devedor, mesmo que parcialmente.

Nessa direção, aponta-se a proteção do devedor como fundamento da prescrição, defendendo-se espécie de benefício ao devedor no âmbito prescricional. A tutela do devedor se justificaria, de um lado, pela dificuldade em provar o cumprimento da prestação após o decurso de considerável período e, de outra parte, pela segurança de não restar indefinidamente sujeito a cobranças feitas pelo credor.

Milão, 2004, p. 574. Disponível em: <www.jus.unitn.it/cardozo/Review/2005/Bona2.pdf>. Tradução livre: "Uma ação prescrita – notadamente – agiliza a agenda do Judiciário, evita tediosas instruções probatórias e, além disso, bem se concilia com o programa de redução de demandas que, em uso inadequado do nome da Europa e na busca de uma eficiência que pouco tem a ver com a Justiça, há algum tempo paira sobre os juízes, mesmo os mais conscientes".

[57] Acerca do tema, veja-se a lição de Ermanno Calzolaio, que também aborda as desconfianças que justificam a inegociabilidade dos prazos prescricionais: "*Nondimeno, va ora registrato un recente orientamento della suprema Corte che sembra porre seriamente in discussione il carattere pubblicistico dell'instituto, sottolineando che il reale interesse che l'instituto della prescrizione intende salvaguardare è quello del debitore, sicché la ratio dell'inderogabilità pattizia, comumente riconosciuta dalla nostra giurisprudenza, va piuttosto ricercata nel timore che una disciplina negoziale della prescrizione comporti la possibilità di introdurre termini vessatori all'esercizio dei diritti scaturenti dal contratto per la parte piu debole*" (CALZOLAIO, Ermanno. La riforma della prescrizione in Francia nella prospettiva del diritto privato europeo. *Rivista trimestrale di diritto e procedura civile*, ISSN 0391-1896, v. 65, n. 4, 2011, p. 1.099). Tradução livre: "No entanto, merece registro uma recente orientação da Suprema Corte que parece pôr seriamente em discussão o caráter público do instituto, sublinhando que o real interesse que o instituto da prescrição se volta a atender é aquele do devedor, de modo que o fundamento da inderrogabilidade da prescrição, comumente reconhecida pela nossa jurisprudência, parece encontrar amparo no temor de que a possibilidade de introduzir termos opressivos ao exercício dos direitos atribuídos pelo contrato à parte mais fraca".

[58] Afirmando que a prescrição atende prioritariamente a interesses particulares, Ulderico Pires dos Santos leciona: "De certo modo, a prescrição visa ao interesse social; mas visa, muito mais, ao interesse particular, pois este é que sofre a maior consequência com a sua declaração. Se não fosse assim, uma vez consumada, pelo decurso do prazo legal, seria irreversível e sabe-se que não o é. Tanto isto é certo que a prescrição pode ser renunciada" (SANTOS, Ulderico Pires dos. *Prescrição – Doutrina, Jurisprudência e Prática*. Rio de Janeiro: Forense, 1989, p. 5).

Considerando que as provas se deterioram com o passar do tempo, permitir a cobrança de uma dívida a qualquer momento colocaria o devedor em posição de extrema desvantagem. Ainda que o pagamento tivesse sido feito ou a prestação houvesse sido satisfatoriamente cumprida, o devedor talvez não mais possuísse as respectivas evidências do adimplemento da obrigação, não tendo meios para se defender adequadamente nos autos do processo.[59]

Como se vê, à tutela do devedor na relação obrigacional, conjuga-se um argumento de natureza processual, no sentido de assegurar a observância das garantias constitucionais de devido processo legal, contraditório e ampla defesa.[60] Já transcorrido considerável lapso temporal desde a ocorrência dos fatos até o ajuizamento da respectiva ação, não só o extravio de documentos relevantes pelo devedor se mostra factível, como também há chances de não haver mais memória do ocorrido por parte de testemunhas que possam corroborar o adimplemento obrigacional.[61]

---

[59] Acerca do tema, Pontes de Miranda pondera que a prescrição tem por efeito a proteção daquele que, não sendo mais devedor, não possui mais os meios para demonstrar o seu adimplemento. Todavia, conclui o autor que, apesar desse reflexo, o fundamento da prescrição se encontra na segurança jurídica e paz social: "A perda ou destruição das provas exporia os que desde muito se sentem seguros, em paz, e confiantes no mundo jurídico, a verem levantarem-se – contra o seu direito, ou contra o que têm por seu direito – pretensões ou ações ignoradas ou tidas por ilevantáveis. O fundamento da prescrição é proteger o que não é devedor e pode não ter mais prova da inexistência da dívida; e não proteger o que era devedor e confiou na inexistência da dívida, tal como juridicamente ela aparecia. (...) A proteção, que se contém nas regras jurídicas sobre prescrição, corresponde à experiência humana de ser pouco provável a existência de direitos, ou ainda existirem direitos que longo tempo não foram invocados. Não é esse, porém, o seu fundamento. Os prazos prescricionais servem à paz social e à segurança jurídica" (MIRANDA, Francisco Cavalcanti Pontes de. *Tratado de direito privado*: Tomo VI. São Paulo: Ed. Revista dos Tribunais, 2012, p. 100-101). Veja-se também: "Os institutos jurídicos da prescrição e da decadência são fundamentais em qualquer sistema jurídico, porquanto evitam a obrigação de guarda, por tempo indefinido, de grande quantidade de documentos e limitam o período de tempo a ser considerado quando da análise dos requisitos de validade para celebração de um negócio jurídico. Enfim, trata-se de instrumentos fundamentais para assegurar tranquilidade na ordem jurídica, pois, *dormientibus non sucurrit jus*, isto é, o direito não socorre os que dormem" (JUNIOR, Marcos Ehrhardt. Um diálogo entre as normas que disciplinam a prescrição e decadência no CC/02 e no CDC em matéria de vícios redibitórios. In: MIRANDA, Daniel Gomes de *et al*. (Org.). *Prescrição e decadência*: Estudos em Homenagem ao Professor Agnelo Amorim Filho. Salvador: JusPodivm, 2013, p. 354).

[60] Art. 5º, Constituição Federal: "Todos são iguais perante a lei, sem distinção de qualquer natureza, garantindo-se aos brasileiros e aos estrangeiros residentes no País a inviolabilidade do direito à vida, à liberdade, à igualdade, à segurança e à propriedade, nos termos seguintes: LIV - ninguém será privado da liberdade ou de seus bens sem o devido processo legal; LV - aos litigantes, em processo judicial ou administrativo, e aos acusados em geral são assegurados o contraditório e ampla defesa, com os meios e recursos a ela inerentes".

[61] Conforme destacado por Lorde Salmon no caso *Birkett v. James* [1978] AC 297, 327: "*When cases (as they often do) depend predominantly on the recollection of witnesses, delay can be most*

Ainda que se argumente que a deterioração das provas afeta ambas as partes de igual modo, é certo que o momento da propositura da demanda é escolhido pelo autor; em consequência, o credor possui razões suficientes para preservar as provas inerentes ao seu direito, ao passo que o réu não tem motivos aparentes para manter arquivadas todas as provas que demonstram o seu adimplemento após decorrido considerável período de tempo.

De mais a mais, não só a manutenção por tempo indefinido dos documentos pertinentes àquela relação importaria em custos relevantes ao devedor, como também seus gastos seriam ampliados com a eventual contratação de seguros de responsabilidade por prazo ilimitado.

Em segundo lugar, alega-se que a prescrição tutela os interesses do devedor ao impedir que esteja sujeito a cobranças por um período irrazoável de tempo. A possibilidade de o credor perseguir o cumprimento da prestação indefinidamente traria enorme insegurança e incerteza ao devedor – tal qual a espada de Dâmocles, a dívida penderia eternamente sobre seus ombros. Após certo lapso temporal, mostra-se razoável que o devedor possa considerar encerrado um incidente que pudesse basear uma demanda instaurada pela contraparte.[62] Nessa

---

prejudicial to defendants and to plaintiffs also. Witnesses' recollections grow dim with the passage of time and the evidence of honest men differs sharply on the relevant facts. In some cases it is impossible for justice to be done because of the extreme difficulty in deciding which version of the facts is to be preferred". Tradução livre: "Quando um caso depende predominantemente da lembrança dos fatos por testemunhas (e muito frequentemente isso ocorre), a demora no ajuizamento da ação pode ser bastante prejudicial aos réus e aos autores também. A memória das testemunhas se anuvia com a passagem do tempo e a prova feita por homens honestos difere bastante acerca de fatos relevantes. Em alguns casos, mostra-se impossível a realização da justiça, diante da extrema dificuldade em julgar qual versão dos fatos deve ser preferida".

[62] *In primo luogo, quindi, la prescrizione risponde all'esigenza di certezza nei rapporti giuridici, che risulta compromessa quando si verifica una situazione di prolungata inerzia, poiché il mancato esercizio del diritto fa nascere un'aspettativa, inducendo a credere che il diritto non sarà piu esercitato. Ad essa si aggiunge lo sfavore dell'ordinamento giuridico nei confronti dell'inerzia – evidente anche nella disciplina dell'usucapione – per cui vengono privilegiate le ragioni di chi si sente ormai libero da un antico obbligo rispetto all'interesse del creditore che (in genere) aveva la possibilità di agire ma è rimasto inativo: l'inerzia del titolare del diritto viene sanzionata* (PATTI, Salvatore. Certezza e giustizia nel diritto della prescrizione in Europa. *Rivista Trimestrale di Diritto e Procedura Civile,* Marzo 2010, Anno LXIV, n. 1. Giuffrè Editore, p. 23). Tradução livre: "Em primeiro lugar, portanto, a prescrição responde à exigência de certeza nas relações jurídicas, que é comprometida quando se verifica uma situação de prolongada inércia, porque a falta de exercício do direito faz surgir uma expectativa, induzindo à crença de que o direito não será mais exercitado. A isso se soma o favor atribuído pelo ordenamento jurídico, no confronto com a inércia – evidente também na disciplina da usucapião –, àquele que se sente liberado de uma antiga obrigação, em detrimento do interesse do credor que, em regra, tinha a possibilidade de agir e permaneceu inativo: a inércia do titular do direito é sancionada".

direção, já se afirmou que demandas ajuizadas tardiamente possuem mais de crueldade do que de justiça em si.[63]

Em defesa da proteção do devedor como fundamento prioritário da prescrição, Diez Picazo sustenta que a prescrição não se caracteriza como espécie de punição imposta ao credor inerte, tampouco corresponde à mera influência do tempo sobre as relações jurídicas. A razão última da prescrição se fundaria na irrazoabilidade de se subordinar o sujeito passivo à insegurança perpétua, consubstanciada na possibilidade de o cumprimento da obrigação ser requerido a qualquer momento. Em consequência, os prazos prescricionais equivaleriam ao período de tempo em que o credor poderia razoavelmente exigir a prestação, uma vez descumprida pelo devedor.[64]

A partir da noção de que o sujeito passivo não poderia restar eternamente subordinado à cobrança da prestação, desenvolveu-se argumento em favor da tutela da expectativa gerada pela inércia do credor, no sentido de que o crédito não seria mais exigido, como fundamento da prescrição. O decurso do tempo, aliado à ausência de exercício da pretensão pelo seu titular, geraria no sujeito passivo uma legítima expectativa de que o assunto fora encerrado, a qual moldaria o seu comportamento. Em consequência, os prazos prescricionais seriam fixados considerando-se o tempo razoável para exercício de cada pretensão; transcorrido tal lapso temporal, o comportamento omissivo imputado ao credor já seria apto a criar a legítima expectativa de que a pretensão não seria mais exercida por seu titular.

Nessa perspectiva, há autores que propõem seja revisitado conceito de inércia. Para além do não exercício do direito durante certo período de tempo, a inércia corresponderia a comportamento concludente do credor de renúncia ao crédito, sendo absolutamente incompatível com uma vontade diversa. Em tais circunstâncias, o comportamento omissivo do credor seria idôneo a gerar no devedor e em terceiros legítima confiança de que a pretensão não seria mais exercida, a qual se revelaria merecedora de tutela.

---

[63] Na jurisprudência estrangeira, veja-se: V. A'Court v Cross (1825) 3 Bing 329, 332 per Best CJ, 130 ER 540, 541.

[64] Nas palavras do autor: "*A mi juicio la razón última de la prescripción radica en la espera a que razonablemente puede ser sometido el deudor o sujeto pasivo. Esta espera de la pretensión tiene que poseer una duración razonable dadas las circunstancias. La sumisión a una espera indefinida o excesivamente prolongada es inadmisibile*" (DIEZ PICAZO, Luis. *La prescripción en el codigo civil*. Barcelona: Bosch, 1964, p. 40). Tradução livre: "A meu ver, a razão última da prescrição se funda na espera a que razoavelmente pode ser submetido o devedor ou sujeito passivo. Esta espera da prestação deve possuir uma duração razoável, dadas as circunstâncias. A submissão a uma espera indefinida ou excessivamente prolongada é inadmissível".

Em sede estrangeira, tal entendimento é partilhado por Giuseppe Panza, para quem a inércia deve corresponder a um comportamento omissivo do titular, objetivamente extraído da realidade social em que se insere. O autor qualifica a inércia como um comportamento absolutamente incompatível com uma vontade diversa daquela de renunciar ao direito, sendo idôneo a gerar na contraparte e em terceiros razoável confiança de que a pretensão não será exercida.[65]

Ao defender que a prescrição teria por finalidade tutelar a legítima expectativa criada no devedor em detrimento da pretensão atribuída ao credor, tais autores acabam por consagrar a boa-fé objetiva – especificamente, a figura parcelar da *suppressio* – como um dos fundamentos do instituto. Nem sempre, no entanto, a inércia do credor terá gerado na contraparte a expectativa de que a pretensão não seria exercida. Nada obstante, caso já transcorrido o prazo prescricional, o credor restará titular de um direito desprovido de pretensão. Em sentido contrário, a depender das circunstâncias concretas, poder-se-ia cogitar da aplicação da *suppressio* em proteção da confiança despertada na contraparte, no sentido de que o crédito não seria mais exigido, ainda que não houvesse se encerrado o prazo prescricional.

Como se vê, a figura da *suppressio* se volta à tutela da confiança legitimamente gerada na contraparte pelo comportamento do titular do sujeito, ao passo que a fixação de prazos prescricionais – ainda que se adote a proteção ao devedor como fundamento da prescrição – garantiria que o devedor não fosse surpreendido com o exercício extemporâneo dos direitos. Por essa razão, não só a boa-fé objetiva – na figura parcelar da *suppressio* – não pode ser elevada à condição de fundamento da prescrição, como também pode ser alegada para afastar o exercício de determinado direito dentro do prazo prescricional aplicável, uma vez demonstrado que o comportamento do credor gerou na contraparte uma legítima expectativa de que a prestação não seria mais exigida.[66]

Por fim, a própria dinâmica da prescrição no plano processual confirmaria a finalidade de tutela do sujeito passivo, ao qual se confere discricionariedade para valer-se – ou não – dessa defesa. Com efeito, a prescrição tem natureza de exceção substancial,[67] devendo ser suscitada

---

[65] PANZA, Giuseppe. *Contributto allo Studio della Prescrizione*. Nápoles: Editora Jovene Napoli, 1984, p. 41.

[66] SCHREIBER, Anderson. *A proibição de comportamento contraditório*: tutela da confiança e *venire contra factum proprium*. 2. ed. Rio de Janeiro: Renovar, 2007, p. 185.

[67] Por todos, veja-se Caio Mário da Silva Pereira: "Como exceção ou defesa, a prescrição não opera *pleno iure* nos direitos de natureza patrimonial. Requer seja invocada pela pessoa a

pelo réu em sua defesa caso queira beneficiar-se do decurso do prazo prescricional. Nas palavras de José Carlos Barbosa Moreira, "[o] que a prescrição faz é dar ao devedor um escudo com que paralisar, caso queira, a arma usada pelo credor".[68]

Muito embora represente tentativa de se estremar da segurança jurídica como fundamento precípuo da prescrição, as razões pelas quais o instituto se voltaria à tutela do devedor acabam diluídas na noção de estabilidade das relações jurídicas. Isso porque, ao se afirmar que seria irrazoável submeter o devedor à insegurança perpétua, a fixação de prazos prescricionais traduz a necessidade de pacificação social. Nessa direção, interesse público – de assegurar a paz social – e interesse privado – de conferir estabilidade àquela concreta relação jurídica – confluem e imiscuem-se na noção de segurança jurídica.

A esse propósito, convém destacar que os contornos rígidos da separação entre público e privado não mais se mantêm. Na esteira da superação da *summa divisio* entre direito público e privado, com a incidência direta dos valores constitucionais na normativa civilística,[69] a própria noção de interesse público é remodelada, passando a abranger considerações acerca dos interesses dos indivíduos que compõem a sociedade.

Em reafirmação da dinâmica dialética entre interesses público e privado, Pietro Perlingieri aponta que o interesse público se identifica na realização e na concretização dos direitos invioláveis do homem. O interesse público dialoga necessariamente com os interesses privados, sendo construído por instâncias pessoais e pela concretização de relações sociais mais igualitárias, fundadas no solidarismo e no personalismo.[70]

Em consequência, o interesse público não se sobrepõe aos interesses privados, mas representa a síntese e a realização equilibrada dos valores dos indivíduos que, conjuntamente, compõem a sociedade. O autor arremata, afirmando que o "interesse público e aquele privado e individual, assim como não podem estar fisiologicamente em conflito,

---

quem beneficia, e só à solicitação da parte pode o juiz decretá-la" (PEREIRA, Caio Mário da Silva. *Instituições de Direito Civil*. v. I. Rio de Janeiro: Forense, 2006, p. 685).

[68] MOREIRA, José Carlos Barbosa. Notas sobre pretensão e prescrição no sistema do novo Código Civil brasileiro. *Revista Forense*, Rio de Janeiro: Forense, v. 99, n. 366, mar. 2003, p. 153.

[69] BODIN DE MORAES, Maria Celina. A caminho de um direito civil-constitucional. In: *Na Medida da pessoa humana*: estudos de direito civil. Rio de Janeiro: Renovar, 2010, p. 11.

[70] PERLINGIERI, Pietro. *O direito civil na legalidade constitucional*. Rio de Janeiro: Renovar, 2008, p. 431.

também não podem deixar de estar presentes em cada atividade juridicamente relevante".[71]

A se considerar que o interesse público reflete, em certa medida, as exigências postas por determinada sociedade, não se revela como imutável e a-histórico. Pelo contrário, o conteúdo do interesse público resulta das escolhas historicamente feitas em relação aos valores e interesses que devem prevalecer naquela sociedade, se comparados aos demais interesses e valores em jogo. Portanto, elevar determinado interesse à concepção de interesse público decorre de uma valoração comparativa acerca do merecimento de tutela daquele interesse em relação aos demais, segundo as visões político-normativas então vigentes.[72]

No âmbito da prescrição, o interesse à consolidação das situações fáticas que perduraram por considerável lapso temporal deve ser ponderado internamente com os demais interesses e valores constitucionais que informam o ordenamento. Nessa direção, a aplicação da prescrição deve assegurar a estabilidade das relações jurídicas e a paz social sem, no entanto, descurar da possibilidade efetiva de exercício dos direitos, em promoção do acesso à justiça. Em tal cenário, a segurança jurídica que funcionaliza a prescrição deve ser remodelada, passando da abstrata certeza jurídica à segurança informada por valores constitucionais.

1.4 Ponderação entre estabilização das relações sociais e efetividade: a segurança jurídica informada por valores constitucionais

Ao ser entrevistada pela apresentadora americana Chelsea Handler, a atriz britânica Millie Brown, de 12 anos, alega desconhecer o significado da palavra justiça, abstendo-se de opinar acerca do tema. A apresentadora provoca-a, afirmando que Millie não poderia "usar o seu sotaque para fingir que não compreende o idioma inglês", ao que a atriz retruca: "Mas o que justiça significa, genuinamente?".[73]

A indagação da jovem atriz reverbera nos debates sobre a função da prescrição: há quem afirme que o instituto possui fundamentação

---

[71] PERLINGIERI, Pietro. *O direito civil na legalidade constitucional*. Rio de Janeiro: Renovar, 2008, p. 432-433.

[72] Segundo leciona BETTI, Emilio. Interesse (Teoria generale). In: *Novissimo Digesto italiano*. t. VIII. Torino: Unione Tip. Ed. Torinese, 1962, p. 839.

[73] Entrevista concedida por Millie Brown a Chelsea Handler em 07 de setembro de 2016. Disponível em: <https://www.youtube.com/watch?v=cUXzv0lF48E>.

dúplice, visando a simultaneamente atender aos valores da segurança jurídica e justiça.[74] Nessa direção, Mota Pinto pondera que, apesar de estar pautada por um juízo de conveniência ou oportunidade atribuído à iniciativa privada, a prescrição possui, em sua fundamentação, uma ponderação de justiça.[75]

Ao refletir sobre o conceito de norma justa, Norberto Bobbio exime-se da discussão quanto à existência – ou não – de um bem comum idêntico e universal, compartilhado por todas as experiências humanas, em todas as épocas e lugares, que represente o ideal de justiça. Na visão do autor, "basta constatar que todo ordenamento jurídico persegue certos fins, e convir sobre o fato de que estes fins representam os valores a cuja realização o legislador, mais ou menos conscientemente, mais ou menos adequadamente, dirige a sua própria obra".[76] Dito diversamente, a justiça se realizaria no atendimento dos valores constitucionais eleitos por determinada sociedade.

No âmbito da prescrição, Louise Matieli sublinha que a justiça é utilizada para temperar o rigor da exigência de certeza jurídica, permitindo que sejam corrigidas distorções graves a que uma interpretação da lei voltada exclusivamente à segurança jurídica poderia conduzir. A seu ver, tratar-se-ia de tentativa de resguardar o juízo ético no âmbito da prescrição.[77] No entanto, aduz que têm sido atribuídos diversos conteúdos à noção de justiça, por vezes conflitantes entre si: ora a justiça é invocada para proteger o titular do direito violado que, mesmo impossibilitado de exercer sua pretensão, teve a prescrição reconhecida em seu desfavor; ora é arguida em benefício do sujeito passivo, que não poderia ser surpreendido com uma cobrança extemporânea do seu dever jurídico.

---

[74] Como destaca San Tiago Dantas: "De modo que, vêem os senhores, o instituto da prescrição tem suas raízes numa das razões de ser da ordem jurídica: distribuir a justiça – dar a cada um o que é seu – e estabelecer a segurança nas relações sociais – fazer com que o homem possa saber o quê conta e com o quê não conta" (DANTAS, San Tiago. *Programa de direito civil, Teoria geral*. Rio de Janeiro: Forense, 2001, p. 343).

[75] PINTO, Carlos Alberto da Mota. *Teoria Geral do Direito Civil*. Coimbra: Coimbra Editora, 1994, p. 376.

[76] BOBBIO, Norberto. *A teoria da norma jurídica*. Bauru: Edipro, 2003, p. 46.

[77] Veja-se: "Como se vê, ainda que a prescrição seja normalmente identificada e fundamentada no princípio da segurança jurídica, a justiça também integra o seu conteúdo. A prescrição, portanto, goza de fundamentação múltipla, o que deverá ser levado em conta quando da análise do caso concreto, a fim de que se obtenha a melhor aplicação possível do instituto– ou seja, a que promova tanto a estabilidade das relações jurídicas quanto a justiça" (MATIELI, Louise Vago. *Análise Funcional do artigo 200 do Código Civil*. Dissertação apresentada, como requisito parcial para obtenção de título de Mestre, ao Programa de Pós-Graduação em Direito, da Universidade do Estado do Rio de Janeiro. 2016, p. 39).

Alcança conclusão similar José Fernando Simão, muito embora realize itinerário diverso: no seu entender, a prescrição teria por fundamentos basilares a segurança jurídica e a negligência do titular do direito.[78] De um lado, a segurança jurídica atenderia às exigências de pacificação das relações sociais, com adequação da situação jurídica à situação fática prolongada no tempo. De outra parte, concretizaria o valor da justiça, evitando que o mero decurso temporal fosse apto a extinguir pretensões de quem não foi negligente em exercê-las. Ambos os valores fundamentariam o instituto e precisariam ser conciliados, sob pena de gerar perplexidades no que tange ao termo inicial e cômputo dos prazos prescricionais.[79]

Por sua vez, Gustavo Kloh Müller Neves propõe que a noção de segurança jurídica seja oxigenada por valores constitucionais, tornando-se capaz de atender aos interesses juridicamente tutelados pelo ordenamento. A se considerar a existência de valores colidentes que informam a ordem jurídica constitucional, o autor sugere que o interesse preponderante, em cada hipótese fática, seja definido mediante recurso ao critério hermenêutico da ponderação.[80] Dessa forma, a concepção substancial da segurança jurídica se distancia da abstrata certeza jurídica, realizando os valores constitucionalmente tutelados conflitantes, cujo grau de preponderância deve ser definido em referência a cada caso concreto. Nessa perspectiva, admite que seja afastada a consumação da prescrição quando a reparação da lesão melhor atender ao princípio da dignidade da pessoa humana, bem como nos casos de lesão irresistível.[81] Em leitura material da segurança jurídica, o autor

---

[78] SIMÃO, José Fernando. *Prescrição e Decadência – Início dos Prazos*. São Paulo: Atlas, 2013, p. 143.

[79] Conforme expõe o autor: "Se o contrário fosse possível, e se se preferisse a segurança jurídica à justiça, pela passagem inexorável do tempo linear, concluir-se-ia que todo e qualquer prazo decadencial ou prescricional se inicia imediatamente após a formação do negócio ou a ocorrência de um fato. Já se se preferisse a justiça à segurança, os prazos se iniciariam quando da ciência de um fato ou de um negócio jurídico. (...) Assim, a interpretação quanto ao início da contagem dos prazos não passa por excluir segurança jurídica aplicando-se o valor da justiça, nem ao se fazer o inverso. A tese que se defende é a de que, apesar da dificuldade de aplicação da justiça (Serge-Christophe Kolm), é possível conciliar justiça e segurança sem apresentar um valor como preferível ao outro (Mario Losano)" (SIMÃO, José Fernando. *Prescrição e Decadência – Início dos Prazos*. São Paulo: Atlas, 2013, p. 204).

[80] NEVES, Gustavo Kloh Müller. *Prescrição e Decadência no Direito Civil*. Rio de Janeiro: Lumen Juris, 2008, p. 62.

[81] Será, pois, importante formular uma segurança afirmadora de valores, dinâmica, capaz de responder a necessidades constitucionalmente privilegiadas. O primeiro valor ao qual nos referiremos é a dignidade e a proteção da pessoa, conquanto a prescrição se refira tão-somente a situações patrimoniais de cunho obrigacional. Só será segura a imposição de prescrição que não represente consolidação de lesão irresistível, ou de lesão cuja reparação

rechaça que seja imputada inércia "àquele que não pode, por alguma circunstância, se mover, agir para defender seu direito".[82]

Ao investigar o conteúdo da segurança jurídica, Pérez Luño defende sua abertura e historicidade, conformando-o às exigências sociais de determinado momento histórico. O conceito de segurança jurídica sofreria variações segundo o sistema normativo examinado, uma vez que sua função e alcance dependem das lutas políticas e das vicissitudes culturais de cada sociedade.[83] Alertando para os perigos da *"seguridad de la inseguridad"* – identificada nos ordenamentos jurídicos totalitários –, o autor propõe a adoção de um conceito material de segurança jurídica, o qual leve em conta os valores constitucionais que fundamentam o ordenamento jurídico. Nessa direção, pondera que a necessidade de garantir, em abstrato, a certeza jurídica não poderia conduzir a situações em que fossem atribuídos aos cidadãos deveres impossíveis ou presunções absolutas falsas e, portanto, injustas. O conteúdo da segurança jurídica deve estar em compasso com os valores constitucionais de liberdade, igualdade e dignidade da pessoa humana, que constituem o fundamento axiológico do Estado de Direito.[84]

No cenário europeu, o debate é pautado pela efetividade dos direitos fundamentais, inadmitindo-se que, em nome de uma abstrata e genérica segurança jurídica, seja impedido – em caráter absoluto – o regular exercício de direitos constitucionalmente tutelados. A esse respeito, Francesco Longobucco observa que a prescrição sofre uma "crise da *fattispecie*". Se, tradicionalmente, o instituto foi tido como emblema de uma certeza jurídica inflexível, experimenta-se o abandono da interpretação dogmática e literal – encerrada em seus próprios

---

interesse ao quadro social como um todo (NEVES, Gustavo Kloh Müller. *Prescrição e Decadência no Direito Civil*. Rio de Janeiro: Lumen Juris, 2008, p. 42-43).

[82] NEVES, Gustavo Kloh Müller. *Prescrição e Decadência no Direito Civil*. Rio de Janeiro: Lumen Juris, 2008, p. 61.

[83] LUÑO, Antonio-Enrique Pérez. La Seguridad Jurídica: Una Garantía del Derecho y la Justicia. In: *Boletín de la Facultad de Derecho de la UNED*. n. 15. Madrid: Universidad Nacional de Educación a Distancia, UNED, 2000, p. 26.

[84] *La propia libertad, igualdad y dignidad de la persona humana, que constituye el soporte informador del Estado de Derecho, resulta incompatible con la atribución a la ciudadanía de deberes imposibles, o de su sumisión a presunciones iuris et de iure manifiestamente falsas o absurdas y, por tanto, injustas* (LUÑO, Antonio-Enrique Pérez. La Seguridad Jurídica: Una Garantía del Derecho y la Justicia. In: *Boletín de la Facultad de Derecho de la UNED*. n. 15. Madrid: Universidad Nacional de Educación a Distancia, UNED, 2000, p. 30). Tradução livre: "A própria liberdade, igualdade e dignidade da pessoa humana, que constituem o suporte informador do Estado de Direito, resultam incompatíveis com a atribuição aos cidadãos de deveres impossíveis, ou de sua submissão a presunção *iuris et de iure* manifestamente falsas ou absurdas e, portanto, injustas".

confins de completude formal. Em atenção às exigências da justiça substancial, a prescrição é interpretada e aplicada não já abstratamente, mas no âmbito da concreta relação jurídica, assegurando-se que atue como remédio eficaz no quadro de princípios europeus de devido processo legal.[85] Nesse cenário, o autor entende que a prescrição estaria progressivamente se movendo do interesse público e abstrato à certeza jurídica ao balanceamento funcional dos interesses identificados em uma concreta relação jurídica.[86]

O entendimento é partilhado por Mario Mauro, o qual, analisando a jurisprudência da Corte Europeia de Direitos Humanos e da Corte de Cassação italiana, conclui que *"l'efficienza fa scorrere la tradizionale idea di certezza da parametri pubblici ed astratti a istanza concreta da calare in uno specifico rapporto ove soggetti privati ripongono specifici interessi"*.[87]

---

[85] *Pure la prescrizione, istituto da sempre emblema della certezza inflessibile, attraversa pertanto quella stagione significativa che l'odierna civilistica ha già definito, con riguardo alla materia dei contratti, di «crisi della fattispecie». L'abbandono di interpretazioni eccessivamente dogmatiche delle regole codicistiche verso approcci più equi sul piano della giustizia sostanziale dei rapporti privati contribuisce a garantire alla prescrizione la veste di un rimedio effettivo nei quadro dei princípi del giusto processo europeo* (LONGOBUCCO, Francesco. La prescrizione come "rimedio civile": profili di ragionevolezza dell'istituto. *I Contratti*, Milano, n. 11, 2012, p. 954). Tradução livre: "Também a prescrição, instituto sempre emblemático da certeza inflexível, atravessa portanto o estágio que a civilística moderna definiu, com relação à matéria contratual, de 'crise da *fattispecie*'. O abandono da interpretação excessivamente dogmática da regra prevista no Código, com uma abordagem mais próxima do plano da justiça substancial das relações privadas, contribui a garantir à prescrição a veste de um remédio efetivo no quadro europeu de princípios de devido processo legal".

[86] *In definitiva la specifica valorizzazione degli stati di conoscenza ai fini del decorso della prescrizione realizza un inevitabile compromesso tra l'esigenza di tutela dell'interesse maggiormente meritevole del rapporto e quella della certezza del diritto che pervade la ratio stessa degli artt. 2934 ss. c.c. Tanto può affermarsi per il tramite di un'interpretazione ispirata alla ragionevolezza del principio contra non valentem agere non currit praescriptio e sull'assunto che gli stessi obiettivi di tutela delle norme sulla prescrizione stanno oggi progressivamente muovendo dall'interesse pubblico e astratto alla certezza dei rapporti al bilanciamento funzionale degli interessi delle parti private* (LONGOBUCCO, Francesco. La prescrizione come "rimedio civile": profili di ragionevolezza dell'istituto. *I Contratti*, Milano, n. 11, 2012, p. 952). Tradução livre: "Em definitivo, a específica valoração do estado de conhecimento, para fins de decurso da prescrição, realiza um inevitável compromisso entre a exigência de tutela de interesses merecedores no âmbito da relação jurídica e a exigência de certeza do direito que permeia a ratio dos artigos 2.934 e ss., CC. Assim, pode-se afirmar, por meio de uma interpretação inspirada na razoabilidade do princípio *contra non valentem agere non currit praescriptio*, que o próprio objeto de tutela da norma prescricional está progressivamente movendo-se do interesse público e abstrato à certeza jurídica ao balanceamento funcional dos interesses das partes privadas".

[87] MAURO, Mario. Prescrizione ed Effettiva, nel Dialogo tra Cassazione e Corti Europee. In: *Persona e Mercato*, 2014, 2, p. 145. Disponível em: <www.personaemercato.it/2014/11/prescrizione-ed-effettiva-nel-dialogo-tra-corti-italiane-e-corti-europee-di-mario-mauro/>. Acesso em: 21 jan. 2017. Tradução livre: "A eficiência faz esmaecer a tradicional ideia de certeza fincada em parâmetros públicos e abstratos, dando lugar a instâncias concretas de encobrimento da pretensão, identificadas no âmbito de uma específica relação jurídica entre sujeitos privados dotados de específicos interesses".

Em específico, o princípio da efetividade impacta na individuação do termo inicial da prescrição: a certeza jurídica abstrata dá lugar ao conceito material de certeza, delineada no âmbito de cada relação jurídica, com referência ao momento em que o titular efetivamente pode agir em juízo, exercendo sua pretensão.[88] Por essa razão, o decurso do prazo prescricional dependerá não só de lesão certa e determinada ao interesse juridicamente tutelado, mas da sua cognoscibilidade pelo titular do direito.[89] Somente desse modo é atendido o princípio da efetividade dos direitos fundamentais consagrado constitucionalmente e pelas diretivas que regem a União Europeia.

Nesse contexto, assume relevo a possibilidade concreta de o titular do direito fazer uso dos remédios constitucionais ao seu dispor, afastando-se a fluência do prazo prescricional nos casos em que se verificam impedimentos de fato e de direito. Rechaça-se que, em nome da noção abstrata e genérica de segurança jurídica, a prescrição possa se consumar em relação a pretensões que jamais puderam ser exercidas

---

[88] *Il principio di effettività trova un riscontro non solo nella individuazione di un termine per esercitare un diritto ma anche con riguardo al momento in cui esso fa il suo esordio. Non avrebbe senso indicare una 'scadenza' ad anni senza la certezza del momento esatto ove iniziare il calcolo. Anche qui, il riferimento è ad una certezza non astratta ma concreta: che attribuisce al singolo la consapevolezza di poter agire in giudizio* (MAURO, Mario. Prescrizione ed Effettivita, nel Dialogo tra Cassazione e Corti Europee. In: *Persona e Mercato*, 2014, 2, p. 145. Disponível em: <www.personaemercato.it/2014/11/prescrizione-ed-effettivita-nel-dialogo-tra-corti-italiane-e-corti-europee-di-mario-mauro/>. Acesso em: 21 jan. 2017). Tradução livre: "O princípio da efetividade diz respeito não só a individuação de um termo para exercício do direito, mas, antes, ao momento em que se inicia tal prazo. Não haveria sentido em estabelecer a decorrência do prazo em anos sem que houvesse certeza quanto ao momento exato em que o cálculo do referido prazo deva se iniciar. Faz-se referência a uma certeza não abstrata, mas concreta, que atribui ao sujeito a consciência de poder agir em juízo".

[89] *L'indicazione generale che si può trarre è la seguente. A prescindere da quale sia l'oggetto, l'istituto della prescrizione incide su una situazione giuridica che deve essere non solo certa e determinata ma anche conosciuta dal titolare. In difetto, il termine non potrà iniziare a decorrere. Tuttavia, precisano i Giudici EDU, l'ignoranza non deve dipendere da un atteggiamento colposo imputabile al titolare della situazione stessa. L'orientamento trova ulteriori conferme. L'effettività del rimedio non è pregiudicata solamente dalla pendenza di procedimenti giudiziali ma anche da impedimenti di fatto che ostacolano la conoscenza* (MAURO, Mario. Prescrizione ed Effettivita, nel Dialogo tra Cassazione e Corti Europee. In: *Persona e Mercato*, 2014, 2, p. 145. Disponível em: <www.personaemercato.it/2014/11/prescrizione-ed-effettivita-nel-dialogo-tra-corti-italiane-e-corti-europee-di-mario-mauro/>. Acesso em: 21 jan. 2017). Tradução livre: "A conclusão geral a que se chega é a seguinte. A prescindir de qual seja o objeto, o instituto da prescrição incide sobre uma situação jurídica que deve ser não somente determinada, mas conhecida pelo titular do direito. Em sua ausência, o prazo prescricional não poderá se iniciar. Todavia, conforme aponta a Corte Europeia de Direitos Humanos, a ignorância não deve depender de uma atitude culposa imputável ao titular da própria situação subjetiva. A orientação encontra posterior confirmação. A efetividade do remédio constitucional não é prejudicada tão somente pela pendência de procedimentos judiciais, mas também por impedimentos fáticos que impossibilitam o conhecimento".

por seu titular, valorando-se a inércia que configura como pressuposto fático da prescrição.

Como se vê, a discussão se insere no contexto mais amplo de acesso à justiça e efetividade dos direitos. Nessa esteira, pode-se argumentar que a garantia constitucional de acesso à justiça e devido processo legal depende de não estar prescrito o direito, à época em que se tornou concretamente possível ao seu titular perseguir a sua tutela em juízo. A toda evidência, as considerações acerca da efetividade dos direitos e da concretização da cláusula geral de tutela da pessoa humana exigem que seja redefinido o conteúdo da segurança jurídica que fundamenta o instituto da prescrição.

Com efeito, a Constituição Federal de 1988 promoveu efetiva revolução dogmática ao elevar a cláusula geral de tutela da dignidade da pessoa humana – em seus 4 (quatro) substratos, notadamente, liberdade, igualdade, integridade psicofísica e solidariedade social – a fundamento da República.[90] A esse respeito, destaca Gustavo Tepedino:

> A prioridade conferida à cidadania e à dignidade da pessoa humana (art. 1º, I e III, CF), fundamentos da República, e a adoção do princípio da igualdade substancial (art. 3º, III), ao lado da isonomia formal do art. 5º, bem como a garantia residual estipulada pelo art. 5º, §2º, CF, condicionam o intérprete e o legislador ordinário, modelando todo o tecido normativo infraconstitucional com a tábua axiológica eleita pelo constituinte.[91]

Em abandono da concepção formal, que identifica na previsibilidade do resultado da aplicação da norma jurídica o teor da segurança jurídica, defende-se que esta deverá exprimir a normativa constitucional, em afirmação da abertura e complexidade do sistema jurídico. Passa-se da abstrata certeza jurídica à concreta estabilização de determinada relação jurídica, para a qual deverão ser considerados os interesses e valores constitucionais colidentes, na definição da disciplina aplicável

---

[90] Note-se que, com a Constituição de 1988, a proteção à dignidade da pessoa humana se torna o ápice hierárquico do ordenamento. Artigo 1º da Constituição Federal, inciso III: "Art. 1º A República Federativa do Brasil, formada pela união indissolúvel dos Estados e Municípios e do Distrito Federal, constitui-se em Estado Democrático de Direito e tem como fundamentos: (...) III - a dignidade da pessoa humana". Sobre o tema, veja-se: BODIN DE MORAES, Maria Celina. *Danos à Pessoa Humana*. São Paulo: Renovar, 2009, p. 29.

[91] TEPEDINO, Gustavo. A Tutela da Personalidade no Ordenamento Civil-constitucional Brasileiro. In: *Temas de Direito Civil*. Rio de Janeiro: Renovar, 2001, p. 47.

(ordenamento do caso concreto). Para tanto, adota-se a hermenêutica em função aplicativa, com valoração das circunstâncias fáticas na determinação do termo inicial e final do prazo prescricional.[92] Dito diversamente, o instituto da prescrição só conduzirá à segurança jurídica – informada pelos valores constitucionais – caso a inação do titular do direito seja apreciada no âmbito da concreta relação jurídica, com referência ao interesse juridicamente tutelado que restou desatendido e à possibilidade de exercício da pretensão. Desse modo, reafirma-se a unidade axiológica e sistemática do ordenamento civil constitucional.[93]

---

[92] A hermenêutica (a teoria da interpretação) revela a conexão fundamental entre realidade e interpretação. É possível individualizar o sentido de um texto somente 'determinando o seu campo de aplicação com referência a fatos concretos'. Daí decorrem as oportunas referências à adequação, à razoabilidade, à proporcionalidade, à coerência e à congruência, incompatíveis com qualquer formalismo ou dogmatismo, destinados a alimentar a experiência, rica e diversificada, dos casos concretos e a atribuir ao texto um significado apropriado a uma determinada circunstância de fato (PERLINGIERI, Pietro. *O direito civil na legalidade constitucional*. Rio de Janeiro: Renovar, 2008, p. 604-605).

[93] A complexidade do ordenamento, no momento de sua efetiva realização, isto é, no momento hermenêutico voltado a se realizar como ordenamento do caso concreto, só pode resultar unitária: um conjunto de princípios e regras individualizadas pelo juiz que, na totalidade do sistema sócio-normativo, devidamente se dispõe a aplicar. Sob este perfil, que é o que realmente conta, em uma ciência jurídica que é ciência prática, o ordenamento, por mais complexo que seja, independentemente do tipo de complexidade que o caracterize, só pode ser uno, embora resultante de uma pluralidade de fontes e componentes (PERLINGIERI, Pietro. *O direito civil na legalidade constitucional*. Rio de Janeiro: Renovar, 2008, p. 200-201).

CAPÍTULO 2

ANÁLISE FUNCIONAL DOS PRESSUPOSTOS FÁTICOS DA PRESCRIÇÃO

> *O tempo seca a beleza,*
> *Seca o amor, seca as palavras.*
> *Deixa tudo solto, leve, desunido para sempre*
> *Como as areias nas águas.*
>
> (Cecília Meireles)

2.1 A inércia do titular do direito em perspectiva dinâmica e funcional

A doutrina tradicional entende que a prescrição traduz a influência do tempo sobre as situações jurídicas subjetivas. Nessa esteira, afirma-se que o tempo influi nas relações jurídicas de modos diversos: ora se apresenta como medida para delimitar a produção de efeitos do fato jurídico (*e.g.*, na fixação de termo inicial ou final), ora se revela como elemento configurador de estado de fato, a atrair a incidência de regras legais; em certas ocasiões, o tempo provoca a consolidação de determinadas situações fáticas.[94]

---

[94] Nessa direção, expõe Eduardo Espínola: "O tempo também influi sobre os direitos, da mesma forma que sobre todas as coisas humanas. A doutrina antiga, partindo de uma

Sob essa perspectiva, o elemento central para identificar a prescrição do direito residiria no transcurso *in albis* do lapso temporal fixado por lei, na forma de prazos prescricionais especiais e geral. A configuração da inércia do titular do direito ficaria subordinada, de certa maneira, ao próprio decurso do tempo, correspondendo à ausência de exercício da pretensão durante o período legal. Proceder-se-ia à aplicação automática – matematicamente previsível e inevitável[95] – dos prazos prescricionais, ao argumento de que, desse modo, a abstrata segurança jurídica que fundamenta o instituto restaria melhor atendida.

Acentuando o fator temporal para a configuração da prescrição, Carnelutti destaca que a prescrição constitui o fato jurídico temporal omissivo mais relevante, por meio do qual se consolida situação fática que já perdura por determinado período.[96]

O tempo jurídico, no entanto, expressa conceito relacional: um período transcorrido entre dois marcos teóricos. Por si só considerado, não é capaz de determinar a extinção de determinada pretensão, não denotando qualquer comportamento – omissivo ou comissivo – das partes que integram a relação jurídica.[97] Diante disso, há que se atribuir relevância à inércia do titular do direito para a configuração da prescrição.[98] Se ambos – decurso do tempo e inércia do titular – compõem

---

análise defeituosa das fontes romanas, reunia em um conceito único – a prescrição (aquisitiva ou extintiva) e todas as diferentes figuras sob que se manifestava a influência do tempo na vida do direito subjetivo. (...) A prescrição (extintiva) e fenômenos semelhantes. O tempo como medida para a extensão de um fato destruidor de direitos, o qual se efetua, estendendo-se no tempo" (ESPÍNOLA, Eduardo. *Sistema do Direito Civil Brasileiro*. v. II. Rio de Janeiro: Conquista, 1961, p. 319).

[95] *Ad un sistema di stretta legalità, nel quale il compimento dei termini assume un carattere automatico, matematicamente prevedibile ed inevitable* (RANIERI, Fillipo. Exceptio temporis e replicatio doli nel diritto dell'Europa. *Rivista di Diritto Civile*, 1971, v. 17, n. 01, p. 253 e ss.). Tradução livre: "Para um sistema de estrita legalidade, em que o cumprimento dos termos assume um carácter automático, matematicamente previsível e inevitável".

[96] *Con la qual parola di origine processuale, nient'altro si vuol denotare se non che la giuridicità di una situazione si muta anzi si capovolge per il semplice durare, oltre un certo tempo, dei suoi elementi materiali* (CARNELUTTI, Francesco, 1879-1965. *Teoria generale del diritto*. Roma: Foro Italiano, 1951, p. 275 e ss.). Tradução livre: "Com esta palavra de origem processual, nada mais se visa a denotar do que a juridicidade de uma situação de fato que se confirma pela simples duração, por determinado período de tempo, de seus elementos materiais".

[97] *Il tempo è un concetto di relazione, e non um fatto, ed perciò incapace di determinare, esso, l'acquisto o la perdita del diritto* (FERRUCI, Ruperto. Prescrizione estintiva. In: *Novissimo digesto italiano*. XIII. Torino, 1966, p. 646). Tradução livre: "O tempo é um conceito relacional, não um fato, e, portanto, incapaz de determinar isso, a aquisição ou a perda do direito".

[98] Na doutrina brasileira, leciona Rodrigo Xavier Leonardo: "Em termos razoavelmente gerais, pode-se dizer que a composição da prescrição não se dá apenas e tão somente pela fluência do tempo. Mostra-se necessária a ocorrência de uma inação do titular em circunstâncias que o direito positivo considere adequado avaliar esta inércia como justificadora

os pressupostos fáticos da prescrição, deve-se sujeitar o transcurso do lapso temporal à inércia do sujeito, não o contrário.[99]

Em contraponto às teorias que atribuem ao fator temporal predominância na configuração da *fattispecie* extintiva, Santoro-Passarelli sustenta que o instituto da prescrição traduz a influência da conduta do titular – comissiva ou omissiva – sobre o direito. Nesse viés, assume centralidade a inércia imputada ao titular, investigando-se o comportamento do sujeito que, podendo exercer a pretensão, não o faz.[100] Conseguintemente, o decurso do tempo será desconsiderado, para fins de cômputo do prazo prescricional, sempre que se caracterizar uma causa que torne impossível ou extremamente difícil o exercício da pretensão. Em tais casos, a inércia se justifica pela impossibilidade de agir do titular.[101]

O entendimento de que a prescrição deve estar ancorada no transcurso de tempo, com a incidência automática dos prazos prescricionais previstos em lei, assume haver suposta precedência lógica e cronológica da interpretação em relação à qualificação do fato. A partir da técnica subsuntiva, o fato jurídico é formalmente enquadrado à *fattispecie*

---

da composição da prescrição e da subsequente eficácia prescricional" (LEONARDO, Rodrigo Xavier. A Prescrição No Código Civil Brasileiro (Ou O Jogo Dos Sete Erros). *Revista da Faculdade de Direito UFPR*, v. 51, jun. 2010, p. 103).

[99] *Muovendo dal pressuposto che 'non è sufficiente la mera inerzia, concepita come fatto giuridico, a constituire la prescrizione, ma occorre che questa inerzia sia valutata nella sua realtà sociale come comportamento omissivo del titolare della situazione giuridica attiva' una recente ed apprezzabile dottrina ritiene necessario che l'interesse all'esercizio del diritto sia 'attuale', non solo eventuale, perché il comportamento omissivo sia socialmente valutabile come inerzia* (PANZA, Giuseppe. Contributto allo Studio della Prescrizione. Nápoles: Editora Jovene Napoli, 1984, p. 26). Tradução livre: "Partindo do pressuposto de que 'não basta apenas a inércia, concebida como um fato jurídico, a constituir a prescrição, mas é necessário que esta inércia seja avaliada na sua realidade social como omissão do proprietário legal da situação jurídica ativa', uma doutrina recente e apreciável considera necessário que o interesse de exercer o direito seja atual, não só eventual, para que o comportamento omissivo seja socialmente valorado como inércia".

[100] SANTORO-PASSARELLI, Francesco. *Teoria Geral do Direito Civil*. Coimbra: Atlântida Editora, 1967 p. 16.

[101] Na lição de Pietro Perlingieri: "*Se l'inerzia è il pressuposto della prescrizione, questa non opera allorché sopraggiunga una causa che, rendendo impossibile o comunque estremamente difficile l'esercizio del diritto, giustifichi l'inerzia, e allorché l'inerzia cessi in quanto il diritto viene esercitato (o riconosciuto dalla controparte): ipotesi che corrispondono rispettivamente agli istituti della sospenzione e dell'interruzione della prescrizione*" (PERLINGIERI, Pietro. *Manuale di diritto civile*. 2. ed. Napoli: Edizioni Scientifiche Italiane, 2000, p. 328) Tradução livre: "Se a inércia é o pressuposto da prescrição, esta não se configura quando sobrevier uma causa que, tornando impossível ou extremamente difícil o exercício do direito, justifique a inércia; de igual modo, a inércia cessa quando o direito for exercitado (ou reconhecido pela outra parte): tais situações correspondem, respectivamente, aos institutos da suspensão e interrupção da prescrição".

abstrata prevista na norma, daí decorrendo a disciplina jurídica aplicável. Para tanto, desconsideram-se as circunstâncias concretas do caso, bem como a totalidade dos valores que informam o ordenamento jurídico. Por outras palavras, basta que se identifiquem o prazo prescricional aplicável e a data da lesão ao direito para que seja apurado o momento em que foi consumada a prescrição.

Como se denota, tal abordagem parte do pressuposto de que a existência de legislação expressa acerca da matéria constituiria um limite à interpretação (*in claris non fitinterpretatio*). Em consequência, subtrai-se do aplicador do direito a possibilidade de, levando em conta as circunstâncias fáticas irrepetíveis do caso em análise, interpretar a norma jurídica. A tarefa do magistrado acaba por limitar-se à aplicação mecânica do texto expresso na norma.[102]

Ocorre que a interpretação da norma jurídica e a qualificação do fato concreto constituem "um único e incindível problema, na medida em que não é possível separar o conhecimento jurídico do fim prático da aplicação, do caso concreto ou fato histórico a regulamentar".[103] Ao descurar-se das circunstâncias fáticas do caso concreto,[104] a técnica subsuntiva ignora a recíproca influência entre normatividade e praxe,[105]

---

[102] Cf. PERLINGIERI, Pietro. *O direito civil na legalidade constitucional*. Rio de Janeiro: Renovar, 2008, p. 612.

[103] PERLINGIERI, Pietro. *O direito civil na legalidade constitucional*. Rio de Janeiro: Renovar, 2008, p. 612-613.

[104] Acerca da insuficiência da técnica subsuntiva, confira-se a lição de Gustavo Tepedino: "Não se trata de questão meramente terminológica. A subsunção parte de duas premissas equivocadas: (i) a separação do mundo abstrato das normas e o mundo real dos fatos, no qual aquelas devem incidir; (ii) a separação entre o momento da interpretação da norma abstrata (premissa maior) e o momento da aplicação ao suporte fático concreto (premissa menor). Como conseqüência, admite-se que, em tese e de antemão (em relação ao momento da incidência da norma), haveria valorações legítimas efetuadas pelo legislador, normas de conduta às quais deve se moldar, em abstrato, a sociedade. Com tal raciocínio: (i) reduz-se a aplicação do direito (*rectius*, a atividade do magistrado) a procedimento mecânico, especialmente se a etapa anterior – interpretação – concluir que a regra é clara, subtraindo do intérprete o poder-dever de utilização dos princípios e valores constitucionais no exame de cada preceito normativo a ser aplicado (no vetusto brocardo latino, *in claris non fitinterpretatio*); (ii) a norma infraconstitucional se torna a protagonista principal do processo interpretativo, mediadora entre os princípios – por vezes de pouca clareza analítica – e o suporte fático no qual incide. A tarefa do intérprete acaba sendo a de adequar o conteúdo principiológico extraído de determinado princípio à regra, que será considerada legítima desde que não viole, escancarada e acintosamente, o Texto constitucional, esgotadas todas as possibilidades hermenêuticas" (TEPEDINO, Gustavo. O ocaso da subsunção. In: TEPEDINO, Gustavo. *Temas de Direito Civil*. t. III. Rio de Janeiro: Renovar, 2009, p. 444).

[105] O momento da factualidade é absolutamente inelimínavel do momento cognoscitivo do direito que, como ciência prática, caracteriza-se por moventes não historiográficos ou

a qual assegura a abertura do sistema jurídico e da qual decorrem a historicidade e relatividade dos conceitos.[106]

Com efeito, a unidade do procedimento hermenêutico em função aplicativa exige que o fato concreto seja confrontado com a totalidade do ordenamento jurídico, de modo a individuar a disciplina mais compatível com os interesses e valores colidentes, em operação unitária e complexa. O ordenamento deixa de ser identificado como conjunto de normas jurídicas apartadas da realidade social, anterior à fase de aplicação jurisdicional, passando a corresponder ao conjunto dos ordenamentos dos casos concretos para cuja construção o intérprete considerará os elementos condicionantes – e irrepetíveis – dos fatos e das normas jurídicas conjuntamente interpretadas em cada conflito de interesses.[107]

Ao que se conclui que quaisquer institutos – dentre os quais se inclui a prescrição – são sempre e somente resultados hermenêuticos de todo o direito positivo, em processo de construção do ordenamento do caso concreto. Desse modo, a unidade axiológica do sistema jurídico é assegurada, uma vez que os valores constitucionais se tornam parte integrante da normativa destinada a regular a concreta relação.

Adotando-se a hermenêutica em função aplicativa, a inércia que constitui o pressuposto fático da prescrição não corresponderá à mera inação do titular por determinado período de tempo, em desconsideração das circunstâncias do caso concreto, bem como dos valores constitucionais colidentes. Ao revés, as peculiaridades fáticas serão apreciadas, de modo a valorar se o titular do direito poderia concretamente buscar a satisfação e tutela de seu interesse jurídico – hipótese em que seu comportamento omissivo configurará inércia. A fim de individuar a normativa do caso concreto, o magistrado deverá confrontar o fato com o ordenamento jurídico em sua unidade, heterogeneidade

---

filosóficos, mas aplicativos (PERLINGIERI, Pietro. *O direito civil na legalidade constitucional*. Rio de Janeiro: Renovar, 2008, p. 132).

[106] Os conceitos jurídicos não pertencem somente à história, mas, com oportunas adaptações, podem ser utilizados para realizar novas funções. Neste processo de adequação se verifica uma mudança substancial da sua natureza (PERLINGIERI, Pietro. *O direito civil na legalidade constitucional*. Rio de Janeiro: Renovar, 2008, p. 142).

[107] Individuar a normativa a ser aplicada no caso concreto, ou seja, individuar o ordenamento jurídico do caso concreto, é obra do intérprete, que se vale dos princípios e das regras que se encontram na totalidade da experiência e da realidade histórica. A sua tarefa, portanto, não é uma operação mecânica, mas sim, cultural, muito absorvente, socialmente relevante e controlável (PERLINGIERI, Pietro. *O direito civil na legalidade constitucional*. Rio de Janeiro: Renovar, 2008, p. 130).

e complexidade, afastando-se da automática aplicação do dispositivo legal isoladamente considerado.[108]

Nesse processo unitário de interpretação e aplicação do direito, os valores constitucionais colidentes – que informam a segurança jurídica, a qual fundamenta o instituto – serão sopesados, com a adoção da técnica hermenêutica da razoabilidade para a construção do ordenamento do caso concreto que assegure a realização da tábua axiológica constitucional.[109]

Assim, a inércia é remodelada: o intérprete deve apreender, das circunstâncias fáticas, (i) o comportamento exigível do titular do direito, na tutela de um interesse jurídico que tenha sido violado ou visando à satisfação de um crédito; (ii) a possibilidade concreta do exercício da pretensão, identificando-se as hipóteses de impossibilidade de agir (causas impeditivas e suspensivas); e (iii) o comportamento adotado pelo titular do direito. Alcança-se, dessa forma, concepção dinâmica e funcional da inércia.

Nessa direção, Biagio Grasso aponta que a inércia do titular deve ser apreciada com referência ao modo pelo qual o seu direito é concretamente desfrutado e realizado.[110] No âmbito obrigacional, deve-se considerar a síntese dos efeitos essenciais pretendidos pelas partes no regulamento de interesses contratual,[111] identificando-se a forma pela

---

[108] A norma age sobre a conduta por meio de uma operação intelectiva (interpretação), destinada a proporcionar sua correta compreensão e a determinar a apreciação do interessado: em outros termos, age mediante uma atividade destinada a fazer com que ele saiba, quer ele se encontre ou não na condição (hipótese de fato ou espécie) prevista pela própria norma. (...) Sendo assim, a interpretação jurídica é destinada a uma função normativa pela própria natureza do seu objeto e do seu problema, que a coloca em correlação com a aplicação da norma entendida no sentido que acabamos de explicitar (BETTI, Emilio. *Interpretação da lei e dos atos jurídicos*. São Paulo: Martins Fontes, 2007, p. 11-12).

[109] Mediante a razoabilidade, o intérprete poderá aferir em que medida a disciplina individuada para certa hipótese fática, mesmo diante de regras aparentemente claras, se encontra consentânea com os princípios e valores do ordenamento, tendo-se em conta as especificidades dos interesses em questão. É papel do intérprete, portanto, em nome da razoabilidade, entrever as consequências da sua atividade interpretativa no caso concreto, em busca da solução razoável que, ao mesmo tempo, seja rigorosamente fiel aos valores do ordenamento jurídico (TEPEDINO, Gustavo. A razoabilidade e a sua adoção à moda do jeitão. *Revista Brasileira de Direito Civil*, v. 8, 2016, p. 6).

[110] GRASSO, Biagio. Prescrizione (Dir. priv.). In: *Enciclopedia del Diritto*. t. XXXV. Milano: Giuffrè, 1986.

[111] A relação jurídica é, portanto, sob o perfil funcional, regulamento, disciplina dos centros de interesses opostos ou coligados, tendo por objeto a composição destes interesses. A relação jurídica é regulamento dos interesses na sua síntese: é a normativa que constitui a harmonização das situações subjetivas (PERLINGIERI, Pietro. *O direito civil na legalidade constitucional*. Rio de Janeiro: Renovar, 2008, p. 737).

qual os interesses de ambos os contratantes são satisfeitos. A título ilustrativo, cogite-se de uma obrigação negativa, em que o interesse do credor é satisfeito justamente pelo comportamento omissivo continuado da contraparte. A inércia só poderá se configurar uma vez que o interesse do credor deixe de ser atendido – com a violação da conduta negativa, pelo devedor –, e a pretensão possa concretamente ser exercida. Em adição, Paolo Vitucci destaca que, se o interesse do credor é satisfeito pela permanência do estado das coisas, o prazo prescricional não se iniciará antes que tal estado seja modificado.[112]

A esse propósito, cabe sublinhar a crítica feita por Bruno Troisi ao caráter estático da perspectiva tradicional, que limita o conceito de inércia ao não exercício do direito por determinado lapso temporal. Isso porque o exercício do direito subjetivo só pode ser extraído da concreta relação jurídica, na qual se articulam os interesses merecedores de tutela que integram ambas as situações subjetivas. Conseguintemente, o autor oferece uma abordagem relacional e dinâmica da inércia, a qual deve ser apreciada no âmbito da relação jurídica, com necessária avaliação do regulamento dos interesses pertinentes às recíprocas situações jurídicas subjetivas.[113]

---

[112] *Quando l'interesse del creditore è invece soddisfatto dalla permanenza di uno stato di cose, la regola sull'esordio della prescrizione si atteggia in modo corrispondentemente diverso: il termine non decorre, finché lo stato delle cose non si è modificato* (VITUCCI, Paolo. La decorrenza della prescrizione nelle azioni di anullamento. *Rivista di Diritto Civile*, Padova, v. 36, n. 2, 1990, p. 83). Tradução livre: "Quando o interesse do credor, ao invés, é satisfeito pela permanência de um estado de coisas, a regra acerca do início da prescrição se aplica de modo correspondentemente diverso: o prazo não se inicia, até que o estado de coisas não mude".

[113] *Così discorrere puramente e semplicemente di 'esercizio', di 'non esercizio', di 'estinzione del diritto' (ex art. 2.934 cod. Civ.) non giova al fini dell'intelligenza del fenomeno prescrizionale, essendo assai più complessa l'articolazione degli interessi in gioco. Questi, invero, fanno capo non soltanto al titolare della situazione c.d. attiva, ma anche al titolare di quella c.d. passiva, nel senso che entrambi i soggetti titolari sono portatori d'interesse giuridicamente riconosciuti e tutelati: ad esempio, entrambi hanno interessi a realizzare le rispettive posizioni giuridiche; entrambi possono, e talvolta debbono, porre in essere comportamenti rilevanti ai fini di tale realizzazione; entrambi possono porre in essere comportamenti o possono trovarsi in condizioni rilevanti ai fini della prescrizione. Cosí ancora, i concetti stessi di 'esercizio' e di 'non esercizio del diritto', che starebbero a fondamento del nostro istituto (art. 2934 cod. Civ.), non possono essere precisati se non si mettono in relazione e non si confrontano i conteunti, spesso interferenti, delle reciproche situazioni giuridiche soggettive* (TROISI, Bruno. *La Prescrizione come Procedimento*. Nápoles, Edizioni scientifiche italiane.1980, p. 104-105). Tradução livre: "Assim, discorrer pura e simplesmente acerca do exercício, do 'não exercício', da extinção de direito (ex art. 2.934 cod. Civ.), não atinge a finalidade do fenômeno prescricional, uma vez que se revela muito mais complexa a articulação dos interesses em jogo. Estes, na verdade, se dirigem não somente ao titular da situação c.d. ativa, mas também ao titular da c.d. passiva, no sentido de que ambos os titulares são portadores de interesse legitimamente reconhecidos e tutelados: por exemplo, ambos têm interesse em realizar as respectivas posições jurídicas; ambos podem, e portanto devem, adotar comportamentos relevantes para fins dessa realização; ambos

Nesse contexto, a causa justificadora do fenômeno prescricional é identificada não já na mera inação do titular do direito, mas na ausência de concretização do complexo regulamento de interesses entabulado pelas partes. A fim de verificar se este restou atendido – ou não –, devem ser apurados os comportamentos adotados por ambos os sujeitos que figuram como titulares das situações subjetivas funcionalmente correlatas, os quais, em regra, são os interessados na sua realização. A toda evidência, tal comportamento assumirá conteúdo variado, segundo o específico regulamento de interesses identificado na concreta relação jurídica, a qual se realiza mediante o atendimento dos efeitos essenciais pretendidos pelas partes.[114]

Essa perspectiva também é defendida por Francesco Longobucco, para quem a inércia do titular deverá ser analisada no âmbito da relação jurídica da qual participa, alterando-se, em cada caso, as circunstâncias idôneas a configurarem o não atendimento do concreto regulamento de interesses. A seu ver, o debate acerca da configuração dos pressupostos fáticos da prescrição deve ser reconduzido à relação jurídica, a qual figura como necessário ponto de incidência do fenômeno prescricional.[115]

---

podem pôr em prática comportamentos ou podem encontrar-se em condições que relevam para fins da prescrição. Por isso mesmo, os conceitos de 'exercício' e de 'não-exercício' do direito', que aparecem como fundamento do nosso instituto (art. 2934 cod. Civ.), não podem ser especificados se não são apreciados em perspectiva relacional, confrontando-se o conteúdo, muitas vezes relevante, das recíprocas situações jurídicas subjetivas".

[114] TROISI, Bruno. *La Prescrizione come Procedimento*. Nápoles, Edizioni scientifiche italiane, 1980, p. 108.

[115] *In tale contesto si inserisce altresì il dibattito in merito alla definizione del concetto di «non esercizio» del diritto (i.e. inerzia del titolare): all'opinione tradizionale e dominante che considera il mancato esercizio della situazione in un'ottica meramente oggettiva e tranciante si replica, in vero, che sarebbe più corretto discorrere di inattuazione del rapporto e, segnatamente, di mancata attuazione del contenuto essenziale di un determinato rapporto, mutando di volta in volta le circostanze idonee a far considerare appunto non attuato un concreto regolamento di interessi. Proprio la progressiva riconduzione della prescrizione al tema fondamentale del rapporto giuridico, valorizzando segnatamente la prospettiva funzionale degli interessi nel caso concreto, apre la "stura" ad una più attuale concezione dell'istituto. Si giustifica, in tal senso, il riferimento al rapporto giuridico quale necessario punto di incidenza della prescrizione delle situazioni (non soltanto di diritto soggettivo)* (LONGOBUCCO, Francesco. La prescrizione come "rimedio civile": profili di ragionevolezza dell'istituto. *I Contratti*, Milano, n. 11, 2012, p. 948-949). Tradução livre: "Nesse contexto também se insere o debate acerca da definição do conceito de "não-exercício" do direito (isto é, a inércia do titular): à opinião tradicional e dominante que considera o não exercício da situação a partir de uma ótica meramente objetiva se replica, na verdade, que seria mais adequado sustentar a não realização da relação jurídica, e, em particular, a falta de atendimento do conteúdo essencial de determinada relação jurídica, alterando-se, em cada caso, as circunstâncias idôneas a qualificarem que não restou realizado um concreto regulamento de interesses. Daí a progressiva recondução da prescrição ao tema fundamental da relação jurídica, valorizando-se a perspectiva funcional dos interesses jurídicos identificados no caso concreto, de modo a abrir as "comportas" a

A abordagem dinâmica proposta por Bruno Troisi e Francesco Longobucco mostra-se compatível com a metodologia civil-constitucional. Acerca da necessária valoração dos interesses juridicamente relevantes em perspectiva relacional, confira-se a lição de Pietro Perlingieri:

> [N]ão é possível conceber um direito ou um dever fora de uma relação jurídica. A conexão das situações subjetivas na relação jurídica exprime a exigência de valorar o comportamento não somente no momento estático, que é a descrição do efeito (nascimento, modificação ou extinção das situações subjetivas), mas também no momento dinâmico, como regulamento dos interesses, realização concreta do programa predeterminado na disciplina do fato jurídico.[116]

Com efeito, o conteúdo do direito subjetivo não pode ser individuado, senão a partir da correlata situação subjetiva dita passiva. Em consequência, a análise da satisfação do interesse do credor perpassará necessariamente pela identificação do regulamento de interesses contratual, em perfil dinâmico, voltado à sua realização.[117] Somente desse modo poderá ser identificado o comportamento exigível de cada uma das partes e, por decorrência, a inércia do credor.

Na doutrina brasileira, Rodrigo Xavier Leonardo destaca que nem toda omissão do titular de situação jurídica ativa será adequada para configurar a prescrição.[118] Isso porque, em inúmeros casos, a

---

uma concepção mais moderna do instituto. Se justifica, nesse sentido, a referência à relação jurídica como necessário ponto de incidência da prescrição das situações subjetivas (não apenas de direitos subjetivos)".

[116] PERLINGIERI, Pietro. *O direito civil na legalidade constitucional*. Rio de Janeiro: Renovar, 2008, p. 735.

[117] Só existe um direito na medida em que existe um correlato dever e só existem uma obrigação e um dever na medida em que existem interesses protegidos que se substanciam no adimplemento daquela obrigação e daquele dever. O próprio conteúdo do direito subjetivo, ou seja, da situação dita ativa, não pode ser individualizado, se não em coligação com a relativa situação dita passiva: "não se pode compreender totalmente o significado da atribuição de um direito se contemporaneamente não se analisar a correlata situação passiva" (PERLINGIERI, Pietro. *O direito civil na legalidade constitucional*. Rio de Janeiro: Renovar, 2008, p. 672-673).

[118] Sobre o tema, discorre Rodrigo Xavier Leonardo: "Nem toda inércia, nem toda a omissão do titular duma situação jurídica ativa será considerada adequada para a configuração da prescrição. Em certos casos, o elemento inércia do titular se dá em circunstâncias nas quais o direito positivo reconhece não ser conveniente configurar a prescrição, razão pela qual seria injusto imputar os efeitos a ela pertinentes. Justamente por isso, a norma jurídica possibilita o impedimento, a suspensão e a interrupção do lapso prescricional" (LEONARDO, Rodrigo Xavier. A Prescrição no Código Civil Brasileiro (ou o Jogo dos Sete Erros). *Revista da Faculdade de Direito UFPR*, v. 51, jun. 2010, p. 103).

inação se dá em circunstâncias nas quais não se mostraria razoável exigir qualquer atuação por parte do titular, razão pela qual a legislação "cria válvulas para impedir, suspender ou interromper o lapso temporal prescricional".[119] Nessa esteira, Arruda Alvim qualifica a inércia – que constitui pressuposto fático da prescrição – como a "não atividade quando esta pode ser desempenhada".[120]

Ao rejeitar que a inércia se resuma à mera inação durante determinado lapso temporal, Judith Martins-Costa propõe que seja adotado o conceito de inércia qualificada, a qual configura um comportamento concludente por parte do titular do direito. A seu ver, a inércia só assume relevância jurídica quando denota manifestação de vontade, da qual se possa deduzir significado declarativo. Por meio de sua inação, o titular do direito teria – ainda que implicitamente – demonstrado não possuir interesse em exercer a posição que ocupa na relação jurídica que o vincula à contraparte.[121] De igual modo, Renata Steiner afirma que "não bastaria a mera inércia, havendo esta de ser qualificada. Em outras palavras, somente se configura prescrição quando o sujeito pode agir, mas permanece inerte".[122] Para tanto, as autoras adotam como fundamentos da prescrição a punição ao credor e a presunção de renúncia ou abandono ao direito: o ordenamento jurídico não tutelaria a pretensão de quem, não a exercendo, demonstra sua negligência em conservá-lo.[123]

---

[119] Nesse sentido, sustenta Rodrigo Xavier Leonardo: "Assim, a própria legislação prevê determinadas situações em que a inércia do titular do direito violado é tolerada, reconhecendo-se não ser conveniente a caracterização da prescrição" (LEONARDO, Rodrigo Xavier. A Prescrição no Código Civil Brasileiro (ou o Jogo dos Sete Erros). *Revista da Faculdade de Direito UFPR*, v. 51, jun. 2010, p. 103).

[120] Cf. ALVIM, José Manoel Arruda. Da prescrição intercorrente. In: CIANI, Mirna (Coord.). *Prescrição no Código Civil*: Uma Análise Interdisciplinar. 2. ed. São Paulo: Saraiva, 2006, p. 116.

[121] Como está assentado na doutrina, a inércia adquire relevância jurídica quando assume o caráter de um *comportamento concludente*, vale dizer: de um comportamento, ativo ou omissivo, do qual se pode deduzir um *significado declarativo*, apreensível por meio de uma recognoscibilidade tácita (ou, para Betti, indireta) acerca da existência de uma manifestação de vontade. Teleologicamente coligada a esta função está a de assegurar a estabilidade e segurança jurídicas que poderiam ser perturbadas pela reviravolta de situações há longo tempo assentadas, nesse sentido a prescrição servindo como garantia da certeza do direito. Esta – a certeza do direito –, deriva, pois, do transcurso do tempo conectado ao significado declarativo que, concludentemente, foi razoável retirar do comportamento inerte do titular do direito (MARTINS-COSTA, Judith. Notas Sobre o Dies a Quo do Prazo Prescricional. In: MIRANDA, Daniel Gomes de; CUNHA, Leonardo Carneiro da; ALBUQUERQUE JÚNIOR, Renato Paulino de (Orgs.). *Prescrição e Decadência*: Estudos em Homenagem a Agnelo Amorim Filho. 5. ed. Salvador: Editora JusPodivm, 2013, v. 5, p. 291-303).

[122] Cf. STEINER, Renata Carlos. A ciência do lesado e o início da contagem do prazo prescricional. *Revista de Direito Privado*, São Paulo, v. 13, n. 50, p. 80.

[123] A esse respeito, veja-se a lição de Ruggiero: "*E innanzi tutto alla domanda, come si giustifichi che il tempo produca la perdita d'un diritto, è ovvia la risposta: l'ordinamento non presta la sua tutela*

Em sede estrangeira, a concepção de inércia como comportamento concludente do credor tem sido amplamente defendida pela doutrina.[124] Expoente dessa corrente doutrinária, Giuseppe Panza afirma que a inércia deve corresponder a um comportamento omissivo do titular, objetivamente extraído da realidade social em que se insere e que traduza renúncia tácita ao direito. Aproximando a inércia da *suppressio*, o autor a qualifica como comportamento absolutamente incompatível com vontade diversa daquele de renunciar ao direito, sendo idôneo a gerar na contraparte e em terceiros razoável confiança de que a pretensão não será exercida.[125] A despeito disso, afirma que a confiança gerada na contraparte não poderá consistir no exclusivo critério de valoração da inércia.[126]

Nessa direção, aduz que a qualificação do conteúdo omissivo como inércia deve resultar de uma valoração ponderada do comportamento de ambos os sujeitos que integram a relação jurídica, sem descurar das circunstâncias fáticas em que esta se desenvolve. No seu entender, comportamentos omissivos identificados no âmbito da mesma relação jurídica podem assumir relevância diversa.[127] A título

---

a chi del suo diritto non fa esercizio e mostra anzi col negligerlo di non volerlo conservare, mentre è nell'interesse dell'ordine sociale che dopo un dato tempo sia tolta ogni incertezza nei rapporti giuridici e troncata ogni possiblità di constroversie e di liti" (RUGGIERO, Roberto de. *Istituzioni di Diritto Civile*. Volume I. Milano: Casa Editrice Giuseppe Principato, 1934, p. 308). Tradução livre: "E, antes de tudo, à pergunta acerca de como justificar que o tempo produza a perda de um direito, é óbvia a resposta: o ordenamento não socorre a quem não exercita o seu direito e demonstra, com sua negligência, que não quer conservá-lo, enquanto é do interesse da ordem social que, após um determinado tempo, remova-se qualquer incerteza nas relações jurídicas e afaste-se qualquer possibilidade de controvérsias e litígios".

[124] Por todos, veja-se: "*Non è suficiente la mera inerzia, concepita come fatto giuridico, a costituire la prescrizione, ma ocorre che questa inerzia sia valutata nella sua realtà sociale come comportamento omissivo del titolare della situazione giuridica attiva*" (AURICCHIO, A. *Appunti sulla prescrizione*. Napoli, 1971. p. 30). Tradução livre: "Não é suficiente a mera inércia, concebida como fato jurídico, para configurar a prescrição, mas essa inércia deve ser valorada na sua realidade social, como comportamento omissivo do titular da situação jurídica ativa".

[125] Cf. PANZA, Giuseppe. *Contributto allo Studio della Prescrizione*. Nápoles: Editora Jovene Napoli, 1984, p. 41.

[126] PANZA, Giuseppe. *Contributto allo Studio della Prescrizione*. Nápoles: Editora Jovene Napoli, 1984, p. 53.

[127] *Alla luce delle considerazioni sin qui svolte appare infatti evidente che nel 'diritto applicato' la qualificazione del contegno omissivo come inerzia è la risultante di una valutazione ponderata del comportamento di entrambi i soggetti del rapporto ed avuto riguardo alle circostanze in cui esso ha luogo. È cosi che in un medesimo rapporto giuridico contegni omissivi equivalenti assumono rilevanza diversa* (PANZA, Giuseppe. *Contributto allo Studio della Prescrizione*. Nápoles: Editora Jovene Napoli, 1984, p. 54). Tradução livre: "À luz das considerações acima, parece evidente que no 'direito aplicado' a qualificação do comportamento omissivo como inércia resulta de uma valoração fundamentada do comportamento de ambas as partes da relação

ilustrativo, Panza discute a prescrição de crédito oriundo de relação de trabalho: em razão do estado de sujeição do trabalhador, sua inércia – na pendência da relação de trabalho – não será considerada como comportamento omissivo; por sua vez, a inação do empregador poderá ser compreendida como comportamento concludente, tendo em vista que, a princípio, não há óbice ao exercício do seu direito.

De modo a temperar o rigor da perspectiva tradicional, Panza pondera que a possibilidade de exercer o direito não é necessariamente coetânea ao seu surgimento, tampouco ao abstrato interesse de exercê-lo, uma vez que pode haver impedimentos de fato que obstem a atuação do titular.[128] Diante disso, propõe que a inércia seja apurada tendo-se em conta as circunstâncias fáticas do caso concreto, aptas a indicar se o sujeito efetivamente possuía condições materiais de exercer a sua pretensão.

De um lado, a concepção da inércia como comportamento concludente representa significativo avanço na matéria ao afastar-se da perspectiva estática e abstrata, realçando a necessidade de serem consideradas as circunstâncias fáticas irrepetíveis do caso concreto para a configuração da prescrição. A despeito disso, cabe ressaltar que, da inércia, não será necessariamente extraído significado declarativo; tampouco o comportamento omissivo do titular gerará, em toda e qualquer hipótese, a confiança de que a pretensão não será mais exercida. Apreciar a inércia como comportamento concludente acaba por reduzir seu escopo de incidência aos casos em que seja aplicável a boa-fé objetiva, na figura parcelar da proibição do comportamento contraditório.[129] Como se sabe, mesmo em tais hipóteses, a conservação da situação jurídica subjetiva não é justificada pelo comportamento contraditório do titular,

---

jurídica e guarda relação com as circunstâncias em que esta se realiza. Por essa razão, na mesma relação jurídica, comportamentos omissivos equivalentes assumem relevância diversa".

[128] PANZA, Giuseppe. *Contributto allo Studio della Prescrizione*. Nápoles: Editora Jovene Napoli, 1984, p. 23.

[129] Nesta senda cumpre analisar os requisitos indicados por Martins-Costa: a) duas condutas de uma mesma pessoa, a primeira (*factum proprium*) contrariando a segunda; b) identidade de partes; c) a situação contraditória se produza em uma mesma situação jurídica, ou entre situações jurídicas estreitamente coligadas; d) a primeira conduta (*factum proprium*) deve ter um significado social minimamente unívoco; e) que o *factum proprium* seja apto a gerar a legítima confiança de outrem na conservação do sentido objetivo desta conduta (segundo as circunstâncias, os usos aceitos pelo comércio, os costumes, a boa-fé); f) o caráter "vinculante" do *factum proprium* (CORDEIRO, Antônio Menezes. A ilicitude derivada do exercício do contraditório de um direito: o renascer do *venire contra factum proprium*. *Revista Forense*. Rio de Janeiro: Forense, v. 376, nov./dez. 2004. p. 121).

por si só considerado, antes, tutela-se a legítima confiança despertada na contraparte. Ocorre que, mesmo nos casos em que a inércia do credor não tenha gerado qualquer expectativa no devedor, poderá ser consumada a prescrição se identificada a possibilidade de exercício da pretensão. Em sentido inverso, pode-se cogitar da aplicação da *suppressio* antes de consumado o prazo prescricional.[130] Por essas razões, rechaça-se a adoção do conceito de inércia como comportamento concludente.

Conclui-se que a inércia que configura a prescrição não corresponde à mera inação por determinado lapso temporal. Em aplicação do método subsuntivo, a aplicação automática e abstrata dos prazos prescricionais descura das circunstâncias fáticas do caso concreto, sob o argumento de que, dessa forma, se asseguraria a certeza jurídica que fundamenta a prescrição. Todavia, como visto no capítulo 1, o próprio conceito de segurança jurídica que figura como função da prescrição é remodelado à luz dos valores constitucionais que informam o ordenamento jurídico. Nesse contexto, a inércia do titular do direito deve ser extraída da relação jurídica da qual participa, levando-se em consideração as irrepetíveis peculiaridades fáticas do caso concreto, a fim de determinar se o sujeito poderia concretamente exercer a pretensão e, a despeito disso, optou por não fazê-lo. Conseguintemente, alcança-se conceito dinâmico e funcional da inércia.

---

[130] Importante frisar que o instituto da *supressio* não se confunde com o da prescrição. Note-se, em linhas gerais, que a verificação da *supressio* depende da criação de justa expectativa na contraparte, no sentido de que se comportaria de determinada forma. Em tal cenário, em aplicação do princípio da boa-fé objetiva, será possível pleitear-se o reconhecimento judicial, independentemente dos prazos de prescrição e decadência, de que aquele agente não pode agir de forma contraditória à expectativa que o seu comportamento anterior gerou na contraparte. Nesse sentido, sustenta Anderson Schreiber: "É de se perguntar, porém, qual seria o resultado do confronto, em um caso concreto, entre os prazos legais e a incidência do *Verwirkung*. (...) Parece, todavia, razoável admitir que, neste confronto com os prazos legais (prescricionais ou decadenciais), o valor da segurança que os inspira ceda em favor da tutela da confiança naquelas hipóteses em que ao simples decurso do tempo se somem comportamentos do titular do direito – caso em que o *venire contra factum proprium* deixa, a rigor, de ser omissivo e adquire sua feição mais comum – ou circunstâncias de fato, imputáveis a ele ou não, que justifiquem uma tutela de boa-fé objetiva independentemente e acima dos prazos fixados em lei, em uma espécie de prescrição de fato. Assim, nas hipóteses de (i) omissão somada a comportamento comissivo inspirador da confiança ou de (ii) omissão qualificada por circunstâncias que, na ausência de qualquer comportamento do titular, sejam capazes de gerar a confiança de terceiros, pode se tornar aceitável a aplicação do *nemo potest venire contra factum proprium*, inclusive sob a modalidade de *Verwirkung*, mesmo na pendência de um prazo legal fixo" (SCHREIBER, Anderson. *A proibição de comportamento contraditório – tutela da confiança e venire contra factum proprium*. Rio de Janeiro: Renovar, 2007, p. 107).

2.2 Ponderações sobre o decurso do tempo: causas suspensivas, impeditivas e interruptivas do prazo prescricional

Via de regra, o decurso do tempo revela-se irresistível, não sendo contornado ou suspenso pela atividade humana. Seus efeitos extintivos se produzem automaticamente, a cada instante, de modo imutável. No âmbito da prescrição, no entanto, a fluência do prazo prescricional poderá ser interrompida, suspensa ou impedida, uma vez que se vincula intrinsecamente à configuração da inércia do titular do direito.[131] Por essa razão, já se afirmou que nem todo lapso temporal será relevante para a consumação da prescrição.[132]

Com efeito, os prazos prescricionais correspondem ao período de tempo em que, no entender do legislador, o titular do direito deve razoavelmente exercer sua pretensão.[133] Em consequência, não será

---

[131] Como destaca Chironi: "*L'inazione del creditore può a volta dipendere da motivi che renderebbero ingiusto l'effettuarsi della prescrizione: e però se non è cominiciata ne impediscono il decorso, e se cominiciata lo sospendono: può anche avvenire che la persona contro la quale è cominciata, faccia durante il decorso un atto contrario all'inazione, e allora verrebbe meno uno degli elementi della prescrizione, che ne riman cosi interrota*" (CHIRONI, Gian Pietro. *Istituzioni di Diritto Civile Italiano*. Volume I. Torino: Fratelli Bocca Editori, 1912, p. 257). Tradução livre: "A inércia do credor pode, por sua vez, se justificar por razões que tornam injusta a consumação da prescrição: assim, se não houver se iniciado o prazo prescricional, se impede seu decurso; e, se já tiver começado, resta suspenso: também pode acontecer de a pessoa contra quem é iniciada a prescrição atue, durante o decurso, em sentido contrário à inércia, e então se afasta um dos elementos da prescrição, cujo decurso se interrompe".

[132] Confira-se: "Fato é, repita-se, que o tempo é elemento essencial na prescrição. Contudo, nem todo o tempo será juridicamente relevante – *rectius* aproveitável para o devedor – para o advento do fato jurídico prescrição. Há, neste particular, normas que, ao incidir sobre certos fatos da existência, fazem afastar a consequência jurídica de contagem do prazo. Os fatos da existência nem sempre, diga-se, coincidem com os fatos jurídicos. Muitas vezes o direito fará com que fatos idênticos, por força de alguma circunstância que o legislador reputa relevante, recebam tratamentos diversos. Nas hipóteses de suspensão e interrupção, também, o tempo fisicamente considerado fluirá, mas para o direito não – *rectius*: para o fato jurídico prescrição, este tempo não terá relevância" (KATAOKA, Eduardo Takemi Dutra dos Santos. Considerações sobre o problema da prescrição. *Revista Forense*, Rio de Janeiro, RJ, v. 95, n. 348, out. 1999, p. 437-438).

[133] Nesse sentido, Santoro-Passarelli destaca: "No que se refere à duração, a lei distingue uma prescrição ordinária e prescrições de curto prazo. Indica-se como ordinária a prescrição decenal (art. 2946), mas deve ter-se presente que a prescrição pelo não uso de direitos reais (superfície, enfiteuse, usufruto, uso e habitação, servidões prediais e hipoteca) é fixada sempre em vinte anos (art. 954, IV, 970, 1014, 1.º, 1073 e 2880; cfr. Também o art. 248 das Disp. Trans.). Antes de vinte anos, o titular da propriedade limitada só pode adquirir a propriedade plena se possuir a coisa como livre, caso se admita a chamada *usucapio libertatis*. Ao lado da prescrição ordinária, o Código prevê, tendo em consideração a natureza de algumas relações, diversas prescrições de curto prazo: de cinco, de três e de dois anos, de um ano e de seis meses (arts. 2947 e ss.; 1442, 1449, etc); em leis especiais prevêem-se

contabilizado o tempo transcorrido no período em que ao credor se afigurava impossível o exercício da pretensão, em decorrência de circunstâncias alheias à sua vontade. Uma vez que não se mostra exigível uma atuação do credor diversa do comportamento omissivo, são estabelecidas causas suspensivas e impeditivas da prescrição.

Dito diversamente, tendo em vista que o pressuposto fático da inércia exige que o titular de direito possa concretamente exercer a pretensão que lhe fora atribuída, o tempo cronológico já decorrido será desconsiderado nas hipóteses de impedimento previstas em lei, deflagrando-se a fluência do prazo prescricional somente quando superada a impossibilidade de agir. Se a causa que retira do titular a possibilidade de exercer a pretensão exsurgir após o início do prazo prescricional, a contagem será suspensa, retomando-se tão logo afastados os óbices à atuação do sujeito. Nessa direção, Ferruci justifica a estipulação de causas impeditivas e suspensivas do prazo prescricional na centralidade atribuída à inércia para configuração da prescrição.[134] Por sua vez, o exercício da pretensão pelo titular interromperá a inércia, fazendo reiniciar a contagem do prazo prescricional, desde a data de sua interrupção.

O presente trabalho não se deterá acerca das causas interruptivas do prazo prescricional,[135] cabendo apenas diferenciá-las das causas

---

outras prescrições de curto prazo" (SANTORO-PASSARELLI, Giuseppe. *Teoria geral do direito civil*. Coimbra: Atlantida, 1967, p. 93).

[134] *La ratio della sospensione concessa per il loro manifestarsi è da riportari allo stesso fondamento razionale della prescrizione, il quale, com'è noto, si ricollega all'inerzia del titolare del diritto, non al mero decorso del tempo...poiché le circonstanze anzidette possono verifficarsi in concreto, già al momento in cui la prescrizione dovrebbe avere inizio, oppure sopravvenire a prescrizione iniziata, la sospensione si concreta, nel primo caso, in una dilazione del dies a quo; nel secondo, in una soluzione di continuità nel decorso del termine, che riprende allo scadere del periodo di sospensione.* Tradução livre: "A ratio da suspensão concedida para manifestação do titular tem o mesmo fundamento racional da prescrição, o qual, como se sabe, está ligado à inércia do titular do direito, não ao mero decurso do tempo...uma vez que as condições acima mencionadas podem configurar-se antes mesmo da fluência do prazo prescricional, ou serem supervenientes ao decurso já iniciado, a suspensão traduz, no primeiro caso, o prolongamento do *dies a quo*; no segundo, consiste em uma suspensão do curso do prazo, cuja contagem se retoma após o fim do período de suspensão" (FERRUCI, Ruperto. Prescrizione estintiva. In: AZARA, Antonio, ed (Co-autor). *Il digesto italiano. Novissimo digesto italiano, diretto da Antonio Azara e Ernesto Eula*. t. XIII. Colaboração de Ernesto Eula. Torino: Unione Tip. Ed. Torinese, 1957-75, p. 649).

[135] As causas legais de interrupção do prazo prescricional são previstas no artigo 202 do Código Civil: "Art. 202. A interrupção da prescrição, que somente poderá ocorrer uma vez, dar-se-á: I - por despacho do juiz, mesmo incompetente, que ordenar a citação, se o interessado a promover no prazo e na forma da lei processual; II - por protesto, nas condições do inciso antecedente; III - por protesto cambial; IV - pela apresentação do título de crédito em juízo de inventário ou em concurso de credores; V - por qualquer ato judicial que constitua

impeditivas e suspensivas. Se, de um lado, as causas suspensivas e impeditivas têm por fundamento a impossibilidade ou extrema dificuldade de agir, de outra parte, as causas interruptivas traduzem o concreto exercício da pretensão pelo titular, com o qual a inércia – que constitui pressuposto fático da prescrição – cessa. Daí decorre a diversidade de efeitos, reiniciando-se o prazo prescricional, por inteiro, nas hipóteses de interrupção. Como se denota, as causas impeditivas e suspensivas se vinculam a eventos alheios à vontade das partes que, verificando-se, retiram-lhes a possibilidade de exercício da pretensão; já as causas interruptivas decorrem da vontade das partes – podendo se relacionar tanto ao credor quanto ao devedor –, sendo sua ocorrência determinada por eventos voluntários.[136]

No ordenamento jurídico brasileiro, a distinção entre causas suspensivas e impeditivas diz respeito unicamente ao momento em que se verifica o fato que obsta o exercício do direito pelo titular:[137] se a pretensão jamais foi exercitável, estar-se-á diante de causa impeditiva;

---

em mora o devedor; VI - por qualquer ato inequívoco, ainda que extrajudicial, que importe reconhecimento do direito pelo devedor. Parágrafo único. A prescrição interrompida recomeça a correr da data do ato que a interrompeu, ou do último ato do processo para a interromper". Acerca das controvérsias atinentes à unicidade da interrupção dos prazos prescricionais, veja-se: FACHIN, Luiz Edson; FRANK, Felipe. Problematizações sobre a unicidade da interrupção prescricional do Artigo 202 do Código Civil Brasileiro. In: VENOSA, Sílvio de Salvo; GAGLIARDI, Rafael Villar; NASSER, Paulo Magalhães (Org.). *10 Anos do Código Civil*: Desafios e Perspectivas. 1. ed. São Paulo: Atlas, 2012, v. 1, p. 1-16.

[136] A esse respeito, confira-se a distinção feita por Câmara Leal: "Difere, como já tivemos oportunidade de dizer, a interrupção, da suspensão da prescrição. Três são as principais características diferenciais entre essas duas figuras preclusivas da prescrição: a) o fundamento da suspensão é a impossibilidade ou dificuldade, reconhecida pela lei, para o exercício da ação, de modo que a inércia do titular não pode ser atribuída à negligência; e o fundamento da interrupção é o exercício do direito, posto judicialmente em atividade, cessando, assim, a inércia do titular. b) a suspensão paralisa, apenas, o curso da prescrição, de modo que, cessada a causa que a determinou, o seu curso anterior prossegue; ao passo que a interrupção faz cessar o curso já iniciado e em andamento, não o paralisando, apenas, de maneira que, cessada a causa interruptiva, o seu curso anterior não prossegue, mas se inicia um novo curso, começando a correr novamente a prescrição; c) as causas suspensivas independem da vontade das partes, são fatos objetivos que ocorrem sem que essas tenham para isso cooperado; as causas interruptivas, pelo contrário, dependem da vontade das partes, são fatos subjetivos, provocados e determinados, diretamente, por essas" (CÂMARA LEAL, Antônio Luiz da. *Da Prescrição e da Decadência*. Rio de Janeiro: Forense, 1978, p. 172-173).

[137] Conforme indica Luiz Carpenter: "As causas que impedem a prescrição são as mesmas causas que a suspendem. (...) As causas são as mesmas, o momento em que surgem é que é diferente. Em um caso elas preexistem ao nascimento da ação e, portanto, obstam a que comece o curso da prescrição. No outro caso elas são supervenientes ao nascimento da ação e, conseguintemente, obstam a que continue o curso da prescrição já começado" (CARPENTER, Luiz Frederico. *Da Prescrição*. 3. ed. Rio de Janeiro: Editora Nacional de Direito, 1958, p. 301-302).

por outro lado, se o óbice se concretizar quando já houver pretensão exercitável, tendo decorrido um lapso temporal em que o titular restou inerte, haverá causa suspensiva.[138] Sublinhe-se que não é necessário qualquer ato de vontade por parte do titular do direito para que se impeça o transcurso do prazo prescricional ou, caso já iniciado, reste suspenso. Tal efeito "decorre automaticamente de um estado de fato, constatável, objetivamente, pela própria situação pessoal em que se acha o titular do direito, da qual resulta o impedimento do curso da prescrição".[139]

Conforme indicado por Carvalho Santos, a suspensão revela-se como um parêntese aberto no curso da prescrição: a contagem do prazo prescricional, já iniciada, permanece em suspenso pelo período em que perdurar a causa suspensiva, após o qual será retomada. Dessa maneira, não é desconsiderado o lapso temporal já transcorrido, havendo apenas a suspensão da contagem no interregno em que presente a causa suspensiva. Por sua vez, a interrupção do prazo prescricional tem como efeito a inutilização do tempo já transcorrido, reiniciando-se o cômputo integral do prazo.[140]

---

[138] Em sentido diverso, Giuseppe Panza defende que as causas impeditivas se vinculariam à impossibilidade de agir, de modo que não haveria inércia imputável ao titular do direito, sendo justificável que não corra o prazo prescricional. Por sua vez, as causas suspensivas traduziriam juízo de conveniência feito pelo legislador, no sentido de que o decurso do tempo, nesses casos, deverá ser desconsiderado. No original: *"In altri termini, le cause di sospensione, diversamente da quelle impeditive, non implicano una impossibilità di agire, ma sono disposte per mere ragioni di convenienza. Non operano come cause giustificative di una inerzia e, pertanto, non sono di per sé idonee ad impedire l'esordio della prescrizione"* (PANZA, Giuseppe. *Contributto allo Studio della Prescrizione*. Nápoles: Editora Jovene Napoli, 1984, p. 116). Tradução livre: "Em outras palavras, as causas de suspensão, diversamente das causas impeditivas, não implicam uma impossibilidade de agir, mas são estabelecidas por razões de mera conveniência. Eles não operam como causa justificadora de uma inércia e, por conseguinte, não são, em si só, suficientes para impedir o exórdio da prescrição". Outro posicionamento é encontrado na lição de Azzariti-Scarpello, ao sustentar que as causas impeditivas se justificam pela impossibilidade jurídica de exercício do direito, ao passo que, em relação às causas suspensivas, são levadas em consideração circunstâncias que implicam a impossibilidade fática de exercício do direito, o qual, em si e por si considerado, se mostra exercitável. V. AZZARITI-SCARPELLO. Prescrizione e decadenza. In: SCIALOJA (Coord.). *Commentario del Codice Civile*. t. VI. Roma, 1964, p. 257.

[139] Cf. GUIMARÃES, Carlos da Rocha. *Prescrição e Decadência*. 2. ed. Rio de Janeiro: Forense, 1984, p. 65.

[140] A suspensão é um parêntese aberto no curso da prescrição que surge pela causa justificativa, a partir do qual não corre mais a prescrição até que cesse a causa; e como parêntese que é, não impede que se junte o período da prescrição já decorrido antes e suspenso, com aquele que recomeça a correr depois de cessada a causa justificativa. Nisso difere da interrupção, que produz efeito diverso: não é um parêntese aberto no curso da prescrição, mas tem por efeito inutilizar o período da prescrição já corrido anteriormente, de sorte que, cessada a interrupção, começa a correr por inteiro um período novo para a prescrição (SANTOS,

Para fins de classificação, a doutrina identifica a existência de causas suspensivas e impeditivas (i) subjetivas bilaterais; (ii) subjetivas unilaterais; e (iii) objetivas. No ordenamento jurídico brasileiro, o artigo 197 do Código Civil de 2002 elenca as causas subjetivas bilaterais que impedem ou suspendem o curso do prazo prescricional. Tais causas dizem respeito à situação pessoal de ambas as partes que integram a relação jurídica a ser afetada pela prescrição.[141] Em específico, determina-se o impedimento ou suspensão da prescrição (i) entre os cônjuges, na constância da sociedade conjugal; (ii) entre ascendentes e descendentes, enquanto perdurar o poder familiar; e (iii) entre tutelados ou curatelados e seus tutores ou curadores, durante a tutela ou curatela.

Por sua vez, o artigo 198 do Código Civil traz o rol legal de causas subjetivas unilaterais: em tais hipóteses, a situação pessoal que justifica o impedimento ou a suspeição atinge apenas uma das partes que compõem a relação jurídica. Nos termos do referido dispositivo, não corre a prescrição (i) contra os absolutamente incapazes de exercer os atos da vida civil; (ii) contra os ausentes do país, a título de serviço público da União, dos estados ou dos municípios; e (iii) contra os que se encontrarem servindo nas Forças Armadas durante o período de guerra.

As causas objetivas de impedimento dos prazos prescricionais estariam previstas no artigo 199 do Código Civil de 2002, correspondendo à (i) pendência de condição suspensiva; (ii) ausência de vencimento da obrigação sujeita a termo; e (iii) pendência de ação de evicção. Cabem algumas críticas à redação desse dispositivo legal, as quais serão abordadas quando forem detidamente analisadas as causas objetivas de suspensão e impedimento.

O reconhecimento de causas impeditivas e suspensivas do prazo prescricional remonta ao brocardo romano *contra non valentem agere non currit praescriptios*, nos termos do qual não corre o prazo prescricional quando o titular do direito está impossibilitado de agir. Historicamente, a aplicação do referido brocardo conduziu à equiparação das causas previstas em lei a outras hipóteses de impossibilidade de agir, as quais compreendiam desde casos de força maior até baixa formação

---

João Manoel de Carvalho. *Código Civil Brasileiro Interpretado*. v. III. Rio de Janeiro: Freitas Bastos, 1963, p. 405).

[141] Na lição de Caio Mário da Silva Pereira: "Em primeiro lugar, razões de ordem moral paralisam os prazos, nas relações jurídicas entre pessoas que cultivam ou devem cultivar vínculo afetivo mais profundos (...) Tais pessoas são respectivamente ligadas por laços incompatíveis com a constituição de situações contrárias a direitos de que forem titulares" (PEREIRA, Caio Mário da Silva. *Instituições de Direito Civil*. v. I. Rio de Janeiro: Forense, 2006, p. 596).

acadêmica e condições precárias de existência; conseguintemente, em grande parte dos casos, a prescrição restava sujeita a causas impeditivas e suspensivas, de modo que sua incidência desde o surgimento da pretensão se revelava excepcional.[142] Por conta da exacerbada quantidade de casos em que se alegava a impossibilidade de agir – delineada em contornos amplos –, experimentou-se um recrudescimento da vinculação das causas impeditivas e suspensivas às hipóteses legalmente previstas.[143]

Nessa direção, Fadda e Bensa afirmam que as hipóteses relevantes de impedimento fático já foram eleitas pelo legislador, o qual estipulou rol taxativo de causas suspensivas e impeditivas. A seu ver, a função precípua da prescrição – de garantir a segurança jurídica – não restaria atendida caso as hipóteses legais de impedimento e suspensão

---

[142] *L'abuso che faceasi nella scuola e nella giurisprudenza di questa massima prima della pubblicazione dei nuovi Codici per ragion di equità, era giunto a tale, che l'istituto della prescrizione parve annullatto dalle distinzioni, ampliazioni, limitazioni e sublimitazioni, dalle cause sospensive o impedienti derivanti dalla ignoranza, dall'assenza, dalla debolezza del sesso, dal poco sviluppo delle facoltà intellettuali, dalla povertà e dalla insolvabilità, dalla forza maggiore, dalla guerra, dalla pesta e somiglianti* (VITUCCI, Paolo. *La Prescrizione*, tomo secondo. Milão, Giuffrè, 1999, p. 131). Tradução livre: "O abuso desta máxima que se fez na escola e na jurisprudência, antes da publicação do novo Código, por razões de equidade, chegou ao ponto em que o instituto da prescrição parecia anulado pelas distinções, ampliações, limitações e sublimações das causas suspensivas ou impeditivas decorrentes da ignorância, da ausência, da fraqueza, do pouco desenvolvimento das faculdades intelectuais, da pobreza, da força maior, da guerra, da peste e similares".

[143] Apesar de se reconhecer que as hipóteses constantes das causas de suspensão ou impedimento não são exemplificativas e sim taxativas, parte da doutrina admite a extensão da regra, quando verificada a pendência de um acontecimento que impossibilite alguém de agir, seja como conseqüência de uma causa legal, seja por um motivo de força maior, expressa na regra *contra non valetem agere non currit praescriptio* (Caio Mário da Silva Pereira, *Instituições*, p. 447). (...) o fundamento jurídico encontrado pelo legislador não foi outro senão o de que não corre a prescrição contra os que se encontram impedidos de exercer sua pretensão, por algum motivo legal. Daí admite-se, por interpretação extensiva, incluir casos que se enquadram na *ratio* da regra em questão, como, por exemplo, a paralisação da justiça por motivo de força maior, impossibilitando o titular do direito de agir contra a consumação do prazo prescricional (Câmara Leal, *Da Prescrição*, p. 180), ou a ocultação dolosa, pelo devedor, da existência do crédito (Orlando Gomes, *Introdução*, p. 503) (TEPEDINO, Gustavo; BARBOZA, Heloisa Helena; MORAES, Maria Celina Bodin de, *Código civil interpretado*: conforme a Constituição da República. Rio de Janeiro, RJ: Renovar, 2007, p. 376-377).

pudessem ser largamente ampliadas.[144][145] Em sentido oposto, parte da doutrina continuou a sustentar a possibilidade de ampliação das causas legais. Segundo pontuado por Orlando Gomes, "há quem admita a sobrevivência da regra: *contra non valentem agere non currit praescriptios*, segundo a qual a prescrição se suspenderia toda vez que houvesse impossibilidade absoluta de agir, como não ocorrência de ocultação dolosa, pelo devedor, da existência do crédito".[146]

Presenciou-se, ainda, o surgimento de correntes intermediárias, que admitem a ampliação das causas legais, condicionada a específicas modalidades. Nessa direção, Humberto Theodoro Júnior defende que a distinção entre causas subjetivas e objetivas de suspensão e impedimento não se mostra meramente formal. A seu ver, as denominadas causas subjetivas de suspensão e impedimento do prazo prescricional seriam taxativas, restringindo-se às hipóteses enumeradas por lei. Já as causas objetivas poderiam ser ampliadas para compreender hipóteses análogas, em que o titular do direito se encontre absolutamente impedido de exercer a pretensão em razão de circunstâncias objetivas, tais como a força maior.[147] Tal posicionamento já era adotado por Carvalho Santos, segundo o qual poderiam ser consideradas como causas suspensivas e impeditivas do prazo prescricional outras hipóteses em que se denote a impossibilidade absoluta de agir, em virtude de uma causa objetiva. A título exemplificativo, elenca (i) os casos de força maior que impeçam o titular do direito de agir e (ii) o obstáculo judicial, compreendido como a impossibilidade de ajuizamento da ação por interrupção no

---

[144] *Quando si muova dal concetto da noi posto in sodo, che la prescrizione mira a tôr di mezzo i rapporti, che il tempo ha affievoliti, si intende tosto che l'impossibilità di agire non è decisiva per arrestare il corso della prescrizione. (...) Arrestare il corso della prescrizione può unicamente il legislatore per ragione che egli solo può valutare comparando i danni e i vantaggi che derivar possono dall'ammettere o no in un determinato caso la decorrenza della prescrizione* (WINDSCHEID. *Diritto della Pandette*. volume primo, parte prima. Traduzido e comentado por FADDA, Carlo; BENSA, Paolo. Torino: Unione Tipografico-Editrice, 1902, p. 1.143). Tradução livre: "Quando se parte do conceito anteriormente posto, de que a prescrição visa a por um termo à relação jurídica, que o decurso do tempo fez esmaecer, se entende que a impossibilidade de agir não é decisiva para impedir a fluência do prazo prescricional. (...) Impedir o decurso da prescrição pode unicamente o legislador, por razões que somente ele pode valorar, comparado os danos e as vantagens que podem derivar de admitir ou não, em determinado caso, a fluência do prazo prescricional".

[145] Na doutrina pátria, por todos, o entendimento é partilhado por CARPENTER, Luiz Frederico. *Da Prescrição*. 3. ed. Rio de Janeiro: Editora Nacional de Direito, 1958, p. 304-310.

[146] Cf. GOMES, Orlando. *Introdução ao Direito Civil*. Rio de Janeiro: Forense, 2009, p. 450.

[147] Cf. THEODORO JUNIOR, Humberto. *Comentários ao novo código civil*: Volume III, tomo II (arts. 185 a 232), dos atos jurídicos lícitos, dos atos ilícitos, da prescrição e da decadência, da prova. Rio de Janeiro: Forense, 2008, p. 223-224.

funcionamento do Poder Judiciário.[148] A seu turno, Luiz Carpenter conjuga ambas as hipóteses na figura do obstáculo judicial, o qual justificaria a suspensão ou impedimento dos prazos prescricionais, uma vez que autorizar o início ou decurso do prazo importaria em "causar ao sujeito ativo da ação um prejuízo, imputando à sua culpa um caso de força maior".[149]

Na doutrina estrangeira clássica, Pugliese admite a aplicabilidade do brocardo latino *contra non valentem agere non currit praescriptios* aos casos em que se denote um impedimento de fato ou de direito capaz de retirar do seu titular a possibilidade de defendê-lo em juízo. De modo a evitar a excessiva ampliação das causas suspensivas e impeditivas previstas em lei, propõe que tais impedimentos sejam valorados segundo critérios rigorosos.[150]

Por sua vez, Câmara Leal sustenta que a enumeração das causas suspensivas dos prazos prescricionais é taxativa, não exemplificativa. Muito embora rechace a ampliação do rol legal por analogia, admite que seja interpretado extensivamente, de modo a incluir outras causas que se encontrem virtualmente nele contidas.[151] Nessa direção, o autor afasta a inclusão de causas suspensivas encontradas na legislação estrangeiras, tais como suspensão dos prazos prescricionais nas relações jurídicas (i) entre compossuidores e (ii) entre administrador legal e administrado. Por outro lado, admite que não corra a prescrição contra aqueles que se encontrem objetivamente impedidos de exercitar a pretensão, por razões de direito ou de fato. Identificando a impossibilidade de agir como o fundamento jurídico das causas suspensivas, entende que, por

---

[148] Mas a doutrina admite que a prescrição não corra contra aquele que se acha na impossibilidade absoluta de agir, em virtude de uma causa objetiva, como, por exemplo, a força maior que impeça a pessoa de agir. (...) Outras causas suspensivas da prescrição. Duas, principalmente, precisam ser ainda aqui referidas, embora não incluídas no texto do Código. A primeira é o obstáculo judicial. Quando, no lugar em que deve ser exercitada a ação ou interrompida a prescrição, escreve CARPENTER, o funcionamento das justiças está impedido por peste, guerra ou qualquer outra calamidade, é evidente que o curso da prescrição deve ficar suspenso, paralisado (SANTOS, João Manuel de Carvalho. *Código Civil Brasileiro Interpretado*. v. III. Rio de Janeiro: Freitas Bastos, 1963, p. 405 e 411).

[149] Cf. CARPENTER, Luiz Frederico. *Da Prescrição*. 3. ed. Rio de Janeiro: Editora Nacional de Direito, 1958, p. 339.

[150] PUGLIESE, Giuseppe. *La Prescrizione Estintiva*. Turino: Unione Tipografico-Editrice Torinese, 1924, p. 134. Em exposição do tema, vejam-se os comentários de Fadda e Bensa: WINDSCHEID. *Diritto della Pandette*. volume primo, parte prima. Traduzido e comentado por FADDA, Carlo; BENSA, Paolo. Torino: Unione Tipografico-Editrice, 1902, p. 1.140.

[151] Cf. CÂMARA LEAL, Antônio Luiz da. *Da Prescrição e da Decadência*. Rio de Janeiro: Forense, 1978, p. 165.

interpretação extensiva do rol legal, seria possível nele incluir outras hipóteses que "se enquadram perfeitamente no preceito geral que presidiu ao pensamento do legislador".[152] Dentre tais causas, Câmara Leal enuncia (i) o obstáculo judicial e (ii) impedimento legal, ao qual deve ser equiparado o obstáculo de fato.[153]

Como se denota, a alegada taxatividade das causas suspensivas e impeditivas do prazo prescricional tem sido temperada pela doutrina, ora com recurso à interpretação extensiva das causas previstas em lei, ora mediante a ampliação das causas objetivas, incluindo-se outras hipóteses em que reste configurada a impossibilidade absoluta de agir. A rigor, porém, as causas objetivas previstas no artigo 199 do Código Civil não traduzem a impossibilidade fática de exercício da pretensão; antes, consubstanciam hipóteses em que sequer existe pretensão a ser exercitada em face de outrem.

Em primeiro lugar, é elencada como causa impeditiva objetiva a existência de condição suspensiva, que constitui fato futuro e incerto ao qual se subordina o nascimento de um direito subjetivo (artigo 199, I, Código Civil).[154] Enquanto não implementada a condição suspensiva, há mera expectativa de direito, sendo autorizada unicamente a prática de atos conservatórios.[155] A toda evidência, o surgimento da pretensão não pode preceder a atribuição do próprio direito ao credor, não havendo que se falar em ausência de exercício da pretensão.[156]

Na sequência, o inciso II do artigo 199 do Código Civil prevê que não corre igualmente a prescrição não estando vencido o prazo. Como se

---

[152] CÂMARA LEAL, Antônio Luiz da. *Da Prescrição e da Decadência*. Rio de Janeiro: Forense, 1978, p. 165.

[153] Confira-se: "Se a justiça sofre uma paralisação na sua atividade, por motivo de força maior, como no caso de calamidade pública, peste, guerra, ou se seus órgãos faltam ao cumprimento de seus deveres, criando embaraços à iniciativa das partes, e o titular do direito fica impossibilitado de ajuizar a sua ação ou promover a interrupção da prescrição em tempo hábil, claro está que se lhe deve conceder a suspensão da prescrição, por obstáculo judicial" (CÂMARA LEAL, Antônio Luiz da. *Da Prescrição e da Decadência*. Rio de Janeiro: Forense, 1978, p. 166).

[154] Art. 121. Considera-se condição a cláusula que, derivando exclusivamente da vontade das partes, subordina o efeito do negócio jurídico a evento futuro e incerto.

[155] Art. 130. Ao titular do direito eventual, nos casos de condição suspensiva ou resolutiva, é permitido praticar os atos destinados a conservá-lo.

[156] Mas, o direito sujeito a uma condição suspensiva não tem existência atual e não é exigível, não podendo, portanto, servir de fundamento a uma ação, pelo que não é passível de prescrição, uma vez que esta supõe, como condição elementar, uma ação exercitável: *actioni nondum natae non praescribitur* (CÂMARA LEAL, Antônio Luiz da. *Da Prescrição e da Decadência*. Rio de Janeiro: Forense, 1978, p. 153).

sabe, as obrigações sujeitas a termo não são exigíveis antes do respectivo vencimento. Com efeito, há um descolamento entre atribuição do direito subjetivo ao credor e surgimento da pretensão, tendo em vista que a prestação só será exigível após o advento do termo.[157] Note-se que o termo pode ser determinado, com a estipulação de data pré-fixada para a produção de efeitos da relação jurídica, ou indeterminado, hipótese em que a exigibilidade da prestação se subordina a evento certo quanto à existência e indeterminado quanto ao momento de sua ocorrência.[158] Mais uma vez, portanto, não se trata da existência de causa impeditiva do prazo prescricional; ao revés, sequer há pretensão a ser exercida pelo titular do direito, a obstar o decurso do prazo prescricional.

Por fim, o inciso III do supracitado dispositivo elenca a pendência de ação de evicção como causa impeditiva da prescrição. De igual modo, no âmbito da evicção, a pretensão de reparação das perdas e danos decorrentes da perda da coisa só surgirá após consumada a perda do bem, mediante a prolação de decisão transitada em julgado. Como sabido, a evicção consiste na perda de um bem a terceiro, que a reivindica com fundamento em direito anterior àquele que o adquirente possui.[159] Nos termos do artigo 450 do Código Civil de 2002, salvo estipulação em contrário, assegura-se ao evicto a restituição integral do preço pago, bem como indenização (i) dos frutos que tiver sido obrigado a restituir; (ii) pelas despesas atinentes a contratos e prejuízos diretamente relacionados à evicção; (iii) pelas custas judiciais e honorários advocatícios. Enquanto a titularidade do bem se encontrar *sub judice*, inexistirá pretensão a ser perseguida em ação de regresso proposta pelo adquirente em face do alienante. Novamente, portanto, parece mais acertado sustentar a ausência de pretensão atribuída ao adquirente na pendência de ação de evicção ao invés de amparar-se na existência de causa impeditiva da prescrição.

---

[157] Art. 131. O termo inicial suspende o exercício, mas não a aquisição do direito.

[158] Na lição de Caio Mário da Silva Pereira: "A eficácia do negócio jurídico pode ser temporalmente determinada, ficando a declaração de vontade subordinada ao curso do tempo. (...) Diz-se que o tempo, como fator constitutivo do termo, pode ser certo ou incerto. (...) É incerto, e o negócio se diz a termo incerto, quando ao tempo falta determinação, não se estabelecendo por algum meio o momento do começo de exercício ou da extinção do direito (*dies incertus quando*) (PEREIRA, Caio Mário da Silva. *Instituições de direito civil*. v. I. Rio de Janeiro: Forense, 2006, p. 575-576).

[159] Caio Mário da Silva Pereira define o instituto como "a perda da coisa, por força de sentença judicial que atribui a outrem, por direito anterior ao contrato aquisitivo" (PEREIRA, Caio Mário da Silva. *Instituições de direito civil*. v. II. Rio de Janeiro: Forense, 2009, p. 115).

A despeito de as causas objetivas previstas no Código Civil não guardarem relação com a impossibilidade fática de o titular exercer sua pretensão, tem-se autorizado sua ampliação para incluir hipóteses em que se verifica a impossibilidade de agir, como os casos de força maior ou fato do príncipe.

No âmbito do ordenamento jurídico português, Domingues de Andrade relembra que, para fins processuais, se considera como justo impedimento o evento imprevisto e alheio à vontade da parte que a coloque na impossibilidade objetiva de praticar o ato processual, por si ou mediante mandatário.[160][161] No seu entender, tal solução também se adequa às hipóteses de impedimento fático verificadas em matéria prescricional. Em consequência, sugere que sejam desconsiderados eventos como doenças, catástrofes naturais, paralisação dos serviços forenses, entre outros similares, caso ocorram durante a fluência do prazo prescricional, sob pena de serem injustificadamente suspensos – a todo tempo – longos prazos prescricionais. A lógica é de que, enquanto houver considerável lapso temporal e ampla oportunidade para o titular da pretensão exercê-la, não deve haver suspensão do prazo em decorrência de fenômenos alheios à vontade do titular do

---

[160] Também não está certo considerarem-se pura e simplesmente tais situações (ausência, doença, terremoto) como causas suspensivas do termo, porque o credor teria de aparecer logo no dia seguinte. Estes casos só podem ter-se em consideração quando a prescrição está a terminar, e ser tratados de modo tal que o credor, uma vez cessada a causa que o impediu de agir, deva proceder com brevidade e diligência, mas não logo no dia seguinte. (...) É a solução justa. Se essas situações (doença, ausência, guerra, etc) inibem o credor de agir contra o devedor, e se produzir prova depois de cessada a causa do impedimento, por maneira a verificar-se que o credor não teve tempo de praticar mais cedo os actos respeitantes ao exercício do seu direito, o juiz, ouvida a parte contrária, admitirá o requerente a praticar o acto fora do prazo, quer dizer, considerará válida a citação do devedor para a causa, embora feita já depois do prazo normal. Portanto, nos casos figurados, o credor, impedido de agir dentro do prazo da lei, tão depressa desapareça o impedimento deve com toda a brevidade e diligência vir accionar o devedor, alegando e provando que o não pôde fazer dentro daquele prazo, e que logo que pôde tratou de vir para juízo (ANDRADE, Manuel A. Domingues de. *Teoria geral da relação jurídica*. v. 2. Coimbra: Almedina, 1960, p. 457-458).

[161] Note-se que o Código de Processo Civil brasileiro também prevê que a preclusão processual não atingirá aquele que esteve impedido de praticar o ato: "Art. 222. Na comarca, seção ou subseção judiciária onde for difícil o transporte, o juiz poderá prorrogar os prazos por até 2 (dois) meses. §1º Ao juiz é vedado reduzir prazos peremptórios sem anuência das partes. §2º Havendo calamidade pública, o limite previsto no *caput* para prorrogação de prazos poderá ser excedido. Art. 223. Decorrido o prazo, extingue-se o direito de praticar ou de emendar o ato processual, independentemente de declaração judicial, ficando assegurado, porém, à parte provar que não o realizou por justa causa. §1º Considera-se justa causa o evento alheio à vontade da parte e que a impediu de praticar o ato por si ou por mandatário. §2º Verificada a justa causa, o juiz permitirá à parte a prática do ato no prazo que lhe assinar".

direito. No entanto, quando tais embaraços incontornáveis ocorrerem às vésperas do término do prazo prescricional, mostrar-se-ia razoável considerá-los como justo motivo para suspendê-lo, garantindo à parte o acesso à justiça. Nesse cenário, tão logo superado o obstáculo legal ou fático, caberia ao titular do direito buscar a sua tutela.

A proposta de Domingues de Andrade foi acolhida pelo atual Código Civil português, o qual prevê, no artigo 321, nº 1, a suspensão do prazo prescricional por motivo de força maior, restringindo sua aplicação, contudo, aos três últimos meses do prazo prescricional.[162] Em sentido similar, o parágrafo 206 do BGB prevê a suspensão da prescrição na hipótese em que o titular seja impedido de exercer a pretensão em decorrência de evento de força maior, desde que este ocorra nos últimos seis meses do prazo prescricional.[163] Com redação mais ampla, o artigo 2.234 do Código Civil francês estabelece que a prescrição não correrá ou será suspensa em face daquele que se encontra impossibilitado de agir em decorrência de um impedimento decorrente da lei, da convenção das partes ou de força maior.[164]

Para além dos casos de fato do príncipe e força maior, outras modalidades de impossibilidade de agir justificam a suspensão ou o impedimento do prazo prescricional. Nessa esteira, são redesenhados os contornos da lesão irresistível, a qual passa a abranger todas as hipóteses em que, por razões de caráter objetivo, não se revela possível a atuação do titular da pretensão – muito embora esta já tenha surgido. A título exemplificativo, o sujeito que venha a ser erroneamente aprisionado só poderá propor a devida ação de compensação por danos morais após sua soltura, tratando-se de hipótese de lesão irresistível.[165] Na

---

[162] Artigo 321º (Suspensão por motivo de força maior ou dolo do obrigado) 1. A prescrição suspende-se durante o tempo em que o titular estiver impedido de fazer valer o seu direito, por motivo de força maior, no decurso dos últimos três meses do prazo.

[163] *Section 206 Suspension of limitation in case of force majeure. Limitation is suspended for as long as, within the last six months of the limitation period, the obligee is prevented by force majeure from prosecuting his rights.* Tradução Livre: "Seção 206. Suspensão da prescrição em caso de força maior. A prescrição é suspensa se, nos últimos seis meses do prazo prescricional, o obrigado for impedido, por força maior, de exercer os seus direitos".

[164] Art. 2.234: *La prescription ne court pas ou est suspendue contre celui qui est dans l'impossibilité d'agir par suite d'un empêchement résultant de la loi, de la convention ou de la force majeure.* Tradução livre: "A prescrição não corre ou é suspensa contra aquele que está em impossibilidade de agir, em razão de um impedimento resultante da lei, de acordo das partes ou de força maior".

[165] Há controvérsia jurisprudencial acerca dessa questão, já tendo sido afirmado que o prazo prescricional se iniciaria da data do trânsito em julgado da sentença na esfera criminal. Nesse sentido, veja-se precedente do STJ: "A questão versa em saber qual o termo inicial

mesma direção, a vigência da ditadura militar já foi considerada pelos tribunais pátrios como óbice material à propositura da ação visando à reparação pelos danos causados pelo Estado (afirmando-se, todavia, a imprescritibilidade do direito à reparação).[166]

---

do prazo prescricional para a propositura de ação de indenização por responsabilidade civil do Estado à alegação de prisão ilegal. A jurisprudência firmou-se no sentido de que o dies a quo é a data do trânsito em julgado da sentença na esfera criminal. Entretanto a hipótese dos autos é de arquivamento de inquérito policial, por isso que o autor alegou ter sido preso ilegalmente. Ele chegou a ser indiciado, mas não chegou a ser ajuizada a ação penal. O Min. Relator explicitou que, nesse caso, o termo a quo da prescrição da pretensão indenizatória moral conta-se da data do arquivamento do inquérito policial. Outrossim, não se pode aplicar o art. 200 do CC/2002 a fatos ocorridos anteriores à sua vigência. Afirmou ainda ser diversa a hipótese de ação de indenização calcada em reparação de dano ex delicto e ação de dano moral pela veiculação de representação penal arquivada. Com esse entendimento, a Turma negou provimento ao recurso" (BRASIL. Superior Tribunal de Justiça. *Recurso Especial nº 618.934-SC*, da Primeira Turma. Brasília, 13 de dezembro de 2014. Disponível em: <www.stj.jus.br/SCON/jurisprudencia/doc.jsp?livre=618934&b=ACOR&p=true&l=10&i=14>. Acesso em: 22 jan. 2017, às 16h20). Ver também: BRASIL. Superior Tribunal de Justiça. Agravo Regimental nos Embargos de Divergência no Recurso Especial nº 302165-MS, da Primeira Seção. Brasília, de 10 de junho de 2002. Disponível em: <www.stj.jus.br/SCON/jurisprudencia/doc.jsp?livre=302165&b=ACOR&p=true&l=10&i=20>. Acesso em: 22 jan. 2017, às 16h20; BRASIL. Superior Tribunal de Justiça. *Agravo Regimental No Agravo de Instrumento nº 441273-RJ*, da Segunda Turma. Brasília, de 19 de abril de 2004. Disponível em: <www.stj.jus.br/SCON/jurisprudencia/doc.jsp?livre=441273&b=ACOR&p=true&l=10&i=14>. Acesso em: 22 jan. 2017, às 16h27; BRASIL. Superior Tribunal de Justiça. *Recurso Especial nº 254167-PI*, da Segunda Turma. Brasília, 18 de fevereiro de 2002. Disponível em: <www.stj.jus.br/SCON/jurisprudencia/doc.jsp?livre=254167&b=ACOR&p=true&l=10&i=19>. Acesso em: 22 jan. 2017, às 16h29; BRASIL. Superior Tribunal de Justiça. *Recurso Especial nº 442285-RS*, da Segunda Turma. Brasília, 04 de agosto de 2003. Disponível em: <www.stj.jus.br/SCON/jurisprudencia/doc.jsp?livre=442285&b=ACOR&p=true&l=10&i=17>. Acesso em: 22 jan. 2017, às 16h32; BRASIL. Superior Tribunal de Justiça. *Agravo Regimental No Recurso Especial nº 347918-MA*, da Primeira Turma. Brasília, de 21 de outubro de 2002. Disponível em: <www.stj.jus.br/SCON/jurisprudencia/doc.jsp?livre=347918&b=ACOR&p=true&l=10&i=8>. Acesso em: 22 jan. 2017, às 16h36.

[166] Veja-se: "Processual civil e administrativo. Agravo regimental no recurso especial. Anistia política. Perseguição. Regime militar. Pretensão imprescritível. Inaplicabilidade do art. 1º do decreto 20.910/1932. Precedentes do STJ. Agravo regimental não provido. 1. Conforme o entendimento jurisprudencial do STJ, em face do caráter imprescritível das pretensões indenizatórias decorrentes dos danos a direitos da personalidade ocorridos durante o regime militar, não há que se falar em aplicação do prazo prescricional do Decreto 20.910/32. (...) O agravo regimental não merece prosperar, porquanto é entendimento firme no âmbito do STJ no sentido de ser inaplicável o prazo prescricional previsto no art. 1º do Decreto 20.910/1932, quanto aos danos decorrentes de violação de direitos fundamentais, por serem imprescritíveis, principalmente quando ocorreram durante o Regime Militar, época na qual os jurisdicionados não podiam deduzir a contento suas pretensões" (AgRg no REsp 1392941/RS, Rel. Ministro Mauro Campbell Marques, Segunda Turma, julgado em 26.11.2013, DJe 04.12.2013, grifou-se). Ver também: "Deveras, a tortura e morte são os mais expressivos atentados à dignidade da pessoa humana, valor erigido como um dos fundamentos da República Federativa do Brasil. À luz das cláusulas pétreas constitucionais, é juridicamente sustentável assentar que a proteção da dignidade da pessoa humana perdura enquanto subsiste a República Federativa, posto seu fundamento. Consectariamente, não há falar em prescrição da ação que visa implementar um dos pilares da República, máxime porque a Constituição não estipulou

Ao tratar do tema, Gustavo Kloh sustenta que a lesão irresistível é capaz de atrair para a situação jurídica uma imprescritibilidade acidental. Invocando o adágio *contra non valentem agere non currit praescriptios*, o autor sustenta que não há como se imputar inércia a quem não pode atuar em defesa do seu direito, em decorrência de circunstâncias fáticas. A seu ver, a *ratio* do estabelecimento de causas suspensivas e impeditivas consistiria em proteger aqueles que não podem exercer sua pretensão contra o decurso automático do prazo prescricional. Nessa direção, oferece alguns parâmetros para a identificação de hipóteses de lesão irresistível, a saber, (i) a impossibilidade material de ciência da lesão; (ii) a impossibilidade material de agir em defesa de seu direito, gerando efeitos impeditivos também em relação aos direitos acessórios; e (iii) a submissão à coerção irresistível.[167]

Em direção similar, Rodrigo Xavier Leonardo defende o estabelecimento de causas impeditivas em moldes mais abertos, de modo que sejam contempladas situações de grave vulnerabilidade, de difícil verificação do surgimento da pretensão ou do sujeito contra a qual esta deve ser dirigida.[168]

---

lapso prescricional ao direito de agir, correspondente ao direito inalienável à dignidade. (...) A dignidade humana violentada, *in casu*, decorreu do fato de ter sido o autor torturado, revelando flagrante atentado ao mais elementar dos direitos humanos, os quais, segundo os tratadistas, são inatos, universais, absolutos, inalienáveis e imprescritíveis. Inequívoco que foi produzida importante prova indiciária representada pelos comprovantes de tratamento e pelas declarações médicas que instruem os autos. Diante disso, a Turma, ao prosseguir o julgamento e por maioria, deu provimento ao recurso para para afastar, *in casu*, a aplicação da norma inserta no art. 1º do Decreto n. 20.910/1932, determinando o retorno dos autos à instância de origem para que dê prosseguimento ao feito. Precedentes citados do STF: HC 70.389-SP, DJ 10.8.2001; do STJ: REsp 449.000-PE, DJ 30/6/2003" (BRASIL. Superior Tribunal de Justiça. *Recurso Especial nº 845.228-RJ*, da Primeira Turma. Brasília, de 18 de fevereiro de 2008. Disponível em: <www.stj.jus.br/SCON/jurisprudencia/doc.jsp?livre=845228&b=ACOR&p=true&l=10&i=11>. Acesso em: 22 jan. 2017, às 16h53). Destaque-se que a jurisprudência do Superior Tribunal de Justiça é pacífica em relação ao tema: BRASIL. Superior Tribunal de Justiça. *Agravo Regimental no Recurso Especial nº1128042-PR*, da Primeira Turma. Brasília, de 23 de agosto de 2013. Disponível em: <www.stj.jus.br/SCON/jurisprudencia/doc.jsp?livre=1128042&b=ACOR&p=true&l=10&i=5>. Acesso em: 22 jan. 2017, às 16h56; BRASIL. Superior Tribunal de Justiça. *Agravo Regimental no Recurso Especial nº 266.082-RS*, da Segunda Turma. Brasília, de 24 de junho de 2013. Disponível em: <www.stj.jus.br/SCON/jurisprudencia/doc.jsp?livre=266082&b=ACOR&p=true&l=10&i=14>. Acesso em: 22 jan. 2017, às 16h59; BRASIL. Superior Tribunal de Justiça. *Agravo Regimental no Agravo de Instrumento nº 1337260-PR*, da Primeira Turma. Brasília, de 13 de setembro de 2011. Disponível em:<www.stj.jus.br/SCON/jurisprudencia/doc.jsp?livre=1337260&b=ACOR&p=true&l=10&i=17>. Acesso em: 22 jan. 2017, às 17h02.

[167] Cf. NEVES, Gustavo Kloh Müller. *Prescrição e Decadência no Direito Civil*. 2. ed. Rio de Janeiro: Lumen Juris, 2008, p. 63-64.

[168] Nas palavras do autor: "Em quarto lugar, o Código Civil perdeu a oportunidade de estabelecer causas de *impedimento* ao curso prescricional em moldes mais abertos para

Conforme se conclui da exposição acima, a ampliação das causas objetivas de impedimento ou suspensão dos prazos prescricionais é admitida por parte da doutrina, em aplicação do brocardo latino *contra non valentem agere non currit praescriptios*. Em decorrência, caso se averigue a impossibilidade objetiva de agir por parte do titular do direito, o prazo prescricional restará impedido ou suspenso até que sejam afastados os fatores que obstam o exercício da pretensão. Dentre tais hipóteses, incluem-se os casos de força maior e lesão irresistível.

Tal abordagem funcional afigura-se compatível com a redefinição dos contornos da inércia apta a configurar a prescrição. Como já indicado, as circunstâncias fáticas devem ser consideradas na identificação da inércia do titular do direito, para o que se revela imprescindível perscrutar (i) o comportamento exigível do titular, no âmbito daquela determinada relação jurídica e do concreto regulamento de interesses (nas hipóteses de direitos obrigacionais); (ii) a possibilidade concreta de exercício da pretensão; e (iii) o comportamento efetivamente adotado pelo titular. Caso se esteja diante de impossibilidade objetiva de agir, não restará caracterizada a inércia do titular, vez que não se mostra razoável, naquelas circunstâncias fáticas, exigir-lhe qualquer comportamento diverso. Conseguintemente, o prazo prescricional restará impedido ou suspenso até que o titular possa concretamente exercitar o seu direito em face de outrem. Dito diversamente, a construção do ordenamento do caso concreto – com a individuação do momento em que seja consumada a prescrição – não poderá prescindir da análise das peculiaridades irrepetíveis do fato jurídico, as quais poderão configurar causas suspensivas ou impeditivas do prazo prescricional.

Em sentido contrário, argumenta-se que a taxatividade das causas impeditivas e suspensivas dos prazos prescricionais conduziria à maior segurança jurídica.[169] Com a adoção do método subsuntivo,

---

determinadas situações de grave *vulnerabilidade*, e de *difícil* verificação do surgimento da pretensão e do polo passivo contra a qual ela se dirige. A disciplina dos impedimentos ao curso da contagem do tempo na prescrição praticamente repetiu o Código Civil de 1916 e, ao assim proceder, perdeu uma importante oportunidade para concretizar as soluções pertinentes à diretriz da ética *da situação* propugnadas pelo coordenador do projeto do Código Civil" (LEONARDO, Rodrigo Xavier. A prescrição no Código Civil Brasileiro (ou o jogo dos sete erros). *Revista da Faculdade de Direito UFPR*, v. 51, jun. 2010, p. 116).

[169] Gustavo Kloh Neves também aborda a questão, sob o viés da qualificação da inércia e também da promoção da segurança jurídica: "Logo, haverá uma grande segurança ao se admitir que em alguns casos não se faça incidir o prazo prescricional, flexibilizando-se o sistema com legitimidade, de modo a resguardar a situação daqueles que não podem se proteger. Reconhecemos que esse é o escopo de art. 198 do CC/2002, que possuía como equivalente o art. 196 no CC/1916. No entanto, transformar esse rol em uma lista taxativa é esvaziar uma proteção que é reputada importante não só pelo intérprete, mas também

pretende-se amoldar os fatos jurídicos de impossibilidade objetiva de agir do titular do direito às hipóteses de impedimento ou suspensão previamente estipuladas em lei, ignorando-se a abertura do sistema jurídico.[170] Todavia, a factualidade não pode ser suprimida do momento cognoscitivo do direito, o qual representa processo unitário de interpretação e aplicação do ordenamento jurídico. Com efeito, a atividade legislativa e a produção da decisão constituem vicissitude incindível ao realizarem efetiva "ponderação entre a conservação dos valores legais contidos na lei e o caráter promocional da realidade factual",[171] a qual se revela sempre inovadora, traduzindo "imprevisível expressão da complexidade dos fatos concretos".[172] Daí decorre a abertura e complexidade do ordenamento jurídico, o qual não se reduz a um sistema imóvel, isolado entre os confins de sua completude formal e linguística; antes, consiste em sistema aberto e sensível à contínua mudança da realidade factual, no âmbito do qual o próprio conteúdo da segurança jurídica é remodelado.[173]

Nesse contexto, à luz da segurança jurídica informada por valores constitucionais, indaga-se se, para além da ampliação das causas objetivas, pode ser afastada a suposta taxatividade das causas impeditivas e suspensivas subjetivas bilaterais dos prazos prescricionais. Para tanto, procede-se à análise funcional das causas previstas no artigo 197 do Código Civil, investigando-se se as razões que fundamentam as hipóteses legais justificariam a inclusão de outros casos não previstos em lei.

Em primeiro lugar, tem-se a hipótese prevista no artigo 197, I, Código Civil de 2002, de impedimento ou suspensão dos prazos

---

por quem elaborou os textos dos Códigos, porque o 'espírito' que se extrai do dispositivo é exatamente esse: a proteção dos que não podem evitar a própria inação" (NEVES, Gustavo Kloh Müller. *Prescrição e Decadência no Direito Civil*. Rio de Janeiro, Lumen Juris, 2008, p. 60).

[170] Acerca da abertura do sistema jurídico, confira-se a lição de CANARIS, Claus-Wilhelm. *Pensamento sistemático e conceito de sistema na ciência do direito*. Lisboa: Fundação Calouste Gulbenkian, 1996.

[171] Cf. PERLINGIERI, Pietro. *O direito civil na legalidade constitucional*. Rio de Janeiro: Renovar, 2008, p. 200.

[172] PERLINGIERI, Pietro. *O direito civil na legalidade constitucional*. Rio de Janeiro: Renovar, 2008, p. 200.

[173] Confira-se: "O ordenamento realmente vigente é o conjunto dos ordenamentos dos casos concretos, como se apresentam na experiência do dia-a-dia, e vive, portanto, exclusivamente enquanto individualizado e aplicado aos fatos e aos acontecimentos. (...) Sob este perfil, ao fenômeno jurídico não é possível subtrair a complexidade da factualidade que, em realidade, é uma componente essencial da normatividade e, sobretudo, da sua historicidade" (PERLINGIERI, Pietro. *O direito civil na legalidade constitucional*. Rio de Janeiro: Renovar, 2008, p. 201).

prescricionais na vigência de sociedade conjugal. Tal modalidade deve ser interpretada de forma axiológica e sistemática, de modo a compreender não só a relação mantida entre cônjuges, mas também a relação entabulada entre companheiros. Com efeito, as razões de ordem moral que justificam a suspensão ou o impedimento da fluência do prazo prescricional entre os cônjuges também estão presentes no âmbito da união estável.[174] Em ambos os casos, visa-se preservar a convivência pacífica na entidade familiar, evitando que o ajuizamento de demandas entre si impacte a relação afetiva mantida entre companheiros e cônjuges.[175] Tal entendimento coaduna-se com o tratamento conferido pela própria Constituição Federal de 1988 à união estável, a qual foi equiparada ao casamento para fins de proteção estatal (artigo 226, §3º, CF).[176] Nessa direção, o Supremo Tribunal Federal já afirmou a igualdade de tratamento a ser conferida às entidades familiares originadas do casamento e da união estável.[177]

---

[174] Veja-se: "Duas são as razões, ao nosso ver, que justificam a opção do legislador: A primeira é proteger o cônjuge de atos ilícitos ou irregulares de lavra do outro integrante da sociedade conjugal e que não poderiam ser descobertos a tempo, considerando a existência de um vínculo de confiança mútua. Não seria mesmo justificável que a confiança, base de qualquer relacionamento, especialmente o de natureza conjugal, fosse utilizado como elemento apto a tornar possível prejudicar o outro cônjuge. (...) A segunda é evitar disputas em sede judicial que poderiam destruir a sociedade conjugal, o que certamente seria a opção se o prazo prescricional estivesse incidindo" (DELGADO, José Augusto et al. Comentários ao Código Civil Brasileiro. v. II. Rio de Janeiro: Forense, 2008, p. 904).

[175] Confira-se: "Tendo em vista o tratamento dispensado pela própria Constituição Federal à união estável, reconhecida no §3º do art. 226 como entidade familiar, igualmente sujeita à proteção do Estado, entende-se que a sociedade de fato se encontra abrangida nesta norma. As razões morais que justificam a proteção da relação entre marido e mulher são as mesmas existentes entre o companheiro e a companheira, daí por que se deve estender a suspensão ou o impedimento do prazo prescricional para esses casos. Se o legislador visou preservar a paz doméstica e a família, não faz sentido a restrição do benefício somente para aqueles que se uniram pelo casamento, uma vez que tais valores se encontram igualmente presentes na união estável, entidade familiar reconhecida pela CF e à qual o Estado deve proteger igualmente" (TEPEDINO et al. Código Civil Interpretado conforme a Constituição da República. v. I. Rio de Janeiro, RJ: Renovar, 2004, p. 372).

[176] Art. 226. A família, base da sociedade, tem especial proteção do Estado. (...) §3º Para efeito da proteção do Estado, é reconhecida a união estável entre o homem e a mulher como entidade familiar, devendo a lei facilitar sua conversão em casamento (TEPEDINO et al. Código Civil Interpretado conforme a Constituição da República. v. I. Rio de Janeiro, RJ: Renovar, 2004, p. 372).

[177] Pedido de vista do ministro Dias Toffoli suspendeu o julgamento, pelo Supremo Tribunal Federal, do Recurso Extraordinário nº 878.694, em que se discute a inconstitucionalidade do tratamento diferenciado dado a cônjuge e a companheiro, pelo artigo 1.790 do Código Civil, para fins de sucessão. Até o momento, sete ministros votaram pela inconstitucionalidade da norma por entenderem que a Constituição Federal garante a equiparação entre os regimes da união estável e do casamento no tocante ao regime sucessório. O recurso teve repercussão geral reconhecida pela Corte em abril de 2015: DIREITO DAS SUCESSÕES.

A esse respeito, cabe destacar que a Constituição da República de 1988 acolheu a multiplicidade de modelos familiares, trazendo em seu bojo, expressamente, a família oriunda do casamento,[178] a família oriunda da união estável e a família monoparental.[179] Para além da família fundada no casamento, em que o ato solene constitui espécie de prova pré-constituída da relação familiar,[180] reconheceu-se a existência de múltiplas formas de convivência familiar identificadas na realidade cotidiana, às quais se atribuem efeitos jurídicos.[181] O ordenamento jurídico volta-se à realidade sociológica, assegurando igual visibilidade e tutela jurídica às diversas redes familiares. Acentua-se, desse modo, a historicidade do conceito de família, o qual se reconstrói a todo tempo, segundo as exigências trazidas pela práxis social, em contínuo

---

RECURSO EXTRAORDINÁRIO. DISPOSITIVOS DO CÓDIGO CIVIL QUE PREVEEM DIREITOS DISTINTOS AO CÔNJUGE E AO COMPANHEIRO. ATRIBUIÇÃO DE REPERCUSSÃO GERAL. 1. Possui caráter constitucional a controvérsia acerca da validade do art. 1.790 do Código Civil, que prevê ao companheiro direitos sucessórios distintos daqueles outorgados ao cônjuge pelo art. 1.829 do mesmo Código. 2. Questão de relevância social e jurídica que ultrapassa os interesses subjetivos da causa. 3. Repercussão geral reconhecida. (BRASIL. Supremo Tribunal Federal. *Repercussão Geral no Recurso Extraordinário nº 878.694 – MG*, do Tribunal Pleno. Brasília, de 19 de maio de 2015. Disponível em: <www.stf.jus.br/portal/jurisprudencia/listarJurisprudencia.asp?s1=%28878694%29&base=base Repercussao&url=http://tinyurl.com/zoxhg2g>. Acesso em: 22 jan. 2017, às 17h06).

[178] Art. 226 da Constituição Federal: "A família, base da sociedade, tem especial proteção do Estado. §1º O casamento é civil e gratuita a celebração. §2º O casamento religioso tem efeito civil, nos termos da lei".

[179] Art. 226 da Constituição Federal, §4º: "Entende-se, também, como entidade familiar a comunidade formada por qualquer dos pais e seus descendentes".

[180] Acerca da dualidade conceitual da expressão *casamento*, informa Gustavo Tepedino: "O constituinte, a rigor, vale-se da dualidade conceitual da expressão casamento, que pode ser examinado ora como ato jurídico formal fundador da família, ora como a relação jurídica familiar, decorrente não somente do ato jurídico formal de fundação da família. Com efeito, pode-se empregar a expressão casamento para designar o ato matrimonial: 'O casamento de Tício ocorreu no dia tal'; e para designar as relações familiares: 'O casamento de Tício é muito bem-sucedido'" (TEPEDINO, Gustavo. A Disciplina Civil-Constitucional das Relações Familiares. In: *Temas de Direito Civil*. v. I. Rio de Janeiro: Renovar, 2008, p. 429).

[181] O ente familiar não é mais uma única definição. A família se torna plural. Há realmente uma passagem intimamente ligada às modificações políticas, sociais e econômicas. Da superação do antigo modelo da "grande-família", na qual avultava o caráter patriarcal e hierarquizado da família, uma unidade centrada no casamento, nasce a família moderna, com a progressiva eliminação da hierarquia, emergindo uma restrita liberdade de escolha; o casamento fica dissociado da legitimidade dos filhos. Começam a dominar as relações de afeto, de solidariedade e de cooperação. Proclama-se a concepção eudemonista da família: não é mais o indivíduo que existe para a família e para o casamento, mas a família e o casamento existem para o seu desenvolvimento pessoal, em busca de sua aspiração à felicidade (FACHIN, Luiz Edson. *Direito de Família*: Elementos críticos à luz do novo Código Civil brasileiro. Rio de Janeiro: Renovar, 2003, p. 31-32).

exercício de ampliação de seu conteúdo normativo.[182] A família passa a ser caracterizada como uma estável comunhão de afetos, marcada não tanto pelas relações de consanguinidade, mas pela convivência afetiva e compartilhamento de projetos comuns.[183]

A suspensão ou impedimento do prazo prescricional entre cônjuges e companheiros perdurará até o término da relação. Considerando que a separação de fato foi equiparada à separação judicial para fins de constituição da união estável (artigo 1.723, §1º, Código Civil),[184] também será apta a deflagrar o decurso do prazo prescricional, uma vez que já não há constância da sociedade conjugal.

Por sua vez, o artigo 197, II, do Código Civil qualifica a vigência do poder familiar entre ascendentes e descendentes como causa impeditiva da fluência do prazo prescricional entre si. Mais uma vez, deve ser observada a igualdade entre os filhos consagrada pela Constituição

---

[182] Sobre a relação entre direito e praxe, relata Pietro Perlingieri: "São numerosas as interpretações da praxe como experiência global (não contraposta à teoria, mas como sua concretização e efetivação), e, portanto, como elemento não separável da normatividade, em uma síntese na qual direito e praxe são aspectos iniludíveis da cultura jurídica. (...) O direito se apresenta como expressão de um complexo de valores e interesses que se individualizam na experiência e na cultura de uma determinada comunidade" (PERLINGIERI, Pietro. *O direito civil na legalidade constitucional*. Rio de Janeiro: Renovar, 2008, p. 113-114).

[183] Remeta-se, ainda mais uma vez, à lição de Pietro Perlingieri: "O merecimento de tutela da família não diz respeito exclusivamente às relações de sangue, mas, sobretudo, àquelas afetivas que se traduzem em uma comunhão espiritual de vida (estável comunhão de afetos). O dado unificador é a comunhão espiritual e de vida, que se manifesta em uma pluralidade de articulações, em relação aos ambientes e ao diverso grau sóciocultural: da família nuclear sem filhos à grande família" (PERLINGIERI, Pietro. *O direito civil na legalidade constitucional*. Rio de Janeiro: Renovar, 2008, p. 973). A esse respeito, v. TEPEDINO, Gustavo. *Dilemas do Afeto*. Disponível em: <http://jota.info/especiais/dilemas-do-afeto-31122015>. Acesso em: 04 jan. 17: "A substituição do modelo autoritário, institucional e hierarquizado por modelo pluralista, democrático e igualitário da família coincide com a crescente atribuição de poder político e reivindicativo a todas as pessoas, que adquirem a pretensão de serem cidadãos com iguais direitos e deveres". No mesmo sentido, BODIN, Maria Celina. A nova família, de novo – Estruturas e função das famílias contemporâneas. *Revista Pensar*, Fortaleza, v. 18, n. 2, p. 587-628, maio/ago. 2013: "Famílias democratizadas nada mais são do que famílias em que a dignidade de cada membro é respeitada e tutelada. Para a concretização desse processo, o que mais cumpre ressaltar é a sua pluralidade: o fenômeno familiar não é mais unitário, tendo deixado o casamento de servir de referência única constitutiva do grupo familiar. Como se viu, depois de 1988, foram expressamente admitidas entidades diversas e a Constituição reconheceu, em rol exemplificativo, estruturas diferenciadas de relacionamentos familiares, de modo que outras entidades se tornaram possíveis e até mesmo desejáveis: além das uniões estáveis e das famílias monoparentais, famílias recombinadas, famílias homoafetivas e até mesmo famílias concubinárias e simultâneas usufruem, hoje, de proteção legal".

[184] Art. 1.723. É reconhecida como entidade familiar a união estável entre o homem e a mulher, configurada na convivência pública, contínua e duradoura e estabelecida com o objetivo de constituição de família. §1º A união estável não se constituirá se ocorrerem os impedimentos do art. 1.521; não se aplicando a incidência do inciso VI no caso de a pessoa casada se achar separada de fato ou judicialmente.

Federal de 1988, a qual afasta a discriminação entre filhos havidos na vigência de relação conjugal ou união estável e aqueles concebidos no âmbito de relação extraconjugal, ou, ainda, a diferenciação de filhos adotivos.[185] Cabe relevo, ainda, a nomenclatura adotada pelo Código Civil de 2002: a referência ao pátrio poder feita no Código Civil de 1916 foi substituída pela concepção de autoridade parental, em afirmação da igualdade entre homem e mulher na comunidade intermédia familiar, reconhecida pelos artigos 226, §5º, e 229 da Constituição Federal de 1988.[186] [187] Nessa direção, os artigos 1.630 e ss. do Código Civil de 2002 estabelecem que o poder familiar será exercido por ambos os pais – mesmo após separação judicial ou de fato, ou, ainda, dissolução da união estável, a menos que um dos genitores se encontre impedido a exercê-lo. As hipóteses de extinção do poder familiar são previstas no artigo 1.635 do Código Civil de 2002, incluindo (i) a morte dos pais ou do filho; (ii) a emancipação; (iii) a maioridade; (iv) a adoção; e (v) decisão judicial que a declare.

O impedimento da fluência do prazo prescricional justifica-se pelo fato de a representação legal,[188] guarda e administração dos bens dos filhos caberem aos pais, os quais figuram como usufrutuários legais de tais bens.[189] De um lado, o ajuizamento de demanda pelos pais em face dos filhos mostra-se, de certa forma, incompatível com a confiança mútua inerente ao exercício do poder familiar. De outra parte, a sujeição dos filhos aos pais na vigência da autoridade parental obstaculiza, na prática, a propositura de ação judicial em face de seus genitores.[190] Em consequência, o prazo prescricional para o exercício da pretensão atribuída

---

[185] Art. 227, §6º. Os filhos, havidos ou não da relação do casamento, ou por adoção, terão os mesmos direitos e qualificações, proibidas quaisquer designações discriminatórias relativas à filiação.

[186] Art. 226. A família, base da sociedade, tem especial proteção do Estado. (...) §5º Os direitos e deveres referentes à sociedade conjugal são exercidos igualmente pelo homem e pela mulher.

[187] Art. 229. Os pais têm o dever de assistir, criar e educar os filhos menores, e os filhos maiores têm o dever de ajudar e amparar os pais na velhice, carência ou enfermidade.

[188] Art. 1.690. Compete aos pais, e na falta de um deles ao outro, com exclusividade, representar os filhos menores de dezesseis anos, bem como assisti-los até completarem a maioridade ou serem emancipados.

[189] Art. 1.689. O pai e a mãe, enquanto no exercício do poder familiar: I - são usufrutuários dos bens dos filhos; II - têm a administração dos bens dos filhos menores sob sua autoridade.

[190] A razão para a regra reside na clara dificuldade para alguém sujeito ao poder familiar, notadamente, o dever de obediência, questionar os atos de seus genitores (DELGADO, José Augusto et al. Comentários ao Código Civil Brasileiro. v. II. Rio de Janeiro: Forense, 2008, p. 906).

aos relativamente incapazes em face de seus assistentes, pelo artigo 195 do Código Civil,[191] só se inicia após alcançada a maioridade civil.

De igual modo, o prazo prescricional não corre entre tutelados ou curatelados e seus tutores ou curadores durante a vigência da tutela ou curatela (artigo 197, III, do Código Civil). A estipulação dessa causa impeditiva também se fundamenta no exercício do poder parental pelos tutores e curadores. Por consequência, enquanto não cessar a relação de curatela ou tutela não se iniciará o decurso do prazo prescricional. Em caráter excepcional, a pretensão à prestação de contas relativa à tutela prescreverá em 4 (quatro) anos, contados da data da aprovação das contas, nos termos do artigo 206, §4º, do Código Civil. Note-se que, com a entrada em vigor do processo de tomada de decisão apoiada,[192] a interpretação do artigo 197, III, do Código Civil de 2002 deve ser ampliada, de modo que passe a abranger o sujeito eleito para a administração dos bens do tutelado e apoio em atos da vida civil. Em tais casos, a fidúcia que fundamenta a relação mantida entre a pessoa com deficiência e seus apoiadores justificaria o impedimento ou suspensão do decurso do prazo prescricional.

Em comentários às causas impeditivas bilaterais, Fadda e Bensa entendem que, a rigor, não se está diante de impossibilidade material ou jurídica de exercício da pretensão. Os autores ponderam, no entanto, que haveria uma dificuldade de exercício de ordem moral tão acentuada que, na prática, aproximar-se-ia de uma impossibilidade fática.[193]

---

[191] Art. 195. Os relativamente incapazes e as pessoas jurídicas têm ação contra os seus assistentes ou representantes legais, que derem causa à prescrição, ou não a alegarem oportunamente.

[192] Art. 1.783-A. A tomada de decisão apoiada é o processo pelo qual a pessoa com deficiência elege pelo menos 2 (duas) pessoas idôneas, com as quais mantenha vínculos e que gozem de sua confiança, para prestar-lhe apoio na tomada de decisão sobre atos da vida civil, fornecendo-lhes os elementos e informações necessários para que possa exercer sua capacidade. Acerca do tema, confiram-se: SCHREIBER, Anderson. *Tomada de Decisão Apoiada*: o que é e qual sua utilidade?. Disponível em: <http://www.cartaforense.com.br/conteudo/artigos/tomada-de-decisao-apoiada-o-que-e-e-qual-sua-utilidade/16608>. Acesso em: 04 jan. 17; MENEZES, Joyceane Bezerra de. Tomada de decisão apoiada: instrumento de apoio ao exercício da capacidade civil da pessoa com deficiência instituído pela Lei Brasileira de Inclusão (Lei n. 13.146/2015). *Revista Brasileira de Direito Civil - IBDCIVIL*, v. 9, jul./set. 2016, p. 31-57.

[193] *Se si vuol parlare di vera impossibilità materiale o giuridica nessun dubbio che tale non sia qui il caso. Ma appunto nell'ordine morale vi è tale una difficoltà che è quasi un'impossibilità* (WINDSCHEID. *Diritto della Pandette*. volume primo, parte prima. Traduzido e comentado por FADDA, Carlo; BENSA, Paolo. Torino: Unione Tipografico-Editrice, 1902, p. 1.135). Tradução livre: "Se se quer falar de verdadeira impossibilidade material ou jurídica, não há dúvidas de que não é o caso. Mas na ordem moral se identifica tamanha dificuldade que quase se assemelha a uma impossibilidade".

As modalidades previstas no artigo 197 do Código Civil, no entanto, não esgotam as situações fáticas em que a relação de fidúcia e a posição ocupada reciprocamente pelas partes se mostram, em alguma medida, incompatíveis com o exercício de pretensões detidas entre si, obstando o ajuizamento de ações judiciais. Se a administração dos bens pelos pais – em exercício da autoridade parental – ou por tutores e curadores figura como um dos fundamentos para que não corra a prescrição, poderia se defender a ampliação das causas impeditivas ou suspensivas bilaterais, de modo a incluir outras modalidades de administração de bens que, igualmente, obstaculizam o exercício concreto das pretensões detidas entre si. No entanto, é preciso ponderar que, quando se está diante de administração de bens contratualmente estabelecida, a escolha do administrador e da manutenção da relação jurídica cabe ao titular. A rigor, em inúmeras espécies contratuais, a fidúcia assume central relevância – destaquem-se, exemplificativamente, as relações mantidas entre mandante e mandatário, depositante e depositário, fiduciante e fiduciário, fiador e afiançado. Uma vez que a celebração de um contrato decorre da vontade das partes, em exercício da autonomia negocial, a princípio, não se justificaria que representasse uma causa suspensiva ou impeditiva do decurso da prescrição, restando à disposição das partes a possibilidade de resilir ou revogar a contratação.

Por essa razão, a administração de bens determinada por lei – como se verifica na relação entre pais e filhos, tutores e tutelados e curadores e curatelados – ou por determinação judicial possui maior proximidade com as razões que fundamentam a causa impeditiva ou suspensiva, podendo representar efetiva impossibilidade de agir do titular do direito. Caso adotado tal posicionamento, poderá se cogitar da inclusão, nas causas impeditivas bilaterais previstas no artigo 197 do Código Civil, das pretensões detidas entre administrador judicial e sociedade, liquidante e massa falida, e inventariante e espólio ou herdeiros. Em consequência, o prazo prescricional trienal previsto para as pretensões exercidas em face dos administradores judiciais (artigo 206, §3º, b, do Código Civil) e liquidantes (artigo 206, §3º, c, do Código Civil) se contaria desde o momento em que deixassem de exercer os respectivos cargos, e não já da apresentação do balanço ou assembleia semestral posterior à violação. Nada obstante, tal ampliação não abrangeria a relação jurídica entre administrado e os entes e sujeitos que compõem a Administração Pública direta e indireta, ainda que se esteja diante de administração legal de bens.[194]

---

[194] A esse respeito, afirma Luiz Carpenter que, "em um regime democrático, de governo pelo povo, como esse em que vivemos, todos os administradores legais são responsáveis

Na experiência estrangeira, colhe-se do artigo 318 do Código Civil Português que a administração de bens estabelecida por lei, por determinação judicial ou por terceiro, atuará como causa bilateral de suspensão até que ocorra a aprovação final da prestação de contas. O tratamento é estendido a pretensões detidas entre sociedades e seus administradores, decorrentes de atos praticados no exercício da administração, em relação às quais o prazo prescricional restará impedido enquanto os administradores ocuparem tais cargos.[195][196] O artigo 2.941 do Código Civil Italiano possui previsão similar, determinando a suspensão da prescrição entre administradores e administrados – desde que a administração seja determinada por lei ou por provimento judicial –, até a aprovação final e definitiva da prestação de contas.[197]

---

por sua administração ou gestão, e prestam contas. O Poder Executivo presta contas ao Legislativo. O Tribunal de Contas federal e os tribunais de contas estaduais ou quem de direito, tomam contas aos demais responsáveis. Tomadas as contas, nasce a ação contra o responsável, e essa ação deve ser logo exercida, não havendo necessidade de conceder-lhe o benefício da suspensão da prescrição, porque o que é do interesse geral é a liquidação das contas com a menor demora possível" (CARPENTER, Luiz Frederico. *Da Prescrição*. 3. ed. Rio de Janeiro: Editora Nacional de Direito, 1958, p. 338).

[195] Artigo 318º (Causas bilaterais da suspensão) A prescrição não começa nem corre: a) Entre os cônjuges, ainda que separados judicialmente de pessoas e bens; b) Entre quem exerça o poder paternal e as pessoas a ele sujeitas, entre o tutor e o tutelado ou entre o curador e o curatelado; c) Entre as pessoas cujos bens estejam sujeitos, por lei ou por determinação judicial ou de terceiro, à administração de outrem e aquelas que exercem a administração, até serem aprovadas as contas finais; d) Entre as pessoas colectivas e os respectivos administradores, relativamente à responsabilidade destes pelo exercício dos seus cargos, enquanto neles se mantiverem; e) Entre quem presta o trabalho doméstico e o respectivo patrão, enquanto o contrato durar; f) Enquanto o devedor for usufrutuário do crédito ou tiver direito de penhor sobre ele.

[196] Em sentido contrário, Biagio Grasso comenta o posicionamento doutrinário prevalecente na Itália, no sentido de que o prazo prescricional da pretensão detida em face do administrador deve se iniciar da data da lesão: *"Per quanto riguarda le azioni di responsabilità contro gli amministratori, la dottrina è orientata, non senza qualche tentennamento, a ritenere quale termine di decorrenza quello della consumazione del fatto dannoso compiuto dall'amministratore"* (GRASSO, Biagio. Prescrizione (Dir. priv.). In.: *Enciclopedia del Diritto*. t. XXXV. Milano: Giuffrè, 1986, p. 91). Tradução livre: "No que diz respeito às ações de responsabilidade contra os administradores, a doutrina se orienta, não sem alguma hesitação, no sentido de que o termo inicial do prazo prescricional se fixa na data da realização do evento danoso pelo administrador".

[197] *Art. 2941 Sospensione per rapporti tra le parti. La prescrizione rimane sospesa (1310): 1) tra i coniugi; 2) tra chi esercita la potestà di cui all'art. 316 o i poteri a essa inerenti (260, 409) e le persone che vi sono sottoposte; 3) tra il tutore e il minore (346 e seguenti) o l'interdetto (424) soggetti alla tutela, finché non sia stato reso e approvato il conto finale (386), salvo quanto e disposto dall'art. 387 per le azioni relative alla tutela; 4) tra il curatore e il minore emancipato (390 e seguenti) o l'inabilitato (424); 5) tra l'erede e l'eredità accettata con beneficio d'inventario (484 e seguenti); 6) tra le persone i cui beni sono sottoposti per legge o per provvedimento del giudice all'amministrazione altrui e quelle da cui l'amministrazione è esercitata, finché non sia stato reso e approvato definitivamente il conto; 7) tra le persone giuridiche e i loro amministratori, finché sono in carica, per le azioni di responsabilità contro di essi (18, 2393, 2487); 8) tra il debitore che ha*

Além da hipótese de administração de bens fixada por lei ou por determinação judicial, há quem considere a existência de contrato de trabalho como causa impeditiva ou suspensiva dos prazos prescricionais, por estarem presentes (i) a fidúcia ínsita à relação entre as partes e (ii) a sujeição do empregado ao empregador. Por outro lado, poderia se argumentar que, tratando-se de contrato consensual, não haveria nenhum elemento de obrigatoriedade que retirasse dos sujeitos a vontade de integrar – ou não – tais relações contratuais. Em consequência, a avaliação acerca da conveniência e oportunidade de exercer sua pretensão em face do empregado ou do empregador caberia ao próprio sujeito, arcando com eventual revés de tal decisão. Muito embora a relação de trabalho vincule, de igual modo, contratante e contratado, a jurisprudência estrangeira considera que somente a subordinação do empregado ao empregador justificaria que restasse impedido o prazo prescricional. Conseguintemente, a existência de relação de trabalho é percebida como uma hipótese de impossibilidade de agir apenas em favor do empregado – na qual se revela concretamente impossível ou excessivamente custoso o exercício do direito, a despeito de já delineados os contornos da pretensão.[198]

Nessa direção, a existência de contrato de trabalho entre demandante e demandado já foi considerada pela Corte Constitucional Italiana como causa impeditiva do prazo prescricional para cobrança de verbas trabalhistas, em aplicação elástica do princípio *contra non valetem agere non currit prasescriptio*.[199] Para tanto, considerou-se que o fundado temor

---

dolosamente occultato l'esistenza del debito e il creditore, finché il dolo non sia stato scoperto (att. 247 e seguente). Em tradução livre: Suspensão da prescrição por existência de relações entre as partes. A prescrição permanece suspensa (1310): 1) entre cônjuges; 2) entre as pessoas que exercem o poder do art. 316 ou os poderes que lhe são inerentes (260, 409) e as pessoas que são submetidas; 3) entre o tutor e o menor (346 e seguintes), ou o interdito (424) sujeitos à proteção, até que se encerre e seja aprovada a última prestação de contas (386), salvo quanto às disposições do art. 387, das ações relacionadas à tutela; 4) entre o curador e o menor emancipado (390 ff) ou o incapacitado (424); 5) para o herdeiro que aceitou a herança com benefício de inventário (484 e seguintes); 6) entre as pessoas cujos bens estão sujeitos por lei ou por ordem do juiz à administração de outros e aqueles em benefício dos quais a administração é realizada, até que tenham sido apresentadas e aprovadas as contas; 7) entre as pessoas jurídicas e seus diretores, para as ações de responsabilidade contra eles (18, 2393, 2487); 8) entre o devedor que fraudulentamente ocultou a existência da dívida e o credor, enquanto a fraude não for descoberta (fl. 247 e seguintes).

[198] Cf. BERTARELLI, Chiara. *Tutela dei diritti e time limits*: uno studio alla luce della giurisprudenza europea. Tese de doutoramento defendida na Università degli Studi di Milano – Scuola di Dottorado in Scienze Giuridiche, 2012-2013, p. 7.

[199] V. sentença nº 66, proferida pela Corte Constitucional italiana em 10 de junho de 1966. Disponível em: <http://www.giurcost.org/decisioni/1966/0063s-66.html>. Acesso em: 10 dez. 2016.

de ser dispensado ou deixar de exercer cargo de confiança constitui motivo suficiente para impedir o empregado de exercer o seu direito na pendência do contrato de trabalho.[200]

Como se vê, ainda que se considere a existência de contrato de trabalho como um óbice ao exercício da pretensão, estar-se-á diante de uma causa objetiva de impedimento do prazo prescricional, não já de uma causa subjetiva bilateral, uma vez que a suspensão ou impedimento só favorecerá o empregado. Nessa direção, poderia se cogitar da reparação por danos morais causados por empregador a seu empregado: enquanto perdurar a relação de trabalho, poderá se afigurar ao empregado objetivamente impossível o exercício da pretensão, mediante a propositura da respectiva ação visando à compensação dos danos morais, especialmente tendo em vista a subordinação hierárquica.[201]

À vista do exposto, tem-se que a ampliação das causas subjetivas bilaterais abrangerá unicamente as situações fáticas que, muito embora não sejam alcançadas pelas hipóteses legais, possuem idêntica *ratio*. Desse modo, a causa impeditiva ou suspensiva dos prazos prescricionais aplicável às relações jurídicas entre os cônjuges será estendida aos companheiros; o impedimento ou suspensão da prescrição durante a vigência do poder familiar será aplicado à relação mantida entre pessoa com deficiência e seu apoiador e, a depender das circunstâncias concretas, poderá se cogitar da suspensão ou impedimento entre administrado e administrador legal.

O mesmo raciocínio poderá ser adotado em relação às causas subjetivas unilaterais de impedimento ou suspensão dos prazos

---

[200] Conforme comentado por Pietro Trimarchi: *"Va ricordato poi che, in seguito a decisioni della Corte Constituzionale, nei rapporti di lavoro nei quali il lavoratore non goda di particolari garanzie circa la giustificazione del licenziamento, il diritto del lavoratore alla retribuzione ex art. 36 Const. comincia a prescriversi solo dal momento in cui il rapporto è cessato: fino a quel momento, dunque, la prescrizione è sospesa. Si ritiene infatti che in quest'ipotesi il timore di perdere il posto possa impedire al lavoratore di far valere il suo diritto verso il datore di lavoro"* (TRIMARCHI, Pietro. *Istituzioni di Diritto Privato*. Milano: Giuffrè, 2014, p. 548). Em tradução livre: "Recorde-se que, na sequência das decisões da Corte Constitucional, nas relações de trabalho em que o trabalhador não goza de particulares garantias quanto à justa causa para demissão, o termo inicial do prazo prescricional para requerer o direito do trabalhador à retribuição do art. 36 Const. se inicia somente a partir do momento em que a relação de trabalho se encerra: até então, portanto, a fluência do prazo prescricional é suspensa. Acredita-se que, nesse caso, o temor de perder o emprego pode impedir o trabalhador de fazer valer o seu direito em face do empregador".

[201] Em hipótese similar, os tribunais pátrios, em boa parte dos casos, têm entendido que o prazo prescricional previsto no artigo 44, parágrafo único da Lei de Representação Comercial (Lei nº 4.886/1965) só se inicia após o término da relação de representação comercial, diante da impossibilidade fática de propor a ação durante a vigência da relação contratual.

prescricionais, as quais são previstas no artigo 198 do Código Civil.[202] Nos termos do referido dispositivo legal, os prazos prescricionais não correrão ou serão suspendidos (i) em desfavor dos absolutamente incapazes, nos termos do artigo 3º do Código Civil[203] (inciso I); (ii) contra os ausentes do país em serviço público da União, dos Estados ou dos Municípios (inciso II); e (iii) contra os que se acharem servindo nas Forças Armadas, em tempo de guerra (inciso III).

Em relação aos absolutamente incapazes, observou-se significativa alteração promovida pela entrada em vigor da Lei nº 13.146/2015 (Estatuto da Pessoa com Deficiência). Na redação anterior do Código Civil de 2002, além dos menores de dezesseis anos,[204] [205] eram

---

[202] Com efeito, destaca Caio Mário da Silva Pereira: "Numa outra ordem de ideias, razões defensivas ou de proteção impedem ou suspendem a prescrição contra os absolutamente incapazes, contra os ausentes do País em serviço público, os que se acharem servindo nas Forças Armadas em tempo de guerra (Código Civil, art. 198). (...) Os que se acham no exterior, em serviço, e os que estiverem servindo sob as bandeiras não podem ser prejudicados pela fluência do prazo prescricional. Em todos esses casos, vigora o princípio da proteção". (PEREIRA, Caio Mário da Silva. *Instituições de Direito Civil*. v. I. Rio de Janeiro: Forense, 2006, p. 596).

[203] Art. 3º. São absolutamente incapazes de exercer pessoalmente os atos da vida civil os menores de 16 (dezesseis) anos.

[204] A questão é problematizada por Mirna Cianci, afirmando que a nomeação de representante legal ou assistente torna o interditado ou menor apto à defesa de seus direitos: "depois de nomeado o representante legal do interdito, torna-se possível o exercício pleno dos meios de defesa dos bens e interesses do incapaz, entre eles o direito de ação. Ora se antes não havia esse direito, também não fluía o prazo de seu exercício, por força do vetusto princípio da actio nata, perfeitamente acolhido no direito pátrio. Essa providência, por óbvio, detona o início do lapso prescricional". E conclui: "1) O Código Civil Brasileiro de 1916 e o de 2002 adotaram o sistema protetivo dos interesses do absolutamente incapaz de que tratam os artigos 5º do anterior Código Civil (1916) e 3º, I, do vigente Código Civil (2002), com previsão de suprimento da incapacidade pelo processo de interdição, com a nomeação de Curador; 2) O Curador tem a incumbência de representar o incapaz, reger a pessoa do interdito, velar por ele e administrar-lhe os bens, respondendo por ele, razão pela qual a lei civil exige do Curador garantias suficientes ao desempenho dessa missão e prevê sua responsabilidade civil em caso de prejuízo causado por dolo ou culpa, e do juiz em caso de dispensa de especialização de hipoteca legal. (...) 4) A prescrição rege-se pelo princípio da exercibilidade da pretensão, que implica em considerar iniciado o lapso prescricional tão logo o credor se encontre apto a ingressar em juízo. 5) A prescrição contra o incapaz apenas não começa a correr, nos termos do artigo 169, I, do Código Civil de 1916, atual artigo 198, I, do Código Civil de 2002, enquanto não nomeado Curador . 6) A indefinição criada pela interpretação que considera não tenha curso a prescrição contra o absolutamente incapaz, mesmo após a nomeação do Curador, gera insegurança no mundo jurídico e invalida o instituto". (CIANCI, Mirna. Da Prescrição contra o Incapaz de que Trata o Artigo 3º, Inciso I, do Código Civil, in CIANCI, Mirna (Coord.). *Prescrição no Código Civil - Uma Análise Interdisciplinar*. São Paulo, Saraiva, 2011, p. 567; 570).

[205] Nessa esteira, veja-se: "O fato de uma das coautoras ser absolutamente incapaz (interditada desde 1962) não obsta o transcurso do prazo de prescrição, tendo em vista que, desde a declaração da incapacidade, encontra-se formalmente representada por curador, que deve

considerados como absolutamente incapazes (i) os que, por enfermidade ou deficiência mental, não possuíssem o necessário discernimento para a prática dos atos da vida civil (inciso II do artigo 3º); e (ii) os que, mesmo por causa transitória, não pudessem exprimir sua vontade (inciso III do artigo 3º). Por meio do Estatuto da Pessoa com Deficiência, as causas de impedimento e suspensão previstas nos incisos II e III foram afastadas, afirmando-se que a deficiência não afeta a plena capacidade civil da pessoa, na dicção do artigo 6º do referido diploma legal.[206] A reforma legislativa foi amplamente discutida pela doutrina, sendo objeto de acalorada controvérsia. De um lado, louva-se a iniciativa de promover a inclusão social das pessoas com deficiência mediante estímulos a um tratamento igualitário nas relações jurídicas das quais participam.[207] De outra parte, pondera-se que considerar as pessoas com deficiência como sujeitos plenamente capazes acaba por provocar o efeito inverso àquele pretendido pela legislação, acentuando

---

agir em seu nome e responder por eventual culpa na consecução do múnus público – Incapacidade é suprida pelo processo de interdição, com a nomeação de curador – Inteligência dos arts. 5º, inc. II, e 7, 84, 169, inc. I, e 446, inc. I, do CC/1916 – A prescrição contra o incapaz apenas não começa a correr enquanto não nomeado curador, sob pena de se criar uma situação de eterna possibilidade de ingresso, gerando insegurança jurídica e invalidando o instituto da prescrição – Com a nomeação do curador definitivo ao absolutamente incapaz, tem início o curso do prazo prescricional" (SÃO PAULO (estado). Tribunal de Justiça de São Paulo. *Apelação Cível nº 10293616720148260224*, da 3ª Câmara de Direito Público. São Paulo, de 06 de setembro de 2016. Disponível em: <http://esaj.tjsp.jus.br/cjsg/getArquivo.do?cdAcordao=9777123&cdForo=0&vlCaptcha=epNxz>. Acesso em 22 jan. 2017, às 17h24). Veja-se também: SÃO PAULO (estado). Tribunal de Justiça de São Paulo. *Apelação Cível nº 90000316920038260224*, da 7ª Câmara de Direito Privado. São Paulo, de 20 de maio de 2015. Disponível em: <http://esaj.tjsp.jus.br/cjsg/getArquivo.do?cdAcordao=8472099&cdForo=0>. Acesso em: 22 jan. 2017, às 17h31).

[206] Art. 6º A deficiência não afeta a plena capacidade civil da pessoa, inclusive para: I - casar-se e constituir união estável; II - exercer direitos sexuais e reprodutivos; III - exercer o direito de decidir sobre o número de filhos e de ter acesso a informações adequadas sobre reprodução e planejamento familiar; IV - conservar sua fertilidade, sendo vedada a esterilização compulsória; V - exercer o direito à família e à convivência familiar e comunitária; e VI - exercer o direito à guarda, à tutela, à curatela e à adoção, como adotante ou adotando, em igualdade de oportunidades com as demais pessoas.

[207] Acerca do tema, destacam Cristiano Chaves de Farias, Rogério Sanches Cunha e Ronaldo Batista Pinto: "Inovações que nos parecem interessantes e que foram introduzidas pelo Estatuto, constam dos incs. II e IV acima, quando relacionam à deficiência, respectivamente, também, 'a fatores socioambientais, psicológicos e pessoais' e a 'restrição de participação' de seu portador, avançando, assim, além do dado puramente biológico, para alcançar aspectos psicológicos. (...) Vê-se, claramente, a preocupação do legislador em estender a proteção do Estatuto não apenas ao deficiente físico, mas também àquele que, embora preservado seu estado físico, apresenta algum problema de ordem psicológica, a merecer, bem por isso, especial proteção do Estado" (FARIAS, Cristiano Chaves de; CUNHA, Rogério Sanches; PINTO, Ronaldo Batista. *Estatuto da Pessoa com Deficiência Comentado artigo por artigo*. 2. ed. Salvador: Editora JusPodivm, 2017, p. 23-24).

sua vulnerabilidade,[208] ao afastar os mecanismos de tutela do absolutamente incapaz estipulados em lei.[209] À parte o amplo debate doutrinário acerca dos acertos e erros da reforma legislativa – o qual transborda o objeto deste estudo –, tem-se que a causa subjetiva unilateral prevista no artigo 198 do Código Civil poderá ser aplicada extensivamente às pessoas com deficiência sempre que se denotar uma vulnerabilidade fática que impeça o exercício da pretensão pelo titular do direito.[210]

---

[208] Acerca do conceito de vulnerabilidade, confira-se a lição de Heloísa Helena Barboza: "Todos os humanos são, por natureza, vulneráveis, visto que todos os seres humanos são passíveis de serem feridos, atingidos em seu complexo psicofísico. Mas nem todos serão atingidos do mesmo modo, ainda que se encontrem em situações idênticas, em razão de circunstâncias pessoais, que agravam o estado de suscetibilidade que lhes é inerente. Embora em princípio iguais, os humanos se revelam diferentes no que respeita à vulnerabilidade. [...]. Não há para tais pessoas possibilidade de exercer seus direitos, por vezes sequer de ter acesso a eles, em igualdade de condições, sendo necessário que o direito lhes propicie os meios para tanto" (BARBOZA, Heloisa Helena. Vulnerabilidade e cuidado: aspectos jurídicos In: OLIVERA, Guilherme de; PEREIRA, Tânia da Silva (Coord.). *Cuidado & vulnerabilidade*. São Paulo: Atlas, 2009, p. 107-108).

[209] Nessa esteira, lamenta Anderson Schreiber: "A maior falha do Estatuto não se situa, contudo, em defeitos pontuais, relativos a essa ou àquela inovação. Sua maior deficiência foi ceder ao peso excessivo da concretização, a ponto de operar uma reforma limitada à situação do deficiente, que acabou por ser introduzida sem uma preocupação sistemática e abrangente. O efeito disso é uma reforma tão restrita no regime de incapacidades que gera um resultado fraturado, em que os conceitos tradicionais do Direito Civil foram excepcionados de modo casuístico, sem uma efetiva reformulação. O excesso de preocupação com a terminologia (há passagens que parecem inspiradas unicamente no intuito de evitar expressões como 'deficiente', 'interdição' etc.) talvez tenha tirado o foco de questões centrais, que deveriam ser enfrentadas como a avaliação do discernimento e a modulação dos efeitos da curatela. Com isso, em vez de valorizar o dado concreto da realidade, o Estatuto acabou por criar um outro sistema abstrato e formal, no qual agora a pessoa com deficiência é sempre capaz, ingressando-se, mais uma vez, no velho e revelho modelo do "tudo-ou-nada" em relação à capacidade, agora com sinais trocados, mas ainda preso à lógica abstrata e geral que governava a disciplina das incapacidades na codificação de 1916 e que nosso Código Civil de 2002 reproduziu, com impressionante dose de desatualidade. Uma efetiva personalização do regime de incapacidades, que permita a modulação dos seus efeitos, seja no tocante à sua intensidade, seja no tocante à sua amplitude, continua a ser aguardada para completar a travessia do sujeito à pessoa – para usar a expressão de Stefano Rodotà –, e não poderá ser alcançada com a criação de setorizações desnecessárias que, ainda quando compreensíveis à luz das oportunidades legislativas ditadas por uma agenda política, acabam por recortar o sistema quando deveriam reformá-lo" (SCHREIBER, Anderson. *Tomada de Decisão Apoiada*: o que é e qual sua utilidade?. Disponível em: <http://www.cartaforense.com.br/conteudo/artigos/tomada-de-decisao-apoiada-o-que-e-e-qual-sua-utilidade/16608>. Acesso em: 04 jan. 17).

[210] Apesar do avanço do Estatuto da Pessoa com Deficiência, importante observar que seu texto criou descompasso com a redação do art. 198 do CC/2002, quando trata do curso do prazo prescricional em desfavor do incapaz. (...) Como já advertimos ao longo deste estudo, a tendência inclusiva pretendida pela Lei 13.146/2015 não significa a redução da proteção das pessoas com deficiência em razão de sua vulnerabilidade. O propósito da lei nova é assegurar uma série de direitos e posições jurídicas aos deficientes, removendo o estigma de incapazes absolutos, sem que isso signifique uma maior desatenção ou redução

Nessa direção, releva que o Estatuto da Pessoa com Deficiência tenha previsto a curatela excepcional da pessoa com deficiência, especialmente para os atos patrimoniais (artigos 84 e 85).[211]

Conclui-se que a aplicação da causa impeditiva prevista no artigo 198, I, do Código Civil poderá ser ampliada, de modo a abranger situações fáticas em que esteja presente o mesmo fundamento que justificou a fixação da aludida causa impeditiva unilateral. Dito diversamente, também são contempladas no referido dispositivo as hipóteses fáticas em que se constatem as mesmas circunstâncias pessoais que, atingindo somente uma das partes da relação jurídica, obstam o exercício da pretensão pelo titular. Desse modo, passa-se da aplicação subsuntiva das causas impeditivas previstas em lei à efetiva análise funcional das situações fáticas em que não se verifica inércia do credor, diante da impossibilidade de exercício da pretensão detida em face de outrem, decorrente da vulnerabilidade concreta do titular do direito.

Por sua vez, em relação ao impedimento ou suspensão dos prazos prescricionais que correm contra os ausentes do país em serviço público da União, dos estados ou dos municípios (inciso II do artigo 198 do Código Civil), é amplamente admitida a aplicação aos funcionários de autarquia e outros entes que integram a administração pública

---

da proteção de suas vulnerabilidades. Nessa perspectiva, entendemos que o art. 198 do CC merece uma releitura, especialmente do ponto de vista do princípio da dignidade da pessoa humana (art. 1º, III da CF/1988), de modo a estender a hipótese de suspensão da prescrição aos relativamente incapazes, assim qualificados por causa transitória ou permanente, que não os permita exprimir sua vontade, preservando a proteção sistêmica definida pelo CC, por ocasião de sua sanção (CRUZ, Elisa Costa; SILVA, Franklyn Roger Alves (Coautor). As consequências materiais e processuais da lei brasileira de inclusão da pessoa com deficiência e o papel da Defensoria Pública na assistência jurídica das pessoas com deficiência. *Revista de Processo*, São Paulo, v. 41, n. 258, p. 281-314, ago. 2016).

[211] Art. 84. A pessoa com deficiência tem assegurado o direito ao exercício de sua capacidade legal em igualdade de condições com as demais pessoas. §1º Quando necessário, a pessoa com deficiência será submetida à curatela, conforme a lei. §2º É facultado à pessoa com deficiência a adoção de processo de tomada de decisão apoiada. §3º A definição de curatela de pessoa com deficiência constitui medida protetiva extraordinária, proporcional às necessidades e às circunstâncias de cada caso, e durará o menor tempo possível. §4º Os curadores são obrigados a prestar, anualmente, contas de sua administração ao juiz, apresentando o balanço do respectivo ano. Art. 85. A curatela afetará tão somente os atos relacionados aos direitos de natureza patrimonial e negocial. §1º A definição da curatela não alcança o direito ao próprio corpo, à sexualidade, ao matrimônio, à privacidade, à educação, à saúde, ao trabalho e ao voto. §2º A curatela constitui medida extraordinária, devendo constar da sentença as razões e motivações de sua definição, preservados os interesses do curatelado. §3º No caso de pessoa em situação de institucionalização, ao nomear curador, o juiz deve dar preferência a pessoa que tenha vínculo de natureza familiar, afetiva ou comunitária com o curatelado.

indireta.[212][213] Ao abordar o tema, Humberto Theodoro Júnior afirma que a ampliação para outras entidades paraestatais – que não as autarquias – dependeria da prévia existência de lei que equipare tais empregados aos funcionários públicos.[214] A adoção de uma perspectiva funcional das causas impeditivas e suspensivas, no entanto, conduz à aplicação extensiva da causa prevista no inciso II do artigo 198 do Código Civil para que sejam consideradas todas as hipóteses fáticas em que, em razão de serviço público[215] realizado no exterior em nome da Administração Pública direta e indireta, o titular do direito se encontre objetivamente impossibilitado de exercer sua pretensão. Além disso, salienta-se que a contagem do prazo prescricional só será retomada com o retorno, em definitivo, do titular do direito ao país, não sendo contabilizadas visitas de breve período. Por outro lado, caso as atividades inerentes à Administração Pública direta e indireta sejam encerradas e o titular prefira permanecer no exterior, desde a data de conclusão ou término dos trabalhos, estará em curso o prazo prescricional.[216] A lógica é de que

---

[212] Conceitua brevemente José dos Santos Carvalho Filho: "Administração Indireta do Estado é o conjunto de pessoas administrativas que, vinculadas à respectiva Administração Direta, têm o objetivo de desempenhar as atividades administrativas de forma descentralizada" (CARVALHO FILHO, José dos Santos. *Manual de direito administrativo*. 25. ed. rev, ampl e atual. São Paulo: Atlas, 2012, p. 453).

[213] Já afirmava Pontes de Miranda nesse sentido: "A ausência em serviço do Estado (União, Estados-membros e Municípios) é causa de não se iniciar, ou de se suspender o curso do tempo prescripcional. Quanto às autarquias estatais, nenhuma dúvida pode haver, respeito à pessoa que está em serviço delas. Quanto às autarquias paraestatais (sobre a diferença, nossos Comentários à Constituição de 1946, II, 56 s, 350-362), o serviço somente é público se o enviado é nomeado pelo Estado, ou se há lei que equipare a funcionário público" (MIRANDA, Francisco Cavalcanti Pontes de. *Tratado de direito privado: Volume VI*. São Paulo: Ed. Revista dos Tribunais, 2012, p. 187).

[214] O art. 198, II estende-se, naturalmente, aos servidores das autarquias, que também são considerados funcionários públicos. Quanto aos que servem a outras entidades paraestatais, depende de existir lei que os equipare aos funcionários públicos (THEODORO JUNIOR, Humberto. *Comentários ao novo código civil*: Volume III, tomo II (arts. 185 a 232), Dos atos jurídicos lícitos, dos atos ilícitos, da prescrição e da decadência, da prova. Rio de Janeiro: Forense, 2008. p. 238).

[215] De forma simples e objetiva, conceituamos serviço público como toda atividade prestada pelo Estado ou por seus delegados, basicamente sob regime de direito público, com vistas à satisfação de necessidades essenciais e secundárias da coletividade (CARVALHO FILHO, José dos Santos. *Manual de direito administrativo*. 27. ed. rev., ampl. e atual. São Paulo: Atlas, 2014, p. 320).

[216] Acerca do tema, confira-se a lição de Câmara Leal: "Quando termina a suspensão da prescrição contra o ausente? Parece evidente que o termo da suspensão deve dar-se no momento em que o ausente regressa ao país, cessada a sua missão do serviço público. Mas, se o seu regresso é apenas passageiro, por não estar terminada a sua missão, devendo o encarregado ausentar-se, novamente, quer parecer-nos que a suspensão se mantém até que seu regresso seja definitivo. Por outro lado, se terminada a missão, o encarregado não

a impossibilidade ou extrema dificuldade de agir se funda na realização de um serviço público, vinculando-se, funcionalmente, a essa atividade.

De igual modo, a suspensão ou impedimento dos prazos prescricionais contra aqueles que estiverem em serviço das Forças Armadas, em tempo de guerra, justifica-se pela realização de um serviço em prol do Estado. Em decorrência, não haverá distinção entre aqueles que servirem dentro das fronteiras do país ou no exterior,[217] tampouco entre militares e civis que forem mobilizados para os serviços de guerra, tais como engenheiros, profissionais de saúde, integrantes da Cruz Vermelha, entre outros.[218] Em relação a essa causa impeditiva ou suspensiva, a doutrina clássica já procedia à efetiva análise funcional, ampliando as hipóteses fáticas de incidência, seja em relação aos sujeitos beneficiados – latitude do dispositivo legal, na expressão adotada por Luiz Carpenter[219] –, seja no que tange ao tempo e lugar da mobilização para fins bélicos, admitindo-se que fossem considerados abrangidos pela previsão legal os atos relacionados aos preparativos para a guerra.[220]

Conclui-se que uma interpretação funcional, axiológica e sistemática das causas subjetivas unilaterais de impedimento ou suspensão dos prazos prescricionais conduzirá à possibilidade de ampliação das hipóteses legais para que sejam abrangidos os casos concretos que, nada obstante não se adequarem formalmente à *fattispecie* abstrata prevista em lei, guardam com esta identidade funcional. Em consequência, não será toda e qualquer circunstância pessoal do titular do direito que justificará a suspensão ou impedimento da prescrição – tais como pobreza, baixa escolaridade ou deficitárias condições econômicas. A ampliação

---

regressar ao país, conservando-se no estrangeiro, não mais a serviço público, claro está que cessa a suspensão da prescrição, e esta correrá contra ele" (CÂMARA LEAL, Antônio Luiz da. *Da Prescrição e da Decadência*. Rio de Janeiro: Forense, 1978, p. 161).

[217] Cf. CÂMARA LEAL, Antônio Luiz da. *Da Prescrição e da Decadência*. Rio de Janeiro: Forense, 1978, p. 162; CARPENTER, Luis Frederico. *Da Prescrição*. 3. ed. Rio de Janeiro: Editora Nacional de Direito, 1958, p. 336.

[218] Quanto ao art. 198, III, é evidente que o militar em atividade em tempo de guerra, exercendo um serviço arriscado em nome da segurança nacional, mostra-se completamente absorvido pelo seu ofício, não tendo condições de tomar decisões acerca de seus negócios particulares, ainda que permaneça no País durante o período em questão. A isenção da prescrição, nessas circunstâncias, não exige que o militar esteja na linha de frente do combate, bastando que tenha sido mobilizado para prestar seus serviços (TEPEDINO, Gustavo; BARBOZA, Heloisa Helena; MORAES, Maria Celina Bodin de. *Código civil interpretado*: conforme a Constituição da República. Rio de Janeiro, RJ: Renovar, 2007, p. 376).

[219] CARPENTER, Luiz Frederico. *Da Prescrição*. 3. ed. Rio de Janeiro: Editora Nacional de Direito, 1958, p. 336.

[220] CARPENTER, Luiz Frederico. *Da Prescrição*. 3. ed. Rio de Janeiro: Editora Nacional de Direito, 1958, p. 336.

das causas subjetivas unilaterais deverá estar ancorada nas razões que fundamentaram as causas legais previstas no artigo 198 do Código Civil, das quais se extraem circunstâncias pessoais que impossibilitam ao titular o exercício da pretensão. Nessa esteira, ao comentarem o referido dispositivo legal, Gustavo Tepedino, Maria Celina Bodin de Moraes e Heloisa Helena Barboza destacam que "[a]o enumerar os casos constantes do artigo em análise, o fundamento jurídico encontrado pelo legislador não foi outro senão o de que não corre a prescrição contra os que se encontram impedidos de exercer sua pretensão, por algum motivo legal. Daí admite-se, por interpretação extensiva, incluir casos que se enquadram na ratio da regra em questão".[221]

Como se vê, a alegada taxatividade das causas suspensivas e impeditivas dos prazos prescricionais se ampara no suposto argumento de que a ampliação do rol legal contrariaria a segurança jurídica que o instituto visa atingir. Uma vez remodelado o conteúdo da segurança jurídica – o qual passa a ser informado pela totalidade dos valores constitucionais –, torna-se possível apreciar a inércia como concreta ausência de exercício da pretensão pelo titular do direito, em circunstâncias tais em que aludido exercício se revelava possível. Nesse contexto, propõe-se uma abordagem funcional e dinâmica da inércia, apurando-se a inatividade do credor no âmbito da relação jurídica, de modo a delimitar o comportamento concretamente exigível do titular do direito. Conseguintemente, procede-se ao alargamento das causas impeditivas e suspensivas dos prazos prescricionais para que sejam contempladas todas as hipóteses fáticas que, muito embora não se enquadrem na *fattispecie* abstrata prevista na norma, atendem à mesma função. Somente desse modo é reafirmada a abertura e historicidade do sistema jurídico, com relevo para a recíproca influência entre normatividade e praxe.

---

[221] TEPEDINO, Gustavo; BARBOZA, Heloisa Helena; MORAES, Maria Celina Bodin de. *Código civil interpretado*: conforme a Constituição da República. Rio de Janeiro: Renovar, 2007, p. 377.

TERMO INICIAL DA PRESCRIÇÃO

O processo do tempo é uma trama de efeitos e causas, de sorte que pedir qualquer mercê, por ínfima que seja, é pedir que se rompa um elo dessa trama de ferro, é pedir que já se tenha rompido.

(Jorge Luis Borges)

3.1 Críticas à redação do artigo 189 do Código Civil de 2002

Nos termos do artigo 189 do Código Civil de 2002, "violado o direito, nasce para o titular a pretensão, a qual se extingue, pela prescrição, nos prazos a que aludem os arts. 205 e 206". A princípio, o dispositivo representou considerável avanço na disciplina do termo inicial dos prazos prescricionais, tema não enfrentado diretamente pelo Código Civil de 1916.

Ante a lacuna legal no Código Civil anterior, a doutrina clássica entendia, de forma majoritária, que o termo inicial dos prazos prescricionais correspondia à data de surgimento do legítimo interesse do titular da pretensão. Os autores divergiam, no entanto, quanto à configuração do legítimo interesse: se, para uns, seu surgimento seria contemporâneo à violação do direito, outros defendiam que este ocorria somente na data em que o titular efetivamente pudesse exercitar o direito.[222]

À primeira leitura, o artigo 189 do Código Civil de 2002 parece representar opção legislativa, solucionando a antiga controvérsia doutrinária: os prazos prescricionais se contariam desde a data da violação, independentemente de outros fatores que pudessem influenciar o concreto exercício da pretensão pelo titular. Deve-se atribuir relevância, no entanto, ao fato de o dispositivo legal estabelecer que o objeto da prescrição é a pretensão. Ao contrário do que sugere a redação do artigo 189 do Código Civil de 2002, o nascimento da pretensão não se subordina à ocorrência da lesão ao direito. Por essa razão, permanece aceso o debate doutrinário e jurisprudencial acerca do termo inicial da prescrição.

Em crítica à redação do aludido dispositivo, Vilson Rodrigues Alves afirma que o surgimento da pretensão pode coincidir – ou não – com a violação ao direito. A se considerar que a pretensão se consubstancia na exigibilidade do conteúdo do direito, sua concomitância com a data da violação será apenas ocasional, ocorrendo nos casos em que o direito já não seja exercitável desde o momento anterior à lesão.[223]

Com efeito, se a pretensão constitui o poder de exigir uma prestação comissiva ou omissiva de outrem, atribuído ao titular de um interesse juridicamente tutelado, seu nascimento pode se encontrar descolado de eventual violação. Além disso, ao determinar que o prazo prescricional se iniciará concomitantemente à violação ao direito, o artigo 189 do Código Civil acaba por descurar das hipóteses em que, a despeito de o evento lesivo já ter se configurado, não se revela possível ao titular o concreto exercício da pretensão.

Nesse cenário, a abordagem dinâmica e funcional da inércia conduzirá ao afastamento da literalidade do dispositivo legal, sob pena de considerar-se prescrita pretensão que jamais fora concretamente exercitável. Para fins de fixação do termo inicial do prazo prescricional,

---

[222] Conforme registram CRUZ, Gisela Sampaio da; LGOW, Carla. Prescrição: questões controversas. In: TEPEDINO, Gustavo (Org.). *Diálogos sobre Direito Civil*. v. III. Rio de Janeiro: Renovar, 2012, p. 578.

[223] Embora nasçam pretensões de direito material com violações aos respectivos direitos subjetivos, a verdade é que há esse nascimento da pretensão de direito material em situações em que não se dê tal infringência. A pretensão é efeito jurídico caracterizado pela exigibilidade do conteúdo do direito subjetivo de que se irradia, independentemente de violação pelo alter. Se há essa violação referida no Código Civil, art. 189, surge a pretensão, se em momento anterior da duração ela já não se irradiara (ALVES, Vilson Rodrigues. *Da Prescrição e da Decadência no novo Código Civil*. Campinas: Servanda Editora, 2006, p. 88).

assume centralidade o momento em que a pretensão pode efetivamente ser exercida, de modo que a inação do sujeito seja apta a configurar o pressuposto fático do instituto. Tais dilemas serão detidamente enfrentados ao longo deste capítulo.

3.2 Violação ao direito como lesão a interesse juridicamente tutelado

Inicialmente, importa decifrar a que se refere o artigo 189 do Código Civil quando afirma que a pretensão nascerá para o titular, uma vez violado o direito. Com inspiração na *actio nata* do direito romano, o surgimento da pretensão restou vinculado à lesão ao direito subjetivo, entendida como o descumprimento do correlato dever jurídico atribuído ao titular da situação subjetiva passiva. Da lesão ao direito subjetivo decorreriam dois efeitos: (i) o nascimento de um novo dever jurídico, deflagrando os mecanismos da responsabilidade civil e (ii) o direito de pleitear judicialmente a tutela coercitiva do direito subjetivo.[224]

Ao formular o conceito de *actio nata*, Savigny afirma que o nascimento da ação em sentido material se subordina à presença cumulativa de duas condições, a saber: (i) a existência de um direito atual e susceptível de ser reclamado em juízo; e (ii) a violação de tal direito.[225] A seu ver, toda a problemática relativa ao termo inicial da prescrição se reduziria à má caracterização da violação ao direito, decorrendo daí a maior parte das dificuldades enfrentadas nessa matéria; ao que conclui que, caso se pudesse congregar todas as posições doutrinárias acerca da violação ao direito, se poria um término à controvérsia atinente ao termo inicial da prescrição.[226]

---

[224] Nas palavras de San Tiago Dantas: "A lesão do direito é aquele momento em que o nosso direito subjetivo vem a ser negado pelo não-cumprimento do dever jurídico que a ele corresponde. Sabem os senhores que da lesão do direito nascem dois efeitos: em primeiro lugar, um novo dever jurídico, que é a responsabilidade, o dever de ressarcir o dano; e, em segundo lugar, a ação, o direito de invocar a tutela do Estado para corrigir a lesão do direito. (...) A prescrição nada mais é do que a convalescença da lesão do direito pelo não-exercício da ação" (DANTAS, San Tiago. *Programa de Direito Civil, teoria geral*. Rio de Janeiro: Forense, 2001, p. 345).

[225] Cf. "*Tout droit d'action a deux conditions (§205): d'abord un droit sérieux, actuel et susceptible d'être réclamé en justice; sans cela, pas de prescription possible*" (SAVIGNY, Friedrich Karl Von, 1779-1861. *Traité de droit romain, tome cinquième*. Tradução de Charles Guenoux. Paris: F. Didot, 1855, p. 288). Tradução livre: "Todo direito de ação possui duas condições: em primeiro lugar, deve haver um direito sério, atual e susceptível de ser reclamado em Juízo; sem isso, não há prescrição possível".

[226] No original: "*Tout se réduit donc à bien caractériser cette violation du droit qui est la condition de l'action. La plupart des difficultés en cette matière viennent de ce que l'on a mal apprécié la nature*

No âmbito obrigacional, Savigny sustenta que a violação ao direito corresponde à ausência de cumprimento da prestação sem o consentimento do credor, ou seja, de modo contrário ao interesse útil ao qual se volta a relação jurídica.[227] Com o inadimplemento, restaria caracterizada a lesão ao direito do credor, marcando o início do prazo prescricional. Por sua vez, no âmbito delitual, a violação se identificaria na própria infração ao direito subjetivo de outrem, razão pela qual, desde tal data, deveria o titular buscar a tutela judicial do seu direito.[228]

Na doutrina pátria, a teoria da *actio nata* foi adotada por Câmara Leal, para quem o decurso do prazo prescricional dependeria da existência de ação exercitável, a qual decorre, necessariamente, da lesão a direito subjetivo atual. Para justificar esse posicionamento, o autor pondera que, "enquanto o direito tem uma existência normal, sendo por todos respeitado, e cumpridas as obrigações positivas a que corresponde, ele, por si, provê à sua conservação, bastando-se a si mesmo".[229] Somente na fase patológica do direito subjetivo é que exsurgiria, para o titular, a possibilidade de recorrer ao Judiciário visando à tutela de seu direito subjetivo. Desse modo, a ação se originaria da lesão experimentada pelo

---

de cette violation; et si l'on parvenait à réunir toutes les opinions sur ce point, cela terminerait sans doute les controverses touchant le point de départ de la prescription" (SAVIGNY, Friedrich Karl Von, 1779-1861. *Traité de droit romain, cinquième*. Tradução de Charles Guenoux. Paris: F. Didot, 1855, p. 288). Tradução livre: "Tudo se reduz a bem caracterizar essa violação de direito que é a condição da ação. A maioria das dificuldades nessa matéria decorre da má apreciação da natureza dessa violação; e, portanto, se se conseguisse reunir todas as opiniões sobre esse assunto, encerrar-se-iam, sem dúvida, as controvérsias no que se refere ao termo inicial da prescrição".

[227] *La prescription commence dès que l'obligation ne reçoit pas son exécution sans le consentement du titulaire, c'est-à-dire contre l'attente fondée sur la nature du rapport de droit* (SAVIGNY, Friedrich Karl Von, 1779-1861. *Traité de droit romain, cinquième*. Tradução de Charles Guenoux. Paris: F. Didot, 1855, p. 292). Tradução livre: "A prescrição começa desde que a obrigação não é adimplida, sem o consentimento do titular, isto é, contra a expectativa fundada na natureza da relação jurídica".

[228] *Les obligations résultant des délits. Dès que le délit à été commis, la personne lésée peut compter sur l'indemnité ou sur la peine, et tout retard est une violation nouvelle du droit sur lequel repose l'action (q). La prescription de l'action commence donc aussitôt après la perpétration du délit, car il y a négligence dès que la personne lésée diffère d'intenter son action* (SAVIGNY, Friedrich Karl Von, 1779-1861. *Traité de droit romain*. Tradução de Charles Guenoux. Paris: F. Didot, 1855, p. 293). Tradução livre: "As obrigações resultam dos delitos. Desde que o delito é cometido, a pessoa lesada pode buscar a indenização ou a penalidade, e todo atraso consiste em uma nova violação do direito sobre o qual repousa a ação. A prescrição da ação começa, então, tão-logo seja perpetrado o delito, uma vez que existe negligência do lesado, desde o momento em que deixa de intentar sua ação".

[229] Cf. CÂMARA LEAL, Antônio Luiz da. *Da Prescrição e da Decadência*. Rio de Janeiro: Forense, 1978, p. 21.

titular, só havendo que se falar em prescrição "desde que haja uma ação a ser exercitada, em virtude da violação do direito".[230]

Tradicionalmente, o instituto da prescrição é associado – de forma umbilical – à noção de direito subjetivo, já tendo San Tiago Dantas afirmado que "onde nós não tivermos um direito subjetivo, onde tivermos mera faculdade, à qual não corresponda um dever de outrem, não podemos ter lesão de direito e não podemos ter prescrição".[231] Com efeito, a prescrição é diferenciada da decadência em razão da categoria de direito à qual se relaciona: os direitos potestativos, exercidos mediante simples declaração de vontade do titular e independentemente do concurso de vontade daquele que sofre a sujeição, subordinam-se à decadência; não havendo obrigação de prestar exigível da contraparte, a violação se revela impensável,[232] afastando, por consequência, a pretensão;[233] de outra parte, os direitos à prestação, consubstanciados nos direitos subjetivos relativos ou absolutos, correlacionam-se a um dever jurídico da contraparte, o qual, uma vez descumprido, deflagra para o titular a possibilidade de exigir o cumprimento coercitivo da prestação, mediante tutela judicial; somente os direitos subjetivos estariam sujeitos

---

[230] Cf. CÂMARA LEAL, Antônio Luiz da. *Da Prescrição e da Decadência*. Rio de Janeiro: Forense, 1978, p. 22.

[231] DANTAS, San Tiago. *Programa de Direito Civil, teoria geral*. Rio de Janeiro: Forense, 2001, p. 346.

[232] A partir da classificação preconizada por CHIOVENDA, Agnelo Amorim Filho registra (a) a categoria dos direitos subjetivos cuja finalidade é assegurar, para o titular (sujeito ativo), uma prestação, positiva ou negativa, devida por outrem (sujeito passivo), e que, por isso, se denominaram "direitos a uma prestação"; e (b) a outra categoria que é a dos direitos subjetivos que conferem poder ao respectivo titular de interferir, com declaração unilateral de vontade, sobre situações jurídicas de outra pessoa, sem depender do concurso da vontade do sujeito passivo; a esse categoria dá-se o nome de "direitos potestativos" (...) Os direitos a uma prestação, por dependerem de ato do sujeito passivo, são aqueles que podem ser objeto de violação (isto é, de inadimplemento), por parte deste. Os direitos potestativos, por não se encontrarem na dependência de ato do sujeito passivo, não se sujeitam a violação de sua parte (THEODORO JUNIOR, Humberto, 1938-. Distinção científica entre prescrição e decadência. Um tributo a obra de Agnelo Amorim Filho. *Revista dos Tribunais*, São Paulo, v. 94, n. 836).

[233] MOREIRA, José Carlos Barbosa. Notas sobre pretensão e prescrição no sistema do novo Código Civil brasileiro. *Revista Forense*, v. 99, n. 366, Rio de Janeiro: Forense, mar. 2003, p. 151.

à violação, sendo prescritíveis.[234] [235] A esse respeito, Agnelo Amorim Filho distingue as ações condenatórias – em que se pleiteia a satisfação de um direito subjetivo – das ações constitutivas, por meio das quais se exerce um direito potestativo.[236]

Como se vê, o instituto da prescrição foi construído em torno do direito subjetivo. Se, historicamente, entendia-se que o ponto de referência objetivo da prescrição corresponderia ao próprio direito subjetivo[237] ou, ainda, à ação processual mediante a qual o seu cumprimento seria exigido,[238] nos dias atuais, doutrina e jurisprudência pátrias mostram-se

---

[234] A controvérsia acerca dos contornos da prescrição e da decadência vem resolvida pelo Código Civil de 2002, o qual prevê, em momentos distintos, os prazos prescricionais e decadenciais: "O Código Civil de 1916 não faz referência expressa à decadência. Ao contrário, trata da disciplina da prescrição, dedicando-lhe todo o Título III do Livro III da Parte Geral (arts. de 161 a 179). Já no novo Código Civil cuida, expressamente, não só da prescrição como da decadência, no Título IV do Livro III (Dos Fatos Jurídicos), mais precisamente do art. 189 ao 211" (SOUZA, Carlos Fernando Mathias de. Tempo e direito. In: ALVIM, Arruda (Coord.). *Aspectos Controvertidos do Novo Código Civil*. São Paulo, 2003. p. 109).

[235] Sobre o tema, veja-se TEPEDINO, Gustavo et al. *Código Civil interpretado conforme a Constituição da República*. v. I. 2. ed. Rio de Janeiro: Renovar, 2007. p. 358: "(...) a decadência decorre de direitos potestativos, isto é, situações jurídicas diversas do direito subjetivo, nas quais, ao contrário deste, não há dever jurídico contraposto ao interesse do seu titular. A ordem jurídica assegura ao titular de um direito potestativo o poder de interferir na esfera jurídica alheia sem que o titular do centro de interesse atingido possa se opor (...). O exercício do direito potestativo não depende, portanto, ao contrário do direito subjetivo, do comportamento de um devedor. Disso resulta que o direito potestativo não pode ser violado e, em consequência, não se sujeita a prazo prescricional".

[236] V. AMORIM FILHO, Agnelo. Critério científico para distinguir a prescrição da decadência e para identificar as ações imprescritíveis. *Revista de Direito Processual Civil*, São Paulo, v. 2, n. 3, p. 95-132, jan. 1961. Em comentários à lição de Agnelo Amorim Filho, confira-se a lição de Rosa Maria de Andrade Nery e Nelson Nery Junior: "Com efeito, ele afirma que, se a ação estribar-se em pretensão condenatória, o prazo previsto em lei para término da possibilidade do ajuizamento da ação correspondente será de prescrição, porque prescreve a pretensão a que corresponde a ação condenatória; se a pretensão tiver de ser exercida mediante ação constitutiva, com prazo de exercício fixado na lei, a hipótese é de decadência, porque o que caduca é o direito potestativo, que dá ensejo à propositura da ação constitutiva; se a pretensão for exercitável mediante o manejo de ação declaratória, não há prescrição porque é ele imprescritível" (*Instituições de Direito Civil*. volume I, tomo II. Rio de Janeiro: Revista dos Tribunais, 2015, p. 360).

[237] Em defesa do próprio direito subjetivo como objeto da prescrição, vejam-se: PEREIRA, Caio Mário da Silva. *Instituições de Direito Civil*. v. I. Rio de Janeiro: Forense, 2006, p. 681; GOMES, Orlando. *Introdução ao Direito Civil*. Rio de Janeiro: Forense, 2007, p. 444.

[238] Veja-se a lição de Clóvis Bevilacqua, segundo o qual prescrição corresponde à "perda da ação atribuída a um direito, e de toda a sua capacidade defensiva, em consequência do não-uso dela, durante determinado espaço de tempo" (*Código Civil dos Estados Unidos do Brasil comentado*. Rio de Janeiro: Ed. Paulo de Azevedo, 1959). No mesmo sentido, Câmara Leal afirma que a prescrição é "a extinção de uma ação ajuizável, em virtude da inércia de seu titular durante um certo lapso de tempo, na ausência de causas preclusivas de seu curso" (*Da Prescrição e Decadência*. Rio de Janeiro: Forense, 1978, p. 9). Em posição

pacíficas ao afirmar que a prescrição atinge a pretensão, considerada como a face dinâmica do direito subjetivo.[239]

Por outro lado, a própria noção de direito subjetivo foi remodelada, de modo a admitir limites internos e externos ao seu exercício. Na concepção clássica, o direito subjetivo traduz a prerrogativa atribuída ao titular de poder exigir de outrem determinado comportamento visando à realização de seus interesses privados.[240] Trata-se de um direito à prestação por parte do sujeito passivo, que polariza as situações subjetivas ativa e passiva.

A metodologia civil-constitucional põe em xeque tal conceito individualista de direito subjetivo ao rechaçar que interesse finalizado unicamente a si mesmo seja tutelado pelo ordenamento jurídico. Ao revés: o exercício de uma situação subjetiva será merecedor de tutela se – e apenas na medida em que – interesses socialmente relevantes também sejam atendidos. Ou seja, não se verifica absoluta e inconteste atribuição de poderes ao titular da situação subjetiva; antes, o exercício de tais poderes só será tutelado enquanto realizar também interesses coletivos, na denominada socialização dos direitos subjetivos.[241]

Nesse contexto, a autonomia privada é remodelada, encontrando limitação interna no atendimento aos valores constitucionais de cunho existencial, os quais passam a integrar o próprio conceito de ordem

---

intermediária, Luiz Carpenter e Washington de Barros Monteiro defendem que a prescrição atinge diretamente a ação e, por via de consequência, extingue o direito subjetivo. Cf. CARPENTER, Luiz Frederico Sauerbronn. *Da Prescrição*. 3. ed. Rio de Janeiro: Editora Nacional de Direito, 1958; MONTEIRO, Washington de Barros. *Curso de Direito Civil*. São Paulo: Saraiva, 1960.

[239] Nessa direção, a doutrina especializada sustenta a atecnia em se afirmar que a prescrição atinge o direito processual de ação, vez que este poderá sempre ser exercido, ainda que o processo, ao final, seja julgado improcedente ou venha a ser reconhecida a prescrição da pretensão ali deduzida. Sobre o tema, v. FONTES, Andre Ricardo Cruz. A pretensão como situação jurídica subjetiva. Belo Horizonte: Del Rey, 2002.

[240] NORONHA, Fernando. *Direito das Obrigações*. São Paulo: Saraiva, 2003, p. 55.

[241] Remeta-se, mais uma vez, à lição de Gustavo Tepedino: "Os legítimos interesses individuais dos titulares da atividade econômica privada só merecerão tutela na medida em que interesses socialmente relevantes, posto que alheios à esfera individual, venham a ser igualmente tutelados. A proteção dos interesses privados não mais se justifica apenas como expressão da liberdade individual, mas, além disso, também em virtude da função que tais interesses desempenham para a promoção de posições jurídicas externas, as quais alcançam e integram a ordem pública constitucional. Vincula-se, assim, a proteção dos interesses privados ao atendimento de interesses sociais, a serem promovidos no âmbito da atividade econômica (socialização dos direitos subjetivos)" (O Princípio da Função Social no Direito Civil Contemporâneo. *Revista do Ministério Público*, Rio de Janeiro, v. 1, p. 141, 2014).

pública.[242] No plano contratual, o abstrato sujeito de direitos presente no direito codificado dá lugar à pessoa humana, qualificada no âmbito de concreta relação jurídica, com redobrada atenção às suas específicas particularidades – em termos de capacidade, de vulnerabilidade em concreto e de condição socioeconômica.[243] Na esteira dos novos princípios contratuais, o princípio da função social dos contratos, positivado no artigo 421 do Código Civil,[244] vem alterar o próprio fundamento axiológico da liberdade contratual.[245] Informado pelos valores constitucionais da dignidade da pessoa humana, da livre iniciativa, da igualdade substancial e da solidariedade social, o princípio da função social exige dos contratantes a persecução de interesses extracontratuais socialmente relevantes, ao lado de seus interesses individuais.[246] Dessa maneira,

---

[242] Conforme leciona Gustavo Tepedino: "Entre controvérsias, aplausos e objeções, o direito civil assistiu ao deslocamento de seus princípios fundantes, do Código Civil para a Constituição, em difusa experiência contemporânea, da Europa Continental à América Latina. Tal realidade, vista por muitos com certo desdém, na tentativa de reduzi-la a fenômeno de técnica legislativa – ou mesmo à mera atecnia –, revela processo de profunda transformação social, em que a autonomia privada passa a ser remodelada por valores não patrimoniais, de cunho existencial, inseridos na própria noção de ordem pública." (TEPEDINO, Gustavo. Do Sujeito de Direito à Pessoa Humana. *Revista Trimestral de Direito Civil*, Rio de Janeiro: Padma, 2000, v. 2, Editorial).

[243] V. TEPEDINO, Gustavo. O Princípio da Função Social no Direito Civil Contemporâneo. *Revista do Ministério Público*, Rio de Janeiro, v. 1, p. 141, 2014.

[244] Artigo 421 do Código Civil: "A liberdade de contratar será exercida em razão e nos limites da função social do contrato".

[245] Em crítica à tímida aplicação do princípio da função social dos contratos, confira-se a lição de Anderson Schreiber: "A função social do contrato, que, no plano puramente teórico, prometia revolução até superior àquela representada pelo advento da boa-fé objetiva, alterando o próprio fundamento axiológico da liberdade contratual, não encontrou, ainda, uma aplicação prática digna de suas potencialidades. A imensa maioria dos manuais ainda mantém a função social do contrato em um plano abstrato, quase filosofal, e a jurisprudência tem encontrado dificuldade em empregá-la sem o verniz demagógico e oportunista que, muitas vezes, se lhe imprime no cotidiano dos foros, onde a função social tem sido invocada ora como argumento para a defesa dos interesses patrimoniais de concorrentes dos contratantes, ora como fundamento para a absoluta desconsideração do contrato, resultado que representa a verdadeira antítese de um princípio 'contratual'. A melhor doutrina, contudo, tem dado passos importantes para que a função social encontre efetiva realização, como instrumento dinâmico de reformulação do contrato, de modo a adequá-lo concretamente a interesses sociais relevantes afetados pela sua execução" (SCHREIBER, Anderson. O princípio do equilíbrio das prestações e instituto da lesão. In: VENOSA, Silvio de Salvo; GAGLIARDI, Rafael Villar; NASSER, Paulo Magalhães (Coord.). *10 anos do Código Civil*: desafios e perspectivas. São Paulo: Atlas, 2012, p. 138-160).

[246] Conforme indica Gustavo Tepedino: "Extrai-se daí a definição da função social do contrato, entendida como dever imposto aos contratantes de atender – ao lado dos próprios interesses individuais perseguidos pelo regulamento contratual – a interesses extracontratuais socialmente relevantes, dignos de tutela jurídica, que se relacionam com o contrato ou são por ele atingidos. Tais interesses dizem respeito, dentre outros,

insere-se no plano contratual a noção de ordem pública constitucional, impondo aos contratantes a observância de normas inderrogáveis, que visam assegurar, em última instância, a promoção da pessoa humana e dos valores constitucionais.[247] Como consequência, tem-se a mitigação do princípio da relatividade dos contratos: são estipulados deveres às partes, os quais se voltam ao atendimento de interesses coletivos. Opera-se, portanto, efetiva transformação qualitativa dos contratos, apreendidos como instrumentos voltados à concretização de valores constitucionais.

De igual modo, a funcionalização das situações subjetivas patrimoniais àquelas existenciais incide nas relações de direitos reais, a subordinar o exercício dos direitos reais por seu titular ao atendimento de interesses da coletividade. A função social da propriedade é expressamente prevista na Constituição Federal, em seus artigos 5º, inciso XXIII,[248] 170, III,[249] 182[250] e 186,[251] bem como no artigo 1.228, §1º, do Código Civil.[252] Sob o perfil funcional, a função social da propriedade

---

aos consumidores, à livre concorrência, ao meio-ambiente, às relações de trabalho" (TEPEDINO, Gustavo José Mendes. Crise de fontes normativas e técnica legislativa na parte geral do Código Civil 2002. *Revista Forense*, Rio de Janeiro, RJ, v. 98, n. 364, p. 20).

[247] Como informa Gustavo Tepedino: "Deste modo, no sistema em vigor, a função social amplia para o domínio do contrato a noção de ordem pública. A função é considerada um fim para cuja realização se justifica a imposição de preceitos inderrogáveis e inafastáveis pela vontade das partes. Por isso mesmo, dispõe o art. 2.035 do Código Civil que 'nenhuma convenção prevalecerá se contrariar preceitos de ordem pública, tais como os estabelecidos por este Código para assegurar a função social da propriedade e dos contratos" (TEPEDINO, Gustavo José Mendes. Notas sobre a função social dos contratos. In: TEPEDINO, Gustavo; FACHIN, Luiz Edson (Org.). *O Direito e o Tempo*: embates jurídicos e utopias contemporâneas. 1. ed. Rio de Janeiro: Renovar, 2008, p. 395-405).

[248] Art. 5º, XXIII: "A propriedade atenderá a sua função social".

[249] Art. 170, III: "Art. 170. A ordem econômica, fundada na valorização do trabalho humano e na livre iniciativa, tem por fim assegurar a todos existência digna, conforme os ditames da justiça social, observados os seguintes princípios: (...) III - função social da propriedade;"

[250] Art. 182. A política de desenvolvimento urbano, executada pelo Poder Público municipal, conforme diretrizes gerais fixadas em lei, tem por objetivo ordenar o pleno desenvolvimento das funções sociais da cidade e garantir o bem- estar de seus habitantes.

[251] Art. 186. A função social é cumprida quando a propriedade rural atende, simultaneamente, segundo critérios e graus de exigência estabelecidos em lei, aos seguintes requisitos: I - aproveitamento racional e adequado; II - utilização adequada dos recursos naturais disponíveis e preservação do meio ambiente; III - observância das disposições que regulam as relações de trabalho; IV - exploração que favoreça o bem-estar dos proprietários e dos trabalhadores.

[252] Art. 1.228, §1º. O direito de propriedade deve ser exercido em consonância com as suas finalidades econômicas e sociais e de modo que sejam preservados, de conformidade com o estabelecido em lei especial, a flora, a fauna, as belezas naturais, o equilíbrio ecológico e o patrimônio histórico e artístico, bem como evitada a poluição do ar e das águas.

surge como elemento interno ao domínio, exigindo do titular uma atuação em conformidade com os valores constitucionais, respeitando, ao lado de seus interesses individuais, situações jurídicas de terceiros e interesses não proprietários socialmente tutelados.[253] Em superação da noção de propriedade como direito subjetivo absoluto – ou limitado apenas negativamente –, a propriedade passa a ser apreendida como situação subjetiva complexa,[254] exigindo-se uma atuação positiva do proprietário. Ou seja, ao titular da propriedade não é apenas vedada a prática do ilícito ou de atos abusivos; para que seja merecedor de tutela, o exercício do poder dominical deverá também promover valores socialmente tutelados – como, por exemplo, a proteção ao meio ambiente. Nessa direção, o direito de propriedade assume configuração flexível, funcionalizando-se sua estrutura ao atendimento de interesses da coletividade. Dito diversamente, o conteúdo dos poderes atribuídos ao titular do direito de propriedade variará segundo os interesses a serem regulados na concreta relação jurídica, sendo a função social definida em cada estatuto proprietário.

Como se denota, na configuração solidarista proposta pela metodologia civil-constitucional, evolui-se do conceito individualista de direito subjetivo à noção de interesse juridicamente tutelado, identificado no âmbito das situações subjetivas complexas, marcadas por momentos de poder e dever detidos por ambas as situações subjetivas ativa e passiva, de modo que a distinção entre estas se torna meramente quantitativa, não já qualitativa.[255] Com efeito, a incidência dos valores constitucionais nas relações jurídicas implica a atribuição de deveres, ônus, direitos e obrigações a ambas as partes. Em específico, o princípio da solidariedade social impõe ao próprio titular do direito o dever de

---

[253] Como elemento interno do domínio, a função social é responsável pelo controle de legitimidade funcional do direito de propriedade, impondo ao titular o dever de respeitar situações jurídicas e interesses não-proprietários socialmente tutelados, atingidos pelo exercício dominical (TEPEDINO, Gustavo. Os Direitos Reais no Novo Código Civil. *Revista da EMERJ*, Rio de Janeiro, p. 168-176, 2004).

[254] Sobre o tema, cf. LOUREIRO, Francisco Eduardo. *A Propriedade como Relação Jurídica Complexa*. Rio de Janeiro: Renovar, 2003.

[255] Na lição de Pietro Perlingieri: "Na maior parte das hipóteses, o interesse faz nascer uma situação subjetiva complexa, composta tanto de poderes quanto de deveres, obrigações, ônus. Nesta perspectiva, coloca-se a crise do direito subjetivo: enquanto este nasceu para exprimir um interesse individual e egoísta, a complexidade das situações subjetivas – pela qual em cada situação estão presentes momentos de poder e de dever, de modo que a distinção entre situações ativas e passivas não deve ser entendida em sentido absoluto – exprime a configuração solidarista do nosso ordenamento constitucional" (PERLINGIERI, Pietro. *O direito civil na legalidade constitucional*. Rio de Janeiro: Renovar, 2008, p. 678).

exercê-lo de modo a não provocar danos a outros sujeitos, funcionalizando-o e socializando-o.[256] O interesse[257] assume papel central na configuração das situações subjetivas, sob o filtro do merecimento de tutela.[258]

Nesse cenário, a violação ao direito – à qual o artigo 189 do Código Civil faz referência – passa a ser compreendida como a não satisfação de um interesse juridicamente tutelado,[259] o qual só pode ser individuado no âmbito da concreta relação jurídica. A esse respeito, destaca Bruno Troisi que o fenômeno prescricional necessariamente há de ser delineado em perspectiva relacional, em abandono da restritiva ótica de exercício do direito subjetivo. A se considerar que são atribuídos poderes, ônus, deveres e direitos a ambos os sujeitos, sua atuação –

---

[256] PERLINGIERI, Pietro. *O direito civil na legalidade constitucional*. Rio de Janeiro: Renovar, 2008, p. 677.

[257] Acerca do conceito de interesse jurídico, veja-se a lição de Carnelutti: "*Perciò la nozione di interesse, se ha da essere uno dei fondamenti della teoria giuridica, conviene che sia obbiettiva, non subbiettiva; che consideri l'interesse come qualcosa che esiste fuori da noi, e non in noi. Ciò che esiste fuori da noi, e non è il bene stesso, è la situazione di ciascun uomo rispetto al bene, in virtù della quale glia sia possibile, gli sia facile, gli sia sicuro di poterlo impiegare per la sodisfazione di un bisogno; questa situazione è l'interesse; la relazione, dunque, quae inter est, tra l'uomo e il bene. La fame è un bisogno; il pane è un bene; poter mangiare il pane, questo è un interesse*" (CARNELUTTI, Francesco. *Il danno e il reato*. Milão: Cedam, 1930, p. 12). Tradução livre: "Porque a noção de interesse, se deve constituir um dos fundamentos da teoria jurídica, convém que seja objetiva, não subjetiva; que considere o interesse como qualquer coisa que existe fora de nós, e não em nós. O interesse que existe fora de nós, não é o próprio bem, é a situação de cada indivíduo em relação ao bem, em virtude da qual é possível, é fácil, é seguro poder emprega-lo para a satisfação de uma necessidade; esta situação é o interesse; a relação, portanto, existente entre o homem e o bem. A fome é uma vontade; o pão é um bem; poder comer o pão, isto é um interesse".

[258] No ordenamento vigente não existe um direito subjetivo – propriedade privada, crédito, usufruto – ilimitado, atribuído no exclusivo interesse do sujeito, a ponto de ser configurado como entidade pré-dada, isto é, preexistente ao ordenamento e que deva ser levada em consideração como conceito, ou noção, transmitido de geração em geração. O que há é um interesse juridicamente tutelado, uma situação jurídica que já em si mesma encerra limitações para o titular (PERLINGIERI, Pietro. *O direito civil na legalidade constitucional*. Rio de Janeiro: Renovar, 2008, p. 680).

[259] Tal perspectiva é adotada por Giuseppe Panza: "*Perché allora un diritto si prescriva per l'inerzia del titolare occorre la lesione dell'interesse che costituisce l'elemento sostanziale del diritto. Lesione dell'interesse e non violazione del diritto o contestazione di questo: l'una non è necessaria, l'altra non sarebbe sufficiente. Con la lesione dell'interesse sorge anche l'interesse a reagire del titolare del diritto, cioè il suo interesse ad agire che se non fatto valere nel termine prescrizionale produce la perdita del diritto*" (PANZA, Giuseppe. *Contributto allo Studio della Prescrizione*. Nápoles: Editora Jovene Napoli, 1984, p. 19). Tradução livre: "Para que um direito se prescreva pela inércia do titular, deve haver lesão do interesse, que constitui o elemento fundamental do direito. Lesão do direito e não violação do direito ou reivindicação deste: uma não é necessária, a outra não seria suficiente. Com a lesão do interesse surge o interesse do titular do direito de reagir à lesão, isto é, o seu interesse em agir, que se não for exercido dentro do prazo prescricional, produz a perda do direito".

voltada à realização do concreto regulamento de interesses – deve ser valorada no âmbito das recíprocas situações subjetivas complexas. Como se lê:

> Punto di partenza del discorso sin qui delineato è la necessità di considerare il fenomeno prescrizionale nella più ampia prospettiva del 'rapporto giuridico' – inteso quale necessaria relazione, concretamente disciplinata, commisurante reciproche situazioni giuridiche soggettive complesse – e non già nell'ottica riduttiva, tradizionalmente adoperata, del diritto soggettivo.[260]

Na esfera contratual, observa-se a ampliação do conceito de inadimplemento, que passa a abranger as hipóteses de violação dos deveres de conduta impostos pela boa-fé objetiva.[261] Se, na concepção personalista,[262] o objeto da obrigação consistia no comportamento do devedor que realiza a prestação principal, a funcionalização da relação obrigacional evidencia, como objeto, o comportamento voltado à realização do resultado útil programado no regulamento contratual traçado pelas partes. Dito diversamente, atribui-se relevância aos efeitos essenciais pretendidos naquele concreto regulamento de interesses, de modo que "a prestação deve ser objetivamente idônea a satisfazer o interesse típico e concreto do credor, naquele particular vínculo contratual".[263] Nessa esteira, o interesse útil do credor na obrigação demandará não

---

[260] TROISI, Bruno. *La prescrizione come procedimento*. Camerino: Scuola di perfezionamento dell'Università di Camerino, 1980, p. 100-105. Tradução livre: "Ponto de partida do discurso ora delineado é a necessidade de considerar o fenômeno prescricional na ampla perspectiva da 'relação jurídica' – entendida como necessária relação, concretamente disciplinada, entre recíprocas situações subjetivas complexas – e não já na ótica redutiva, tradicionalmente adotada, do direito subjetivo".

[261] Conforme destacam Carlos Nelson Konder e Pablo Rentería: "Chega-se, portanto, à concepção pluralista e dinâmica da relação obrigacional, que supera a concepção tradicional, marcadamente formalista e abstrata. A obrigação é relação jurídica cujo conteúdo, variável e complexo, se define no caso concreto em função dos legítimos interesses a serem tutelados – especialmente o do credor – e se vai constituindo pelos diversos deveres acessórios de conduta que completam e integram o núcleo central, composto pelo dever de prestar do devedor e pelo direito de exigir a prestação do credor" (KONDER, Carlos Nelson; RENTERÍA, Pablo. A funcionalização das relações obrigacionais: interesse do credor e patrimonialidade da prestação. *Civilistica.com*, Rio de Janeiro, a. 1, n. 2, jul./dez. 2012. Disponível em: <http://civilistica.com/a-funcionalizacao/>. Acesso em: 05 jan. 2017, p. 2-3).

[262] Essa é a lição da doutrina tradicional, que adota majoritariamente a concepção personalista de obrigação, como se observa das clássicas palavras de Clóvis Beviláqua: "O objeto da obrigação é sempre um ato humano, a prestação, seja a realização de um fato, seja a dação de uma coisa" (BEVILÁQUA, Clóvis. *Direito das Obrigações*. São Paulo: Ed. Paulo de Azevedo Ltda., 1954, p. 28).

[263] TERRA, Aline de Miranda Valverde. *Inadimplemento anterior ao termo*. Rio de Janeiro, RJ: Renovar, 2009, p. 53-54.

somente a execução da prestação principal, mas também a observância de tais deveres laterais,[264] os quais passam a integrar o programa contratual.[265] Nesse contexto, o inadimplemento traduz a ausência de atendimento dos interesses juridicamente tutelados mediante o regulamento contratual. Por essa razão, a violação ao interesse juridicamente relevante só pode ser identificada no âmbito da concreta relação jurídica, variando segundo as peculiaridades da prestação e do regulamento de interesses.[266] Desse modo, é afastada a noção de violação contratual como ausência de cumprimento da prestação principal – dever jurídico imputado ao devedor, em contraprestação ao direito subjetivo atribuído ao credor – para se investigar, na complexa relação jurídica, o interesse útil ao qual se voltou o programa contratual e que não foi satisfeito.

Cabe destacar, ainda, que, na disciplina unitária das situações subjetivas patrimoniais, a situação creditícia também deve ser respeitada pela coletividade. Por essa razão, caso venha a ser violada por terceiro, poderá ser deflagrada a tutela externa do crédito, com a responsabilização do terceiro interferente. Nas hipóteses em que terceiro e devedor figuram, ambos, como responsáveis pela violação do crédito – o devedor, por não realizar a prestação; e o terceiro, interferente, por auxiliar ou instigar o devedor a celebrar com ele contrato incompatível com o celebrado anteriormente com o credor[267] –, é possível sustentar a responsabilidade solidária entre devedor e terceiro, dado o nexo de causalidade existente entre a conduta de ambos e o dano causado ao credor.[268]

---

[264] Isso porque a funcionalização do objeto da obrigação conduz à importante reavaliação do comportamento do devedor e, consequentemente, à alteração da estrutura do objeto obrigacional. A execução da prestação principal não é capaz de atender, por si só, ao interesse objetivo e concreto do credor. Sua satisfação pressupõe, igualmente, a observância dos deveres de conduta impostos pela boa-fé objetiva, a exigir não apenas que o devedor aja no sentido de executar a prestação principal, mas também, e com a mesma intensidade, que o devedor se comporte de acordo com tais outros deveres (TERRA, Aline de Miranda Valverde. *Inadimplemento anterior ao termo*. Rio de Janeiro, RJ: Renovar, 2009, p. 61).

[265] Na lição de Gustavo Tepedino: "Por fim, a boa-fé exerce a função de fonte criadora de deveres anexos à prestação principal. Trata-se dos deveres de informação, lealdade e transparência, que se agregam implicitamente ao regulamento de interesses" (TEPEDINO, Gustavo. Responsabilidade civil dos fabricantes de cigarros. In: *Soluções Práticas de Direito*. v. I. São Paulo: Editora Revista dos Tribunais, 2012, p. 326).

[266] Cf. PERLINGIERI, Pietro. *Manuale di diritto civile*. 2. ed. Napoli: Edizioni Scientifiche Italiane, 2000, p. 281.

[267] V. SANTOS JÚNIOR, E. *Da responsabilidade civil de terceiro por lesão do direito de crédito*. Coimbra: Almedina, 2003, p. 555.

[268] Sendo assim, devedor e terceiro serão ambos responsáveis pela lesão do crédito, daí decorrendo obrigação subjetivamente complexa de reparar os prejuízos causados pelo

De igual modo, em relação aos direitos ditos absolutos – que, a rigor, traduzem situações subjetivas complexas –, assume relevo a noção de interesse juridicamente tutelado, o qual, uma vez desatendido, dá azo à reparação, desde que configurado um dano injusto. Com efeito, no âmbito da responsabilidade civil aquiliana, observa-se a erosão do direito subjetivo como critério de seleção dos danos ressarcíveis em razão de um ato ilícito,[269] com a ascensão da cláusula geral de dano. Se, em um sistema típico e fechado, a atribuição de um direito subjetivo ao titular orienta a definição de dano indenizável, decorrente da antijuridicidade da conduta, em um sistema atípico e aberto, o dever de reparar o dano resulta da lesão a interesse ou bem juridicamente tutelado.[270] Nas palavras de Pietro Perlingieri:

> A injustiça do dano é entendida como cláusula geral com base na qual selecionar as hipóteses de dano ressarcível, de maneira que é injusto o dano que determine uma lesão não somente de direitos subjetivos, mas também de interesses que o ordenamento leva em consideração sob vários perfis.[271]

Ao se debruçar sobre o tema, Anderson Schreiber afirma que a cláusula geral de responsabilidade civil identifica o dano como a lesão concreta a um interesse juridicamente tutelado, afastando-se da tutela abstrata de direitos subjetivos.[272] Nesse cenário, a configuração do dano

---

credor. Dito diversamente, o devedor será autor e o terceiro co-autor da lesão do direito de crédito alheio, respondendo solidariamente pelos danos provocados ao credor, a teor do que dispõe o parágrafo único do art. 942 do Código Civil, *in verbis*: "São solidariamente responsáveis com os autores os co-autores e as pessoas designadas no art. 932". (BANDEIRA, Paula Greco. Fundamentos da responsabilidade civil do terceiro cúmplice. *Revista Trimestral de Direito Civil*, Rio de Janeiro: Padma, v. 30, abr./jun. 2007, p. 114).

[269] Cf. PERLINGIERI, Pietro. *Manuale di diritto civile*. 2. ed. Napoli: Edizioni Scientifiche Italiane, 2000, p. 679.

[270] BODIN DE MORAES, Maria Celina. A constitucionalização do direito civil e seus efeitos sobre a responsabilidade civil. In: *Na Medida da pessoa humana*: estudos de direito civil. Rio de Janeiro: Renovar, 2010, p. 325. Ver também BIANCA, Massimo. *Diritto civile*. v. 5. Milano: Giuffrè, 1995, p. 584-585.

[271] Cf. PERLINGIERI, Pietro. *Manuale di diritto civile*. 2. ed. Napoli: Edizioni Scientifiche Italiane, 2000, p. 679, nota de rodapé nº 51.

[272] A crise do direito subjetivo, a desconstrução do mito da completude e a passagem a uma técnica legislativa fundada em cláusulas gerais e conceitos jurídicos indeterminados lançaram sobre o Poder Judiciário a responsabilidade de estipular, à margem de previsão legal específica, os interesses que são merecedores de tutela, e cuja violação, portanto, enseja danos ressarcíveis (SCHREIBER, Anderson. *Novos paradigmas da responsabilidade civil*: da erosão dos filtros da repartição a diluição dos danos. São Paulo: Atlas, 2007, p. 140).

assume centralidade, a nortear o surgimento da pretensão à reparação.[273] O dano passa a ser percebido como "o fundamento unitário da responsabilidade civil, a própria razão de ser do dever de indenizar".[274] Em termos dogmáticos, a responsabilidade civil é entendida como a imputação do dano a um sujeito determinado, para o qual surgirá o dever de reparação. Conforme aponta Maria Celina Bodin de Moraes:

> Quanto ao aumento das hipóteses de ressarcimento, sabe-se que a responsabilidade civil é um dos instrumentos jurídicos mais flexíveis, dotado de extrema simplicidade, estando apto a oferecer a primeira forma de tutela a interesses novos, considerados merecedores de tutela tão logo a sua presença seja identificada pela consciência social, e que de outra maneira ficariam desprotegidos, porque ainda não suficientemente amadurecidos para receberem atenção e, portanto, regulamentação própria por parte do legislador ordinário.[275]

A esse respeito, revela-se sempre atual a reflexão de Orlando Gomes, ao pontuar que, na responsabilidade civil, observou-se efetivo "giro conceitual do ato ilícito ao dano injusto". Em alteração do eixo da disciplina, abandona-se o foco centrado na conduta do ofensor – com a adoção da culpa normativa e a ampliação das hipóteses de responsabilidade objetiva –, consagrando-se o princípio de reparação integral do dano.[276] Essa abordagem reflete a incidência dos valores constitucionais

---

[273] O dano é também elemento essencial do ato ilícito e da responsabilidade civil. Cuidando-se de elemento essencial do ato ilícito, fonte da responsabilidade civil, sem dano não há ato ilícito, ainda que se esteja diante de conduta antijurídica. (...) Define-se o dano como a lesão a um bem jurídico (TEPEDINO, Gustavo; BARBOZA, Heloisa Helena; MORAES, Maria Celina Bodin de. *Código civil interpretado*: conforme a Constituição da República. Rio de Janeiro, RJ: Renovar, 2007, p. 338). Na mesma direção, afirma Mario Julio de Almeida Costa: "Requisito da existência da responsabilidade civil, conforme se observou, é a verificação de um dano ou prejuízo a ressarcir. Apenas em função do dano o instituto realiza a sua finalidade essencialmente reparadora ou reintegrativa. Mesmo quando lhe caiba algum papel repressivo e preventivo, sempre se encontra submetido, como regra, aos limites da eliminação do dano" (ALMEIDA COSTA, Mário Júlio de. *Direito das Obrigações*. Coimbra: Almedina, 2001, p. 541).

[274] BODIN DE MORAES, Maria Celina. A constitucionalização do direito civil e seus efeitos sobre a responsabilidade civil. In: *Na Medida da pessoa humana*: estudos de direito civil. Rio de Janeiro: Renovar, 2010, p. 324.

[275] Cf. BODIN DE MORAES, Maria Celina. A constitucionalização do direito civil e seus efeitos sobre a responsabilidade civil. In: *Na Medida da pessoa humana*: estudos de direito civil. Rio de Janeiro: Renovar, 2010, p. 323.

[276] Acerca do tema, veja-se a lição de Gustavo Tepedino: "No direito brasileiro, em termos de responsabilidade civil, a indenização mede-se pela extensão do dano. Tal princípio, consubstanciado no art. 944 do CC/2002, expressa regra fundamental da *civil law*,

sobre os mecanismos da responsabilidade civil ao traduzir a hierarquia axiológica da dignidade da pessoa humana.[277]

Conclui-se que a referência à violação do direito, feita no artigo 189 do Código Civil, deve ser compreendida como lesão a um interesse juridicamente tutelado, cujos contornos devem ser delineados no âmbito da concreta relação jurídica. No direito obrigacional, a lesão corresponderá à não satisfação do regulamento de interesses ao qual se volta o contrato e para a qual devem contribuir ambas as partes. Por conseguinte, abandona-se a polarização entre direito subjetivo atribuído ao credor e dever jurídico imputado ao devedor, reconhecendo-se a existência de situações subjetivas complexas recíprocas, com a atribuição de deveres, ônus, direitos e poderes a ambas as partes. Nesse contexto, os deveres laterais passam a integrar o próprio regulamento contratual, de modo que sua violação configurará inadimplemento, impactando o decurso do prazo prescricional. De igual modo, na seara extracontratual, vigerá a cláusula geral de dano a fim de abranger, para além da infração de um direito subjetivo, as pretensões decorrentes da violação de interesses constitucionalmente protegidos. Em consequência, passam a ser acampadas também as hipóteses que demandam uma ponderação concreta de interesses, diante do conflito de interesses jurídicos igualmente merecedores de tutela, caso abstratamente considerados.

Além disso, em aplicação do princípio da reparação integral do dano, atribui-se relevância ao momento em que o dano se configura, a despeito de o evento lesivo à esfera jurídica tutelada de outrem já estar distanciado no tempo. Tendo em conta que a existência de dano constitui

---

incorporada em nossa tradição jurídica na liquidação de danos, tanto no regime do Código Civil de 1916 quanto no atual. De tal assertiva decorre, por um lado, a rejeição de danos hipotéticos, exigindo a doutrina que os danos ressarcíveis sejam atuais (ou seja, que já tenham ocorrido no momento em que se pretende a reparação) e determináveis (ou seja, suscetíveis de mensuração econômica). Por outro lado, em contrapartida, o direito brasileiro não limita a liquidação, admitindo a indenização de todos os danos necessariamente resultantes de determinada causa. Consagra-se, desse modo, no sistema brasileiro, o princípio da reparação integral, que na responsabilidade contratual encontra apenas o limite estabelecido pela própria autonomia privada, mediante a fixação pelas partes de eventual cláusula penal como uma pré-liquidação das perdas e danos" (TEPEDINO, Gustavo. Princípio da reparação integral e quantificação das perdas e danos derivadas da violação do acordo de acionistas. In: *Soluções Práticas de Direito*. v. I. São Paulo: Editora Revista dos Tribunais, 2012, p. 315).

[277] Note-se que, com a Constituição de 1988, a proteção à dignidade da pessoa humana torna-se o ápice hierárquico do ordenamento, fazendo com que, em matéria de responsabilidade civil, tenha se tornado "plenamente justificada a mudança de foco que, em lugar da conduta (culposa ou dolosa) do agente, passou a enfatizar a proteção à vítima de dano injusto" (BODIN DE MORAES, Maria Celina. *Danos à pessoa humana*. São Paulo: Renovar, 2009, p. 29).

pressuposto insuperável do dever de indenizar, sua concretização se revela fundamental à definição do momento em que a pretensão surge e se torna exercitável, como se analisará detidamente no item 3.5.

3.3 Valoração funcional e dinâmica da relação jurídica: pretensão como exigibilidade da prestação

Uma vez definidos os contornos da lesão a um interesse juridicamente tutelado – a que se refere a parte inicial do artigo 189 do Código Civil de 2002 –, cabe investigar se o surgimento da pretensão pode ser descolado do momento da violação. Antes do advento do Código Civil de 2002, doutrina e jurisprudência muito controvertiam quanto ao conceito de pretensão. Dada a lacuna legislativa acerca do tema, a pretensão ora era referida como poder de exigir atribuído ao sujeito – critério subjetivo –, ora era afirmada como ato efetivamente praticado pelo indivíduo – critério objetivo[278] – e, por vezes, conjugavam-se ambas as definições.[279] [280]

De um lado, a adoção do critério objetivo ampara-se na teoria preconizada por Francesco Carnelutti, o qual, equiparando a pretensão a um ato jurídico, sustenta que só pode ser identificada na concreta exigência do direito por um sujeito,[281] mediante declaração de vontade. Dito diversamente, somente ao manifestar seu interesse no cumprimento de determinada obrigação, reclamando uma atuação diversa da parte de outrem, o titular do direito dá origem à pretensão, cujo teor se confunde com o próprio exercício do direito subjetivo pelo titular.

---

[278] V. CARNELUTTI, Francesco, 1879-1965. *Sistema de derecho procesal civil*. v. II. Buenos Aires: UTEHA, 1944; MARQUES, José Frederico. *Manual de direito processual civil*. 9. ed. Campinas: Millennium, 2003.

[279] O panorama acerca da multiplicidade de definições é apresentado por FONTES, Andre Ricardo Cruz. *A pretensão como situação jurídica subjetiva*. Belo Horizonte: Del Rey, 2002, p. 147-148.

[280] Sobre o acalorado debate doutrinário, veja-se: "O fato é que, ora se sustenta ser a pretensão um elemento do direito subjetivo, ora o próprio direito subjetivo; uns classificam-na como uma categoria distinta, outros a representam como simples faculdade derivada do direito, efeito ou manifestação do direito subjetivo; há quem a coloque no campo do direito subjetivo material, em contrário a outros que a transportam para o direito de ação, ao lado dos que a identificam como figura intermediária entre as duas precedentemente referidas" (FREIRE, Homero. Da pretensão ao direito subjetivo. *Revista Páginas de Direito*, Porto Alegre, ano 2, n. 50, 15 mar. 2002).

[281] CARNELUTTI, Francesco, 1879-1965. *Sistema de derecho procesal civil*. v. II. Buenos Aires: UTEHA, 1944, p. 8). Na mesma direção, veja-se MARQUES, José Frederico. *Manual de direito processual civil*. 9. ed. Campinas: Millennium, 2003, p. 152-153.

Em crítica a esse posicionamento, André Fontes destaca que qualquer ato lícito resulta de um poder atribuído ao sujeito, que constitui sua causa imediata e fundamento. A manifestação do ato não pode prescindir de sua razão justificadora, uma vez que consiste em exteriorização desse poder. Em consequência, rechaça que a pretensão possa surgir simultaneamente à declaração de vontade e nela se esgotar; ao revés, somente por causa da pretensão – na qualidade de poder de exigir – é que tal manifestação de vontade se revela lícita e exequível.[282]

O conceito de pretensão atualmente adotado no ordenamento jurídico brasileiro, no entanto, corresponde àquele formulado por Windscheid. Para o autor, a pretensão não denotaria apenas a exigência concreta; antes, se identificaria na pertinência jurídica, como poder de pretender, de reclamar qualquer coisa de outrem.[283]

Muito embora o artigo 189 do Código Civil de 2002 não consagre propriamente uma definição, "a impressão que desde logo se colhe é a de que a lei aderiu à concepção da pretensão como poder de exigir, não como pura exigência", como declara José Carlos Barbosa Moreira.[284] Isso porque, caso se equipare a pretensão à concreta exigência, se um sujeito exigir uma prestação à qual não tenha direito, existirá uma pretensão, apesar de infundada. De outro giro, caso a pretensão seja compreendida como possibilidade de exigir, só haverá legitimamente uma pretensão quando ancorada em um poder atribuído ao titular do direito. Ou seja, "só mereceria o nome de pretensão a pretensão fundada, aquela que se

---

[282] FONTES, André Ricardo Cruz. *A pretensão como situação jurídica subjetiva*. Belo Horizonte: Del Rey, 2002, p. 57-58.

[283] No original: "*Esiste il bisogno di esprimere la tendenza del diritto ad assoggettarsi la volontà altrui come tale, indipendentemente dall'essere diritto reale o personale, assoluto o relativo. La espressione ragione soddisfa a tale bisogno. Così l'uso del linguaggio tedesco, come l'analogia del romano, permettono di usare tale espressione, non solo per indicare il pretendere come fatto, ma anche come pertinenza giuridicha, quindi come diritto di pretendere, di richiedere qualche cosa da un altro*" (WINDSCHEID, Bernardo. *Diritto delle Pandette, volume primo, parte prima*. Torino: Unione Tipografico-Editrice, 1902, p. 183-184). Tradução livre: "Há a necessidade de expressar a tendência do direito de submeter a si a vontade de outrem, independentemente de se tratar de direito real ou pessoal, absoluto ou relativo. A expressão pretensão traduz essa necessidade. Assim, o uso da língua alemã, como a analogia do direito romano, permite que se use essa expressão, não só para indicar a efetiva exigência do direito, mas antes como pertinência jurídica, como o direito de exigir, solicitar algo de outrem".

[284] Nessa direção, prossegue o autor: "Com efeito: a existência do direito e a ocorrência da violação afiguram-se necessárias para que alguém possa exigir (legitimamente) uma prestação de outrem. Não o serão, entretanto, para que alguém de fato exija a prestação" (MOREIRA, José Carlos Barbosa. Notas sobre pretensão e prescrição no sistema do novo Código Civil brasileiro. *Revista Forense*, Rio de Janeiro, RJ, v. 99, n. 366, p. 119-126, mar. 2003, p. 150).

baseie num genuíno poder de exigir".²⁸⁵ Ao fazer expressa referência à pretensão, o dispositivo legal confere-lhe centralidade no debate acerca do termo inicial dos prazos prescricionais. Conforme sublinha José Carlos Barbosa Moreira:

> A pretensão emerge da condição de simples ponto de passagem episódico e secundário, a que – com as exceções de praxe – costumavam relega-la, e move-se para o centro da paisagem, converte-se em tópico por assim dizer obrigatório nas elaborações doutrinárias. E sua compreensão, como já ressalta da mera leitura do dispositivo, será essencial para a elaboração teórica do instituto da prescrição.²⁸⁶

Com efeito, encerram-se os debates acerca do objeto da prescrição. Inicialmente, entendia-se que a prescrição incidia sobre o próprio direito subjetivo, extinguindo-o.²⁸⁷ ²⁸⁸ A se considerar que não há repetição do pagamento de dívida prescrita, nos termos do artigo 882 do Código Civil,²⁸⁹ e que a prescrição pode ser renunciada pelo devedor, uma vez consumada (artigo 191 do Código Civil),²⁹⁰ firmou-se o entendimento de que o direito subjetivo permanece, inda que desguarnecido de exigibilidade.²⁹¹ Nessa linha, passou-se a compreender que "a prescrição

---

[285] MOREIRA, José Carlos Barbosa. Notas sobre pretensão e prescrição no sistema do novo Código Civil brasileiro. *Revista Forense*, v. 99, n. 366, Rio de Janeiro: Forense, mar. 2003, p. 150.

[286] MOREIRA, José Carlos Barbosa. Notas sobre pretensão e prescrição no sistema do novo Código Civil brasileiro. *Revista Forense*, v. 99, n. 366, Rio de Janeiro: Forense, mar. 2003, p. 147-148.

[287] FISCHER, Brenno. *A prescrição nos tribunais*. Volume 1. Tomo 1, J. Konfino, 1957-61, p. 130.

[288] No Código Civil francês, o objeto da prescrição continua sendo o direito subjetivo. Veja-se: "*Art. 2.219 La prescription extinctive est un mode d'extinction d'un droit résultant de l'inaction de son titulaire pendant un certain laps de temps*". Tradução livre: "A prescrição é um meio de extinção de um direito resultante da inação do titular durante certo lapso de tempo". O debate também tem lugar em outros ordenamentos jurídicos em que, a despeito da literalidade do dispositivo legal, a doutrina já afirma que o objeto da prescrição não diz respeito ao direito subjetivo em si considerado, mas à sua exigibilidade (*e.g.*, no Código Civil italiano).

[289] Art. 882. Não se pode repetir o que se pagou para solver dívida prescrita, ou cumprir obrigação judicialmente inexigível.

[290] Art. 191. A renúncia da prescrição pode ser expressa ou tácita, e só valerá, sendo feita, sem prejuízo de terceiro, depois que a prescrição se consumar; tácita é a renúncia quando se presume de fatos do interessado, incompatíveis com a prescrição.

[291] Não é o direito subjetivo descumprido pelo sujeito passivo que a inércia do titular faz desaparecer, mas o direito de exigir em juízo a prestação inadimplida que fica comprometido pela prescrição. O direito subjetivo, embora desguarnecido da pretensão, subsiste, ainda que de maneira débil (porque não amparado pelo direito de forçar o seu cumprimento

fere diretamente a ação, e só por via de consequência o direito".[292] Ou seja, o objeto da prescrição consistiria no direito de ação, sendo vedado ao titular perseguir a tutela judicial do seu direito subjetivo, uma vez consumada a prescrição. A doutrina tradicional sustentava que o direito processual de ação constitui um elemento do próprio direito. Nessa perspectiva, a ação corresponderia à concepção dinâmica do direito, marcando a passagem da potência ao ato.

Ocorre que, mesmo quando inexistente o direito subjetivo – e, consequentemente, infundada a ação –, persiste o direito abstrato de demandar em juízo.[293] Por essa razão, corrente doutrinária capitaneada por Chiovenda afirma que a ação não se confunde com o direito material que se persegue judicialmente, identificando-se na própria possibilidade de se recorrer ao Judiciário.[294] Desse modo, é reconhecida a autonomia do direito de ação, cuja existência não se condiciona ao subjacente direito subjetivo.[295] Daí se afirmar que o direito de ação

---

pelas vias jurisdicionais), tanto que se o devedor se dispuser a cumpri-lo, o pagamento será válido e eficaz, não autorizando repetição de indébito (art. 882), e se demandado em juízo, o devedor não arguir a prescrição, o juiz não poderá reconhecê-la de ofício (art. 194) (JÚNIOR, Humberto Theodoro. *Comentários ao Novo Código Civil*. v. III. tomo II. Rio de Janeiro: Forense, 2003, p. 152).

[292] Cf. CARPENTER, Luiz Frederico. *Da Prescrição*. 3. ed. Rio de Janeiro: Editora Nacional de Direito, 1958, p. 95-96. O posicionamento foi compartilhado por Câmara Leal (CÂMARA LEAL, Antônio Luiz da. *Da Prescrição e da Decadência*. Rio de Janeiro: Forense, 1978, p. 26). Na mesma direção, afirma Sílvio Venosa: "Sempre se contraverteu, na doutrina, se a prescrição extingue a ação ou se mais própria e diretamente o direito. Como aduz Câmara Leal, historicamente a prescrição foi introduzida como forma de tolher a ação. O direito podia sobreviver à ação. A inércia é causa eficiente da prescrição; ela não pode, portanto, ter por objeto imediato o direito. O direito incorpora-se ao patrimônio do indivíduo. Com a prescrição o que perece é o exercício desse direito. É, portanto, contra a inércia da ação que age a prescrição, a fim de restabelecer estabilidade do direito, eliminando um estado de incerteza, perturbador das relações sociais. Por isso, a prescrição só é possível quando existe ação a ser exercida. O direito é atingido pela prescrição por via de consequência porque, uma vez tornada a ação não exercitável, o direito torna-se inoperante" (VENOSA, Silvio de Salvo. *Direito civil: parte geral*. 8. ed. v. 7. São Paulo: Atlas, 2008. p. 574).

[293] Segundo pontuam Nelson Nery e Junior e Rosa Maria de Andrade Nery: "Mesmo que prescrita a pretensão, por exemplo, pode-se acionar o Judiciário, por intermédio do uso do direito de ação (...) O direito de ação, portanto, não se confunde com a pretensão e importa reafirmar que a prescrição não extingue a ação, mas sim a pretensão" (NERY JUNIOR, Nelson; NERY, Rosa Maria. *Instituições de Direito Civil*. v. I. tomo II. Rio de Janeiro: Revista dos Tribunais, 2015, p. 360).

[294] Apesar de afirmar que o direito à ação constitui direito autônomo, que se exaure com seu próprio exercício, Chiovenda defende que este nasce da violação a um direito subjetivo (CHIOVENDA, Giuseppe. *Instituições de Direito Processual Civil*. 2. ed. Campinas: Bookseller, 2000, p. 20).

[295] Em sentido contrário, Muther sustenta que o direito de ação constitui figura autônoma, subordinada, no entanto, à existência de um direito subjetivo. Acerca da controvérsia

constitui um direito público, assegurado constitucionalmente a ambas as partes em um processo jurisdicional, permitindo tanto seja provocada a atividade judiciária quanto sejam realizados os atos processuais inerentes à demanda.[296]

No entender de Agnelo Amorim Filho, haveria não só uma distinção conceitual entre os institutos da pretensão e da ação, mas também uma diferenciação cronológica: a pretensão constituiria o poder dirigido contra o sujeito passivo da relação jurídica; somente depois de o sujeito passivo não atender à exigência do titular do direito, surgiria

---

entre Muther e Windscheid, veja-se a lição de Carnelutti: "*La elaboración del nuevo concepto de acción arranca del estudio de WINDCHEID sobre la actio romana y su polémica con Teodoro MUTHER, que contribuyeron a la diferenciación entre el derecho a la prestación en su dirección personal y el derecho de acción, como derecho autónomo, encaminado a la realización de la ley por la vía del proceso. WINDCHEID sostenía la identidad de la actio romana con el derecho subjetivo. MUTHER, por su parte, llega a construir el derecho de acción como independiente del derecho subjetivo; pero condicionado a la existencia del derecho subjetivo mismo (derecho concreto de acción); quien tiene un derecho insatisfecho tiene también el derecho de obtener una sentencia favorable; esto es, el derecho de acción, independiente del derecho subjetivo, pero condicionado a la existencia de éste*" (CARNELUTTI, Francesco, 1879-1965. *Teoria generale del diritto*. Roma: Foro Italiano, 1951, p. 150). Tradução livre: "A elaboração do novo conceito de ação é extraída do estudo de WINDSCHEID sobre a ação romana e sua polêmica com Teodoro MUHTER, que contribuíram para a diferenciação entre o direito e a prestação em sua direção pessoal e o direito de ação, como direito autônomo, voltado à realização da lei por meio do processo. WINDSCHEID sustentava a identidade da ação romana com o direito subjetivo. MUTHER, por sua vez, chega a construir o direito de ação como conceito independente do direito subjetivo, mas condicionado à existência do direito subjetivo (direito concreto de ação); quem tem um direito insatisfeito tem também o direito de obter uma sentença favorável; isto é, o direito de ação independe do direito subjetivo, mas é condicionado à existência deste".

[296] Na lição de Carnelutti: "*La acción es, en nuestro concepto, un derecho público subjetivo, derivado de los preceptos constitucionales que prohíben la autodefensa y que, haciéndola innecesaria, crean los órganos específicos encargados de ejercer la función jurisdiccional y trazan los lineamientos generales del proceso (o de los procesos). El derecho de acción entraña una doble facultad: la inicial de provocar la actividad jurisdiccional, dando vida al proceso, y la derivada de la constitución de éste, que permite a su titular la realización de los actos procesales inherentes a su posición en el mismo. La justificación del derecho de acción no hay que buscarla en la existencia real de un derecho o de una situación de hecho que requieran, en favor del actor, la tutela jurisdiccional, sino en la creencia en quien pretenda ejercerla, de que efectivamente existe (circunstancia ésta cuya determinación corresponde al órgano encargado de juzgar)*" (CARNELUTTI, Francesco, 1879-1965. *Teoria generale del diritto*. Roma: Foro Italiano, 1951, p. 153). Tradução livre: "A ação é, em nosso conceito, um direito público subjetivo, derivado dos preceitos constitucionais que proíbem a autodefesa e que, tornando-a desnecessária, criam órgãos específicos encarregados de exercer a função jurisdicional e trazem os fundamentos gerais do processo (ou dos processos). O direito de ação traduz uma dupla faculdade: a inicial de provocar a atividade jurisdicional dando vida ao processo, e a derivada da constituição dele, que permite a seu titular a realização de atos processuais inerentes à sua posição. A justificativa do direito de ação não pode ser buscada na existência real do direito ou de uma situação que requer em favor do autor a tutla jurisdicional, senão na crença em que pretenda exercê-la de que efetivamente existe (circunstância esta cuja determinação corresponde ao órgão encarregado de julgar)".

para este o direito de ação, consubstanciado no poder de provocar a atividade jurisdicional estatal. Por outras palavras, violado o direito pessoal ou real, nasceria para o seu titular a pretensão, a ser exercida extrajudicialmente em face do sujeito passivo; apenas com a recusa do sujeito passivo à satisfação da pretensão, esta poderia ser requerida mediante a instauração de ação processual, na qual se deflagraria a intervenção do Estado.[297]

Se, de um lado, o direito subjetivo é dotado de coercibilidade, tradicionalmente voltado ao adimplemento do dever jurídico, de outra parte, o direito de ação constitui figura autônoma; trata-se de um direito público a ser exercido em face do Estado a fim de obter tutela jurisdicional. Nesse cenário, Francesco Ferrara sustenta que a gênese da pretensão se justifica pela necessidade de um substitutivo do direito de ação, no plano material.[298] Desse modo, a pretensão restaria equiparada à ação em sentido material. Originalmente, a correspondência foi feita pelo próprio Savigny, ao formular o conceito de *actio nata*. Conforme já exposto, no seu entender, a violação ao direito deflagraria o surgimento de uma nova relação jurídica entre titular do direito e violador, atribuindo-se ao titular o direito à reparação. A esse direito, Savigny denomina ação em sentido substancial. A seu ver, duas condições seriam necessárias ao surgimento de uma ação material: (i) a existência de direito subjetivo e (ii) uma violação a tal direito. Na ausência de direito,

---

[297] A rigor, só quando a pretensão não é satisfeita pelo sujeito passivo, ou seja, só quando a sujeito passivo não atende a exigência do titular do direito, é que surge, como conseqüência, a ação, isto é, o poder de provocar a atividade jurisdicional do Estado. Em resumo: violado o direito (pessoal ou real), nasce a pretensão (ação material) contra o sujeito passivo; recusando-se o sujeito passivo a atender a pretensão, nasce a ação processual, com a qual se provoca a intervenção do Estado (V. AMORIM FILHO, Agnelo. Critério científico para distinguir a prescrição da decadência e para identificar as ações imprescritíveis. *Revista de Direito Processual Civil*, São Paulo, v. 2, n. 3, jan. 1961, p. 108).

[298] *I diritti hanno una tendenza ad assoggettare l'altrui volontà, si dirigono contro un obbligato, da cui pretendono qualche cosa: sono o producono delle pretese. La pretesa è il sostitutivo nel diritto materiale dell'azione, che è stata tolta via come elemento pubblicistico: è in fondo un'azione in senso civile o privato. Tutto questo non dicono gli scrittori, ma s'intende, anzi sottintende nelle loro discussioni, ed il concetto di pretesa non si può cogliere nella sua vera essenza, se non si muove da questa genesi psicologica* (FERRARA, Francesco. Trattado di Diritto Civile Italian. v. I. Parte I. Roma: Athenaeum, 1921, p. 329-330). Tradução livre: "O direito tem a tendência de assujeitar a si a vontade de outrem, se dirige contra um obrigado, de quem pretende qualquer coisa: este é o produto da pretensão. A pretensão é o substitutivo da ação, no plano do direito material, dotada, no entanto, de um elemento publicístico: trata-se, no fundo, de uma ação no senso civil ou em privado. Tudo isso não dizem os autores, mas se entende implicitamente em suas discussões, e o conceito de pretensão não pode ser compreendido na sua verdadeira essência, se não se mover a partir desta gênese psicológica".

não se poderia falar em violação; de outra parte, inexistindo violação, o direito não poderia revestir-se da forma especial de uma ação.[299]

Em sentido diverso, argumenta-se que a ação em sentido material não se confunde com a pretensão, correspondendo ao momento posterior, em que a prestação já foi exigida, sem que tenha sido voluntariamente adimplida pelo devedor. Nessa esteira, Ovídio Baptista sustenta que a pretensão constitui a faculdade de exigir diretamente do devedor o cumprimento da obrigação, prescindindo de qualquer violação. Uma vez violado o direito, nasceria a ação em sentido material, a qual traduziria um agir para a realização do próprio direito, independentemente de qualquer ato, por parte do devedor.[300]

Nos comentários à Parte Geral do Projeto de Código Civil Brasileiro, José Carlos Moreira Alves esclarece que se considerou como pretensão o sentido atribuído por Savigny à ação material.[301] Dessa forma, no Código Civil de 2002, o surgimento da pretensão permaneceu umbilicalmente vinculado à violação do direito, conforme se denota da redação do artigo 189 do referido diploma.[302]

---

[299] Cf. "*Si le droit n'existe pas, la violation n'est pas possible, et s'il n'y a point de violation, le droit ne peut revêtir la forme spéciale d'une action; il n'existe pas d'actio nata suivant l'expression fort juste des auteurs modernes*" (SAVIGNY, Friedrich Karl Von, 1779-1861. *Traité de droit romain, tome cinquième*. Tradução de Charles Guenoux. Paris: F. Didot, 1855, p. 6). Tradução livre: "Se o direito não existe, a violação não é possível, e se não há violação, o direito não pode revestir a forma especial de uma ação; não há actio nata, segundo a expressão cunhada pelos autores modernos".

[300] Se o direito pode ser exigido pelo titular, diz-se que ele está munido de pretensão. (...) Se o titular do direito exige que o obrigado cumpra, haverá exercício de pretensão, normalmente levada a efeito extrajudicialmente. Ainda não há, até esse momento, contrariedade a direito. Se, porém, ante tal exigência o obrigado, premido, resiste ao cumprimento da obrigação e não a satisfaz, ao titular da pretensão nasce-lhe a ação de direito material, que é o agir para a realização do próprio direito. A distinção fundamental entre os dois conceitos está em que a pretensão supõe, sempre, a simples exigência por parte do titular do direito subjetivo, ou do interesse, de tal modo que a realização ainda se dê como resultado da ação do próprio obrigado. (...) A ação de direito material, tal como agora a estamos definindo, é o exercício do próprio direito por ato de seu titular, independentemente de qualquer atividade voluntária do obrigado (SILVA, Ovídio A. Baptista da. Direito Subjetivo, Pretensão de Direito Material e Ação. *Revista AJURIS*, 29 nov. 1983. Porto Alegre: Revista da Associação dos Juízes do Rio Grande do Sul, p. 104).

[301] O Projeto considera como pretensão o que Savigny denominava ação em sentido substancial ou material, em contraposição à ação em sentido formal ou processual (ALVES, José Carlos Moreira. *A parte geral do projeto de Código Civil brasileiro*. São Paulo: Saraiva, 2003, p. 157).

[302] A esse propósito, merecem a leitura os comentários da Comissão Revisora do Projeto de Código Civil de 2002: "Desde que o Projeto – para evitar a discussão sobre se ação prescreve, ou não – adotou o vocábulo 'pretensão' para indicar que não se trata do direito subjetivo público abstrato de ação, era preciso dizer o que se entendia por pretensão. Daí o artigo 187, que tem a virtude de indicar que a prescrição se inicia no momento em que há violação do direito" (ALVES, José Carlos Moreira. *A parte geral do projeto de Código Civil brasileiro*. São Paulo: Saraiva, 2003, p. 158).

A doutrina especializada destaca, ainda, que o artigo 189 do Código Civil de 2002 teve inspiração na experiência tedesca: no §194, I, do *Bürgerliches Gesetzbuch* (BGB), a pretensão é definida como o direito de exigir de outrem uma ação ou omissão.[303] Em crítica ao conceito delineado pela legislação alemã, José Carlos Barbosa Moreira afirma que "conceituar a pretensão como um 'direito' é atitude que abre margem, com efeito, a perplexidades".[304] Isso porque, caso a pretensão seja qualificada como um direito autônomo, o mero exercício do direito de crédito implicaria ou o surgimento de um novo direito (restando sem eficácia o próprio direito de crédito), ou sua transmutação em pretensão.

Nesse contexto, a pretensão é concebida como o poder atribuído ao titular de exigir o cumprimento da prestação. Segundo elucida Ovídio Baptista, a pretensão potencializaria o direito subjetivo, "dotando-o do dinamismo em virtude do qual o direito poderá realizar-se como consequência da exigência de sua satisfação".[305] Para fins ilustrativos, o autor pondera que o titular de um crédito ainda não vencido já possui direito subjetivo, figurando na posição de credor. Nada obstante, ainda não dispõe da faculdade de exigir que o devedor cumpra a prestação. Quando do vencimento da obrigação, surgirá ao credor uma nova faculdade, qual seja, o poder de exigir que o devedor satisfaça a obrigação. Ao que o autor conclui que:

> Nesse momento, diz-se que o direito subjetivo – que já existia, embora se mantivesse em estado de latência – adquire dinamismo, ganhando uma nova potência a que se dá o nome de pretensão. (...) A partir do momento em que posso exigir o cumprimento do dever que incumbe ao sujeito passivo da relação jurídica, diz-se que o direito subjetivo está dotado de pretensão. Se, todavia, embora possa fazê-lo, deixo de exigir do obrigado o cumprimento da obrigação, terei, pelo decurso do tempo e por minha inércia, prescrita essa faculdade de exigir o pagamento, ou, de um modo geral, o cumprimento da obrigação.[306]

---

[303] §194, I - The right to demand that another person does or refrains from an act (claim) is subject to limitation. Tradução livre: "A pretensão a exigir que outra pessoa pratique ou deixe de praticar um ato subordinar-se à prescrição".

[304] MOREIRA, José Carlos Barbosa. Notas sobre pretensão e prescrição no sistema do novo Código Civil brasileiro. *Revista Forense*, v. 99, n. 366, Rio de Janeiro: Forense, mar. 2003, p. 148.

[305] SILVA, Ovídio A. Baptista da. *Curso de Processo Civil*. v. I. tomo I. Rio de Janeiro: Forense, 2008, p. 58.

[306] SILVA, Ovídio A. Baptista da. *Curso de Processo Civil*. v. I. tomo I. Rio de Janeiro: Forense, 2008, p. 57-58.

Como se denota, a pretensão consiste na exigibilidade do direito. Ao investigar sua distinção do direito subjetivo, Rodrigo Xavier Leonardo sublinha que este constitui categoria eficacial de cunho estático, ao passo que a pretensão traduz uma situação subjetiva dinâmica. Em específico, aponta que o direito subjetivo consubstancia uma situação jurídica ativa estática por se revelar destituída de possibilidade de atuação sobre a esfera jurídica de outrem, visando ao cumprimento.[307] Por sua vez, "[q]uem é titular de uma pretensão tem em mãos, repita-se, algo a mais. Titulariza uma situação jurídica dinâmica: detém o poder de exigir uma prestação, positiva ou negativa, de alguém".[308]

De igual modo, Pontes de Miranda define a pretensão como a posição subjetiva de poder exigir de alguém uma prestação positiva ou negativa.[309] Ainda que se dirija a um sujeito identificado – único ou total –, titular da situação subjetiva passiva na relação jurídica, a pretensão não se reduz ao próprio direito subjetivo, consistindo em "[a]tividade potencial para frente, faculdade jurídica de exigir; portanto, algo mais".[310]

Tendo em vista que a pretensão consubstancia a exigibilidade do interesse que figura como ponto de referência objetivo da relação jurídica, seu surgimento só poderá ser analisado em perspectiva dinâmica, no âmbito da concreta relação em que se insere. Como já alertava Pontes de Miranda, "o conteúdo das pretensões é diverso, de conformidade com o direito de que emanam".[311]

Com efeito, a pretensão a uma conduta omissiva contínua, pela contraparte, só restará insatisfeita – a ensejar uma atuação por parte

---

[307] O autor ilustra o posicionamento com um exemplo: "O credor de uma determinada quantia entregue em mútuo com termo final para devolução daqui a dois meses já é credor, hoje. É titular de um direito subjetivo. O crédito integra o seu patrimônio. Não obstante tudo isso, este mesmo credor nada pode exigir do devedor antes do advento do termo final para a devolução da importância mutuada. (...) Em nosso exemplo anterior, com o advento do termo ad quem para a devolução da importância emprestada, o credor passaria a deter não apenas o direito subjetivo, mas também a pretensão" (LEONARDO, Rodrigo Xavier. A Prescrição no Código Civil Brasileiro (ou o Jogo dos Sete Erros). *Revista da Faculdade de Direito UFPR*, v. 51, jun. 2010, p. 106-107).

[308] LEONARDO, Rodrigo Xavier. A Prescrição no Código Civil Brasileiro (ou o Jogo dos Sete Erros). *Revista da Faculdade de Direito UFPR*, v. 51, jun. 2010, p. 107.

[309] MIRANDA, Francisco Cavalcanti Pontes de. *Tratado de Direito Privado*. Tomo V. Campinas: Bookseller, 2000, p. 451.

[310] MIRANDA, Francisco Cavalcanti Pontes de. *Tratado de Direito Privado*. Tomo V. Campinas: Bookseller, 2000, p. 452.

[311] MIRANDA, Francisco Cavalcanti Pontes de. *Tratado de Direito Privado*. Tomo V. Campinas: Bookseller, 2000, p. 458.

do titular – uma vez descumprido tal dever. Nada obstante, será exigível desde a celebração do contrato, salvo se as partes tiverem aposto termo à obrigação negativa. Da mesma forma, em relação às situações subjetivas reais, a exigibilidade do dever geral de abstenção precede a própria violação ao direito. Em ambos os casos, a prescrição não se iniciará antes da lesão ao interesse juridicamente tutelado não porque não haja pretensão exercitável, mas porque a pretensão do titular é satisfeita justamente pelo comportamento omissivo.[312] Dito diversamente, o interesse juridicamente tutelado é realizado e satisfeito a todo instante, enquanto perdurar o comportamento omissivo da contraparte ou da coletividade. Por essa razão, José Carlos Barbosa Moreira conclui que, "a despeito de sua letra, o art. 189 não pode ser entendido como se excluísse a possibilidade de pretensões que precedem a violação, ou até prescindem dela".[313] Especificamente em relação aos direitos reais, o autor destaca que a violação faz surgir uma nova pretensão, consubstanciada no direito à restituição ou, ainda, no direito de crédito à reparação.[314] Até então, o interesse juridicamente tutelado do titular

---

[312] Argumenta-se que não há pretensão nos direitos reais e em outros direitos com sujeitos passivos totais, porque não pode ser cedida, nem prescreve a faculdade geral de não ser perturbada. Mas esquece aos que assim pensam que a pretensão à omissão contínua, nos direitos de créditos, somente começa a prescrever quando se infringe o dever de omitir, tal como acontece às pretensões dos direitos com sujeitos passivos totais. Ninguém ignora que a pretensão à omissão contínua e desde agora, nos direitos de crédito, existe ainda antes de se ter obrado contra o dever de omitir. Também aí a prescrição ainda não começou a correr; somente se inicia com o ato contrário, com a infração do dever. Por quê? Porque, tanto nos direitos com sujeitos passivos totais quanto nos créditos de omissão contínua e desde agora, a pretensão está sendo satisfeita e, pois, cumprido o dever: a continuidade implica essa satisfação no presente e no passado; e, à medida que se avança no futuro, a satisfação continua, até que ocorra a violação do dever por parte dos sujeitos passivos, totais ou não" (MIRANDA, Francisco Cavalcanti Pontes de. *Tratado de Direito Privado*. Tomo V. Campinas: Bookseller, 2000, p. 452-453).

[313] MOREIRA, José Carlos Barbosa. Notas sobre pretensão e prescrição no sistema do novo Código Civil brasileiro. *Revista Forense*, v. 99, n. 366, Rio de Janeiro: Forense, mar. 2003, p. 151.

[314] Também no domínio dos direitos reais surgem pretensões. Aqui, porém, ao nosso ver, o nascimento da pretensão não pressupõe necessariamente a violação. Tome-se o caso da propriedade. O proprietário, sem sombra de dúvida, tem o poder de exigir que outrem – seja quem for – lhe respeite a propriedade, se abstenha de praticar ato que a lese, por exemplo: contra a vontade do dominus, ocupe a casa, ou a destrua no todo ou em parte, ou dela retire o que quer que seja. Essa pretensão (à abstenção) é anterior a qualquer ato lesivo, o qual talvez jamais ocorra. Sem dúvida, praticado que seja o ato lesivo, nasce para o infrator uma obrigação, *v.g.* a de restituir a coisa subtraída, ou de ressarcir o dano por ela sofrido. Aí, contudo, já se está diante de outra pretensão. (...) Há a pretensão à abstenção e a pretensão à restituição, ou em termos gerais à reparação do dano causado por quem, devendo abster-se, não se absteve. O fato de nascer a segunda não cancela a existência, anterior, da primeira (MIRANDA, Francisco Cavalcanti Pontes de. *Tratado de Direito Privado*. Tomo V. Campinas: Bookseller, 2000, p. 150-151).

estará sendo atendido,[315] de modo que se conclui que, da violação à situação subjetiva real, consubstanciada no ato ilícito, podem surgir diversas pretensões, de naturezas distintas, a saber: (i) pretensão a reaver a propriedade do poder de quem quer que injustamente a possua ou detenha, nos termos do artigo 1.228, *caput*, do Código Civil, ou, ainda, pretensão a que sejam desfeitos os atos praticados por terceiro (*e.g.*, demolição de prédio construído em terreno alheio), os quais se afiguram imprescritíveis; (ii) pretensão creditícia, consubstanciada na indenização, a qual se sujeita à prescrição. Nesse contexto, Pontes de Miranda entende haver distinção entre a pretensão do titular a que não seja violado o dever geral de abstenção e eventual pretensão creditícia decorrente do ato ilícito. A seu ver, as pretensões reais dirigem-se contra toda a coletividade, surgindo concomitantemente ao direito real, não já à sua violação.[316] Em suas palavras, "o que a pretensão real, no sentido largo, tende a obter é a continuidade do estado que se não há de perturbar, a sua infração produz a ação, para o restabelecimento daquele estado".[317] De outra parte, as pretensões creditícias nasceriam com a efetiva violação ao direito de propriedade, gerando a obrigação de indenizar, dirigida contra o infrator.

Se, eventualmente, o interesse do titular poderá ser atendido pela continuidade do comportamento omisso da coletividade – ou de um sujeito determinado, como na servidão negativa –, haverá hipóteses em que a satisfação do interesse do titular dependerá de comportamento comissivo da contraparte. Por essa razão é que se afirma que, no âmbito das relações obrigacionais, o advento do termo sem que haja adimplemento contratual já configura lesão ao direito do credor, fazendo surgir a pretensão. Ocorre que tal afirmação não contempla todos os cenários identificados na realidade fática. Com efeito, nas obrigações quesíveis, caberá ao credor buscar o cumprimento da prestação – modo acordado pelas partes –, de sorte que, ainda que vencida a dívida, não haverá inadimplemento antes que o credor direcione sua pretensão

---

[315] Art. 1.228. O proprietário tem a faculdade de usar, gozar e dispor da coisa, e o direito de reavê-la do poder de quem quer que injustamente a possua ou detenha.

[316] As pretensões reais dirigem-se, como os direitos de que emanam, contra todos. (...) A pretensão real preexiste à ação. É inadmissível que se identifique aquela com essa, como o é identificar-se com os créditos (direitos) nascidos da violação. A pretensão real consistente em proibição de perturbar-se o direito não pode ser identificada com o crédito que nasça da perturbação (MIRANDA, Francisco Cavalcanti Pontes de. *Tratado de Direito Privado*. tomo V. Campinas: Bookseller, 2000, p. 507-508).

[317] MIRANDA, Francisco Cavalcanti Pontes de. *Tratado de Direito Privado*. tomo V. Campinas: Bookseller, 2000, p. 508.

ao devedor. Nesse caso, a satisfação do interesse ao qual se volta a relação contratual dependerá unicamente de ato do titular, já se afigurando possível o exercício de uma pretensão ainda não atendida. Em decorrência, não se justifica a subordinação do termo inicial do prazo prescricional à ocorrência da lesão, sob o argumento de que, antes disso, não haveria pretensão. Não somente há pretensão, como o seu atendimento depende única e exclusivamente da vontade do titular, razão pela qual sua inércia deverá ser valorada para fins de decurso do prazo prescricional.[318] Por outro lado, tendo em vista a funcionalização do termo, a prestação poderá ser exigível – isto é, a pretensão surgirá – mesmo antes de seu advento, a configurar uma hipótese de inadimplemento anterior ao termo.[319] Confirma-se, desse modo, a insuficiência de uma abordagem estrutural que, sem atentar para as peculiaridades irrepetíveis do caso concreto, vincule o nascimento da pretensão, seja à lesão, seja ao vencimento da obrigação.

Como se depreende, o surgimento da pretensão e o momento em que esta se revela exercitável devem ser individuados no bojo na concreta relação jurídica, em perspectiva dinâmica e voltada à realização do interesse juridicamente tutelado. Nessa direção, Judith Martins-Costa sustenta que:

> A noção do "não poder exigir (ainda)", por razões de fato ou de direito, é de fundamental importância para compreender a regência que o vigente Código Civil deu ao tema da prescrição, infletindo na definição do marco inicial de sua fluência. Por vezes, o "poder exigir" coincidirá com o momento do surgimento do direito subjetivo; por outras, será contemporâneo à própria lesão; porém, em outras hipóteses, haverá uma décalage entre um e outro; entre violação do direito e exigibilidade; entre exigibilidade e vencimento.[320]

A relativização do momento em que surge a pretensão parece ter sido apreendida pelo Enunciado 14, aprovado na I Jornada de Direito Civil do Conselho da Justiça Federal, ao restringir a aplicação do artigo 189 do Código Civil de 2002, ressaltando que "o início do prazo

---

[318] Tais hipóteses serão detidamente examinadas no tópico a seguir.
[319] Cf. TERRA, Aline de Miranda Valverde. *Inadimplemento anterior ao termo*. Rio de Janeiro, RJ: Renovar, 2009.
[320] MARTINS-COSTA, Judith. Notas Sobre o Dies a Quo do Prazo Prescricional. In: MIRANDA, Daniel Gomes de; CUNHA, Leonardo Carneiro da; ALBUQUERQUE JÚNIOR, Renato Paulino de (Orgs.). *Prescrição e Decadência*: Estudos em Homenagem a Agnelo Amorim Filho. 5. ed. v. 5. Salvador: Editora JusPodivm, 2013, p. 8.

prescricional ocorre com o surgimento da pretensão, que decorre da exigibilidade do direito subjetivo; 2) o art. 189 diz respeito a casos em que a pretensão nasce imediatamente após a violação do direito absoluto ou da obrigação de não fazer".

Além disso, a subordinação do nascimento da pretensão ao momento da violação ao direito representaria "restrição ideológica inaceitável", ao afastar a possibilidade de existência de pretensões inibitórias, destinadas justamente a evitar a lesão a interesse juridicamente tutelado, como destacam Rodrigo Xavier Leonardo[321] e José Augusto Delgado.[322]

Conclui-se que a pretensão constitui a face dinâmica do direito subjetivo, consubstanciada na possibilidade de exigir de outrem determinada prestação.[323] Para fins de fluência do prazo prescricional, há de se delinear o momento em que se revela exigível o exercício da pretensão pelo titular, o qual só poderá ser individuado no âmbito da concreta relação jurídica, levando-se em conta os interesses que integram as recíprocas situações subjetivas complexas. Se, em relação à prestação omissiva, o interesse juridicamente tutelado é realizado a todo tempo

---

[321] Confira-se: "Ao se determinar o surgimento da pretensão apenas a partir da violação do direito, para além da imprecisão teórica denunciada, percebe-se uma restrição ideológica inaceitável. Se a pretensão só surge com a violação do direito subjetivo, inexistiriam as pretensões inibitórias, destinadas a exigir uma prestação hábil a evitar a violação do direito e, até mesmo, a prática do ato ilícito por outrem. As pretensões inibitórias são cada vez mais caras ao direito contemporâneo, mormente no que diz respeito à defesa dos direitos da personalidade que, ao fim e ao cabo, dificilmente são adequadamente tutelados por uma prestação patrimonial posterior ao dano. A falta de técnica legislativa exige do intérprete um esforço especial contrário aos postulados de operacionalidade que informam o Código" (LEONARDO, Rodrigo Xavier. A Prescrição no Código Civil Brasileiro (ou o Jogo dos Sete Erros). *Revista da Faculdade de Direito UFPR*, v. 51, jun. 2010, p. 115).

[322] Na literalidade do comando do art. 189 do Código Civil, não haveria possibilidade de utilização da tutela jurisdicional na hipótese de ameaça. Temos que o legislador disse menos do que deveria. Não apenas a violação ao direito tem como consequência o nascimento da pretensão, essa traduzida na possibilidade de acionar a tutela jurisdicional, mas a simples ameaça gera, também, igual possibilidade de proteção para o interessado. Possível, a teor do inciso XXXV do art. 5º da Constituição Federal, existir a pretensão antes da violação, ou seja, na hipótese de ameaça, sendo exemplo típico a turbação que legitima o interessado/possuidor a utilizar-se da ação de manutenção de posse ou mesmo o interdito proibitório (DELGADO, José Augusto et al. *Comentários ao Código Civil Brasileiro*. v. II. Rio de Janeiro: Forense, 2008, p. 884).

[323] A primeira situação jurídica subjetiva – já mencionada – que tem basilar importância para a prescrição, por determinar o momento em que o prazo para a formação do direito potestativo passa a correr, é a pretensão. A pretensão é denominada pela doutrina germânica *Anspruch*. É ela a faculdade de alguém para exigir de outrem o cumprimento de uma prestação. (...) Tal posição surge no momento em que a prestação é devida, não sendo necessária a recusa do devedor em saldá-la para o seu aparecimento (KATAOKA, Eduardo Takemi. Considerações sobre o problema da prescrição. *Revista Forense*, Rio de Janeiro, RJ, v. 95, n. 348, out. 1999, p. 439).

pela omissão da contraparte até que seja violado, o mesmo não ocorre no que se refere à prestação comissiva. Por essa razão, Karl Larenz afirma que "*el comienzo del plazo de prescripción está asimismo diversamente regulado. En principio, comienza con el nacimiento de la pretensión; si se trata de una pretensión de abstención, comienza con la transgresión*".[324] De modo semelhante, Giorgio Giorgi destaca que, enquanto o interesse do credor for realizado, não poderá se configurar sua inércia, uma vez que não lhe seria exigível atuação diversa em relação à tutela de seu direito.[325]

Afastando-se da atribuição abstrata e genérica do direito subjetivo ao titular, delineiam-se, nas circunstâncias fáticas e a partir do concreto regulamento de interesses, o modo pelo qual este restaria atendido, o momento em que surge a pretensão e a data em que se torna concretamente exercitável, valorando-se o comportamento do titular do direito em perspectiva dinâmica e funcional.

3.4 Hipóteses em que a possibilidade de exercício da pretensão precede a violação ao direito: obrigação sem termo e obrigação quesível

Segundo acima indicado, a pretensão traduz a possibilidade de exigir determinada prestação ou comportamento de outrem, de modo que seu surgimento poderá estar desvinculado da lesão ao interesse juridicamente tutelado, especialmente no âmbito do direito obrigacional. Com efeito, caso se trate de obrigação a termo, o advento deste determinará o nascimento da pretensão, uma vez que corresponde ao

---

[324] LARENZ, Karl. *Derecho Civil, Parte General*. Madrid, Revista de Derecho Privado, 1978, p. 332. Tradução livre: "O decurso do prazo prescricional está diversamente regulado. A princípio, se inicia com o Nascimento da pretensão; se se trata de uma pretensão à abstenção, começa com a violação".

[325] *Per concludere, nei diritti che si manifestano col conservarsi nello stato di fatto preesistente, o nell'esercitare una fra più facoltà alternative ed incompatibili, il diritto è sempre esercitato e conservato, finchè lo stato di fatto si mantiene inalterato, o il creditore fa uso di una fra le varie facoltà compresse nell'obietto del diritto. Comincia l'inerzia del creditore solo allorquando lo stato di fatto si cambia per la contradizione dell'opponente, che vieta al creditore di esercitare uma fra le facoltà comprese nel diritto*" (GIORGI, Giorgio. *Teoria delle Obbligazioni nel Diritto Moderno Italiano*. v. VIII. Firenze: Casa Editrice Libraria Fratelli Cammelli, 1901, p. 361). Tradução livre: "Para concluir, nos direitos que se realizam com a conservação do estado de fato preexistente, ou no exercício de uma dentre tantas faculdades alternativas e incompatíveis entre si, o direito é sempre exercido e conservado, enquanto o estado de fato se mantiver inalterado, ou o credor fizer uso de uma dentre as variadas faculdades que integram o objeto do direito. Começa a inércia do credor somente quando o estado de fato se altera, em razão da contradição de outrem, que provoca o credor a exercitar uma das faculdades compreendidas no direito".

momento em que a prestação pode ser exigida pelo credor. Poder-se-ia argumentar que a ausência de pagamento na data estipulada já consubstanciaria o inadimplemento da obrigação, por parte do devedor. Ocorre que tal afirmativa só se confirma em relação às obrigações em que cabe ao devedor efetuar o pagamento no local indicado pelo credor – ou em seu domicílio. Em tais casos, a ausência de cumprimento da prestação no seu termo já configura inadimplemento, constituindo em mora o devedor, nos termos do artigo 397 do Código Civil.[326]

Por outro lado, nas obrigações quesíveis,[327] as partes convencionam que o pagamento seja feito por iniciativa do credor, que se compromete a receber o crédito no domicílio do devedor. Uma vez vencida a dívida, atribui-se ao credor a possibilidade de exigi-la; a qualquer tempo, pode dirigir ao devedor sua pretensão de receber o crédito. Apesar de não haver inadimplemento ou mora do devedor antes da efetiva cobrança, já há pretensão.[328]

No entender de Luiz Carpenter, o surgimento da pretensão justifica que o decurso do prazo prescricional se inicie na data do vencimento da dívida, momento a partir do qual pode ser exigida pelo credor.[329]

---

[326] Art. 397. O inadimplemento da obrigação, positiva e líquida, no seu termo, constitui de pleno direito em mora o devedor.

[327] Pelo Direito brasileiro, a presunção é que o pagamento é quesível, isto é, deve ser procurado pelo credor (dívida *quérable* ou *chiedibile*), salvo se tiver ficado convencionado o contrário, vale dizer que pelo ajuste cumpre ao devedor oferecer o pagamento ao credor (dívida portável, *portable* ou *portabile*). Ilide-se, também, a presunção, se as circunstâncias inequivocamente autorizarem a conclusão de que o devedor renunciou ao direito de efetuar o pagamento no seu domicílio (PEREIRA, Caio Mário da Silva. *Instituições de direito civil*. v. II. Rio de Janeiro: Forense, 2009, p. 186-187).

[328] Conforme sustenta Roberto Schaam Ferreira: "Assim, nos casos de débito sem data fixada para adimplemento, pode-se constatar a situação de exigibilidade a que corresponde a pretensão, sem que tenha havido violação de direito. Essa situação é propiciada pelo disposto no art. 331 do Código Civil novo: Salvo disposição legal em contrário, não tendo sido ajustada época para o pagamento, pode o credor exigi-lo imediatamente. Em tal caso, enquanto o credor não exigir o adimplemento, não há falar em violação do direito pelo devedor, embora já exista a pretensão. O mesmo ocorre quando, havendo época para o adimplemento, este depende de exigência ou conduta do credor. Passada a data sem a exigência ou a conduta do credor, embora já haja pretensão – exigibilidade –, não se pode pensar em inadimplência do devedor. Ou seja, há pretensão, mas não há violação do direito" (Justificativa de Enunciado proposto por Roberto Schaan Ferreira, na I Jornada de Direito Civil de setembro de 2002, organizada pelo Centro de Estudos Judiciários do Conselho Federal de Justiça).

[329] Na lição de Luiz Carpenter: "Em se tratando de direitos pessoais ou de crédito, o direito pode transformar-se em ação, mesmo antes de ter sido violado. (...) Mas, vencida a dívida, só por esse fato do vencimento, da exigibilidade judicial, o direito se transforma em ação, independentemente de qualquer ato de violação. Nem se diga que o não pagamento de uma dívida vencida já é um ato de violação por parte do devedor. Porquanto é lícito

Caso se considere que o prazo prescricional só seria deflagrado com a pretensão resistida, autorizar-se-ia que o credor, por vias transversas, modulasse o prazo prescricional em seu favor, não se sujeitando a qualquer limite temporal para realizar a cobrança do crédito. Além de violar os deveres anexos decorrentes da boa-fé objetiva (os quais integram o próprio regulamento de interesses contratual), tal postura contrariaria a segurança jurídica que informa o instituto da prescrição, a qual determina que seja valorada a inércia do credor em circunstâncias tais em que o exercício da pretensão se revelava exigível.

Em sede estrangeira, Monique Bandrac também defende que o prazo prescricional para a cobrança da dívida quesível deve se iniciar na data em que o credor pode efetivamente requerer o adimplemento da obrigação – mesmo que se abstenha de fazê-lo. Nesse momento, já estarão configurados os requisitos que tornam o direito exercitável. Diante da ausência de impedimentos para que o crédito seja exigido, a inação do credor não se justificaria, sendo apta a caracterizar a prescrição, caso transcorrido *in albis* o respectivo prazo.[330]

De igual modo, Carlos da Rocha Guimarães sustenta que, no âmbito das obrigações quesíveis, o prazo prescricional deve se iniciar no momento em que o credor poderia efetivamente ter buscado o

---

convencionarem devedor e credor que, vencida a dívida, vá este cobrá-la das mãos daquele, no lugar do pagamento, forrando-se assim o devedor à obrigação de andar no encalço do credor: pois bem, dada uma tal convenção, vencida a dívida, logo o direito do credor se tranforma em ação (*actio nata est*), de maneira que, desse momento começa a correr o prazo da prescrição liberatória, prazo que se completa, consumando-se a prescrição, se o credor omite de propor, dentro nele, sua demanda para cobrança do débito" (CARPENTER, Luiz Frederico. *Da Prescrição*. 3. ed. Rio de Janeiro: Editora Nacional de Direito, 1958, p. 124-125).

[330] *Dans le cas, par exemple, d'une créance exigible à la volonté du créancier, l'ensemble des circonstances exigées du fait extinctif même dans la conception subjetive la plus exigeante de celuici se réalisent avant la naissance de l'action en exécution. Le fait extinctif subjectivement compris existe, en effet, dès l'instant où le créancier peut réclamer l'exécution et s'abstient de la faire. Dès ce instant l'existence du droit se trouve contredite par l'abstention de son titulaire de l'initiative duquel dépend sa réalisation. Cette abstention est fautive, car aucun obstacle ne la justifie, et elle suffit, pour cette même raison, à faire douter de l'existence du droit. Toutes les conditions, objectives et subjectives, sont ainsi reunies pour que la prescription du droit puisse prendre son cours* (BANDRAC, Monique. *La nature juridique de la prescription extinctive en matière civile*. Paris: Economica, 1986, p. 68). Tradução livre: "Por exemplo, no caso de uma dívida exigível segundo a vontade do credor, a reunião das circunstâncias necessárias ao fato extintivo – mesmo em sua concepção subjetiva mais exigente – se verifica antes do nascimento da ação para execução da dívida. O fato extintivo entendido segundo a concepção subjetiva existe, com efeito, desde o instante em que o credor pode reclamar a execução e se abstém de fazê-lo. Desde esse momento a existência do direito se mostra em contradição com a abstenção do titular de cuja iniciativa depende a sua realização. Essa abstenção é delituosa, porque nenhum obstáculo a justifica, e ela se mostra suficiente, por essa mesma razão, a suscitar dúvidas quanto à existência de direito. Todas as condições, objetivas e subjetivas, estão preenchidas para que a prescrição possa se iniciar".

cumprimento da obrigação, ou seja, na data do respectivo vencimento. Nessas circunstâncias, a satisfação do crédito depende da iniciativa do credor, o qual possui o dever de cooperar com o devedor, visando ao adimplemento.[331] A inércia do credor em perseguir o adimplemento da obrigação, desde que este se tornou possível, justifica que se inicie a contagem do prazo prescricional na data em que o direito se tornou exigível.[332] A evidenciar o descolamento entre a data da lesão e o termo inicial da prescrição, o autor afirma que "existem ações que não necessitam de uma lesão para serem exercidas".[333]

Nessa direção, Agnelo Amorim Filho pondera que não se mostra rigorosamente correto afirmar que o prazo prescricional se inicia com o nascimento da ação processual oriunda da violação ao direito. Na disciplina das dívidas quesíveis, caso a fluência do prazo prescricional se subordine à lesão ao direito, "chegar-se-á à conclusão – evidentemente absurda – de que tal prazo jamais terá início, ou, então, que seu início ficará dependendo exclusivamente da vontade do credor: somente quando ele procurar o devedor, para receber o pagamento, e houver recusa da parte desse (caracterizando-se, assim, a violação do direito), é que começará a fluir dito prazo".[334]

Tal abordagem mostra-se consentânea com a renovada feição atribuída à inércia, como inatividade apurada no âmbito da relação jurídica, quando se revelava possível o exercício da pretensão. Se ambas as partes devem contribuir ao adimplemento da relação obrigacional, não se justifica que o titular reste inerte, quando a satisfação do seu interesse juridicamente tutelado depende unicamente de sua atuação. Nesse contexto, o comportamento exigível do credor consiste em buscar o cumprimento da prestação, tão logo vencida. Em decorrência, sua inércia será apta a configurar a prescrição, autorizando-se a fixação do termo inicial da prescrição na data do vencimento da obrigação, salvo se identificada impossibilidade fática de exercício da pretensão.

---

[331] Por todos, veja-se SILVA, Clóvis V. do Couto e. *A obrigação como processo*. São Paulo: José Bushatsky, 1976.

[332] É evidente que, não tendo o credor tomado a iniciativa de ir receber o que lhe era devido, não houve lesão ao seu direito. No entanto, a sua inércia justifica que o curso do prazo da prescrição comece a correr desde o momento em que poderia ter ido procurar o devedor, isto é, desde a data do vencimento do crédito (GUIMARÃES, Carlos da Rocha. *Prescrição e Decadência*. Rio de Janeiro: Forense, 1984, p. 30).

[333] GUIMARÃES, Carlos da Rocha. *Prescrição e Decadência*. Rio de Janeiro: Forense, 1984, p. 30.

[334] AMORIM FILHO, Agnelo. Critério científico para distinguir a prescrição da decadência e para identificar as ações imprescritíveis. *Revista de Direito Processual Civil*, São Paulo, v. 2, n. 3, jan. 1961, p. 14-15.

A estipulação do termo inicial da prescrição na data do vencimento da obrigação poderia suscitar dúvidas quanto aos efeitos da cobrança realizada pelo titular do direito dentro do prazo prescricional. A título ilustrativo, imagine-se que o credor se dirija ao devedor no último dia do prazo prescricional, exigindo o adimplemento da prestação. Caso o devedor se oponha ao cumprimento, restará configurado o inadimplemento, que traduz uma violação ao direito. A despeito disso, a prescrição já terá se consumado quando do eventual ajuizamento de ação visando à execução específica da obrigação. Nessa hipótese, a despeito do interesse útil do credor na prestação, só lhe restaria a alternativa de exercer a pretensão de reparação das perdas e danos decorrentes do inadimplemento da obrigação, cujo nascimento se dá com a recusa do devedor. Essa solução não se mostra consentânea com os valores que informam o ordenamento jurídico, tampouco com o princípio da primazia da execução específica das obrigações,[335] devendo se valorar a atuação do credor em prol do adimplemento da obrigação.

Com efeito, ao exigir a obrigação do devedor – ainda que extrajudicialmente –, o credor interrompe sua inércia, atuando em direção ao cumprimento da prestação. Assim, se a contagem do prazo se iniciar

---

[335] Acerca da primazia do cumprimento específico das obrigações, confira-se: "Referida disciplina contratual encontra-se em consonância com a técnica atual do direito das obrigações consistente em perseguir, sempre que possível, a execução específica das prestações, preterindo-se a conversão em perdas e danos. Observe-se, ao propósito, que, no passado, utilizou-se como um dos critérios distintivos entre prestações de dar e de fazer o fato de as primeiras admitirem execução específica, impossível, por outro lado, no tocante às últimas. O direito civil contemporâneo, todavia, tem como preocupação garantir que a prestação, desde que ainda útil ao credor, seja executada especificamente, de modo que a conversão em perdas e danos reste como alternativa subsidiária" (TEPEDINO, Gustavo. Inadimplemento contratual e tutela específica das obrigações. In: *Soluções Práticas de Direito*. v. II. São Paulo: Revista dos Tribunais, 2012, p. 142). Ver também: "A tutela específica do direito material encontra acentuada prioridade dentro do direito brasileiro contemporâneo. [...] A prestação da tutela pelo equivalente monetário há de ser a última solução de tutela jurisdicional do direito a ser oferecida ao demandante – deve ser prestada apenas se 'impossível' a obtenção da 'tutela específica' ou do 'resultado prático correspondente'" (MARINONI, Luiz Guilherme; MITIDIERO, Daniel. *Código de processo civil*: comentado Artigo por Artigo. São Paulo: Revista dos Tribunais, 2008, p. 433-434). "(...) Esse dispositivo, [...], trazido pela Reforma Legislativa de 1994, veio deixar clara a opção do legislador de privilegiar a tutela específica da obrigação de fazer ou de não fazer, seja ela legal ou contratual, fungível ou infungível. É o que, repita-se, passou a ser chamado de princípio da primazia da tutela específica das obrigações de fazer e de não fazer, segundo o qual se deve buscar dar ao credor tudo aquilo e exatamente aquilo que ele obteria se o devedor tivesse cumprido espontaneamente a obrigação que lhe cabia, isto é, tudo aquilo e exatamente aquilo que o credor obteria se não fosse necessário provocar a atividade jurisdicional para imposição da ordem" (DIDIER JÚNIOR, Fredie *et al*. *Curso de direito processual civil*: execução. 5. ed. revista, ampliada e atualizada. v. 5. Salvador: JusPodivm, 2013, p. 437-438).

na data do vencimento da obrigação, a cobrança extrajudicial do credor deve ser considerada como um ato interruptivo do prazo prescricional, em ampliação das causas interruptivas previstas no artigo 202 do Código Civil.

Hipótese diversa é analisada por Humberto Theodoro Júnior, no âmbito dos contratos sinalagmáticos. O autor entende que, quando o cumprimento da prestação pelo devedor depender de ato prévio do credor – como se verifica em relação ao faturamento periódico de fornecimentos e serviços –, ainda que o credor se omita, o prazo prescricional se iniciará na data do vencimento da obrigação.[336]

De outra parte, nas obrigações sujeitas a termo indeterminado, a exigibilidade da prestação se subordina a evento certo quanto à existência, e indeterminado quanto ao momento de sua ocorrência.[337] Nessa modalidade, Mário Júlio de Almeida Costa entende que é necessária a interpelação do devedor para que se cumpra a prestação, a menos que o evento ao qual se sujeita a exigibilidade da obrigação seja, por sua natureza, perfeitamente conhecido ou cognoscível pelo devedor, situando-se na esfera jurídica deste ou constituindo um evento público e notório.[338] Inda em tais casos, a apreciação da inércia em perspectiva dinâmica e funcional demandará seja valorada a inação do credor, delineando-se o comportamento exigível, no âmbito daquela concreta relação jurídica.

---

[336] Leia-se: "Há também as prestações cuja exigibilidade pressupõe um ato do credor: por exemplo, o faturamento periódico de fornecimento e serviços. Se o credor se omite, não pode com sua omissão protelar indefinidamente o início do prazo prescricional. Dever-se-á conta-lo do momento em que deveria ter exigido a obrigação, embora não o tenha feito" (THEODORO JUNIOR, Humberto. *Comentários ao novo código civil*: Volume III, tomo II (arts. 185 a 232), Dos atos jurídicos lícitos, dos atos ilícitos, da prescrição e da decadência, da prova. Rio de Janeiro: Forense, 2008, p. 177).

[337] Na lição de Caio Mário da Silva Pereira: "A eficácia do negócio jurídico pode ser temporalmente determinada, ficando a declaração de vontade subordinada ao curso do tempo. (...) Diz-se que o tempo, como fator constitutivo do termo, pode ser certo ou incerto. (...) É incerto, e o negócio se diz a termo incerto, quando ao tempo falta determinação, não se estabelecendo por algum meio o momento do começo de exercício ou da extinção do direito (*dies incertus quando*)" (PEREIRA, Caio Mário da Silva. *Instituições de Direito Civil*. v. I. Rio de Janeiro: Forense, 2006, p. 575-576).

[338] Já se torna necessária a interpelação se o prazo é incerto ou não fixo, quer dizer, se expira pela verificação de um acontecimento certo em si, mas incerto quanto à sua data (ex.: a morte de uma pessoa. Nesse caso, a obrigação de prazo incerto equipara-se a uma obrigação pura, exigindo-se, em princípio, a interpelação. Apenas se dispensará, passando-se às obrigações de prazo certo, se o evento é de natureza a tornar-se perfeitamente conhecido ou cognoscível para o devedor, 'máxime' porque se situa na esfera deste (ex.: a sua emancipação, o recebimento por ele de mercadorias, a chegada de um navio que lhe pertence) (ALMEIDA COSTA, Mário Júlio de. *Direito das Obrigações*. Coimbra: Almedina, 2001, p. 946).

No que se refere às obrigações sem termo – nas quais o inadimplemento depende da prévia interpelação do devedor –, o surgimento da pretensão poderá se descolar de eventual lesão. Em regra, não se tendo convencionado prazo para o cumprimento da obrigação, esta se mostra imediatamente exigível pelo credor (artigo 331 do Código Civil de 2002),[339] salvo se o contrário resultar da natureza da prestação e das circunstâncias fáticas.[340]

Uma vez que o interesse do credor pode ser satisfeito de imediato, a depender unicamente de sua vontade – a menos que o contrário decorra das circunstâncias fáticas –, Paolo Vitucci[341] e Biagio Grasso[342] sustentam que o prazo prescricional deve se iniciar quando da constituição da obrigação sem termo. Tal entendimento já era afirmado por Aubry e Rau, para quem a regra geral consistiria na contagem do prazo

---

[339] Art. 331. Salvo disposição legal em contrário, não tendo sido ajustada época para o pagamento, pode o credor exigi-lo imediatamente.

[340] Conforme leciona Caio Mário da Silva Pereira: "Na falta de ajuste e na ausência de disposição especial na lei, de que resulte o termo decorrente da própria natureza da obrigação, é esta exigível imediatamente (Código Civil de 2002, artigo 331), pois *quod sine die debeturstatimdebetur*. (...) A instantaneidade é, com efeito, arreada pela própria natureza da prestação, quando ocorre incompatibilidade entre a sua realização e a própria obrigação. Embora sem prazo, ninguém dirá que um trabalho complexo possa de pronto ser exigido, se a sua execução mesma demanda tempo; o que aluga ou empresta uma coisa para determinado fim não pode reclamar a sua restituição antes de preenchido; (...) Nestas e noutras hipóteses, a ausência de determinação do momento da execução impõe, contudo, ao credor um termo suspensivo da exigibilidade da prestação, ao qual se poderia dar o nome de termo moral, que o credor deve respeitar (PEREIRA, Caio Mário da Silva. *Instituições de direito civil*. v. II. Rio de Janeiro: Forense, 2009, p. 223-224).

[341] *Per i diritti di credito l'attualità dell'interesse è segnata dall'esigibilità della prestazione. Ma se l'esigibilità dipende da una richiesta del creditore, la prescrizione decorre dal momento in cui il credito è sorto, perché l'interesse poteva essere soddisfatto già a partire da quel momento, attraverso la richiesta* (VITUCCI, Paolo. *La Prescrizione*. Milão, Giuffrè, 1999, p. 82). Tradução livre: "Para o direito de crédito, a atualidade do interesse é marcada pela exigibilidade da prestação. Mas se a exigibilidade depende de um pedido do credor, o prazo de prescrição corre a partir do momento em que o crédito é constituído, porque o interesse podia ser satisfeito a partir daquele momento, mediante o pedido".

[342] *Nel campo dei diritti di credito il termine iniziale coincide con il momento in cui la prestazione dovuta è esigibile dal creditore. Nel caso di debiti la cui scadenza è rimessa ad un atto meramente potestativo del creditore si ritiene che la prescrizione cominci a decorrere dal momento in cui il credito sorge, dato che è questo il momento in cui il diritto può essere esercitato* (GRASSO, Biaggio. Prescrizione e decadenza [dir. civ.] In: *Diritto On Line*. Disponível em: <http://www.treccani.it/enciclopedia/prescrizione-e-decadenza-dir-civ_(Diritto-on-line)/>. Acesso em: 11 jan. 2017). Tradução livre: "No campo do direito de crédito, o termo inicial coincide com o momento em que a prestação devida é exigível do credor. No caso de débitos cujo prazo de vencimento é deixado a ato puramente potestativo do credor, a prescrição começa a correr a partir da data em que surge o crédito, uma vez que este é o momento em que o direito pode ser exercido".

prescricional desde a data da constituição da obrigação, a menos que se houvesse aposto condição ou termo.[343]

Por sua vez, Windscheid afirma que a prescrição pode se iniciar antes do surgimento da pretensão, sempre que este depender exclusivamente da vontade do titular do direito, no sentido de tornar a prestação exigível. A seu ver, uma pretensão cujo nascimento esteja condicionado à mera declaração de vontade do credor corresponde a uma pretensão já existente, e, em consequência, a inércia do credor em invocar a pretensão não pode ser percebida de outra forma, senão como pressuposto fático da prescrição.[344] A despeito de não considerar formalmente a pretensão como já existente, Windscheid alcança idêntica solução, fixando o termo inicial da prescrição em momento anterior à violação ao direito.[345]

---

[343] Cf. "*La prescription des actions personnelles commence en général à courir du jour de la formation de l'obligation (...) La règle d'après laquelle la prescription des actions personnelles commence à courir du jour de la formation de l'obligation, reçoit exception en ce qui concerne les actions en garantie, les créances conditionnelles, et les créances à terme certain ou incertain*" (AUBRY; RAU. Cours de droit civil français, tome deuxieme. Paris: Marchal et Billard, 1897, p. 482-484). Tradução livre: "A prescrição das ações pessoais se inicia, em geral, da data da formação da obrigação (...) A regra segundo a qual a prescrição das ações pessoais se inicia no dia da constituição da obrigação é excepcionada em relação às ações em garantia, aos créditos condicionais ou sujeitos a termo certo ou incerto".

[344] *Vi è un caso nel quale la prescrizione di una ragione comincia già prima che essa sia nata. Questo caso si avvera quando il sorgere della ragione dipende dalla nuda volontà dell'avente diritto. Una ragione, che posso evocare in vita con una parola, si può da me far valere affatto allo stesso modo come una ragione, che mi compete fin d'ora, e la mia inazione rispetto ad essa non può quindi avere un senso diverso da quello, che avrebbe la mia inazione rispetto ad una ragione già nata. Altra cosa è se il sorgere dell'azione dipende da un atto del titolare (più esattamente: da un atto diverso dalla dichiarazione della volontà, che la ragione debba sorgere); questo caso rientra nella regola e la prescrizione comincia soltanto col compimento di quest'atto* (WINDSCHEID, Bernardo. Diritto delle Pandette, volume primo, parte prima. Torino: Unione Tipografico-Editrice, 1902, p. 432-434). Tradução livre: "Há um caso em que a prescrição de uma pretensão se inicia antes mesmo de seu surgimento. Este caso se configura quando o surgimento da pretensão depende da mera vontade do titular do direito. Uma pretensão que eu posso invocar à vida com uma palavra, que pode ser exercida tal como uma pretensão já existente, deve ser do mesmo modo considerada, e minha inação não pode ter um sentido diverso daquele verificado em relação a pretensões já nascidas. Hipótese distinta se verifica se o surgimento da pretensão depende de um ato do titular (especificamente: um ato diverso da declaração de vontade, para que surja a pretensão); neste caso, retoma-se a regra geral, e a prescrição só se inicia com o cumprimento deste ato".

[345] Na mesma direção, veja-se: "*Comienza la prescripción antes de que nazca la pretensión cuando el titular puede crear voluntariamente la pretensión mediante una declaración de voluntad. Nace entonces la pretensión desde el momento en que ello le sea posible. La posibilidad de nacimiento conduce aquí a la prescripción, ya que en el caso contrario podría el titular detener a voluntad la prescripción*" (p. 513). Tradução livre: "Começa a prescrição antes de nascer a pretensão quando o titular pode criar voluntariamente a pretensão mediante uma declaração de vontade. Nace, então, a pretensão desde o momento em que isto é possível. A possibilidade de nascimento conduz aqui à prescrição, já que, caso contrário, poderia o titular deter,

Em sentido similar, Ennecerus entende que o prazo prescricional deve correr desde o momento em que a declaração de vontade do credor pode ser emitida – ainda que tal não ocorra. Nada obstante, excepciona as hipóteses em que haja sido fixado um prazo para cumprimento, pelo devedor, após a exigência do credor; nesses casos, sustenta que o prazo prescricional resta diferido, iniciando-se somente após decorrido o prazo acordado.[346] O posicionamento adotado por Ennecerus encontra-se transposto no artigo 306 (1) do Código Civil português, nos termos do qual "o prazo da prescrição começa a correr quando o direito puder ser exercido; se, porém, o beneficiário da prescrição só estiver obrigado a cumprir decorrido certo tempo sobre a interpelação, só findo esse tempo se inicia o prazo da prescrição".

---

sob sua vontade, a prescrição". Ainda em sede estrangeira, afirma Baudry-Lacantinerie: "*D'altra parte non bisogna confondere coi crediti a termine quelli che sono esigbiliti a volontà del creditore; per questi la prescrizione decorre dal momento che il creditore puó reclamare il suo credito, e cosi avviene anche quando si è stipulato che il debitore avrà un certo tempo dall'avvertimento anticipato che il creditore dovrà indirizzargli*" (BAUDRY-LACANTINERIE, G.; TISSIER, Alberto. *Trattado Teorico-Pratico di Diritto Civile*. Della Prescrizione. Milano: Casa Editrice Dottor Francesco Vallardi, 1930, p. 303). Tradução livre: "Por outro lado, não deve ser confundida com créditos a termo aqueles que são exigíveis pelo credor, segundo sua vontade; para estes, o prazo prescricional corre a partir do momento que o credor pode reclamar o seu crédito, e assim acontece mesmo quando firma-se que o devedor receberá aviso antecipado de que o credor irá demandá-lo".

[346] *Según el derecho común, la pretensión que sólo dependía de la declaración de voluntad del titular, por ejemplo, de un denuncia, había que tratarla como una pretensión ya nacida. Si en estos casos se pretendiera que la prescripción se contase solamente a partir de la declaración de voluntad, resultaría que, puesto que con mucha frecuencia esa declaración no puede ya probarse una vez transcurrido un largo tiempo, el fin de la prescripción, que es en definitiva el de procurar un estado jurídico seguro, no podría conseguirse en muchos casos. (...) Si la pretensión depende de una denuncia del titular de tal suerte que tiene que ser cumplida inmediatamente de producirse la denuncia (cf., por ejemplo, §695), la prescripción comienza desde el momento en que se permite la denuncia, y no sólo cuando ya ha sido hecha. Pero si la pretensión debe ser cumplida un cierto tiempo después de la denuncia, por ejemplo, si se ha convenido que ésta se haga con seis meses de antelación, el comienzo de la prescripción se difiere por el plazo de la denuncia*" (ENNECERUS, Ludwig; KIPP, Theodor. *Derecho Civil (parte geral), volumen segundo, primer tomo, II*. Barcelona: Casa Editorial Bosch, p. 498). Tradução livre: "Segundo o direito comum, a pretensão que só dependia da declaração de vontade do titular, por exemplo, de uma denúncia, devia ser tratada como uma pretensão já nascida. Se nestes casos se pretendesse que a prescrição se contasse somente a partir da declaração de vontade, resultaria que, com muita frequência, essa declaração não poderia ser provada, uma vez transcorrido muito tempo, a finalidade da prescrição, que é a segurança jurídica, não poderia ser obtida em muitos casos (...) Se a pretensão depende de uma declaração do titular, de sorte que tem que ser cumprida imediatamente ao se produzir tal declaração (confira-se, por exemplo, §695), o prazo prescricional começa desde o momento em que se mostra possível tal declaração, e não só quando já haja sido feita. Mas se a pretensão deve ser cumprida um certo tempo, depois da denúncia, por exemplo, se já se convencionou que o pedido será feito com seis meses de antecedência, o começo da prescrição se difere do prazo da declaração".

Em contraponto ao entendimento de que a pretensão pode se descolar da lesão, Câmara Leal defende que só haverá uma ação exercitável a partir da violação ao direito. Nessa direção, elenca duas condições para a *actio nata*: (i) a existência de um direito atual, atribuído ao seu titular; e (ii) a violação desse direito, direcionando-se a ação ao desfazimento da lesão e de seus efeitos.[347] Em consequência, no âmbito das obrigações sem termo, Câmara Leal sustenta que o prazo prescricional deve ser contado desde o inadimplemento da obrigação pelo devedor, momento em que resta configurada a violação ao direito. Nesse cenário, a obrigação pode ser exigida pelo credor a qualquer tempo, não estando o exercício do direito subordinado a qualquer prazo. Antes da efetiva notificação do devedor para que cumpra a obrigação, não se estará diante de pretensão resistida, tampouco de direito violado.[348] Como se denota, o autor se fundamenta na teoria da *actio nata* nos termos delineados por Savigny – já detidamente analisada no item 3.2 –, segundo a qual não existe pretensão acionável antes da efetiva violação ao direito.

Ao se deter sobre as obrigações sem termo, Savigny rechaça a aplicação do brocardo latino *"toties praescribitur actioni nundum natae, quoties nativitas est in potestate creditoris"*,[349] o qual propugna que o início do prazo prescricional ocorre antes do nascimento da ação, sempre que

---

[347] Não basta, porém, que o direito tenha existência atual e possa ser exercido por seu titular, é necessário, para admissibilidade da ação, que esse direito sofra alguma violação que deva ser por ela removida. É da violação, portanto, que nasce a ação. E a prescrição começa a correr desde que a ação teve nascimento, isto é, desde a data em que a violação se verificou (CÂMARA LEAL, Antônio Luiz da. *Da Prescrição e da Decadência*. Rio de Janeiro: Forense, 1978, p. 22).

[348] Veja-se: "Se a obrigação do sujeito passivo, para se tornar exigível, depende da vontade do titular, fazendo-se certa pela reclamação por parte deste, é intuitivo que, sem essa reclamação, não há obrigação atual, nem ação para exigi-la, não podendo, portanto, correr a prescrição. É da reclamação não atendida que nasce a ação do titular, e dela, portanto, é que a prescrição começará a correr" (CÂMARA LEAL, Antônio Luiz da. *Da Prescrição e da Decadência*. Rio de Janeiro: Forense, 1978, p. 25). Na mesma direção, confira-se a lição de Ulderico Pires dos Santos: "É fora de dúvida que as obrigações só podem ser exigidas depois de esgotado o prazo estabelecido para o seu cumprimento. Esse prazo, via de regra, vem estabelecido no instrumento no qual as partes formalizam a obrigação. Quando isso não acontece, a sua exigibilidade só passa a existir depois de ser o devedor constituído em mora, mediante notificação do credor, para que a satisfaça no prazo que lhe marcar. Fácil é perceber-se, assim, que, nesse caso, a obrigação só passa a ser exigível após a notificação. Se no instrumento pactual há prazo marcado para o seu cumprimento e este se vence sem que a obrigação seja satisfeita, a ação do credor poderá ser exercitada imediatamente. Se o não fizer, a partir do dia marcado para o seu cumprimento começa a correr o prazo da prescrição" (SANTOS, Ulderico Pires dos. *Prescrição – Doutrina, Jurisprudência e Prática*. Rio de Janeiro: Forense, 1989, p. 41).

[349] Tradução livre: "O prazo prescricional se inicia antes do nascimento da ação, quando este esteja em poder do credor".

este esteja subordinado à vontade do credor. A seu ver, as obrigações sem termo seriam equiparadas às obrigações condicionais, nas quais não há que se falar em decurso do prazo prescricional antes do implemento da condição.[350]

A esse respeito, cabe distinguir as obrigações sem termo das obrigações condicionais: nos termos do artigo 121 do Código Civil, a condição suspensiva subordina o efeito do negócio jurídico a evento futuro e incerto;[351] por essa razão, antes do implemento da condição suspensiva, há mera expectativa de direito, a qual pode ser protegida pela prática de atos conservatórios.[352] Sendo vedada a estipulação de cláusula puramente potestativa, o implemento da condição suspensiva não dependerá unicamente da atuação do credor. Nas obrigações sem termo, por sua vez, as partes apenas não convencionaram o momento em que a prestação deverá ser realizada, cabendo ao credor interpelar o devedor para constitui-lo em mora.[353] Ao contrário do que se verifica em relação às obrigações sem termo, nas obrigações condicionais, não é possível exigir a prestação antes da ocorrência do evento futuro e incerto.

Na doutrina pátria, o entendimento de que o prazo prescricional não corre antes da interpelação do devedor é partilhado por Humberto

---

[350] No original: *"Ainsi, on prétend que la prescription commence avant que l'action ne soit née, s'il dépendait du titulaire de la faire naître, et voici comme on exprime cette règle: toties praescribitur actioni nundum natae, quoties nativitas est in potestate creditons (e). On verra plus bas dans quel intérêt cette règle a été imaginée; mais je puis dès à présent en démontrer la fausseté (f). Pour toutes les obligations conditionnelles sans exception, la prescription ne commence que quand la condition est accomplie; et néanmoins il y a des conditions véritables dont l'accomplissement dépend uniquement de la volonté du titulaire (g), et pour lesquelles, d'après cette règle, la prescription devrait commencer avant que la condition fût accomplie"* (SAVIGNY, Friedrich Karl Von, 1779-1861. Traité de droit romain, tome cinquième. Tradução de Charles Guenoux. Paris: F. Didot, 1855, p. 19) Tradução livre: "Assim, pretende-se que a prescrição passe a existir, se ela dependesse do titular que a impetre, e eis aqui como se exprime essa regra: *toties praescribitur actioni nundum natae, quoties nativitas est in potestate creditons* (e). Veremos mais abaixo com base em qual interesse essa regra foi imaginada, mas eu posso desde agora demonstrar sua falsidade. Para todas as obrigações condicionais sem exceção, a prescrição não começa até que a condição seja completa; e, contudo, existem verdadeiras condições cujo cumprimento depende unicamente da vontade do titular, e para as quais, segundo essa regra, a prescrição deveria começar antes que a condição seja cumprida".

[351] Art. 121. Considera-se condição a cláusula que, derivando exclusivamente da vontade das partes, subordina o efeito do negócio jurídico a evento futuro e incerto.

[352] Art. 130. Ao titular do direito eventual, nos casos de condição suspensiva ou resolutiva, é permitido praticar os atos destinados a conservá-lo.

[353] Art. 397. O inadimplemento da obrigação, positiva e líquida, no seu termo, constitui de pleno direito em mora o devedor. Parágrafo único. Não havendo termo, a mora se constitui mediante interpelação judicial ou extrajudicial.

Theodoro Júnior, o qual afirma que "[a]s obrigações de prazo indeterminado só se sujeitam a prescrição depois que o devedor é interpelado, pois é então que se vencerá a dívida e se tornará exigível (art. 397, parágrafo único)".[354] [355] Mais uma vez, todavia, a aplicação literal do artigo 189 do Código Civil poderá conduzir a resultado contrário à função da prescrição. Isso porque se atribuiria ao credor a possibilidade de – unilateralmente e de modo indireto – fixar o termo inicial do prazo prescricional, alargando-o segundo seus interesses.

Por conta disso, Pontes de Miranda sustenta a existência do princípio da exercibilidade da pretensão. Para o autor, nas situações em que o exercício da pretensão depende exclusivamente da vontade do credor, desde o momento em que o credor poderia exercer a pretensão – ainda que não o faça –, estará em curso o prazo prescricional.[356] Afastando certa confusão conceitual entre o surgimento da pretensão e do direito à ação, Pontes de Miranda critica o brocardo latino *"toties praescribitur actioni nundum natae, quoties nativitas est in potestate creditoris"*: ao contrário do que sugere sua redação, a pretensão já nasceu, ficando a exclusivo critério do credor exercê-la – ou não. Com efeito, o ato de interpelar o devedor para que realize a prestação já

---

[354] THEODORO JUNIOR, Humberto. Comentários ao novo código civil: Volume III, tomo II (arts. 185 a 232), Dos atos jurídicos lícitos, dos atos ilícitos, da prescrição e da decadência, da prova. Rio de Janeiro: Forense, 2008, p. 177.

[355] Nesse sentido, já se posicionou o Superior Tribunal de Justiça: "Civil. Doação com encargo. Revogação. Prescrição. Princípio da 'actio nata'. Não havendo prazo para a execução do encargo, é de recorrer-se ao princípio reitor do nosso sistema em tema de prescrição (*'actio nata'*). A prescrição só correrá a partir da constituição em mora caso não haja fato anterior que configure lesão ao direito do doador. Questão envolvendo o art. 172, IV. do Código Civil não ventilada no acórdão, patenteando-se, a propósito, a falta de prequestionamento. Recurso não conhecido" (BRASIL. Superior Tribunal de Justiça. Recurso Especial nº 33.409/SP, da Terceira Turma. Brasília, de 19 de outubro de 1998. Disponível em: <ww2.stj.jus.br/processo/ita/documento/mediado/?num_registro=199300080075&dt_publicacao=19-10-1998&cod_tipo_documento=1>. Acesso em: 24 jan. 17, às 9h30).

[356] Nas palavras do autor: "Há outras espécies em que o exercício, e não o nascimento da pretensão, depende da vontade do credor. Rege o princípio da exercibilidade da pretensão: se depende, não o nascimento da pretensão, mas só o exercício (pretensão que só se pode exercer depois, ou após algum fato ou ato), é da exercibilidade que se conta o prazo. (...) Se ao credor é que cabe fazer nascer a pretensão, desde o momento em que o pode se inicia o prazo prescricional (...) Nas obrigações alternativas (arts. 884-888), se a escolha toca ao credor, o início do prazo prescricional é ao ser possível exercer a eleição – não escolheu porque não quis, e da sua inércia não lhe há de provir vantagem. A solução subsume-se em princípio mais geral, *toties praescribitur actioni nondum natae, quoties nativitas eius in potesta creditoris*. Se A recebeu documento em branco, com a data de 1, e o enche a 6, o prazo de prescrição iniciou-se a 1, quando o poderia ter enchido" (MIRANDA, Francisco Cavalcanti Pontes de. *Tratado de Direito Privado*. t. VI. Rio de Janeiro: Editor Borsoi, 1970, p. 189).

traduz real exercício da pretensão.[357] Nessa perspectiva, no âmbito das obrigações sem termo, o autor defende que o exercício da pretensão ocorre mediante a prática de uma série de atos sucessivos, os quais podem incluir a interpelação do devedor e a fixação de prazo para que efetue o pagamento, entre outros.[358] Assim, o *dies a quo* da prescrição deve corresponder à data em que a interpelação poderia ter sido realizada pelo credor, uma vez que "a pretensão já existe, já é exigível a prestação, apenas não fora exigida".[359]

A ausência de atuação do credor – investigada no âmbito da concreta relação jurídica em que se insere e tendo-se em conta as circunstâncias fáticas – pode vir a ser apta a configurar a inércia que constitui pressuposto fático da prescrição. Isso porque, se a satisfação do interesse do credor depende somente de sua declaração de vontade – no sentido de exigir concretamente a prestação –, desde o momento em que esta poderia ser emitida, já poderá haver inércia.

A esse respeito, releva a concepção pluralista e dinâmica da relação obrigacional, que, orientada à satisfação dos interesses que integram o regulamento contratual – especialmente, o do credor[360] –, impõe a ambas as partes o dever mútuo de colaboração visando à sua realização.[361] Por outras palavras, o credor também deve direcionar sua

---

[357] MIRANDA, Francisco Cavalcanti Pontes de. *Tratado de Direito Privado*. t. VI. Rio de Janeiro: Editor Borsoi, 1955, p. 124.

[358] Confira-se: "O ato de avisar já é conteúdo da exigência. Quem avisa, ainda que haja prazo após o aviso para que, antes dele, o devedor preste, já começou de exigir; por isso mesmo a mora é sem dependência da nova interpelação e a prescrição corre do dia em que se poderia ter avisado. Tudo se passa no plano do adimplemento, portanto já se está no tempo da exigibilidade, que apenas afirma a particularidade de ser em dois ou mais atos, sucessivos. Não praticar o primeiro ato do conjunto de atos, que seria a exigência, já é deixar de exigir. É assaz importante atender-se a que o exercício é um todo" (MIRANDA, Pontes de. *Tratado de Direito Privado*. t. VI. Rio de Janeiro: Editor Borsoi, 1955, p. 125).

[359] MIRANDA, Pontes de. *Tratado de Direito Privado*. t. VI. Rio de Janeiro: Editor Borsoi, 1955, p. 115. No trecho completo: "Quando o devedor há de ser avisado, ou pedida, previamente, a prestação (*e.g.*, na espécie do art. 1.069), o prazo prescricional começa desde que o credor pode pedi-la, ou do primeiro dia para o qual poderia ser avisado. A razão disso está em que só se trata de exercício da pretensão, não de nascimento da pretensão".

[360] Muito embora o interesse do devedor não se subordine completamente ao interesse do credor – ao contrário do entendimento clássico adotado no direito obrigacional –, há de se considerar que o interesse do credor assume posição destacada na relação obrigacional. Nas palavras de Pietro Perlingieri: "*L'attuazione del rapporto obbligatorio, oltre all'interesse del creditore, 'può' realizzare anche interessi giuridicamente rilevanti del debitore. Ovviamente una considerazione prioritaria e prevalente deve essere riservata all'interess e creditorio, il quale, non a caso, è inserito nella (1174) fra gli elementi essenziali del rapporto obbligatorio*" (*Manuale di diritto civile*. 2. ed. Napoli: Edizioni Scientifiche Italiane, 2000, p. 220).

[361] Nas palavras de Carlos Nelson Konder e Pablo Rentería: "Nesses termos, a obrigação deixa de ser concebida com um fim em si mesmo para ser valorada, na sua essência, como um

atuação de forma a concretizar o resultado útil programado na relação obrigacional. Daí a necessidade de a inércia ser apreciada no âmbito da concreta relação jurídica, extraindo-se, do regulamento de interesses contratual, o comportamento exigível de cada parte.

Nessa perspectiva, há de se considerar que – sem embargo a ausência de termo –, eventualmente a obrigação não será imediatamente exigível, ora dependendo de uma prestação anterior, por parte do próprio credor, ora demandando a prática de inúmeros atos preparatórios. A esse respeito, ressalva o artigo 134 do Código Civil que "os negócios jurídicos entre vivos, sem prazo, são exequíveis desde logo, salvo se a execução tiver de ser feita em lugar diverso ou depender de tempo". Em particular, tem-se as obrigações complexas, as quais não podem ser exigidas de imediato, ainda que as partes não convencionem qualquer prazo para o seu cumprimento. Isso se deve ao fato de serem compostas por uma pluralidade de prestações encadeadas, as quais visam à realização dos efeitos essenciais pretendidos pelas partes em determinado regulamento contratual.[362] Somente a partir da análise das peculiaridades fáticas poderá se estabelecer o momento de surgimento da pretensão – em que a prestação se tornou efetivamente exigível –, o qual impactará o respectivo prazo prescricional. Caso o cumprimento da prestação demande unicamente o decurso de um lapso temporal – por exemplo, a obrigação de entregar uma obra de arte em relação à qual não se haja fixado termo –, o prazo razoável poderá ser definido a partir de *standards* objetivos de conduta, extraídos do âmbito da atividade contratada, aliados ao critério hermenêutico da razoabilidade. Uma vez decorrido o prazo razoável para cumprimento da prestação, esta já se mostrará exigível, cabendo ao credor promover a realização de seu interesse juridicamente tutelado.

---

instrumento de cooperação social para a satisfação de certo interesse do credor. Esta sua função jurídica orienta todo o desenvolvimento da relação obrigacional até o momento de sua extinção, servindo, em particular, de parâmetro para a valoração do comportamento das partes, que são chamadas, de acordo com a cláusula geral da boa-fé objetiva, a colaborarem mutuamente para a plena realização dos seus legítimos interesses" (KONDER, Carlos Nelson; RENTERÍA, Pablo. A funcionalização das relações obrigacionais: interesse do credor e patrimonialidade da prestação. *Civilistica.com*, Rio de Janeiro, a. 1, n. 2, jul./dez. 2012. Disponível em: <http://civilistica.com/a-funcionalizacao/>. Acesso em: 05 jan. 2017, p. 2-3).

[362] Confira-se a definição de Orlando Gomes: "Quando, porém, a atividade do devedor se desenvolve mediante diversas ações, cada qual com efeito distinto, a prestação é complexa. Não é de se confundir a prestação complexa com pluralidade de prestações. Esclarece Windscheid que a prestação complexa consta de uma pluralidade de prestações, mas essa pluralidade é concebida como uma unidade sob o ponto de vista de conexão" (GOMES, Orlando. *Obrigações*. Rio de Janeiro: Forense, 2000, p. 41).

De outra parte, deve-se ter em conta que certas obrigações sem termo se inserem no escopo de contratos a prazo indeterminado, em que os efeitos essenciais pretendidos pelas partes são alcançados justamente pela manutenção do estado de perenidade. A título ilustrativo, imaginem-se os contratos de depósito voluntário, mútuo e comodato, em que o exercício do direito à restituição ou devolução, por parte do credor, provoca o encerramento da relação obrigacional. Em tais hipóteses, não haverá interesse do credor em exercer o direito à restituição antes de satisfeitos os interesses contratualmente tutelados, dentre os quais se inclui o interesse da contraparte ao uso e gozo do bem ou, ainda, o interesse do próprio credor em que o bem reste em poder da contraparte. Ao refletir acerca do tema, Savigny pondera que o debate mais árduo em torno do termo inicial da prescrição se concentra nos casos em que a relação jurídica, por sua própria natureza, cria um estado de permanência, cujo término depende da vontade do credor.[363]

Com efeito, por meio do depósito voluntário, o depositário recebe um bem móvel, assumindo a obrigação de guardá-lo e conservá-lo até que seja reclamado pelo depositante.[364] Há presunção legal de que eventual prazo para devolução venha a ser fixado em favor do depositante, de modo que o depositário é obrigado a devolver o bem tão logo exigido a fazê-lo, à exceção das hipóteses previstas no artigo 633 do Código Civil.[365]

---

[363] Conforme bem destacado por Savigny: "*Des cas plus difficiles sont ceux où le rapport de droit lui-même crée un état permanent, mais dont la fin dépend de la volonté du créancier. L'action en vertu de laquelle il peut opérer ce changement est, comme toute autre action, soumise à la prescription. Mais le point de départ de cette prescription a soulevé les plus grandes difficultés*" (SAVIGNY, Friedrich Karl Von, 1779-1861. *Traité de droit romain, tome cinquième*. Tradução de Charles Guenoux. Paris: F. Didot, 1855, p. 299). Tradução livre: "Os casos mais difíceis são aqueles em que a relação jurídica, por sua própria natureza, cria um estado permanente, cujo fim depende da vontade do credor. A ação em virtude da qual essa mudança pode ser operada é, como qualquer outra ação, sujeita à prescrição. Mas o ponto de partida desse prazo prescricional suscita as maiores dificuldades".

[364] Nos termos dos artigos 627 e 629 do Código Civil: "Art. 627. Pelo contrato de depósito recebe o depositário um objeto móvel, para guardar, até que o depositante o reclame"; "Art. 629. O depositário é obrigado a ter na guarda e conservação da coisa depositada o cuidado e diligência que costuma com o que lhe pertence, bem como a restituí-la, com todos os frutos e acrescidos, quando o exija o depositante".

[365] Art. 633. Ainda que o contrato fixe prazo à restituição, o depositário entregará o depósito logo que se lhe exija, salvo se tiver o direito de retenção a que se refere o art. 644, se o objeto for judicialmente embargado, se sobre ele pender execução, notificada ao depositário, ou se houver motivo razoável de suspeitar que a coisa foi dolosamente obtida. Ver também: "Art. 638. Salvo os casos previstos nos arts. 633 e 634, não poderá o depositário furtar-se à restituição do depósito, alegando não pertencer a coisa ao depositante, ou opondo compensação, exceto se noutro depósito se fundar".

Por sua vez, no mútuo, o mutuário é obrigado a restituir ao mutuante o que dele recebeu em bens do mesmo gênero, qualidade e quantidade (artigo 586 do Código Civil).[366] O artigo 592 do Código Civil oferece parâmetros a serem observados na ausência de prazo convencionado pelas partes, sendo certo que o mutuante poderá exercer a pretensão de requerer a restituição do bem a qualquer tempo, uma vez alcançada a finalidade para a qual o bem fungível fora emprestado. Nessa direção, o artigo 592, I, do Código Civil estabelece que o mútuo de produtos agrícolas terá por prazo a colheita seguinte caso as partes não tenham convencionado de outro modo. Por outro lado, caso se trate de mútuo de dinheiro, haverá um prazo mínimo de 30 (trinta) dias. A lógica é de que, tão logo alcançada a finalidade para a qual se realizou o empréstimo, a restituição do bem se torna concretamente exigível pelo mutuante. Idêntica *ratio* se aplica ao comodato: nos termos do artigo 581 do Código Civil, se o comodato não possuir prazo determinado, deverá se presumir que corresponde ao tempo necessário para o uso concedido.[367]

Historicamente, a discussão acerca do termo inicial dos prazos prescricionais nas obrigações sem termo cindia-se a tais contratos de depósito, mútuo e comodato, sempre que não houvesse sido acordado prazo para devolução ou restituição do bem. Aplicando o brocardo latino *"in omnibus obligationibus, in quibus dies non ponitur, praesenti die debetur"* – a saber, em todas as obrigações em que não se determina o dia, deve-se no tempo presente –, a tradição romana fazia correr o prazo prescricional desde a data da celebração do contrato.[368] Tal

---

[366] Art. 586. O mútuo é o empréstimo de coisas fungíveis. O mutuário é obrigado a restituir ao mutuante o que dele recebeu em coisa do mesmo gênero, qualidade e quantidade.

[367] Art. 581. Se o comodato não tiver prazo convencional, presumir-se-lhe-á o necessário para o uso concedido; não podendo o comodante, salvo necessidade imprevista e urgente, reconhecida pelo juiz, suspender o uso e gozo da coisa emprestada, antes de findo o prazo convencional, ou o que se determine pelo uso outorgado.

[368] *Se il mutuo è senza termine, gratuito che sia o con interessi, l'azione nasce dal giorno del contratto, perchè sin dal giorno seguente al medesimo può il creditore chiederne la restituzione. (...) Lo stesso è a dire, se il mutuo deve restituirsi ad ogni richiesta del creditore, potendo far la richiesta nel tempo che gli piace. Se non che se alla richiesta è aggiunto un termine di favore pel debitore, la prescrizione novella comincia il suo corso allo scadere del termine. Il diritto romano stabiliva come regola generale, che nelle obbligazioni senza termine, immediatamente nascesse il diritto di agire:* "In omnibus obligationibus, in quibus dies non ponitur, praesenti die debetur" "Sin autem communes nummos credam vel solvam, confestim pro parte mea nascetur et actio et liberatio" (RUPERTO, Cesare. *Prescrizione e decadenza*. Torino: Unione Tip. Ed. Torinese, 1968, p. 97). Tradução livre: "Se o mútuo não possui termo, sendo gratuito ou oneroso, a ação nasce a partir da celebração do contrato, porque desde o dia seguinte, pode o credor pedir-lo de volta (...) É dizer-se, se o mútuo tem de ser devolvido a pedido do credor, pode

posicionamento se justificava pela possibilidade imediata conferida ao credor de exigir a restituição ou devolução do bem. Caso não exercida essa pretensão dentro do prazo prescricional respectivo, a inércia do credor seria apta a configurar o pressuposto fático da prescrição. Ressalvava-se, no entanto, que eventual pedido de restituição ou devolução feito pelo credor antes de transcorrido o prazo prescricional importaria na sua interrupção, com os efeitos daí decorrentes.[369]

Ao se manifestar sobre o tema, Savigny afasta-se do entendimento predominante entre os demais doutrinadores clássicos, afirmando que a prescrição exige a negligência do credor, a qual não restaria configurada nesses casos. Isso porque a manutenção do bem em posse do devedor por tempo indeterminado se daria sob consentimento expresso do credor, não havendo que se falar em inércia ou negligência no exercício da pretensão que lhe fora atribuída. Considerando que a permanência do bem em poder da contraparte, por prazo indeterminado, constitui a própria natureza do mútuo firmado nesses termos, a celebração do contrato, por si só, não poderia representar uma inércia do credor.[370] De outra parte, defende o autor bastar a exigência de

---

este fazê-lo a qualquer tempo. Se, de modo diverso, ao pedido se adiciona um período para cumprimento, em favor do devedor, a prescrição se inicia ao final desse termo. O direito romano estabelecia como regra geral que, nas obrigações sem termo, o direito de agir surgia imediatamente: '*In omnibus obligationibus, in quibus dies non ponitur, praesenti die debetur*' '*Sin autem communes nummos credam vel solvam, confestim pro parte mea nascetur et actio et liberatio*'".

[369] *L'azione di restituzione del deposito si prescrive fra trent'anni dal contratto, perchè il deposito si deve restituire al deponente appena questi il richiede (art. 1.860). (...) Se il creditore trascura di avvertire il debitore, questa omissione è precisamente una delle negligenze, il cui risultamento definitivo è la perdita del diritto di agire. Ma se egli fa la richiesta fra trent'anni dal dì del contratto, dal giorno della richiesta comincia un nuovo termine per la prescrizione, essendo la richiesta quale atto di messa in mora, interruttivo della medesima* (RUPERTO, Cesare. *Prescrizione e decadenza*. Torino: Unione Tip. Ed. Torinese, 1968, p. 98). Tradução livre: "A ação de restituição do depósito prescreve em trinta anos contados do contrato, porque o depósito deve ser devolvido ao depositante assim que este o exige (art. 1.860). (...) Se o credor não notificar o devedor, essa omissão é precisamente uma negligência, da qual resulta a perda do direito de agir. Mas se este exige o cumprimento dentro de trinta anos a partir do dia do contrato, a partir de sua exigência, decorre novo prazo prescricional, figurando a exigência como ato de constituição em mora, interruptivo da prescrição".

[370] *Le créancier ne doit pas compter sur un remboursement immédiat; car c'est de son consentement exprès que l'emprunteur possède l'argent prêté pour un temps indéterminé. Cette attente naturelle n'existant pas, il n'y a pas non plus d'action qui la protége, et, dès lors aussi, pas de commencement possible de prescription. La prescription suppose la négligence, et ici où pourrait-on la trouver? Personne ne soutiendra que le prêt en soi constitue déjà une négligence* (SAVIGNY, Friedrich Karl Von, 1779-1861. *Traité de droit romain, tome cinquième*. Tradução de Charles Guenoux. Paris: F. Didot, 1855, p. 300); "*y ajoutant le délai qui doit suivre la réquisition (p). La règle établie pour le prêt sans intérêts s'applique au commodat, au dépôt et au précaire. Dans ces trois actes, juridiques, le détenteur de la chose la possède avec le consentement du propriétaire, dont il ne viole pas le droit, et*

restituição ou devolução para que se inicie o prazo prescricional, ainda que não tenha havido resposta ou recusa por parte do devedor.[371]

Na mesma direção, especificamente acerca do contrato de depósito voluntário por prazo indeterminado, Paolo Vitucci aponta que o interesse do depositante é satisfeito com a manutenção do bem na posse do depositário. O pedido de devolução do bem denotaria o exaurimento do interesse original do depositante, com a satisfação da finalidade para a qual o contrato fora celebrado. Em consequência, o prazo prescricional para exercício da pretensão atribuída ao depositante só pode ser contado da data em que ele requer a devolução do bem.[372]

No entanto, Savigny ressalta que, caso o comodato ou mútuo tenham sido celebrados com um propósito específico, tão logo essa função seja atingida, se iniciará o prazo prescricional referente à pretensão de devolução ou restituição do bem. A título ilustrativo, o autor indica o comodato gratuito de um veículo para a realização de uma viagem. Assim que a viagem se encerrar, iniciar-se-á o prazo prescricional para requerer a devolução do veículo, uma vez que o consentimento do proprietário se restringiu à realização daquela viagem determinada.[373]

---

la nature du contrat n'implique nullement une restitution immédiate. La prescription ne commence donc que quand le propriétaire réclames a chose" (SAVIGNY, Friedrich Karl Von, 1779-1861. *Traité de droit romain, tome cinquième*. Tradução de Charles Guenoux. Paris: F. Didot, 1855, p. 305-306). Tradução livre: "O credor não deve contar com o reembolso imediato; porque é do seu consentimento expresso que o mutuário possua o dinheiro emprestado por um tempo indeterminado. Se não existe essa exigibilidade natural, não há ação que a proteja, e, desde esse momento, não pode se iniciar a prescrição. A prescrição supõe a negligência, e aqui poderíamos encontrá-la? Ninguém sustentará que o empréstimo por si constitui uma negligência"; "se soma o tempo em que deve ser feita a requisição (p). A regra estabelecida para o empréstimo sem juros aplica-se ao comodato, depósito e ao precário. Nestes três atos jurídicos, o detentor da coisa a tem com o consentimento do proprietário, ele não viola a lei, e a natureza do contrato não implica uma devolução imediata. A prescrição só começa quando o proprietário reclama a devolução da coisa".

[371] SAVIGNY, Friedrich Karl Von, 1779-1861. *Traité de droit romain, tome cinquième*. Tradução de Charles Guenoux. Paris: F. Didot, 1855, p. 301.

[372] *A questa ipotesi va accostato, sotto il profilo degli interessi tutelati, il caso del deposito regolare senza termine. Qui l'interesse del depositante è soddisfatto dalla prestazione della custodia, così che la prescrizione del suo diritto decorre non dal giorno del deposito, ma dalla richiesta di restituzione. Tale richiesta dimonstra infatti che si è esaurito l'interesse originario, cui è subentrato quello rivolto al recupero della detenzione* (VITUCCI, Paolo. *La Prescrizione*. Milão, Giuffrè, 1999, p. 83). "A essa hipótese se assemelha, sob o perfil do interesse tutelado, o caso de depósito sem termo. Se o interesse do depositante é satisfeito com a prestação da custódia, a prescrição de seu direito decorre não do dia do depósito, mas do pedido de restituição. Tal pedido demonstra que se exauriu o interesse originário, o qual se transmutou no interesse de recuperar o bem."

[373] Cf. SAVIGNY, Friedrich Karl Von, 1779-1861. *Traité de droit romain, tome cinquième*. Tradução de Charles Guenoux. Paris: F. Didot, 1855, p. 308.

A abordagem proposta por Savigny parece mais consentânea com a natureza e dinâmica dessas relações contratuais. Isso porque, nos contratos de mútuo, depósito e comodato, a permanência do bem em poder da contraparte até que a finalidade por ela pretendida seja atingida integra a própria causa do contrato.[374] Dito diversamente, antes que seja realizado o fim para o qual o bem foi emprestado ou depositado, não poderá o credor legitimamente requerer sua devolução ou restituição, inda que inexistente qualquer termo. Em consequência, o prazo prescricional deve se iniciar quando a finalidade do contrato houver sido atingida, momento em que o interesse do credor à devolução ou restituição do bem se torna atual, surgindo a pretensão a ser exercida em face do credor. Essa perspectiva se coaduna com o teor dos artigos 592[375] e 581 do Código Civil.[376]

Conclui-se que o surgimento da pretensão restará desvinculado da lesão ao direito sempre que a realização ou tutela do interesse juridicamente relevante se afigure possível anteriormente a eventual violação. Nessa esteira, a inércia do credor em exercer a pretensão deverá ser examinada em perspectiva relacional e dinâmica, a partir do regulamento de interesses entabulado pelas partes, de modo a se averiguar o comportamento exigível do titular, naquelas circunstâncias fáticas. Por essa razão, poderá se sustentar que, em certas obrigações, o decurso do

---

[374] Cf. BODIN DE MORAES, Maria Celina. A causa do contrato. *Civilistica.com*, Rio de Janeiro, a. 2. n. 1. 2013. Disponível em: <http://civilistica.com/wp-content/uploads/2015/02/Bodin-de-Moraes-civilistica.com-a.2.n.1.2013.pdf>.

[375] Por se tratar de contrato temporário, presume-se a celebração pelo tempo necessário à utilização da coisa. Esse prazo será o que constar do contrato. Se não constar, deverá ser o prazo necessário à aludida utilização, por exemplo, até que se alcance determinada finalidade. Mas esse prazo nunca poderá ser estendido indefinidamente, pois tal significaria a negação da temporariedade do contrato, transmutando-o, portanto, de comodato em doação. O comodato para uso pela finalidade não implica perpetuidade, devendo durar pelo tempo necessário ao uso concedido (ANDRIGUI, Nancy *et al*. *Comentários ao Novo Código Civil*. v. IX. Rio de Janeiro: Forense, 2008, p. 80). Ver também: BRASIL. Superior Tribunal de Justiça. Recurso Especial nº 3.267/RS, da Terceira Turma. Brasília, de 25 de março de 1991. Disponível em: <ww2.stj.jus.br/processo/ita/documento/mediado/?num_registro=199000048800&dt_publicacao=25-03-1991&cod_tipo_documento=1>. Acesso em: 24 jan. 2017, às 9h28.

[376] A esse respeito, veja-se a lição de João Luiz Alves: "Consistindo o mútuo em dinheiro, só pode ser exigido o pagamento trinta dias depois de contraído. É uma exceção ao princípio geral de exigibilidade das obrigações sem prazo, a qual é imediata (art. 952), salvo se depender de tempo ou se a prestação tiver de ser feita em lugar diverso (art. 127). O texto se justifica, porque não era possível que o mútuo de dinheiro, sem prazo estipulado, fosse exigível 'imediatamente' depois de concluído, sobre sob pena de ser um contrato inútil para o mutuário" (ALVES, João Luiz. *Código Civil da República dos Estados Unidos do Brasil*. 4. v. Rio de Janeiro: Editora Borsoi, 1958, p. 359).

prazo prescricional se iniciará desde a constituição da relação contratual e, em outros casos, dependerá de prévio ato da contraparte, ou, em cenário ainda distinto, a obrigação só se mostrará exigível decorrido considerável período de tempo. O regulamento contratual de interesses modulará o comportamento exigível das partes e, por conseguinte, o momento em que a pretensão surge e se torna exercitável, a partir do qual decorrerá o respectivo prazo prescricional.

3.5 Hipóteses em que a possibilidade de exercício da pretensão é posterior à violação

Como já indicado, o termo inicial do prazo prescricional deve se vincular à data em que se afigurou possível ao titular o concreto exercício da pretensão, afastando-se da abstrata e subsuntiva regra prevista no artigo 189 do Código Civil. Em específico, haverá casos em que, a despeito de o evento lesivo já ter se configurado, não será exigível do titular do interesse juridicamente tutelado conduta diversa. Tais hipóteses serão detidamente analisadas a seguir.

Em primeiro lugar, importa analisar as situações fáticas em que sequer surgiu a pretensão a ser exercitada pelo titular, a despeito de já ocorrido o evento lesivo. No âmbito da responsabilidade civil contratual, em boa parte dos casos, a pretensão ressarcitória nascerá concomitantemente ao inadimplemento, uma vez presentes os requisitos da responsabilidade civil, a saber: (i) comportamento lesivo; (ii) imputabilidade subjetiva – havendo presunção da culpa; (iii) dano; e (iv) nexo de causalidade. Nada obstante, mesmo na seara contratual, haverá hipóteses em que uma pretensão poderá surgir posteriormente à violação ao direito, caso esta seja entendida como o inadimplemento da obrigação. Se, via de regra, inadimplemento contratual e produção do dano coincidem, eventualmente, poderá haver lacuna temporal entre o inadimplemento e a ocorrência do dano, antes da qual não haverá pretensão exercitável à reparação das perdas e danos. A esse respeito, cabe reiterar que a mera distância temporal entre causa e resultado danoso não afasta a responsabilidade contratual, desde que seja demonstrado o nexo de causalidade necessária. Como assevera Agostinho Alvim, "a simples distância não rompe o nexo",[377] mostrando-se indenizáveis

---

[377] Cf. ALVIM, Agostinho Neves de Arruda. *Da inexecução das obrigações e suas consequências*. 5. ed. São Paulo: Saraiva, 1980, p. 389-398. O autor prossegue, afirmando que "(...) os danos indiretos ou remotos não se excluem, só por isso; em regra, não são indenizáveis, porque

tanto os danos próximos quanto os remotos, uma vez comprovada a estreita relação de causalidade direta e imediata entre conduta lesiva – no âmbito contratual, o inadimplemento – e dano.[378] Nessa direção, Gustavo Tepedino sublinha que o que se deve perquirir é "o liame de necessariedade entre causa e efeito, de modo que o resultado danoso seja consequência direto do fato lesivo".[379] A esse propósito, cabe distinguir a hipótese de liquidação das perdas e danos – em que o dano já ocorreu, deflagrando o direito à reparação, restando pendente somente delimitar sua extensão e respectivo pecuniário (*quantum debeatur*) – daquela em que o dano ainda não tenha se configurado.

A título ilustrativo, imagine-se um contrato de cessão de ações – visando à aquisição de uma sociedade anônima –, em que as partes tenham inserido cláusula de representações e garantias, de modo a assegurar que o comprador restará indenizado por eventuais contingências e passivos não previstos. Após a celebração do contrato, o cessionário descobre uma série de ações judiciais propostas em face da sociedade anteriormente à cessão de ações, as quais deveriam estar refletidas no pacto firmado. Poderá haver, desde então, (i) pretensão à reparação por violação da cláusula de representações e garantias, bem como do dever anexo de informação, (ii) direito potestativo de exigir o abatimento no valor da cessão de ações, afirmando-se a existência de vício oculto (artigo 441 e seguintes do Código Civil), ou, alternativamente, (iii) pretensão indenizatória pela diminuição no valor das ações, em razão da mera existência de demandas judiciais propostas em face da companhia. Dito diversamente, a descoberta de ações judiciais não informadas pela cedente das ações, por si só, eventualmente poderá representar um dano. Sem embargo, as perdas e danos efetivamente decorrentes de tais demandas judiciais, equivalentes aos respectivos valores pagos a título de condenação – em relação às quais se estabeleceu a garantia

---

deixam de ser efeito necessário, pelo aparecimento de concausas. Suposto não existam estas, aqueles danos são indenizáveis" (*ibidem*, p. 369-370).

[378] Com efeito, a expressão "direta e imediata" excluiria a ressarcibilidade do chamado dano indireto ou dano remoto, gerando, em certos casos, alguma dificuldade prática. Desenvolveu-se, assim, no âmbito da teoria da causalidade direta e imediata, a chamada subteoria da necessariedade da causa, que entende as expressões dano direto e dano imediato como reveladoras de um liame de necessariedade entre a causa e o efeito. Haverá, assim, dever de reparar, quando o evento danoso for efeito necessário de determinada causa. Desta forma, podem-se identificar danos indiretos, passíveis de ressarcimento, desde que sejam consequência necessária da conduta tomada como causa (TEPEDINO, Gustavo. Causalidade e responsabilidade atribuída ao hábito de fumar. In: *Soluções Práticas de Direito*. v. I. São Paulo: Editora Revista dos Tribunais, 2012, p. 284).

[379] Cf. TEPEDINO, Gustavo José Mendes. Notas sobre o nexo de causalidade. *Revista Trimestral de Direito Civil*, Rio de Janeiro, RJ, v. 2, n. 6, p. 9, abr. 2001.

contratual, mediante a inclusão de cláusula de representações e e garantias – só se configurarão na esfera subjetiva do cessionário uma vez que tenha havido condenação. Nessa linha, antes do trânsito em julgado de tais demandas, não poderá o cessionário pleitear indenização pelos valores despendidos nas respectivas ações judiciais, simplesmente por não ter, até então, incorrido em tais valores; as ações judiciais podem não resultar em qualquer dano. De mais a mais, dada a nulidade das sentenças condicionais,[380] não poderá o magistrado condenar o cedente a indenizar o cessionário, condicionando tal indenização a eventual ocorrência do dano, consubstanciado na condenação nas referidas ações judiciais. A rigor, nos termos da hipótese ora delineada, só se revelaria possível a prolação de sentença declaratória. Daí se afirmar que a pretensão à reparação das perdas e danos sofridas em decorrência da condenação nas ações judiciais só surge quando da efetiva condenação ou pagamento de tais quantias.

Da mesma forma, na esfera da responsabilidade civil aquiliana, poderá se observar distância temporal entre a data do evento lesivo e o surgimento do dano. A multiplicação dos danos ressarcíveis impacta diretamente o termo inicial da prescrição, de maneira que a pretensão à reparação do dano que ainda não tenha se configurado só surgirá após sua ocorrência, ainda que não delimitado em toda a sua extensão. A rigor, outras pretensões concorrentes podem surgir concomitantemente ao evento lesivo, mas a indenização pelo dano autônomo e sucessivo só pode ser pleiteada uma vez que este tenha se concretizado. Nesse cenário, ou bem se considera o ato ilícito como *fattispecie* complexa – cuja configuração depende de estarem presentes todos os seus requisitos –, ou bem se entende que o surgimento de dano autônomo e sucessivo, que guarde com o evento lesivo nexo de causalidade necessária, dará origem a nova pretensão a ser exercida em face do infrator.

Acerca do tema, parte da doutrina estrangeira entende que o ato ilícito efetivamente traduz *fattispecie* complexa, composta não só pelo evento lesivo, mas também pela manifestação do dano e identificação do agente.[381] Dito diversamente, o ato ilícito só se aperfeiçoaria uma vez

---

[380] Art. 492. É vedado ao juiz proferir decisão de natureza diversa da pedida, bem como condenar a parte em quantidade superior ou em objeto diverso do que lhe foi demandado. Parágrafo único. A decisão deve ser certa, ainda que resolva relação jurídica condicional.

[381] *Al riguardo sarà bene ricordare che, per um orientamento largamento consolidato in dotrrina e giurisprudenza, la prescrizione decorre da quando il danno si è verificato dovendosi per 'fatto' (art. 2.947, c.c.) intendere l'evento lesivo nel suo complesso, comprensivo cioè non solo del comportamento, doloso o colposo, ma anche del verificarsi del danno* (PANZA, Giuseppe. *Contributto allo*

presentes todos os seus pressupostos fáticos – os quais se confundem com os próprios requisitos da responsabilidade civil aquiliana subjetiva –, a saber: (i) evento lesivo; (ii) dano; (iii) imputabilidade subjetiva; e (iv) nexo de causalidade direta e imediata entre a conduta e o seu resultado lesivo. Por consequência, o decurso da prescrição só seria deflagrado após concretizado o dano, momento em que se identificaria a possibilidade concreta de exercício da pretensão. Segundo afirma Massimo Ottolenghi:

> *Il momento del verificarsi coincide con quello della manifestazione del danno. Ciò perché l'evento danno è elemento costitutivo del fatto illecito. Alla esistenza di esso, quale presupposto necessario per la finalità risarcitoria della normativa civilistica, viene condizionato e ricollegato necessariamente l'exordium praescriptionis. E solo la manifestazione può fornire la certezza di tale esistenza, e garantire, quindi, in armonia con il principio consacrato dall'art. 2935 c.c. la possibilità concreta della tutela di quella precipua finalità.*[382]

Um exemplo emblemático de dano autônomo e sucessivo é aquele proveniente de contaminação radioativa, cuja ocorrência, por sua própria natureza, exige o decurso de determinado período temporal. A esse respeito, Caio Mário da Silva Pereira pondera que, em termos de responsabilidade atômica, "haverá maior elasticidade na investigação da relação de causalidade entre o dano e o acidente atômico, levadas em consideração circunstâncias especiais de tempo e distância, a que não pode ser estranho o fator probabilidade".[383] Considerando que "a irradiação, qualquer que seja a causa, pode provocar danos diretos, como gerar moléstias graves, cuja ação não será imediata",[384] o autor conclui que é suscetível de reparação o dano futuro, desde que se possa apurar, quando do julgamento da ação indenizatória, que sua existência é real.[385]

Studio della Prescrizione. Nápoles: Editora Jovene Napoli, 1984, p. 48-49). Tradução livre: "Também será bom lembrar que, por uma orientação largamente consolidada na doutrina e na jurisprudência, a prescrição decorre de quando o dano é verificado, concretizando-se (art. 2.947, c.c.), de modo que o fato lesivo é entendido como um todo, ou seja, incluindo não só o comportamento, intencional ou negligente, mas também o dano".

[382] Cf. OTTOLENGHI, Massimo. *Prescrizione dell'azione per danni*. Milano: Giuffré Ed., 1982, p. 87.

[383] Cf. PEREIRA, Caio Mário da Silva; TEPEDINO, Gustavo José Mendes (Atualizador). *Responsabilidade civil*. 10. ed. rev e atual. Rio de Janeiro, RJ: GZ Editora, 2012, p. 68-69.

[384] Cf. PEREIRA, Caio Mário da Silva; TEPEDINO, Gustavo José Mendes (Atualizador). *Responsabilidade civil*. 10. ed. rev e atual. Rio de Janeiro, RJ: GZ Editora, 2012, p. 68-69.

[385] A determinação do dano mobiliza o desenvolvimento do conceito de certeza, que obedecerá a critério mais elástico como acima referido. O exame de cada caso permitirá

A matéria foi submetida à Corte de Cassação italiana em 1969, ao apreciar um caso de dano radioativo decorrente de tratamento médico. As desventuras em série do paciente se iniciaram com a realização de tratamento radioativo a fim de combater uma doença de pele. Apesar do sucesso no tratamento, o paciente contraiu outra doença durante sua estadia no hospital, cuja causa foi imputada à imperícia do médico. Anos após o tratamento e já curado de ambas as doenças, o sujeito é acometido por nova complicação médica (osteomelite da mandíbula com necrose), decorrente da exposição intensa à radiação. A Corte de Cassação italiana afastou a preliminar de prescrição suscitada pelo hospital, apontando que a nova doença, embora não tenha constituído agravamento da lesão anterior, guardava nexo de causalidade direto e imediato com o mesmo evento lesivo. Assim, considerou que a pretensão atribuída ao titular do direito só teria surgido com a ocorrência do dano sucessivo e autônomo, de modo que a prescrição não poderia ter se consumado.[386]

Conforme destaca Paolo Vitucci, muito embora possa se afirmar que evento lesivo e dano constituem situações formalmente cindíveis, devem concorrer para a configuração da *fattispecie* complexa do ato ilícito.[387] Em decorrência, quando houver hiato temporal entre evento lesivo e configuração do dano, o prazo prescricional da pretensão ressarcitória só se iniciará com esta, momento em que se aperfeiçoa a *fattispecie* complexa.[388]

---

determinar que a certeza do prejuízo não pode deixar de atentar num critério de razoável probabilidade, uma vez que os efeitos da radiação atômica, detectados ou não no momento, poderão positivar-se num futuro mais ou menos remoto, e num raio de ação mais ou menos extenso (Cf. PEREIRA, Caio Mário da Silva; TEPEDINO, Gustavo José Mendes (Atualizador). *Responsabilidade civil*. 10. ed. rev e atual. Rio de Janeiro, RJ: GZ Editora, 2012, p. 72).

[386] Cass. 6-3-1969, nº 733, *apud* PANZA, Giuseppe, p. 50.

[387] Nessa direção, colhem-se da jurisprudência estrangeira os seguintes julgados: Cass. 27-2-1962 n. 363, in Giust. Civ., 1962, I, 1061; Cass. 5-8-1964, n. 2233, in Giust. Civ. 1964, 124; App. Milano 14 marzo 1986 in Banca Borsa, 1987, II, 627 *apud* VITUCCI, Paolo. *La prescrizione, tomo secondo*. Milano: Giuffrè editore, 1999, p. 173.

[388] *L'esistenza di un danno, infatti, costituisce un elemento essenziale della fattispecie complessa che dà luogo all'illecito extracontrattuale di cui all'art. 2043 c.c. Azione ed evento, dunque, sebbene diano luogo a due situazioni logicamente scindibili, devono concorre affinché sussita l'ipotesi descritta dalla norma come il 'verificarsi del fatto'. Così si comprenderà perchè quando fra comportamento illecito e insorgenza del danno vi è uno iato temporale, la prescrizione del diritto a risarcimento decorre non già dal compimento dell'atto che lo ha generato, ma dal verificarsi del danno stesso. È solo da tale momento infatti che, perfezionatasi la fattispecie complessa, insorgi il diritto di credito del danneggiato* (VITUCCI, Paolo. *La prescrizione, tomo secondo*. Milano: Giuffrè editore, 1999, p. 172). Tradução livre: "A existência de danos, de fato, constitui um elemento essencial do processo complexo resultante que dá origem ao ato ilícito extracontratual nos termos do artigo. 2043 cc. Ação e evento, então, embora dando origem a duas situações logicamente

Em direção similar, Antônio Junqueira de Azevedo considera que o prazo prescricional só pode se iniciar uma vez ocorrido o dano-prejuízo. Ao se deter sobre o dano ambiental – que, na jurisprudência pátria, já foi considerado imprescritível[389] – o autor sublinha que, por sua natureza, trata-se de "um dano de complexa caracterização, especialmente porque em geral o fato lesivo se prolonga no tempo. Apresenta tríplice dificuldade: dificuldade de determinação de todas as suas consequências, dificuldade de avaliação e dificuldade de fixar com precisão o nexo causal".[390] Em decorrência, defende a flexibilização dos requisitos de certeza e atualidade exigidos à indenização. Além

---

separáveis, devem contribuir para as circunstâncias descritas na norma como 'o fato ocorrido'. Então, entende-se por que, quando a ocorrência de um comportamento ilícito e o surgimento dano existe uma lacuna de tempo, a prescrição de um pedido não começa a partir do término do ato que o criou, mas pela ocorrência do dano em si. É somente a partir desse momento que, de fato, completou o caso complexo, surgindo o direito ao crédito do prejudicado".

[389] AÇÃO CIVIL PÚBLICA. DANO AMBIENTAL. IMPRESCRITIBILIDADE DA AÇÃO. ACEITAÇÃO DE MEDIDA REPARATÓRIA. (...) 1. Trata-se de Ação Civil Pública que visa não só discutir a obrigação de reparação do dano, mas a de não degradação de área de preservação. O pedido inicial abrange não só a cessação dos atos, mas a elaboração de plano de recuperação e sua execução, após a demolição do empreendimento existente no imóvel situado à área de proteção. 2. A jurisprudência desta Corte é firme no sentido de que as infrações ao meio ambiente são de caráter continuado, motivo pelo qual as ações de pretensão de cessação dos danos ambientais são imprescritíveis. (BRASIL. Superior Tribunal de Justiça. *Agravo Regimental no Recurso Especial nº 1421163/SP*, da Segunda Turma. Brasília, de 17 de novembro de 2014. Disponível em: <www.stj.jus.br/SCON/jurisprudencia/toc.jsp?livre=1421163&&tipo_visualizacao=RESUMO&b=ACOR>. Acesso em: 24 jan. 2017, às 20h36). Ver também: RIO GRANDE DO SUL. Tribunal do Estado do Rio Grande do Sul. *Apelação Cível nº 70056021942*, da Primeira Câmara Cível. Porto Alegre, de 30 de janeiro de 2014. Disponível em: <www1.tjrs.jus.br/busca/?tb=proc>. Acesso em: 24 jan. 2017, às 20h40). "O meio ambiente equilibrado – elemento essencial à dignidade da pessoa humana –, como 'bem de uso comum do povo e essencial à sadia qualidade de vida' (art. 225, Constituição Federal/1988 e art. 2º, I, da Lei 6.938/1981), integra o rol dos direitos fundamentais e sua titularidade foi conferida a todos os viventes, bem como a todos os futuros integrantes da espécie. É o primeiro direito intergeracional explicitado na ordem constitucional pátria. Daí a relevância de uma proteção que refoge aos paradigmas ultrapassados das lides interindividuais. Os atuais detentores do patrimônio natural são meros guardiões de uma riqueza que foi não por eles construída, mas que está a ser rapidamente destruída, ante a insensatez da exploração dos recursos ecológicos. Conquanto não se possa conferir ao direito fundamental do meio ambiente equilibrado a característica de direito absoluto, certo é que ele se insere entre os direitos indisponíveis, devendo-se acentuar a imprescritibilidade de sua reparação, e a sua inalienabilidade, já que se trata de bem de uso comum do povo (art. 225, *caput*, da CF/1988)." (BRASIL. Superior Tribunal de Justiça. *Recurso Especial nº 1394025/MS*, da Segunda Turma. Brasília, de 18 de outubro de 2013. Disponível em: <ww2.stj.jus.br/processo/revista/documento/mediado/?componente=ATC&sequencial=31515247&num_registro=201302271641&data=20131018&tipo=5&formato=PDF>. Acesso em: 24 jan. 2017, às 20h43).

[390] AZEVEDO, Antônio Junqueira de. *Novos Estudos e Pareceres de Direito Privado*. São Paulo: Saraiva, 2009, p. 414.

disso, sustenta que, havendo distância cronológica entre dano-evento e dano-prejuízo, deverá ser valorado o momento da configuração deste último, para fins de fluência do prazo prescricional do direito à reparação. Em suas palavras:

> Ora, no nosso entendimento, é, salvo expressa determinação legal em contrário, *a partir da verificação do dano-prejuízo que se inicia a contagem do prazo de prescrição*. A prescrição é, aqui, prescrição da pretensão à indenização, e não prescrição do dano-evento. A pretensão à indenização somente surge com o dano-prejuízo.[391]

Como se vê, a reparação do dano autônomo e sucessivo tem atraído a atenção da doutrina especializada.[392] Em atenção ao princípio da reparação integral, ora se propõe a flexibilização dos critérios de certeza e atualidade do dano ressarcível – a possibilitar que seja indenizado o prejuízo ainda não materializado, desde que sua ocorrência se afigure razoavelmente provável[393] –, ora se sustenta a modulação do momento em que surge a pretensão reparatória, admitindo-se, em alguns casos, a existência de diversas pretensões decorrentes de um único evento lesivo.

---

[391] AZEVEDO, Antonio Junqueira de. *Novos Estudos e Pareceres de Direito Privado*. São Paulo: Saraiva, 2009, p. 420, grifos no original.

[392] Acerca da ressarcibilidade de danos futuros, veja-se a lição de Gisela Sampaio da Cruz: "Já os danos futuros são aqueles que, em contraposição aos danos presentes, só se produzem efetivamente depois de prolatada a sentença, embora ainda como consequência do fato lesivo. Na generalidade dos casos, os danos futuros apresentam-se como um prolongamento no tempo de um dano que já existia à época da decisão – fenômeno que, na doutrina portuguesa, ficou conhecido como 'eficácia ulterior da lesão originária' –, mas são também danos futuros aqueles cuja primeira manifestação só se dá mais adiante, embora também em decorrência do fato lesivo que está sendo considerado. (...) Durante muito tempo, a doutrina debateu se os danos futuros seriam ou não indenizáveis, mas atualmente já se entende – senão pacificamente, ao menos com certa tranquilidade – que os danos futuros são indenizáveis, sim, tanto quanto os danos presentes, desde que sejam (i) certos e que (ii) resultem direta e imediatamente da conduta do agente. (...) O importante é que já se reconhece que o simples fato de o dano ser futuro não lhe retira sua ressarcibilidade" (CRUZ, Gisela Sampaio da. *Lucros cessantes*: do bom-senso ao postulado normativo da razoabilidade. São Paulo: Editora Revista dos Tribunais, 2011, p. 59-60).

[393] Como sugere Fernando Noronha: "Para fazer a prova dos danos futuros quase sempre é preciso recorrer a presunções naturais, tanto para demonstração do nexo de causalidade como do próprio dano. Mas a maior especificidade da prova dos danos futuros, quando comparados com os danos presentes, está no fato de aqueles, como por definição ainda não se verificaram, suscitarem um problema adicional: o de saber quando é possível considerar razoável a expectativa de que eles venham a acontecer. Por isso, a respectiva indenização acaba sempre por ter cunho um tanto algo aleatório, mas sem que a dificuldade na determinação do seu valor possa impedir a indenização, mesmo quando ele consista no que se designa perda de uma chance de obter vantagem futura" (NORONHA, Fernando. *Direito das obrigações*. São Paulo: Saraiva, 2003, p. 580).

De um lado, a flexibilização dos critérios de certeza e atualidade – de modo a abranger os danos futuros que sejam previsíveis à época da prolação da sentença – permite que a indenização não reste sujeita a indefinido decurso temporal, dilatando-se até que finalizada a produção do dano. Nessa esteira, revela-se de grande relevância prática, evitando que a indenização se subordine à materialização do dano, em toda a sua extensão. Como adverte Aguiar Dias:

> Na maioria dos casos, o dano não se oferece com caráter tão definitivo que estabeleça a impossibilidade de alteração futura. Se, tendo isso em vista, se considera depois a irremediável limitação do dano quanto ao conhecimento do futuro, então não se pode correr o risco de sustar a avaliação do dano até que se feche o ciclo em que ele se desenvolve, ao influxo dos caprichos do futuro. Pensar assim seria dilatar tão indefinidamente o momento de deferir a indenização que equivaleria a privá-lo de reparação.[394]

De outra parte, deve-se considerar que um dano imprevisível – à data da prolação da sentença – poderá efetivamente se configurar, guardando com o fato lesivo nexo de causalidade necessária. Nesse contexto, a aplicação do princípio da reparação integral pode conduzir ao surgimento de nova pretensão ressarcitória, decorrente do dano sucessivo e autônomo, o qual não se confunde com o agravamento do dano já configurado à época da sentença.[395]

---

[394] AGUIAR DIAS, José de. *Da Responsabilidade Civil*. Rio de Janeiro: Renovar, 2006, p. 974.

[395] A esse respeito, veja-se a diferenciação entre agravamento do dano e dano autônomo e sucessivo levada a cabo por Paolo Vitucci: "*Nel contesto esposto, al contrario, il mero aggravamento di un danno già noto e manifesto non incide in alcun modo sulla determinazione del termine di prescrizione del diritto alla restitutio in integrum. Peraltro la ragione di tale irrilevanza è stata giustamente ricondutta all'eccessiva e pericolosa incertezza che in tal caso si avrebbe nel dover individuare esattamente il dies a quo del periodo prescrizionale. (...) È evidente che in tal caso, avendosi una lesione nuova ed autonoma – sebbene generata dallo stesso fatto illecito –, l'azione sarà soggetta ad un altro termine prescrizionale a decorrere dalla data del verificarsi dei nuovi danni. Pertanto l'avvenuta prescrizione dell'azione risarcitoria inerente al primo evento lesivo non incide sull'esperibilità dell'azione di risarcimento con riguardo a quegli eventi posteriori, ove il termine prescrizionale non sia ancora decorso al momento del loro verificarsi*" (VITUCCI, Paolo. *La prescrizione, tomo secondo*. Milano: Giuffrè editore, 1999, p. 176-177). Tradução livre: "No contexto exposto, ao contrário, o mero agravamento de um dano já surgido e manifestado não incide na determinação do termo inicial do prazo prescricional do direito à restituição. A razão de tal irrelevância é reconduzida justamente à excessiva e perigosa incerteza que em tal caso se verifica, ao se individuar o dies a quo do prazo prescricional (...) É evidente que, em tal caso, havendo lesão nova e autônoma – também causada pelo fato ilícito –, a ação será sujeita a outro prazo prescricional, que decorre desde a ocorrência do novo dano. Portanto a decorrência da prescrição da ação reparatória inerente ao primeiro evento lesivo não incide sobre a ação de ressarcimento com relação aos eventos posteriores, uma vez que o termo inicial da prescrição se ancora no momento da concretização do dano".

Considerando o giro conceitual observado no âmbito da responsabilidade civil, voltada à reparação integral do dano, há de se atribuir relevância ao momento em que este resta configurado – ainda que não haja se materializado em toda sua extensão. Com efeito, se não há dever de indenizar sem dano, "a pretensão de reparação somente pode surgir após a ocorrência efetiva do dano",[396] como destaca Anderson Schreiber. Por outro lado, deve-se ponderar que o exercício da pretensão à indenização independe da liquidação dos prejuízos. Por conseguinte, ainda que a extensão dos prejuízos não esteja plenamente mensurada, já se mostrará exercitável a pretensão ressarcitória.

Conclui-se que, em relação ao dano autônomo e sucessivo, a própria configuração do dano se distancia do ato lesivo – muito embora guarde com este nexo de causalidade necessário –, de modo que não há pretensão à reparação antes da sua configuração. Em consequência, ao se fixar o termo inicial do prazo prescricional, deverão ser levadas em conta as peculiaridades irrepetíveis do caso concreto, de modo a se identificar o momento em que surgiu e deveria ser exercitada a pretensão – a partir do qual a inação do titular poderá concretamente configurar inércia.

Há, no entanto, outros fatores aptos a impedir o exercício da pretensão pelo titular do direito. Nesse ponto, Gisela Sampaio da Cruz e Carla Lgow destacam que, "[a] rigor, há vários fatores capazes de impedir que a pretensão seja exercida desde o instante em que o direito é violado. Definir tais fatores contribuirá na fixação do momento em que a prescrição, nesses casos, começa a correr".[397]

Conforme já abordado, a inércia deve ser apreciada como concreta ausência de exercício da pretensão pelo titular do direito, em circunstâncias tais em que aludido exercício se revelava possível. Nesse contexto, defende-se o alargamento das causas impeditivas e suspensivas dos prazos prescricionais para que sejam contempladas todas as situações fáticas que, apesar de não se enquadrarem às *fattispecie* abstratas previstas na regra jurídica, traduzem impossibilidade objetiva de agir. Essa abordagem funcional revela-se compatível com

---

[396] Cf. SCHREIBER, Anderson. Compensação de Créditos em Contrato de Empreitada e Instrumentos Genéricos de Quitação. *Revista Brasileira de Direito Civil*, v. 9, jul./set. 2016, p. 140-162. Disponível em: <www.ibdcivil.org.br/image/data/revista/volume9/rbdcivil_vol_9_parecer.pdf>.

[397] CRUZ, Gisela Sampaio da; LGOW, Carla. Prescrição: questões controversas. In: TEPEDINO, Gustavo (Org.). *Diálogos sobre Direito Civil*. v. III. Rio de Janeiro: Renovar, 2012, p. 185.

a renovada concepção de segurança jurídica – informada pelos valores constitucionais.

Em tais hipóteses, muito embora já haja pretensão atribuída ao titular, esta não se revela exercitável; em decorrência, não se caracterizará a inércia apta a configurar a prescrição, tendo em vista que não era exigível do titular, naquelas circunstâncias fáticas, a adoção de comportamento diverso. O prazo prescricional restará impedido ou suspenso até que o titular possa concretamente exercitar o seu direito em face de outrem. Para tanto, afigura-se imprescindível a avaliação das peculiaridades singulares do fato jurídico.

Nesse cenário, indaga-se se a ciência da lesão, sua autoria e efeitos pelo titular deverá impactar a fluência do prazo prescricional. Acerca do tema, três posicionamentos doutrinários se destacam: (i) desconsideração da ciência para o decurso da prescrição; (ii) afirmação de que, antes do conhecimento da lesão ao interesse juridicamente tutelado, sequer há pretensão; e (iii) entendimento de que o desconhecimento só representa um óbice ao exercício da pretensão nas hipóteses em que se denote uma efetiva impossibilidade de saber, a qual pode ser considerada como causa impeditiva do prazo prescricional. Tais abordagens acerca do tema serão detidamente consideradas a seguir, de modo a se apurar se e em que medida a ciência deve ser tomada em conta na fixação do termo inicial da prescrição.

3.5.1 Ausência de ciência da violação pelo titular do direito: impossibilidade objetiva de saber

Ao se analisar as situações fáticas em que a possibilidade de exercício da pretensão é posterior ao momento da lesão, suscita intenso debate a ausência da ciência da lesão a um interesse juridicamente tutelado por seu titular. Em específico, indaga-se se a pretensão poderia ser considerada exercitável antes que o titular do direito tivesse conhecimento do evento lesivo, sua autoria e contornos do dano.

Já na vigência do Código Civil de 1916, Câmara Leal posicionava-se em favor da ciência da lesão como pressuposto necessário ao início da contagem dos prazos prescricionais. Para tanto, afirmava que não se estaria diante de inércia do titular de direito caso este não tivesse conhecimento da violação, sem o qual jamais poderia exercer a pretensão ou propor a respectiva ação. O autor ponderava, todavia, que tal pressuposto só se mostraria aplicável aos prazos prescricionais curtos, uma vez que, em relação aos prazos de longa duração, o próprio desconhecimento da lesão presumiria a negligência do titular de direito.[398] A se considerar que a ignorância do titular não pode ser presumida, deveria este provar o momento em que teve ciência da violação para que pudesse se beneficiar dessa circunstância, de modo que o prazo prescricional fosse contado da data da ciência, não já da violação. Além disso, no âmbito da responsabilidade civil contratual, o titular não poderia alegar o desconhecimento da violação ao seu direito, tendo em vista que esta consiste no descumprimento da obrigação contratual. Em consequência, Câmara Leal sustentava que a ausência de ciência só poderia ser alegada pelo titular quanto a pretensões que decorram do descumprimento do dever geral de abstenção (*neminem laedere*).[399]

Em sentido contrário, Pontes de Miranda entende que a ciência da violação – ou, ainda, da extensão do dano e da sua autoria – pelo titular do direito se mostra irrelevante ao termo inicial da prescrição.[400] Tal posicionamento encontra amparo na teoria da *actio nata* formulada por Savigny, para quem a verificação do início do prazo prescricional prescinde da demonstração do conhecimento da lesão pelo titular do direito, devendo tal exercício pautar-se por critérios puramente objetivos, a saber, a existência de direito suscetível de ser deduzido em juízo e sua violação.[401]

---

[398] Nas palavras do autor: "Não nos parece racional admitir-se que a prescrição comece a correr sem que o titular do direito violado tenha ciência da violação. Se a prescrição é um castigo à negligência do titular – *cum contra desides homines, et sui juris contentores, odiosa exceptiones oppositae sunt* –, não se compreende a prescrição sem a negligência, e a esta, certamente, não se dá quando a inércia do titular decorre da ignorância da violação. Nosso Cód. Civil, a respeito de diversas ações, determina expressamente o conhecimento do fato, de que se origina a ação, pelo titular, como ponto inicial da prescrição. Exercitar a ação, ignorando a violação que lhe dá origem, é racionalmente impossível, e antijurídico seria responsabilizar o titular por uma inércia que não lhe pode ser imputada – *ad impossibilia remo tenetur*. (...) Todavia, a ignorância não se presume, pelo que ao titular incumbe provar o momento em que teve ciência da violação, para que possa beneficiar-se dessa circunstância, a fim de ser o prazo prescricional contado do momento da ciência, e não da violação. É bem de se ver que essa doutrina da contagem do prazo da prescrição da data da ciência da violação deve ser limitada às prescrições de curto prazo, porque, nas de prazo longo, a própria ignorância da violação, pelo titular, denota negligência, indicando o abandono ter deixou a coisa, objeto da violação, a ponto de ter sido violada e ele o ignorar por longo tempo" (CÂMARA LEAL, Antônio Luiz da. *Da Prescrição e da Decadência*. Rio de Janeiro: Forense, 1978, p. 23-24).

[399] CÂMARA LEAL, Antônio Luiz da. *Da Prescrição e da Decadência*. Rio de Janeiro: Forense, 1978, p. 23-24.

[400] Para que nasça a pretensão não é pressuposto necessário que o titular do direito conheça a existência do direito, ou a sua natureza, ou validade, ou eficácia, ou a existência da pretensão nascente, ou da sua extensão em qualidade, quantidade, tempo e lugar da prestação, ou outra modalidade, ou quem seja o obrigado, ou que saiba o titular que a pode exercer. Por isso, no direito brasileiro, a prescrição trintenal da pretensão a haver indenização por ato ilícito absoluto independe de se saber se houve o dano e quem o causou (MIRANDA, Pontes de. *Tratado de Direito Privado*. t. VI. Rio de Janeiro: Editor Borsoi, 1970, p. 117-118).

[401] V. SAVIGNY, Friedrich Carl de. *Sistema del Derecho Romano Actual*, t. III, p. 183.

Com a significativa redução dos prazos prescricionais operada no Código Civil de 2002, a controvérsia em torno da ciência da lesão ganhou renovado fôlego. Nessa direção, Judith Martins-Costa defende que, com o encurtamento dos prazos, o modelo objetivo de contagem – desde a data da lesão, independentemente da ciência, pelo titular – deve ser substituído por um modelo subjetivo, o qual leve em conta a concreta possibilidade de agir atribuída ao titular de direito. A seu ver, os prazos longos anteriormente vigentes assegurariam que, ao tempo em que a prescrição se consumasse, todos os efeitos da violação ao direito já tivessem se concretizado no patrimônio ou na pessoa do lesado. Dito diversamente, restava implicitamente garantida a ciência do titular do direito quanto à lesão e seus impactos. Em contrapartida, a redução considerável dos prazos prescricionais exigiria que fossem adotados critérios subjetivos, sob pena de o decurso do prazo prescricional encerrar-se antes que o titular pudesse sequer exercer a pretensão, não tendo tido a possibilidade de saber que fora lesado em um bem jurídico indenizável.

Adotando como funções da prescrição a estabilização das relações sociais aliada à punição à inércia do titular, Judith Martins-Costa afirma que, caso desconsiderada a efetiva ciência da lesão pelo titular, o instituto "restaria totalmente descaracterizado, arriscando-se punir quem não agiu simplesmente por não poder – humanamente – assim proceder, já que sequer tivera a possibilidade de saber que fora lesado em um bem jurídico indenizável e, consequentemente, não pudera exigir a prestação correspondente à lesão".[402] Nessa esteira, propõe a reconfiguração da inércia que figura como pressuposto da prescrição, de modo que corresponda à ausência de atividade quando esta teria sido possível.

A relevância da ciência da violação pelo titular do direito também é destacada por Gisela Sampaio da Cruz e Carla Lgow, ao pontuarem que "muitas vezes, o que será necessário determinar é o momento em que o titular da pretensão teve conhecimento da violação, pois até então ele estava impossibilitado de exercê-la".[403]

---

[402] Cf. MARTINS-COSTA, Judith. Notas sobre o *Dies a Quo* do Prazo Prescricional. In: MIRANDA, Daniel Gomes de; CUNHA, Leonardo Carneiro da; ALBUQUERQUE JÚNIOR, Renato Paulino de (Orgs.). *Prescrição e Decadência*: Estudos em Homenagem a Agnelo Amorim Filho. 5. ed. v. 5. Salvador: Editora JusPodivm, 2013. Sobre o tema, veja-se, ainda: STEINER, Renata Carlos. A ciência do lesado e o início da contagem do prazo prescricional. *Revista de Direito Privado*, São Paulo, v. 13, n. 50, p. 73-92, abr./jun. 2012.

[403] Cf. CRUZ, Gisela Sampaio da; LGOW, Carla. Prescrição: questões controversas. In: TEPEDINO, Gustavo (Org.). *Diálogos sobre Direito Civil*. v. III. Rio de Janeiro: Renovar, 2012, p. 581.

Com efeito, a redução dos prazos prescricionais acentua a relevância da disciplina do termo inicial da prescrição, incluindo as causas impeditivas ou suspensivas. A rigor, a fixação de um período prolongado para o exercício da pretensão não traduz maior proteção ao titular do direito, tampouco assegura a realização da justiça.[404] Contudo, deve-se ponderar que um sistema de prazos prescricionais curtos que desconsidere – em absoluto – eventual impossibilidade de o titular ter ciência da lesão em tão reduzido espaço de tempo poderia conduzir a situações em que, à época em que o titular tenha conhecimento dos fatos lesivos, sua pretensão já esteja prescrita. Por outro lado, caso a impossibilidade objetiva de ter ciência dos fatos atue como causa impeditiva, o estabelecimento de prazos prescricionais curtos mostra-se compatível com o princípio de reparação integral do lesado,[405] bem como com a função atribuída à prescrição.[406]

---

[404] Conforme sublinha Gustavo Tepedino: "O que mais preocupa, na discussão em pauta, não é a divergência em si considerada, mas o motor que a alimenta: o suposto matiz progressista que tem sido associado à extensão de prazos prescricionais. Como se prazos longos traduzissem a ampliação de direito de ação e, em conseqüência, a extensão do ressarcimento e, em última análise, a maior proteção das vítimas dos danos, o que estaria em sintonia com a contemporânea visão evolutiva da responsabilidade civil. Maior prazo prescricional levaria a mais justiça, enquanto a ocorrência de prazo prescricional, imposta pelo princípio da segurança, consagraria uma certa dose de injustiça. Tal perspectiva é equivocada e já levou à admissão de prazo vintenário (do CC 1916) para a ação promovida por vítima de acidente de consumo, em detrimento do prazo qüinqüenal indiscutível do CDC. A rigor, a perda de prazo prescricional, embora angustiante para o titular de certo direito, decorre da omissão do interessado ao longo do tempo, e sua ocorrência, indispensável à pacificação dos conflitos, associa-se a uma série de outros institutos estabelecidos pelo legislador para a garantia do direito de defesa, bem como ao arrefecimento progressivo da possibilidade de coleta de provas por parte do réu. Assim sendo, a opção do codificador civil pelo prazo trienal não se mostra aleatória, mas tem em conta, além da aludida coerência com o CDC (que estipula prazo de cinco anos), a objetivação de inúmeras hipóteses de responsabilidade civil e a velocidade dos meios de comunicação — que atua tanto na produção quanto na dissipação das provas" (TEPEDINO, Gustavo. Prescrição aplicável à responsabilidade contratual: crônica de uma ilegalidade anunciada. Editorial. *RTDC*, v. 27, 2009).

[405] MORAES, Maria Celina Bodin de. *Danos à pessoa humana*. São Paulo: Renovar, 2009, p. 12. Nessa direção, aponta Gisela Sampaio da Cruz: "Essa mudança de perspectiva em direção ao conceito de proteção da dignidade humana, conforme explica Maria Celina Bodin, acaba por influenciar, de modo decisivo, o critério de reparação que se baseia na condição pessoal da vítima. Não há dúvida de que à pessoa humana cabe proteção mais ampla, e é justamente por isso que o Direito Civil deve voltar-se para a busca do instrumental que permitirá alcançar a reparação integral do dano sofrido" (CRUZ, Gisela Sampaio da. *O Problema do Nexo Causal na Responsabilidade Civil*. Rio de Janeiro: Renovar, 2005, p. 319).

[406] Analisando a construção jurisprudencial italiana de um termo inicial móvel e dúctil para os prazos prescricionais, pondera Gaetano Anzani: "La «mobilità» del dies a quo nel computo della prescrizione, adesso sancita in generale anche dalla nostra più giovane giurisprudenza, consentirebbe pure al legislatore italiano di prevedere con maggiore larghezza termini estintivi

Nessa direção, Reinhard Zimmermann afirma que um prazo prescricional ânuo pode se mostrar excessivamente curto caso o termo inicial corresponda à data da violação ao direito, independentemente da ciência do titular; por outro lado, mesmo um prazo prescricional ânuo será perfeitamente adequado aos fins de justiça se seu termo inicial levar em conta aspectos de possibilidade de exercício da pretensão, tais como a ciência da lesão, seus efeitos e autoria.[407]

Em compasso com as exigências postas pela revolução tecnológica e crescente velocidade das transações comerciais,[408] efetivamente se observa, em inúmeros ordenamentos jurídicos, a diminuição dos prazos prescricionais. Na maior parte dos casos, tal movimento é

---

alquanto brevi – come appunto quelli vigenti nei settori dei danni da incidente nucleare e da prodotto difettoso – senza aggravare troppo la posizione del titolare del diritto prescrivibile" (ANZANI, Gaetano. Riflessioni su prescrizione e responsabilità civile. In: *La Nuova Giurisprudenza Civile Commentata*, n. 2, Marzo 2012, Ano XXVIII. Milano: CEDAM, p. 209). Tradução livre: "A mobilidade do dies a quo no cômputo da prescrição, consagrada, em geral, até mesmo por nossa mais recente jurisprudência, permite ao legislador italiano prever com maior largueza prazos prescricionais bastante curtos - assim como aqueles em vigor nos setores de danos causados por acidente nuclear e produto defeituoso - sem agravar muito a posição do titular do direito objeto da prescrição".

[407] No original: *"Or, if the period of prescription is very long, the rules about suspension, or renewal, will not be practically very relevant. They become crucially important, however, in case of short prescription periods. Or, perhaps, most importantly: a period of one year may be a relatively short period; and it may be too short, at least from an objective date (such as delivery) and without any regard as to whether the creditor knew about his claim or could have known about it. By the same token, even a one-year period may be perfectly adequate if the prescription regime does take account of these subjective factors. Generally speaking it may be said that a debtor-friendly (i.e., a short) period requires the rules concerning commencement, suspension and renewal to be tilted in favour of the creditor to achieve an acceptable balance"* (p. 76). Tradução livre: "Ou, se o período da prescrição for muito grande, as regras sobre suspensão ou impedimento não vão ser praticamente importantes. Estas se tornam crucialmente relevantes, contudo, no caso de períodos curtos de prescrição. Ou, talvez, mais importante: o período de um ano pode ser relativamente um período curto, ao menos diante de uma data objetiva (como de entrega) e sem qualquer consideração sobre o o fato de o credor conhecer ou poder conhecer a existência de uma pretensão. Da mesma forma, mesmo um período de um ano pode ser perfeitamente adequado se o regime de prescrição tiver em conta esses fatores subjetivos. De um modo geral, pode-se dizer que um período favorável ao devedor (ou seja, um curto prazo) exige que as regras relativas ao início, suspensão e impedimento inclinem-se em favor do credor, de modo a alcançar-se um equilíbrio aceitável".

[408] Acerca da redução dos prazos prescricionais associada às exigências tecnológicas, vejam-se as reflexões de Ermanno Calzolaio: *"La previsione di un termine cosi lungo mostra ben presto i suoi limiti, di pari passo con l'accelerazione della vita sociale che caratterizza l'inizio del secolo scorso. Pertanto, quando alcuni ordinamenti si dotano di nuovi codici, si assiste ad una radicale riduzione del termine"* (CALZOLAIO, Ermanno. La riforma della prescrizione in Francia nella prospettiva del diritto privato europeo in *Rivista trimestrale di diritto e procedura civile*, ISSN 0391-1896, Vol. 65, Nº 4, 2011, p. 1.088). Tradução livre: "A previsão de um termo tão longo logo revela os seus limites, juntamente com a aceleração da vida social que caracterizou o início do século passado. Portanto, quando alguns ordenamentos adotam novos códigos, se assiste a uma redução radical dos prazos prescricionais".

acompanhado pela introdução de um modelo subjetivo de fixação do termo inicial, o qual leva em consideração a concreta possibilidade de exercício da pretensão pelo credor. Nessa direção, o início do decurso do prazo prescricional é vinculado à data em que o titular do direito tomou conhecimento da lesão, sua autoria e efeitos, ou razoavelmente poderia ter tido ciência de tais fatos, a partir de *standards* objetivos de atuação. Além disso, o modelo subjetivo de aferição do decurso dos prazos prescricionais é coordenado com um modelo objetivo: de um lado, são estipulados prazos prescricionais curtos, cujo termo inicial se sujeita à ciência da lesão pelo titular do direito; em paralelo, transcorre um prazo prescricional longo, cuja contagem se subordina a critérios meramente objetivos, vinculando-se, em regra, à data da violação. O prazo prescricional longo atua como uma barreira temporal ao exercício das pretensões, de modo que, uma vez encerrado, não será permitido ao credor valer-se do prazo prescricional curto.[409]

Na Alemanha, esse modelo foi inserido pela reforma do *Bürgerliches Gesetzbuch* (BGB), aprovada em 1º de janeiro de 2002. Seguindo a tendência acima referida, o prazo prescricional geral foi reduzido de 30 (trinta) para 3 (três) anos. Em comentários à reforma, Claus-Wilhelm Canaris destaca que a coordenação entre os sistemas subjetivo e objetivo para a definição do termo inicial da prescrição permitiu a diminuição dos prazos no ordenamento jurídico alemão sem o

---

[409] *Ma si noti che la ricerca di un ottimale equilibrio tra salvaguarda del titolare incolpevolmente inerte di un diritto, da un lato, e salvaguardia di istanze (se non di certezza, almeno) di progressiva stabilizzazione dei rapporti giuridici nella regolamentazione dell'incipit del decorso prescrizionale, dall'altro lato, ha giustamente suggerito tanto al legislatore speciale italiano quanto ai compilatori del revisionato BGB, della novellazione del Code Civil e dei progetti di nuovi testi normativi un accorgimento: l'elemento soggettivo dell'ignoranza non imputabile circa il sorgere del diritto, che sposta in avanti potenzialmente sine die l'inizio della prescrizione ed è quindi foriero di incertezze, è stato invero combinato ad elementi oggettivi del tutto sganciati dalla consapevolezza circa l'esistenza del diritto, che segnano in via esclusiva e con certezza l'avvio di autonomi termini di prescrizione (...) capaci di concorrere con quello ancorato all'elemento soggettivo per far comunque spirare il diritto dopo un dato tempo massimo* (ANZANI, Gaetano. Riflessioni su prescrizione e responsabilità civile. In: *La Nuova Giurisprudenza Civile Commentata*, nº 2, Marzo 2012, Ano XXVIII. Milano: CEDAM, p. 209). Tradução livre: "Mas note-se que a busca de um equilíbrio ótimo entre a salvaguarda do titular inerte de um direito por razões alheias à sua vontade, de um lado, e a salvaguarda das instâncias (senão de certeza, ao menos) da progressiva estabilização das relações jurídicas na regulação do termo inicial da prescrição, tem guiado tanto o legislador italiano (em relação à legislação extravagante) como os compiladores do BGB, das inovações do Código Civil e dos projetos de lei uma forma de tratamento: o elemento subjetivo da ignorância não atribuível ao sujeito, que posterga potencialmente o decurso da prescrição e é, portanto, um prenúncio de incertezas, é combinado a fatores objetivos, completamente afastados do conhecimento sobre a existência do direito, que deflagra um prazo prescricional autônomo (...) capaz de competir com o elemento subjetivo para determinar o limite máximo do prazo prescricional".

comprometimento dos valores que informam o instituto. Anteriormente à alteração legal, a disciplina da prescrição orientava-se unicamente pelo sistema objetivo, nos termos do qual o início do prazo prescricional se vinculava à data da lesão, independentemente de o titular do direito possuir – ou não – ciência do ocorrido, de sua autoria e da existência e extensão do dano, ou, ainda, de as circunstâncias concretas permitirem que pudesse ter tomado conhecimento de tais fatos. Com a introdução do sistema subjetivo, o termo inicial da prescrição passou a corresponder à data em que o credor tem ciência da lesão e de sua autoria ou poderia razoavelmente ter tido conhecimento. Nos termos do parágrafo 199 (1) do BGB, no entanto, são afastadas as hipóteses de negligência grosseira, apurando-se, a partir de *standards* objetivos de atuação, as hipóteses em que o titular do direito razoavelmente poderia ter tomado conhecimento dos fatos – e não o fez.[410] O autor pondera que o sistema subjetivo apresenta uma deficiência, qual seja, permitir que o termo inicial do prazo prescricional seja postergado indefinidamente, instaurando enorme incerteza quanto à consumação da prescrição. Por essa razão, o modelo subjetivo é complementado pelo sistema objetivo: de um lado, tem-se um prazo prescricional curto – de 3 (três) anos –, que se inicia na data em que o titular do direito tem ciência dos fatos relacionados à violação, incluindo sua autoria. Em paralelo, há o decurso de um prazo prescricional alargado – equivalente a 10 (dez) ou 30 (trinta) anos, a depender da pretensão –, o qual se inicia desde a data da lesão ao direito, independentemente de circunstâncias subjetivas.[411]

De igual modo, procedeu-se à reforma da disciplina da prescrição no ordenamento jurídico francês em janeiro de 2008 (Lei nº 2008-561), por meio da qual foram reduzidos e uniformizados os prazos prescricionais, além de serem diferenciados os institutos da prescrição e da usucapião – até então, era conferido tratamento unitário à matéria. No que se refere ao termo inicial, houve a introdução de critério subjetivo,

---

[410] Artigo 199, BGB: "*Commencement of the standard limitation period and maximum limitation periods (1) Unless another commencement of limitation of is determined, the standard limitation period commences at the end of the year in which:1.the claim arose and 2.the obligee obtains knowledge of the circumstances giving rise to the claim and of the identity of the obligor, or would have obtained such knowledge if he had not shown gross negligence*". Tradução livre: "Início do prazo prescricional geral e dos prazos máximos de prescrição (1) A menos que seja determinado outro termo inicial do prazo prescricional, o prazo prescricional geral começa no final do ano em que: 1. o crédito surgiu e 2. o adquirente obtém conhecimento das circunstâncias que fundamentam sua pretensão e da identidade do devedor, ou teria obtido tal conhecimento, se não tivesse demonstrado negligência grosseira".

[411] CANARIS, Claus-Wilhelm. O Novo Direito das Obrigações na Alemanha. *Revista da EMERJ*, v. 7, nº 27. Rio de Janeiro: EMERJ, 2004, p. 110-111.

vinculando-se o início do decurso temporal à ciência da lesão pelo titular. Em específico, o prazo geral quinquenário previsto para as ações pessoais passou a se iniciar na data em que o titular do direito teve ciência ou deveria ter tomado conhecimento dos fatos que permitem o exercício da pretensão que lhe foi atribuída.[412] Em sentido similar, a pretensão de reparação de danos corporais passou a se sujeitar a prazo prescricional decenal, iniciado na data da consolidação do dano inicial ou agravado.[413] Por sua vez, a pretensão de reparação de dano ambiental também se sujeita a prazo prescricional decenal, contado da data em que o titular da pretensão teve – ou deveria ter tido – ciência da manifestação do prejuízo ecológico.[414] Por fim, no que tange às ações reais, fixou-se um prazo prescricional trintenário, contado da data em que o titular do direito conheceu ou poderia ter conhecido os fatos dos quais se origina a sua pretensão.[415]

A alteração legislativa francesa foi muito criticada em doutrina, uma vez que o início do prazo prescricional passou a estar ancorado na ciência do titular do direito. Daí decorre a natureza flutuante ("*flottant*")

---

[412] No original: "*Art. 2.224: Les actions personnelles ou mobilières se prescrivent par cinq ans à compter du jour où le titulaire d'un droit a connu ou aurait dû connaître les faits lui permettant de l'exercer*". Tradução livre: "As ações pessoais se prescrevem no prazo de cinco anos, contados da data em que o titular do direito sabia ou deveria ter sabido dos fatos que lhe permitam exercer seu direito".

[413] *Art. 2.226: L'action en responsabilité née à raison d'un événement ayant entraîné un dommage corporel, engagée par la victime directe ou indirecte des préjudices qui en résultent, se prescrit par dix ans à compter de la date de la consolidation du dommage initial ou aggravé. Toutefois, en cas de préjudice causé par des tortures ou des actes de barbarie, ou par des violences ou des agressions sexuelles commises contre un mineur, l'action en responsabilité civile est prescrite par vingt ans*. Tradução livre: "A ação de indenização nascida em razão de um evento que provoca lesão corporal, sofrida pela vítima direta ou indireta, se prescreve em dez anos, a partir da data da consolidação do dano inicial ou de seu agravamento. No entanto, em caso de dano causado pela tortura ou atos de barbárie ou de violência ou agressão sexual contra um menor, a ação civil se prescreve em vinte anos".

[414] *Art. 2.226.1. L'action en responsabilité tendant à la réparation du préjudice écologique réparable en application du chapitre III du sous-titre II du titre III du présent livre se prescrit par dix ans à compter du jour où le titulaire de l'action a connu ou aurait dû connaître la manifestation du préjudice écologique*. Tradução livre: "Uma ação de indenização por danos ambientais fundados no Capítulo III do subtítulo II do Título III deste livro prescreve em dez anos a partir da data em que o titular da ação conhecia ou deveria ter conhecido a manifestação do dano ambiental".

[415] *Art. 2.227. Le droit de propriété est imprescriptible. Sous cette réserve, les actions réelles immobilières se prescrivent par trente ans à compter du jour où le titulaire d'un droit a connu ou aurait dû connaître les faits lui permettant de l'exercer*. Tradução livre: "O direito à propriedade é imprescritível. Salvo isso, as ações imobiliárias serão de trinta anos a partir do dia em que o titular do direito conhecia ou deveria ter conhecido os fatos que lhe permitam exercer o direito".

e instável ("*glissant*") do termo inicial da prescrição, atribuindo-se ao juiz considerável margem de apreciação na determinação dos elementos necessários ao exercício da pretensão, bem como do momento em que o titular teve ou poderia ter tido conhecimento de tais fatos.[416] A flexibilidade na fixação do termo inicial dos prazos prescricionais é contrabalanceada pela aposição de um termo final, objetivamente contado desde a data em que o direito se tornou exigível. Com efeito, o artigo 2.232 do Código Civil francês estabelece que a mobilidade no termo inicial e a incidência de causas suspensivas ou interruptivas do prazo prescricional não poderão conduzir à extensão do prazo por período superior a 20 (vinte) anos, desde o momento em que surgiu a pretensão.[417] Desse modo, restariam atendidas as exigências de acesso à justiça e efetividade dos direitos – as quais remodelam a própria noção de segurança jurídica –, tendo em vista que os prazos prescricionais curtos são contados desde a data em que a pretensão pode ser concretamente exigida, tendo o titular tomado ciência das circunstâncias relevantes ao seu exercício.[418] [419]

---

[416] CALZOLAIO, Ermanno. La riforma della prescrizione in Francia nella prospettiva del diritto privato europeo in *Rivista trimestrale di diritto e procedura civile*, ISSN 0391-1896, vol. 65, n. 4, 2011, p. 1094.

[417] Art. 2.232: *Le report du point de départ, la suspension ou l'interruption de la prescription ne peut avoir pour effet de porter le délai de la prescription extinctive au-delà de vingt ans* à compter du jour de la naissance du droit. Tradução livre: "O adiamento do termo inicial, a suspensão ou a interrupção do prazo prescricional não terá o efeito de aumentar o prazo de prescrição para além de vinte anos a partir da data de surgimento do direito".

[418] É, come dire che, ali di là di tutti gli elementi di flessibilità introdotti (perdurante molteplicità dei termini, loro decorrenza fluttuante, rilevanza a fini sospensivi di qualunque impedimento all'esercizio del diritto), l'esigenza di determinare in modo preciso un termine veramente finale è insopprimibile e deve trovare una qualche risposta (CALZOLAIO, Ermanno. La riforma della prescrizione in Francia nella prospettiva del diritto privato europeo in *Rivista trimestrale di diritto e procedura civile*, ISSN 0391-1896, vol. 65, nº 4, 2011, p. 1.097). Tradução livre: "É como dizer-se que, além de todos os elementos de flexibilidade introduzidos (multiplicidade de prazos prescricionais, termo inicial volátil, relevância para fins de suspensão de qualquer impedimento ao exercício do direito), a necessidade de determinar com precisão um prazo final é insuprimível e tem de encontrar alguma resposta".

[419] Note-se que a reforma na legislação francesa acompanhou a tendência indicada nos princípios Unidroit. Confira-se o artigo 10.2.: *"(1) The general limitation period is three years beginning on the day after the day the obligee knows or ought to know the facts as a result of which the obligee's right can be exercised. (2) In any event, the maximum limitation period is ten years beginning on the day after the day the right can be exercised"*. Tradução livre: "O prazo geral de prescrição é de três anos a contar do dia seguinte ao dia em que o devedor conhece ou deveria conhecer os fatos com base nos quais pode ser exercido. (2) Em qualquer caso, o prazo máximo de prescrição é de dez anos, a contar do dia seguinte à data em que o direito se torna exercitável".

Na Grã-Bretanha, verificou-se movimento similar: a Proposta de Lei nº 270 visava a realizar substanciais modificações na disciplina legal da prescrição, com a redução e uniformização dos prazos prescricionais e, em contraponto, a inserção de um critério subjetivo para a definição do seu termo inicial. Em síntese, propunha-se a fixação de um prazo prescricional geral de 3 (três) anos, contados da data em que o titular teve ciência – ou poderia razoavelmente ter tido conhecimento – dos fatos que fundam sua pretensão, incluindo a identidade do causador do dano. Caso o titular houvesse sofrido perdas e danos – patrimoniais ou extrapatrimoniais – decorrentes da lesão, o prazo prescricional só seria contado a partir do momento em que estes se mostraram significativos. Simultaneamente, transcorreria um prazo prescricional decenal, contado desde o surgimento da pretensão ou da data do ato ilícito, a depender da natureza da demanda. Restariam afastadas de tal disciplina somente as pretensões decorrentes de danos à pessoa humana, em relação às quais não haveria a incidência de uma limitação temporal máxima.[420] A proposta de alteração legal, no entanto, foi rejeitada em 2008.

Na Itália, a construção de um termo inicial móvel e flexível foi capitaneada pelos tribunais, que, atentos às circunstâncias fáticas, passaram a ancorar o cômputo do prazo prescricional na data em que ao titular se revelava possível o exercício da pretensão. Em certa medida, tal entendimento foi facilitado pela redação do artigo 2.935 do Código Civil italiano, nos termos do qual *"la prescrizione comincia a decorrere dal giorno in cui il diritto può essere fatto valere"*.[421] Ao comentar o dispositivo legal, Di Majo sublinha que traduz um princípio de efetividade, fixando o termo inicial do prazo prescricional não já na data do surgimento do direito, mas no momento em que este se revela, de fato, exercitável, ao que o autor conclui que, *"se è da prestare attuazione all'effettivo comportamento dell'avente diritto, non può non guardarsi che al momento in cui l'esercizio del diritto diventa effettivo"*.[422] A esse respeito, Francesco Longobucco afirma que a abordagem funcional da prescrição conduz o intérprete a uma avaliação mais dúctil dos impedimentos de fato e do momento em que restou demonstrado o conhecimento da lesão pelo titular, atribuindo-lhes relevância, para fins de fixação do termo inicial

---

[420] V. Executive Summary of Law Com. nº 270.

[421] Tradução livre: "A prescrição começa a correr na data em que o direito pode ser exercitado".

[422] DI MAJO, A. Un istituto mal tollerato: la prescrizione, in *Il Corriere Giuridico*, nº 04/2011. Tradução livre: "Se deve-se valorar o efetivo comportamento do titular do direito, não se pode descurar do momento em que o exercício do direito se torna efetivo".

do prazo prescricional. De igual modo, são examinadas funcionalmente as causas interruptivas e suspensivas.[423] Nessa direção, Paolo Vitucci destaca a relevância da praxe, a qual se afigura imprescindível no processo unitário de interpretação e aplicação do direito, também em matéria de prescrição. A correlação entre segurança jurídica e aplicação abstrata e subsuntiva do enunciado legislativo mostrar-se-ia ilusória, por descurar da realidade fática em que se recorta o caso concreto. Nas palavras do autor:

> È particolarmente evidente, anche in tema di prescrizione, l'illusione di trovare la certeza del diritto oggettivo negli enunciati legislativi piuttosto che nel diritto vivente, vale a dire in um'evoluzione giurisprudenziale ragionevolmente coerente e realística; illusione propria di un tempo non molto lontano in cui pretendeva di ridurre la giuridicità ai 'comandi autorevoli e autoritari' della legge, nei quali doveva rimanere imbrigliata l'esperienza.[424]

No ordenamento jurídico brasileiro, a ciência como fator determinante do termo inicial da prescrição foi inserida de forma setorial. No Código Civil, a ciência do fato gerador deflagra o prazo prescricional ânuo da pretensão a ser exercida entre segurado e segurador, à exceção do seguro de responsabilidade civil (artigo 206, §1º, II, b). O dispositivo legal reproduz a previsão do artigo 178, §6º, II, do Código Civil de 1916, nos termos do qual prescreve "a ação do segurado contra o segurador e vice-versa, se o fato que a autoriza se verificar no país, contado o prazo do dia em que o interessado tiver conhecimento do mesmo fato". A esse respeito, Breno Fischer ressalta que "há, porém, situações, aliás previstas pela própria lei, em que não basta o ato ou o fato para que daí se tenha o ponto de partida do prazo prescricional.

---

[423] La concezione funzionale della prescrizione induce l'interprete ad accostarsi in maniera più duttile, da un lato, al profilo della rilevanza degli impedimenti soggettivi di fatto e degli stati di conoscenza, dall'altro lato, all'aspetto delle cause di interruzione e sospensione della prescrizione (LONGOBUCCO, Francesco. La prescrizione come "rimedio civile": profili di ragionevolezza dell'istituto. I Contratti, Milano, n. 11, 2012, p. 950-951). Tradução livre: "A concepção funcional da prescrição induz o intérprete a aproximar-se, de forma dúctil, de um lado, do perfil de relevância dos impedimentos subjetivos de fato e do estado de conhecimento, por outro lado, do aspecto das causas interruptivas e suspensivas da prescrição".

[424] VITUCCI, Paolo. La Prescrizione, tomo primo. Milão, Giuffrè, 1999, p. 162-163. Tradução livre: "É particularmente evidente, em tema de prescrição, a ilusão de buscar a certeza do direito objetivo nos enunciados legislativos acima da práxis, vale dizer, em uma evolução jurisprudencial razoavelmente coerente e realísticas, ilusão própria de um tempo não muito distante em que se pretendia reduzir a juridicada a comandos auto-aplicáveis e autoritários da lei, nos quais deveriam permanecer enquadrada a experiência".

Às vezes é exigido mais, e, assim, além da realidade do ato ou do fato é necessário ainda que seja ele conhecido da parte contra quem atua".[425] O autor sublinha, ainda, que, no Projeto de Código Civil de 1916, ao conhecimento efetivo era equiparada a possibilidade de conhecer, adotando-se razoável grau de diligência:

> Assim, no Projeto de Clóvis, arts. 1.571-1.572, lê-se o seguinte: "Toda a ação fundada em um contrato de seguro prescreve em um ano, se as partes estiverem no Brasil e em território brasileiro se verificar isso. *Essa prescrição começa a correr do dia em que o autor tem, ou com atenção ordinária, poderia ter tido conhecimento do fato em que funda a sua ação*".[426]

Em afirmação da possibilidade de haver distância temporal entre violação do direito e exigibilidade da prestação, Judith Martins-Costa suscita o contrato de seguro, em que o adimplemento da relação obrigacional exigirá a observância de procedimento prévio, a saber, a regulação do sinistro, a qual "integra-se à relação obrigacional como momento antecedente (e obrigatório) ao da exigibilidade da prestação securitária".[427] Acerca do tema, leciona Humberto Theodoro Júnior:

> Para exigir a indenização não basta ao segurado ter suportado as consequências do sinistro. É preciso que este seja levado ao conhecimento do segurador, para sofrer, de sua parte, averiguação e análise, de tal modo que a indenização somente ocorra depois que este esteja convicto de que realmente o dano atingiu o bem segurado e se deu na conformidade com os termos e condições da cobertura securitária.[428]

A alteração mais significativa, no entanto, adveio da promulgação do Código de Defesa do Consumidor, o qual promoveu considerável redução no prazo prescricional aplicável à reparação dos danos causados por fato do produto ou do serviço. Até então, incidia o prazo

---

[425] FISCHER, Breno. *A prescrição nos tribunais*. Rio de Janeiro: J. Konfino, 1957-61. 5v., p. 30.

[426] FISCHER, Breno. *A prescrição nos tribunais*. Rio de Janeiro: J. Konfino, 1957-61. 5v., p. 32, grifou-se.

[427] MARTINS-COSTA, Judith. Notas Sobre o *Dies a Quo* do Prazo Prescricional. In: MIRANDA, Daniel Gomes de; CUNHA, Leonardo Carneiro da; ALBUQUERQUE JÚNIOR, Renato Paulino de (Orgs.). *Prescrição e Decadência*: Estudos em Homenagem a Agnelo Amorim Filho. 5. ed. v. 5. Salvador: Editora JusPodivm, 2013, p. 9.

[428] Cf. THEODORO JUNIOR, Humberto. Contrato de seguro: ação do segurado contra o segurador. *Revista dos Tribunais*, São Paulo, v. 101, n. 924, p. 79-108, out. 2012.

geral vintenário previsto no artigo 177 do Código Civil de 1916;[429] com sua entrada em vigor, em 1991, passou a ser aplicável o prazo quinquenal previsto no artigo 27 do referido diploma legal.[430] De um lado, a redução do prazo prescricional foi justificada pela atribuição de maior responsabilidade ao fornecedor, em razão do estabelecimento da responsabilidade objetiva.[431] Para além disso, a redução do prazo prescricional foi acompanhada pela fixação de um termo inicial móvel e dúctil, amparado no conhecimento do dano e de sua autoria, pelo consumidor.[432]

Nesse cenário, ganha relevo o momento da manifestação do dano na situação subjetiva do consumidor em detrimento da data do evento lesivo. Em ilustração proposta por Sérgio Cavalieri Filho, caso determinada doença se manifeste no consumidor anos após a ingestão de determinado medicamento e seja possível demonstrar o nexo de causalidade necessária entre a doença e o uso do remédio, somente a partir da ciência do dano se iniciará o prazo prescricional quinquenal para reparação das perdas e danos.[433] A rigor, no exemplo apresentado, sequer há pretensão a ser exercida pelo consumidor, antes de manifestado o dano. Por sua vez, Luiz Antonio Rizzatto Nunes considera a hipótese de o consumidor ingerir, em um único dia, diversos produtos fornecidos por variados fabricantes, sendo acometido por intoxicação

---

[429] Art. 177. As ações pessoais prescrevem, ordinariamente, em vinte anos, as reais em dez, entre presentes e entre ausentes, em quinze, contados da data em que poderiam ter sido propostas.

[430] Art. 27. Prescreve em cinco anos a pretensão à reparação pelos danos causados por fato do produto ou do serviço prevista na Seção II deste Capítulo, iniciando-se a contagem do prazo a partir do conhecimento do dano e de sua autoria.

[431] Essa redução, no entanto, é coerente com o conjunto de responsabilidades e obrigações estabelecidas no subsistema legal. Se, de um lado, a redução do prazo prescricional implica aparentemente redução de garantia – isto é, menor tempo –, de outro é de ver que o fornecedor passou a assumir maiores custos para administração de suas obrigações, além do elemento mais importante: é civilmente responsável de forma objetiva. As novas obrigações e especialmente a responsabilidade objetiva em conjunto com o menor prazo formam um sistema coerente de direitos, obrigações e exercícios de direitos. De modo que não há qualquer prejuízo ao consumidor, como poderia parecer (RIZZATO NUNES, Luiz Antonio. *Comentários ao Código de Defesa do Consumidor*. São Paulo: Saraiva, 2015, p. 461).

[432] O sistema do CDC impõe que este prazo prescricional passe a correr a partir do conhecimento tanto do dano como também de sua autoria. Assim, não basta ter ciência sobre a ocorrência do dano (ex.: desabamento de prédio de moradia após tempestade, explosão de cozinha em virtude de botijão de gás etc.), pois a norma exige a cumulação dos conhecimentos: dano e autoria (MARQUES, Claudia Lima. *Comentários ao Código de Defesa do Consumidor*. São Paulo: Revista dos Tribunais, 2013, p. 718).

[433] CAVALIERI FILHO, Sérgio. *Programa de direito do consumidor*. São Paulo: Atlas, 2008, p. 275.

alimentar. Apenas uma vez delimitado o nexo de causalidade entre o dano e o produto ingerido, com determinação da autoria, será deflagrado o prazo prescricional para reparação das perdas e danos.[434]

A esse propósito, tem-se que o conhecimento do dano se consubstancia no discernimento, pelo consumidor, de que foi vítima de um acidente de consumo.[435] Para fins ilustrativos, imagine-se a hipótese de um consumidor contaminado radioativamente em virtude de ingestão de alimentos. Ato contínuo, sofre perda de cabelo, mas atribui tal efeito à calvície. Nessas circunstâncias, apesar das manifestações externas do dano, não se revelou possível ao consumidor conhecer o fato do produto. Em consequência, o prazo prescricional se iniciará somente quando for identificada a contaminação radioativa.

A adoção do critério da ciência para determinar o termo inicial do prazo prescricional nas relações consumeristas permite que sejam apreciadas as circunstâncias fáticas irrepetíveis do caso, de modo a individuar o momento em que se afigurou possível o concreto exercício da pretensão pelo consumidor. A abordagem introduzida em nosso ordenamento jurídico pelo Código de Defesa do Consumidor encontra-se alinhada não só com a renovada concepção de inércia – como ausência de exercício da pretensão, quando este se revelava concretamente possível –, mas também com a ampliação dos danos ressarcíveis. Como amplamente exposto, a configuração do dano assume papel central na deflagração do prazo prescricional: ao invés de se vincular automaticamente o decurso do prazo ao evento lesivo, deverá se perquirir em que momento o dano se mostrou cognoscível ao devedor, sendo possível, ainda, estabelecer sua imputabilidade a determinado fornecedor. Uma vez presentes os elementos da responsabilidade civil, o consumidor

---

[434] RIZZATO NUNES, Luiz Antonio. *Comentários ao Código de Defesa do Consumidor*. São Paulo: Saraiva, 2015, p. 462.

[435] Observe-se que conhecimento do dano significa o conhecimento dos seus prejudiciais à pessoa ou ao patrimônio das vítimas. Neste sentido, o conhecimento do dano não assegura que o consumidor-vítima de um acidente de consumo esteja consciente de que este tenha se dado em razão de um defeito, ou mesmo qual a espécie de defeito. Eventual identificação da existência do defeito e sua extensão poderão depender de longas investigações, período em que o consumidor, embora já possa ingressar com a ação reparatória, pode não possuir ainda todas as informações para fundamentar o correto exercício dessa pretensão. Daí porque surge o entendimento, defendido por autores de destaque, indicando o conhecimento do defeito como requisito implícito, ao lado do conhecimento do dano e da autoria, já expressos no artigo 27, para a determinação do termo inicial do prazo prescricional (MIRAGEM, Bruno. *Curso de direito do consumidor*. São Paulo: Revista dos Tribunais, 2014, p. 586-587). Ver também SANSEVERINO, Paulo de Tarso. *Responsabilidade civil no Código do Consumidor e a defesa do fornecedor*. São Paulo: Saraiva, 2002, p. 300.

efetivamente poderá perseguir a reparação dos danos sofridos, iniciando-se, nesse momento, o prazo prescricional.

A jurisprudência pátria tem conduzido movimento similar de flexibilização do termo inicial da prescrição para além das relações consumeristas. Para tanto, investiga-se a possibilidade efetiva de exercício do direito pelo seu titular em detrimento da aplicação automática do prazo prescricional desde a data da violação ao direito. Ao assim proceder, os tribunais avaliam as circunstâncias concretas e as particularidades do caso, confrontando-as à totalidade do ordenamento jurídico para a individuação do termo inicial do prazo prescricional, tomando a hermenêutica em função aplicativa. Nessa esteira, a jurisprudência do Superior Tribunal de Justiça tem se firmado no sentido de que o decurso do prazo prescricional deve se vincular à exercibilidade da pretensão, não já à data da violação, a despeito da dicção do artigo 189 do Código Civil. Adota-se o entendimento de que o nascimento da pretensão corresponde ao momento em que o lesado possui conhecimento da violação do direito, da sua autoria e da extensão dos danos sofridos, que guardam com a lesão nexo causal direto e imediato. A teoria da *actio nata* é revisitada para nela se inserirem elementos subjetivos de cognoscibilidade da lesão, seus efeitos e autoria. Confira-se:

> Nessa circunstância, em que há discrepância entre o momento da lesão ao direito e do conhecimento por parte de seu titular, inviável aplicar a literalidade do dispositivo legal em comento, sob pena de reputar iniciado o prazo prescricional quando o lesado nem sequer detinha a possibilidade de exercer sua pretensão, em claro descompasso com a finalidade do instituto da prescrição e com a boa-fé objetiva, princípio vetor do Código Civil. *Assim, é de se reconhecer que o surgimento da pretensão ressarcitória não se dá necessariamente no momento em que ocorre a lesão ao direito, mas sim quando o titular do direito subjetivo violado obtém plena ciência da violação e de toda a sua extensão, bem como do responsável pelo ilícito*, inexistindo, ainda, nenhuma condição que o impeça de exercer o correlato direito de ação (pretensão).[436]
>
> Na responsabilidade contratual, em regra, o termo inicial da contagem dos prazos de prescrição encontra-se na lesão ao direito, da qual decorre o nascimento da pretensão, que traz em seu bojo a possibilidade de exigência do direito subjetivo violado, nos termos do disposto no

---

[436] BRASIL. Superior Tribunal de Justiça. *Agravo Interno no Agravo em Recurso Especial nº 876.731/DF*, da Terceira Turma. Brasília, de 30 de setembro de 2016. Disponível em: <www.stj.jus.br/SCON/jurisprudencia/doc.jsp?livre=876731&b=ACOR&p=true&l=10&i=1>. Acesso em: 24 jan. 2017, às 21h58.

art. 189 do Código Civil, consagrando a tese da *actio nata* no ordenamento jurídico pátrio. Contudo, na responsabilidade extracontratual, a aludida regra assume viés mais humanizado e voltado aos interesses sociais, admitindo-se como marco inicial não mais o momento da ocorrência da violação do direito, mas *a data do conhecimento do ato ou fato do qual decorre o direito de agir, sob pena de se punir a vítima por uma negligência que não houve, olvidando-se o fato de que a aparente inércia pode ter decorrido da absoluta falta de conhecimento do dano*. Inteligência da Súmula 278 do STJ.[437]

    A exposição acima confirma a tendência – observada tanto na jurisprudência pátria quanto nos ordenamentos europeus – de atribuir relevância à ciência, pelo titular do direito, dos contornos do evento lesivo, do dano e da autoria. Na renovada abordagem da matéria, o termo inicial do prazo prescricional assume natureza dúctil e flexível, correspondendo à data em que a pretensão pode efetivamente ser exercitada, diante do conhecimento, pelo titular do direito, dos fatos atinentes à violação. Pondera-se, no entanto, que o alto grau de subjetividade desse critério poderia dificultar a definição do termo inicial do prazo prescricional. Além disso, tendo em vista que a exceção de prescrição é suscitada pelo sujeito passivo, caberia a este o ônus probatório de demonstrar a época em que o titular do direito teve conhecimento dos fatos.

    Na tentativa de minimizar a acentuada subjetividade associada à ciência da lesão pelo titular, forjou-se o critério de possibilidade de descoberta (*"discoverability criteria"*). Com efeito, a necessidade de individuar a data em que o titular do direito efetivamente teve ciência da lesão tornaria a tarefa atribuída ao intérprete do direito – de determinar o termo inicial da prescrição – excessivamente difícil. Ao fim e ao cabo, a apuração do momento em que houve o conhecimento do fato lesivo restaria condicionada, em boa parte dos casos, à alegação do próprio titular. Em consequência, o termo inicial da prescrição poderia ser fixado pelo titular do direito na data que lhe fosse mais conveniente. Nesse cenário, o critério da possibilidade de descoberta oferece parâmetros objetivos para determinar a época em que o titular do direito razoavelmente deveria ter tomado conhecimento dos fatos atinentes à violação ao interesse juridicamente tutelado.

    Desse modo, será possível estremar as hipóteses de inércia do titular das situações fáticas em que não se revelava exigível a adoção

---

[437] BRASIL. Superior Tribunal de Justiça. *Recurso Especial nº 1354348/RS*, da Quarta Turma. Brasília, de 16 de setembro de 2014. Disponível em: <www.stj.jus.br/SCON/jurisprudencia/doc.jsp?livre=1354348&b=ACOR&p=true&l=10&i=12>. Acesso em: 24 jan. 2017, às 21h59.

de comportamento diverso. Para tanto, deverá se indagar (i) o comportamento exigível do titular, no âmbito daquela determinada relação jurídica e circunstâncias fáticas; (ii) se se afigurava possível conhecer a violação, sua autoria e efeito danoso; e (iii) o comportamento efetivamente adotado pelo titular. Ou seja: afastando-se de investigações subjetivas acerca da efetiva ciência da violação pelo titular, apura-se se revelava possível, nas circunstâncias concretas em análise, que o sujeito houvesse tido conhecimento da lesão, sua autoria e efeitos e, em decorrência, pudesse exercer sua pretensão. A objetivação da ciência é alcançada pela construção de *standards* de comportamento (fragmentação dos modelos de conduta), aliada à incidência do critério hermenêutico da razoabilidade.[438] O comportamento concretamente adotado pelo titular do direito é confrontado com o *standard* de conduta esperado naquelas circunstâncias fáticas, de modo a identificar se o conhecimento do dano e sua autoria dependiam unicamente de uma atuação diligente do titular ou se, ao revés, se estava diante de hipótese de impossibilidade objetiva de saber. Caso se conclua que seria possível o conhecimento da lesão pelo titular, eventual negligência em tomar ciência dos fatos atinentes a seus bens e direitos lhe será imputável, valorando-se negativamente sua inação; por conseguinte, não será suspenso ou impedido o decurso do prazo prescricional.

A título exemplificativo, cogite-se a hipótese em que um sujeito seja proprietário de uma fazenda. Em decorrência de um acidente, seu vizinho danifica a cerca que separa ambas as propriedades, não resultando do evento lesivo qualquer outro dano. O acidente é observado por diversos locais, sendo facilmente identificável o responsável. A despeito disso, o titular deixa de visitar a propriedade por prolongado período de tempo, razão pela qual só toma conhecimento da violação a seu

---

[438] Acerca da técnica hermenêutica da razoabilidade, veja-se a lição de Giovani Perlingieri: "*In questa prospettiva, il giurista avveduto e sensibile, proprio nel rispetto del principio di legalità, è chiamato a individuare, in ogni momento storico e nel particolare ambito territoriale, qual è l'ordine imposto dal sistema giuridico vigente nella sua unitarietà, per poi enucleare, anche in base all'analisi degli interessi coinvolti nel caso concreto, ciò che alla luce di quel dato sistema e di determinati valori, anche discostandosi dalla mera lettera della legge o dalla astratta e spesso inadeguata fattispecie, possa essere o no considerato ragionevole*" (PERLINGIERI, Giovanni. *Profili applicativi della ragionevolezza nel diritto civile*. Collana: Cultura giuridica e rapporti civili. Napoli: Edizioni Scientifiche Italiane, 2015, p. 132). Tradução livre: "O jurista prudente e sensato, respeitando o princípio da legalidade, é chamado a individuar, em cada momento histórico, e em particular âmbito territorial, qual a ordem imposta pela unidade do sistema jurídico vigente, para em seguida destacar, também com base na análise dos interesses incidentes no caso concreto, à luz de dado sistema e de certos valores, distanciando-se da mera letra da lei e da abstrata e frequentemente inadequada *fattispecie*, o que pode ser considerado razoável".

direito quando já prescrito o direito à reparação do dano, caso o prazo prescricional seja contado da data do ato lesivo. Nessas circunstâncias, indaga-se: haveria que se falar em impossibilidade objetiva de conhecer a lesão? O comportamento adotado pelo titular do direito mostra-se compatível com o que razoavelmente se espera dele (*standard* objetivo de atuação)? A toda evidência, na ilustração acima, o desconhecimento da violação é imputável somente ao titular do direito, o qual poderia ter adotado as medidas necessárias à fiscalização de sua propriedade; tendo inobservado um padrão de conduta que se espera de um proprietário – a saber, a guarda, vigilância e conservação do seu bem –, não pode alegar o desconhecimento da violação, sua autoria e efeitos.

Hipótese diversa se verifica caso o titular do direito adote as medidas razoavelmente esperadas para a tutela de seus interesses juridicamente relevantes e, a despeito de sua atuação amoldar-se aos *standards* exigíveis, a violação se revele impossível de ser conhecida em momento prévio. Considere-se o exemplo em que uma placa de automóvel seja "clonada" por terceiro, que, valendo-se desta, comete sequenciais infrações administrativas. A rigor, não se exigirá do titular que proceda a investigações acerca da clonagem até que as evidências da lesão lhe sejam fornecidas. A despeito de a lesão ao interesse juridicamente tutelado retroagir à data do evento, será impossível conhecer da violação antes que seja informado acerca dos efeitos produzidos em sua esfera jurídica. Na ilustração apresentada, (i) o ato lesivo se verifica no momento em que a placa é clonada; (ii) os resultados danosos se produzem quando outras infrações são cometidas, impactando a situação subjetiva do titular; e (iii) a possibilidade de descoberta da lesão somente se materializa quando são apresentadas ao titular evidências que o conduzam à lesão (por exemplo, recebe uma multa de trânsito de outra localidade). O cenário proposto tem sua solução facilitada pela regra do artigo 200 do Código Civil, nos termos do qual "[q]uando a ação se originar de fato que deva ser apurado no juízo criminal, não correrá a prescrição antes da respectiva sentença definitiva". Em todo caso, serve à demonstração de que a possibilidade de conhecimento da lesão poderá se descolar do momento de sua ocorrência.

Hipótese similar foi apreciada pela 18ª Câmara Cível do Tribunal do Estado do Rio de Janeiro, em julgamento de ação anulatória de alteração contratual cumulada com pedido de reparação de perdas e danos. A 18ª Câmara Cível reconheceu a impossibilidade de prévio conhecimento da violação pelo titular de direito; em decorrência, afastou a consumação da prescrição ao sustentar que "o lapso prescricional para a propositura da ação só se inicia a partir da data do conhecimento do fato pelo autor, oportunidade em que nasce para si a pretensão de desconstituí-lo e indenizar-se pelos danos ditos suportados". Tratava-se de um registro fraudulento em nome do autor perante cadastro societário na Junta Comercial do Rio de Janeiro. Em sua inicial, narrou o autor ter sido surpreendido por notificação da Receita Federal para prestar esclarecimentos acerca da movimentação financeira de certa sociedade, da qual supostamente seria sócio, quando então tomou conhecimento de que seu nome fora incluído no quadro societário de referida empresa. A sociedade teria movimentado milhões de reais em diversas instituições financeiras, do que resultaram dívidas perante as Fazendas Federal e Estadual do Rio de Janeiro e de São Paulo. A despeito de o autor ter declarado que tivera conhecimento dos fatos mediante a notificação da Receita Federal, a 18ª Câmara Cível adotou como termo inicial da prescrição a data em que o autor provocou a instauração de inquérito policial com vistas a apurar a indevida alteração contratual da sociedade fraudulentamente registrada em seu nome. Para tanto, considerou que a instauração de inquérito policial evidenciaria a ciência dos fatos pelo lesado.[439]

Novamente, em se tratando de pretensão decorrente da prática de um crime, mostra-se aplicável o artigo 200 do Código Civil. Assim, parece correto afirmar que o prazo prescricional permaneceria suspenso até a data em que encerrado o respectivo processo criminal. Caso se cogite o afastamento do artigo 200 do Código Civil – como na decisão proferida pela 18ª Câmara Cível –, tem-se que o autor da ação teve ciência dos fatos atinentes à violação ao seu direito em momento posterior à inclusão fraudulenta do nome do autor no quadro societário de determinada empresa. Muito embora o registro perante a JUCERJA tenha caráter público – podendo ser consultado por qualquer interessado –, não se mostra razoavelmente exigível que um indivíduo proceda a consultas regulares de seu nome perante a JUCERJA. Em consequência, somente a partir do momento em que tem conhecimento acerca dos efeitos do ato ilícito – no caso, ao receber a notificação da Receita Federal – poderá investigar sua causa e tomar ciência do ocorrido. Até então, a lesão não será cognoscível pelo titular.

---

[439] RIO DE JANEIRO (estado). Tribunal do Estado do Rio de Janeiro. *Apelação Cível nº 03496927220098190001*, da Décima Oitava Câmara Cível. Brasília, de 29 de setembro de 2016. Disponível em: <www1.tjrj.jus.br/gedcacheweb/default.aspx?UZIP=1&GEDID=00044CFD612923A1FDFDF44885C9F18A5C27C5053E0B0E40&USER=>. Acesso em: 24 jan. 2017, às 22h05.

Como se vê, a apreciação da possibilidade de descoberta da lesão ao interesse juridicamente tutelado se vincula à conduta razoavelmente esperada do titular nas circunstâncias fáticas do caso concreto. Partindo-se de *standards* objetivos de atuação, apura-se se o sujeito adotou o comportamento que lhe era exigível na tutela de seus interesses e, a despeito disso, não se revelou possível conhecer a violação ao direito e seus efeitos.[440] Para tanto, o critério hermenêutico da razoabilidade se mostra essencial, permitindo que seja individuada a conduta exigível do titular do direito naquele cenário concreto.

Nessa direção, no ordenamento jurídico italiano, doutrina e jurisprudência têm atribuído relevância à possibilidade de conhecimento do dano, não já à efetiva ciência por parte do titular, no âmbito de danos decorrentes de acidente nuclear.[441] A propósito, ao se deter sobre a matéria, Paolo Vitucci defende que a construção jurisprudencial de *standards* objetivos de ciência constitui expressão de um princípio geral, segundo o qual não é o estado subjetivo de conhecimento que se afigura importante para fins de fluência do prazo prescricional; antes, o estado objetivo de cognoscibilidade, à semelhança de um critério de diligência média.[442] O autor pontua que a jurisprudência italiana considera "não civilizado" que uma consequência tão grave quanto o decurso de um prazo prescricional curto decorra da verificação de uma circunstância

---

[440] Sobre o tema, veja-se a lição de José Fernando Simão: "A segunda consequência é a de que a noção de conhecimento, de ciência, se dará necessariamente de acordo com o standard do homem médio, ou seja, de acordo com a conduta que se espera da pessoa comum. Isso quer dizer que, se, no caso concreto, o homem médio teria conhecimento do fato a ensejar o início da prescrição, mas aquele credor especificamente não o teve, o prazo se iniciará de acordo com esse padrão. Exemplifique-se. A vítima da colisão de veículos (dano-evento), após dois anos do ocorrido, passa a sentir fortes dores. Contudo, resiste em procurar um médico e apurar as causas dessa dor. Cinco anos após o início das dores, a vítima finalmente procura um especialista e descobre que sofrera um dano-prejuízo decorrente da colisão. A pretensão estará prescrita em razão dos padrões do homem médio" (SIMÃO, José Fernando. *Prescrição e Decadência – Início dos Prazos*. São Paulo: Atlas, 2013, p. 215).

[441] No ordenamento jurídico italiano, há legislação específica para a hipótese de ressarcimento de dano decorrente de acidente nuclear. Nos termos do artigo 23, primeiro parágrafo, da Lei nº 1.860/1962 (modificada pela Lei nº 519/1975), o termo inicial do prazo prescricional para exercício da pretensão indenizatória corresponde à data em que o lesado teve ciência do dano e da identidade do agente causador, ou da data em que razoavelmente poderia ter tido conhecimento de tais elementos.

[442] *La novela può dall'interprete essere considerata come espressione di un principio generale: non lo stato soggettivo di conoscenza rileva ai fini della prescrizione bensì lo stato oggettivo di conoscibilità alla stregua di un criterio di diligenza media* (VITUCCI, Paolo. *La Prescrizione*, tomo primo. Milão, Giuffrè, 1999, p. 164). Tradução livre: "A novidade pode ser considerada pelo intérprete como uma expressão de um princípio geral: não é o estado subjetivo de conhecimento que releva para fins de incidência do prazo prescricional, mas o estado objetivo de cognoscibilidade, identificado a partir de um critério de diligência média".

que resta oculta e sequer poderia ser percebida pelo lesado caso adote um grau razoável de diligência.[443] [444]

Com efeito, a fixação do termo inicial da prescrição na data do evento lesivo se revela descompassada com os novos danos ressarcíveis, identificados mediante o progresso da ciência na individuação do nexo de causalidade entre comportamento lesivo e dano, conforme destaca Gaetano Anzani. Em decorrência, ganha relevo o critério da cognoscibilidade do dano, segundo a ordinária diligência esperada do titular do direito, a qual é construída a partir das peculiaridades fáticas, levando-se em conta, ainda, o nível de conhecimento técnico difundido naquela sociedade.[445] Em defesa da adoção de um critério objetivo para identificação da impossibilidade de conhecer a lesão, Anzani alerta que a ignorância do titular por negligência não impedirá a fluência do prazo prescricional, uma vez que pode ser valorada como inércia, em sentido técnico.[446]

---

[443] No original: "*La giurisprudenza considera 'incivile' far dipendere una conseguenza tanto grave come il decorrere di una prescrizione breve dal verificarsi di una circostanza che resti oculta e che non possa quindi essere percepita dal danneggiato che faccia uso della normale diligenza*" (VITUCCI, Paolo. *La Prescrizione, tomo primo*. Milão, Giuffrè, 1999, p. 165). Tradução livre: "A jurisprudência considera incivilizado subordinar uma consequência tão grave como a decorrência de um prazo prescricional curto breve à ocorrência de uma circunstância que reste oculta e, portanto, não possa ser percebida pelo lesado, se adotada uma diligência razoável".

[444] *Cass. 6 febbraio 1982 n. 685.*

[445] *Con riguardo alle pretese di responsabilità, la disciplina della prescrizione, vistosamente sagomata attorno a quella figura classica di illecito alla cui stregua evento lesivo e conseguenze dannose si verificano nel medesimo segmento temporale, si mostra inadeguata alle nuove tipologie di pregiudizio, ai progressi della scienza (ed in specie della medicina legale) nell'appurare il nesso eziologico, nonché ai sopravvenuti principi costituzionali o di rango altrimenti sovraordinato è emerso um rientamento secondo cui l'inizio della decorrenza di un termine prescrizionale è subordinato alla conoscenza, o almeno alla conoscibilità secondo l'ordinaria diligenza e tenuto conto delle diffuse acquisizioni scientifiche, della totale integrazione della fattispecie costitutiva del diritto prescribibile da parte di chi ne sia il titolare: sul versante nazionale, si pensi al revirement delle sez. un. della Corte di cassazione sulla responsabilità per danni c.d. «lungolatenti», i quali prendono corpo molto tempo dopo l'evento lesivo* (ANZANI, Gaetano. Riflessioni su prescrizione e responsabilità civile. In: *La Nuova Giurisprudenza Civile Commentata*, nº 2, Marzo 2012, Ano XXVIII. Milano: CEDAM, p; 204). Tradução livre: "No que diz repeito à pretensão de reparação, a disciplina da prescrição, tradicionalmente vinculada à figura clássica de ilícito em que evento lesivo e consequência danosa se verificam no mesmo segmento de tempo, mostra-se inadequada aos novos danos ressarcíveis, ao progresso da ciência (e especialmente da medicina legal) na individuação do nexo de causalidade, bem como aos supervenientes princípios constitucionais, dos quais emerge o entendimento de que o termo inicial da prescrição se subordina ao conhecimento, ou ao menos à cognoscibilidade, segundo a ordinária diligência e tendo em conta o conhecimento científico atual, do total aperfeiçoamento da *fattispecie* constitutiva do direito prescritível: no âmbito nacional, aponta a revolução iniciada pela Corte de Cassação em relação à responsabilidade por danos latentes, que se configuram muito tempo após o evento danoso".

[446] *D'altronde, il criterio strettamente oggettivo con cui occorre verificare la pregressa inconoscibilità dell'integrazione della fattispecie costitutiva di un diritto, oltre a non indulgere verso coloro i quali*

CAPÍTULO 3
TERMO INICIAL DA PRESCRIÇÃO | 173

No ordenamento jurídico espanhol, Manuel Albaladejo apresenta a construção jurisprudencial do critério de cognoscibilidade do dano. Muito embora, a rigor, o decurso da prescrição se encontre vinculado à possibilidade jurídica de exercício do direito, o Tribunal Supremo espanhol passou a considerar que não pode ser admitida a fluência do prazo prescricional enquanto o evento lesivo e o dano dela decorrente permanecerem ocultos, não sendo atribuído ao lesado meio razoável de conhecê-los. Nessa direção, destaca decisão proferida pelo Tribunal Supremo em 19 de maio de 1965, na qual se afirmou que:

> *El tiempo prescriptivo corre desde el instante que haya posibilidad de hacer valer el derecho, esto es, desde el momento que el hecho que lo engendra conste de forma notoria, que es cuando en un sentido lógico y jurídico puede ejercitarse, porque sería absurdo e injusto computar el plazo cuando el hecho permanece oculto o clandestino y, por consecuencia, sin posibilidad de enervado o contrarrestado en forma eficiente.*[447]

Em rechaço à concepção subjetivista da ciência como causa impeditiva, o Tribunal Supremo espanhol forjou uma noção objetiva da cognoscibilidade da lesão, afastando o decurso do prazo prescricional, sempre que o dano permaneça oculto, afigurando-se impossível, ao titular, o exercício da pretensão.[448]

---

ignorassero di esserne titolari per carenza di scrupolo, esclude che l'ostacolo alla maturazione della prescrizione vulneri un meritevole affidamento altrui circa il futuro inesercizio del diritto, perché neanche la controparte era in grado di appurare se fosse sorto, e quindi neppure poteva attribuire all'atteggiamento del suo titolare i caratteri dell'«inerzia» in senso tecnico (ANZANI, Gaetano. Riflessioni su prescrizione e responsabilità civile. In: *La Nuova Giurisprudenza Civile Commentata*, nº 2, Marzo 2012, Ano XXVIII. Milano: CEDAM, p; 206). Tradução livre: "Além disso, o critério estritamente objetivo pelo qual deve-se verificar o pregresso desconhecimento da integração da fattispecie constitutiva de direito, além de não se mostrar indulgente com aqueles ignoravam seu direito por negligência, exclui que o obstáculo para a consumação da prescrição prejudique uma legítima confiança de que o direito não seria exercido, porque nem a contraparte era capaz de determinar que a pretensão havia surgido, e por isso mesmo não poderia ser atribuída à atitude do titular a inércia em sentido técnico".

[447] ALBALADEJO, Manuel. *Derecho Civil*. v. I. Barcelona: Bosch, 2002, p. 907. Tradução livre: "A prescrição corre desde o momento em que há possibilidade de exercício do direito, isto é, desde o momento em que o o fato que o fundamenta se revele de forma notória, que é quando em um sentido lógico e jurídico pode exercer-se, porque seria absurdo e injusto computar o prazo quando o fato permanece oculto ou clandestino e, por consequência, não haja possibilidade de ser contraposto de forma eficiente".

[448] *Por tanto, se puede afirmar que, según nuestro T.S., para que haya posibilidad objetiva de ejercitar la acción que sea, es preciso, no sólo que se hayan realizado los hechos de los, estrictamente hablando, nace su posibilidad de ejercicio, sino también que sean perceptibles externamente en el círculo del interesado", es decir, que no permanezcan ocultos para éste, pues si lo están, habrá ciertamente*

A esse respeito, cabe realizar um paralelo com o movimento identificado no campo da responsabilidade civil, no sentido de objetivação da culpa que, dissociada de aspectos anímicos do agente,[449] ganha novos contornos, aptos a tornar menos dispendiosa sua demonstração pelo lesado.[450] Nesse contexto, esmorecem as considerações acerca da reprovabilidade moral da conduta, da consciência da lesão a direito alheio ou previsibilidade do dano; passa-se da culpa subjetiva à culpa normativa, voltada ao atendimento de *standards* objetivos de atuação. A toda evidência, a culpa normativa – entendida como desconformidade a um padrão geral de comportamento – facilita a prova a ser feita pelo lesado, comparando-se, "em um exame meramente normativo, a conduta empregada no caso concreto com a conduta esperada, nas mesmas circunstâncias, do homem diligente, verificando se coincidem ou se, ao contrário, aquela se mantém aquém desta".[451] Se o método

---

posibilidad de ejercicio de la acción, entendida tal posibilidad en su sentido más riguroso, pero socialmente más bien se puede decir que hay una burla de ejercicio posible. Y con lo dicho, no se abre paso a una concepción subjetivista de la imposibilidad de ejercicio de la acción (pues queda al margen si el titular de ésta conocía o no su existencia o si se vio o no imposibilitado de ejercerla por impedimentos personales: alejamiento, pérdida de datos, enfermedad, etc.), sino que se atiende sólo a la circunstancia, que también es objetiva, de la cognoscibilidad efectiva del hecho que genera la acción (ALBALADEJO, Manuel. *Derecho Civil.* v. I. Barcelona: Bosch, 2002, p. 906-907) Tradução livre: "Portanto, se pode afirmar que, segundo nosso T.S., para que haja possibilidade objetiva de exercitar a ação que seja, é preciso, não só que se haja realizado os fatos, estritamente falando, nasce sua possibilidade de exercício, senão também que sejam perceptíveis externamente no círculo do interessado, é dizer, que não permaneçam ocultos para este, pois se o estão, abrirá certamente possibilidade de exercício da ação, entendida tal possibilidade em seu sentido mais rigoroso, mas socialmente melhor se pode dizer que há uma burla ao exercício possível. E com isso, não se abre espaço para uma concepção subjetivista da impossibilidade de exercício da ação (pois fica fora se o titular sabia ou não da sua existência ou se ou não ele era incapaz de exercer impedimentos pessoais: afastamento, perda de dados, doença, etc.), mas serve apenas a circunstância que também é objetiva da cognoscibilidade efetiva do fato que gera a ação".

[449] Confira-se a lição de Alvino Lima: "Devemos fazer abstração das circunstâncias internas do agente, isto é, do seu estado de alma, hábitos, caráter, ou, numa palavra, das circunstâncias de ordem intelectual, para atendermos tão somente às circunstâncias externas, de ordem física, como sejam as de tempo, de lugar e influência do meio social" (LIMA, Alvino. *Culpa e risco.* 2. ed. São Paulo: Ed. Revista dos Tribunais, 1999, p. 68).

[450] Acerca da dificuldade de prova da culpa subjetiva, pondera Anderson Schreiber: "Em sua versão de falta moral, vinculada aos impulsos anímicos do sujeito e à previsibilidade dos resultados de sua conduta, a culpa mostrava-se um elemento de dificílima comprovação. Sua aferição impunha aos juízes tarefa extremamente árdua, representada por exercícios de previsibilidade do dano e análises psicológicas incompatíveis com os limites naturais da atividade judiciária, a exigir do magistrado quase uma capacidade divina" (SCHREIBER, Anderson. *Novos paradigmas da responsabilidade civil*: da erosão dos filtros da repartição a diluição dos danos. São Paulo: Atlas, 2007, p. 17).

[451] SCHREIBER, Anderson. *Novos paradigmas da responsabilidade civil*: da erosão dos filtros da repartição a diluição dos danos. São Paulo: Atlas, 2007, p. 36.

objetivo de aferição da culpa normativa constitui um avanço, críticas são feitas ao modelo abstrato de comportamento adotado pelas tradições romano-germânica e anglo-saxônica.

No âmbito da tradição romano-germânica, o *bonus pater familia* sempre foi considerado como o modelo abstrato de conduta, ao qual o comportamento do agente deve ser comparado, de modo a identificar se houve negligência, imperícia ou imprudência em sua atuação. À falta de parâmetros objetivos, o comportamento desse homem prudente é definido pelo magistrado, que acaba por exigir do agente o mesmo cuidado que adotaria caso estivesse em seu lugar. Ocorre que "o parâmetro de comportamento prudente do juiz, em sua individualidade, afigura-se tão inacessível e tão pessoal quanto o parâmetro do próprio responsável".[452] E mais: em inúmeros casos, o magistrado não conseguirá se transportar à situação em que se encontrava o sujeito; conseguintemente, não poderá estabelecer o nível de cuidado médio exigido do agente naquelas circunstâncias (a título exemplificativo, pense-se em um setor especializado cujas peculiaridades e mecanismos de funcionamento sejam desconhecidos pelo magistrado).[453]

De igual modo, críticas são feitas ao conceito de *reasonable person* adotado como modelo de conduta no sistema anglo-saxão, o qual já foi referido como uma odiosa e insuportável criatura, que jamais erra.[454] A depender das capacidades pessoais, da formação acadêmica, da disposição a assumir riscos e demais particularidades do sujeito, diverso será o padrão médio de diligência por ele considerado; a rigor,

---

[452] SCHREIBER, Anderson. *Novos paradigmas da responsabilidade civil*: da erosão dos filtros da repartição a diluição dos danos. São Paulo: Atlas, 2007, p. 40. A esse propósito, confira-se a sagaz crítica ao conceito de *bonus pater familia* feita por Savatier: "*Car des hommes diligents et avisés manquent trop souvent à un devoir légal, contractuel ou moral. Un coquin peut être très prudent. Et l'on se croit parfois très habile d'éluder volontairement une obligation. Le roué qui séduit une fille, le financier qui lance un affaire douteuse, le commerçant qui détourne déloyalement la clientèle d'un autre, sont généralement habiles et diligents. Leur faute est d'avoir consacré cette habileté à violer un devoir*" (SAVATIER, René. *Traité de la Responsabilité Civile en Droit Français*, t. I, Paris : LGDJ, 1951, p. 7). Tradução livre: "Pois homens diligentes e avisados violam, muito frequentemente, um dever legal, contratual ou moral. Um pilantra pode ser bastante prudente. E crê-se, diversas vezes, muito hábil em escapar voluntariamente a uma obrigação. O astuto que seduz uma moça, o homem de finanças que promove um negócio duvidoso, o comerciante que desvia deslealmente a clientela do outro, são geralmente pessoas hábeis e diligentes. Sua culpa é de haver dirigido esta habilidade à violação de um dever".

[453] SCHREIBER, Anderson. *Novos paradigmas da responsabilidade civil*: da erosão dos filtros da repartição a diluição dos danos. São Paulo: Atlas, 2007, p. 41.

[454] CANE, Peter. *Atiyah's Accidents, Compensation and the Law*. 8. Ed. Cambridge University Press: Canberra, 2013.

há um parâmetro de atuação diligente desenhado para cada indivíduo. Nessa direção, Peter Cane indaga quais características detêm o sujeito abstrato que figura como padrão universal de comportamento – seu gênero, formação acadêmica, etnia, religião –, as quais poderão influir no juízo valorativo da conduta do agente, ao que o autor conclui que seus contornos são delineados pelo próprio magistrado, de forma discricionária.[455]

Como se denota, em ambos os cenários, a determinação do modelo geral e abstrato de conduta acaba sujeita à consciência judicial, correspondendo à diligência média exigida pelo próprio magistrado, a qual invariavelmente será distinta, segundo sua formação pessoal.[456] Por essa razão, Anderson Schreiber afirma que a maior deficiência do modelo abstrato de comportamento reside na sua unicidade, uma vez que a "definição de um padrão único de diligência e razoabilidade parece, de todo, incompatível com uma realidade complexa e plural, como a que caracteriza as sociedades contemporâneas".[457] Em consequência, o autor sugere a fragmentação dos modelos de conduta, adotando-se parâmetros de comportamento específicos e diferenciados para as mais

---

[455] *At all events, a finding that a defendant was negligent clearly involves making a value-judgment on that person's conduct; and it is therefore necessary to discover what criteria are employed in the process of making that judgment. The conventional answer to this question invokes the somewhat mystical figure of the 'reasonable person'. A person is negligent if they fail to take the degree of care that a reasonable person would or does take. But this raises the further question of what reasonable means. Is the reasonable person black, colored or white? Male or female? Young, middle-aged or old? Christian, Muslim or of some other, or no, religion? Rich, poor, averagely affluent?* (CANE, Peter. Atiyah's Accidents, Compensation and the Law. 8. ed. Cambridge University Press: Canberra. 2013, p. 33-34). Tradução livre: "Em todas hipóteses, a constatação de que um réu foi negligente envolve claramente um julgamento de valor sobre o comportamento dessa pessoa; pelo que é necessário descobrir quais são os critérios utilizados no processo decisório. A resposta convencional a essa pergunta invoca a figura um tanto mística da 'pessoa razoável'. Uma pessoa é negligente se não consegue ter o grau de cuidado que uma pessoa razoável teria. Mas isso levanta a questão adicional do que significa razoabilidade. A pessoa razoável é negra, mestiça ou branca? Homem ou mulher? Jovem, de meia-idade ou idosa? Cristã, muçulmana, de alguma outra religião ou nenhuma? Rica, pobre, medianamente afluente?".

[456] Longe de cingirem-se a uma mera discussão linguística em torno da propriedade das expressões empregadas, os ataques dirigidos ao bonus pater familias e ao reasonable man demonstram que a pretensa neutralidade do modelo abstrato de comportamento, seja na tradição romano-germânica, seja na anglo-saxônica, oculta, a rigor, um modelo específico antropologicamente definido: o do próprio julgador. É mesmo intuitivo que, na aplicação de um standard de elevado grau de generalização, o juiz venha a exigir, deliberada ou inconscientemente, do réu o mesmo cuidado que ele ou seus pares adotariam em seu lugar (SCHREIBER, Anderson. *Novos paradigmas da responsabilidade civil*: da erosão dos filtros da repartição a diluição dos danos. São Paulo: Atlas, 2007, p. 39).

[457] SCHREIBER, Anderson. *Novos paradigmas da responsabilidade civil*: da erosão dos filtros da repartição a diluição dos danos. São Paulo: Atlas, 2007, p. 41.

diversas circunstâncias fáticas. Com ênfase nas peculiaridades do caso concreto e na especialidade das situações submetidas à apreciação do magistrado, são desenhados modelos múltiplos e menos generalizados de comportamento, para o que contribuem órgãos, entidades e técnicos periciais que possuam conhecimento especializado acerca do tipo de comportamento que se avalia.[458] Em elogio ao giro conceitual da culpa subjetiva à culpa normativa, Maria Celina Bodin de Moraes sublinha que se tratou de mudança simples, porém significativa, permitindo existam tantos modelos de diligência quanto se revelaram os tipos de conduta identificados no contato humano, adotando-se parâmetros diversos de diligência exigível, a depender das circunstâncias fáticas.[459]

Em sentido similar, Peter Cane pondera que não deve ser adotada a noção de diligência média apurada em relação a cada indivíduo subjetivamente considerado, sob pena de restarem sem reparação inúmeros danos, simplesmente porque o agente se portou com cuidado razoável em face das suas capacidades pessoais e cognitivas. O padrão de conduta deve ser passível de ser observado pelos sujeitos, em geral, naquelas circunstâncias fáticas. Em raciocínio contrário, deve-se evitar que seja exigido do devedor um comportamento excessivamente difícil ou impossível de ser adotado, revelando-se "*Kafka-esque to say that the defendant should have done something that could not have been done by anybody*". Nessa linha, propõe-se sejam estabelecidos parâmetros de atuação referentes a determinadas coletividades e hipóteses fáticas (por exemplo, dos médicos pode ser exigido um grau de precaução maior na condução de primeiros socorros do que de um leigo).[460]

---

[458] SCHREIBER, Anderson. *Novos paradigmas da responsabilidade civil*: da erosão dos filtros da repartição a diluição dos danos. São Paulo: Atlas, 2007, p. 42.

[459] Nas palavras da autora: "Não obstante a aparente contradição em termos, a mudança foi simples e significativa, porque se compreendeu que a concepção antiga, a psicológica, é que era, sob certo ponto de vista, 'objetiva', em razão de reconduzir todas as situações a uma única noção, abstrata, sob o modelo do bom pai de família, isto é, um modelo invariável de diligência. Através da nova concepção, existirão tantos modelos de diligência quanto forem os tipos de conduta (profissional, desportiva, na direção de veículos, etc) presentes no contato humano, de modo que os parâmetros, entre os tipos, serão variáveis (e diz-se que foram 'subjetivizados' ou relativizados). Isto é o que permite que se estabeleçam padrões – standards – de conduta que exigirão do agente um comportamento judicioso, o qual variará em cada situação, consideradas sua profissão e demais circunstâncias pessoais" (BODIN DE MORAES, Maria Celina. *Danos à Pessoa Humana*. São Paulo: Renovar, 2009, p. 213).

[460] Cf. CANE, Peter. *Atiyah's Accidents, Compensation and the Law*. 8. ed. Cambridge University Press: Canberra, 2013, p. 46. No original: "*Nevertheless, the law must pay some attention to what could have been done: it would be Kafka-esque to say that the defendant should have done something that could not have been done by anybody. Conversely, if the defendant is a person claiming a special skill, such as a doctor or other professional, the court will take into account, in*

A partir da abordagem da culpa normativa no âmbito da responsabilidade civil subjetiva, poderá ser construído paralelo para se identificar a negligência do titular em tomar conhecimento da violação ao seu direito, individuando-se as hipóteses em que se estará diante de impossibilidade objetiva de saber. Para tanto, o comportamento adotado pelo titular do direito será cotejado com o *standard* de atuação exigível naquelas circunstâncias fáticas (fragmentação dos modelos de conduta), de modo a se apurar se a violação, sua autoria e efeitos teriam sido conhecidos pelo titular caso adotasse os cuidados e providências que razoavelmente se espera de um sujeito em relação a seus bens e direitos. Nessa perspectiva, as particularidades irrepetíveis do fato concreto restam acentuadas: à luz destas se determinará o comportamento efetivamente exigível do titular do direito, na tutela de seus bens e direitos.

A abordagem matemática e abstrata tradicionalmente adotada na contagem dos prazos prescricionais – em lógica subsuntiva – acaba por descurar das peculiaridades fáticas que influenciam, de forma decisiva, na possibilidade concreta de exercício da pretensão por parte do titular. Nesse contexto, uma releitura funcional da inércia – que constitui pressuposto fático da prescrição – impõe que sejam consideradas as circunstâncias fáticas, de modo a se apurar se o titular podia efetivamente exercer a pretensão que lhe fora atribuída, não o tendo feito. A esse respeito, releva a ponderação de Paolo Vitucci:

> *In tal modo rimane confermato quanto si è detto poco sopra circa l'impossibilità di affidare le certezze sul funzionamento della prescrizione alle formule legislative o anche alle massime giurisprudeziali, giacché è sempre la varietà dei fatti, delle circostanze e delle condizioni personali a imporre la decisione nel caso singolo.*[461]

---

deciding what should have been foreseen or what precautions should have been taken, the standards of conduct commonly achieved by people possessed of that skill or by members of that profession". Tradução livre: "Em todo caso, a lei deva prestar alguma atenção ao que poderia ter sido feito: seria kafkiano dizer que o réu deveria ter feito algo que não poderia ter sido feito por ninguém. Por outro lado, se o réu é uma pessoa que reivindica uma habilidade especial, tal como um médico ou outro profissional, o tribunal tomará em consideração, ao decidir acerca do que deveria ter sido previsto ou que precauções deveriam ter sido tomadas, as normas de conduta comumente adotadas por pessoas que possuem essa habilidade ou por membros dessa profissão".

[461] VITUCCI, Paolo. *La Prescrizione, tomo primo*. Milão, Giuffrè, 1999, p. 166. Tradução livre: "De tal modo se confirma o que acima se afirmou acerca da impossibilidade de fincar a certeza quanto ao funcionamento da prescricional em fórmulas legislativas ou antes em máximas jurisprudenciais, uma vez que é sempre a varidade dos fatos, das circunstâncias e das condições pessoais que determinarão a decisão no caso concreto".

A adoção do critério de possibilidade de descoberta (*discoverability criteria*), com o estabelecimento de parâmetros objetivos para identificar as situações em que se revela impossível ou excessivamente difícil ao titular do direito tomar conhecimento dos fatos lesivos, sua autoria e extensão do dano (fragmentação dos modelos de conduta), lança as bases para a construção da impossibilidade objetiva de saber como causa impeditiva do decurso do prazo prescricional.

A partir do conceito remodelado de inércia – compreendida como a inação do titular do direito quando era concretamente possível o exercício da pretensão –, assumem relevo as hipóteses em que, a despeito da diligente atuação no titular do direito, a lesão não se revelava cognoscível, obstando o efetivo exercício da pretensão. Dito diversamente, se as providências necessárias à descoberta da lesão, sua autoria e efeitos não integrarem o escopo de diligência que razoavelmente se espera na administração e tutela dos próprios bens e direitos, naquelas circunstâncias fáticas, configura-se a impossibilidade objetiva de saber, não se podendo imputar inércia ao titular do direito.

Em alternativa à consagração de um termo inicial elástico e volátil amparado em aspectos subjetivos (a saber, efetiva ciência da lesão, pelo titular), propõe-se a ampliação das causas impeditivas do prazo prescricional, de modo a abranger as hipóteses de impossibilidade objetiva de saber, identificadas a partir dos parâmetros acima delineados. Sob essa perspectiva, caberia ao titular do direito demonstrar que, a despeito de a lesão ter se configurado em momento anterior, o efetivo exercício da pretensão fora obstado pela impossibilidade de conhecer os fatos e circunstâncias atinentes à violação, razão pela qual não lhe seria exigível qualquer conduta diversa da inação.[462] Tendo em vista que a prescrição é exceção a ser alegada pelo sujeito passivo e que as causas impeditivas e suspensivas devem ser arguidas pelo titular do direito, a configuração da ausência de ciência como causa impeditiva

---

[462] Conforme indicado por Salvatore Patti: "*Altre soluzioni, pur ponendo sullo stesso piano conoscenza e conoscibilità, si distinguono – come si è visto – a seconda che l'ignoranza del creditore sia prevista come causa che impedisce il decorso iniziale della prescrizione oppure come causa di sospensione del decorso. Si ritiene che nel primo caso l'onere della prova della conoscenza spetti al debitore, mentre nel secondo incomba sul creditore la prova di non essere stato a conoscenza*" (PATTI, Salvatore. Certezza e giustizia nel diritto della prescrizione in Europa. *Rivista Trimestrale di Diritto e Procedura Civile*, Milano, v. 64, n. 1, jan. 2010, p. 31). Tradução livre: "Outras soluções, ao colocarem lado a lado o conhecimento e a cognoscibilidade, distinguem-se - como visto -, dependendo se a ignorância do credor é capaz de impedir o decurso inicial da prescrição ou se constitui uma causa impeditiva. No primeiro caso, o ônus da prova de conhecimento é do devedor, enquanto no segundo, cabe ao credor provar que ele não estava ciente".

implicaria a imputação do ônus da prova ao titular de direito, o qual possui maior possibilidade e meios para comprovar o momento em que razoavelmente poderia ter tido conhecimento dos fatos lesivos.[463] [464] Em defesa desse posicionamento, Reinhard Zimmermann argumenta

---

[463] *The period of prescription should not run while the creditor is unaware of the claim and cannot reasonably become aware of it. It might appear natural to link the discoverability criterion to the commencement of the period of prescription. This is not the approach adopted here. The starting date remains the moment when the debtor has to effect performance, but the running of the period of prescription is suspended until the creditor becomes aware of the claim or could reasonably have become aware of it. This means that normally the period of prescription does not start to run until the moment of reasonable discoverability; it is, in other words, a case of an 'initial' suspension. (...) Ignorance as a ground of suspension of the running of the prescription (as opposed to knowledge as the criterion for commencement of the period) has the following advantages: (i) even if discoverability were to determine commencement of the period of prescription, it would also have to be required that the obligation has come into existence and that performance is due; (ii) that the period of prescription should not run against a creditor who cannot reasonably become aware of the claim is one specific emanation of a much wider idea: a claim must not prescribe if it is impossible for the creditor to pursue it* (agere non valent non currit praescriptio). *This is why the period of prescription does not run in cases of vis major and why the expiry of the period of prescription is postponed if the creditor is legally incompetent and does not have a legal representative. It does not matter whether the impediment already existed at the time of commencement of the period of prescription. Thus, it would appear to be systematically more satisfactory to deal with the discoverability under the same heading. (...) Prescription is a defence. It is invoked by the debtor, it is the debtor who has to establish the requirements of that defence. The central requirement, of course, is that the period of prescription applicable to the claim has elapsed. That depends on the date of commencement. If that were the date of discoverability, the debtor would, in many cases, face an unreasonably difficult task"* (LANDO, Ole. Principles of European Contract Law, Kluver Law International, 1999, p. 177). Tradução livre: "O prazo prescricional não deve correr enquanto o credor não tem conhecimento da pretensão e não pode razoavelmente tomar conhecimento desta. Pode parecer natural ligar o critério da possibilidade de descoberta ao termo inicial da prescrição. Esta não é a abordagem adotada aqui. O termo inicial continua a ser o momento em que o devedor tem de efectuar a execução, mas a fluência do prazo prescricional é suspensa até que o credor tenha conhecimento da pretensão ou poderia razoavelmente ter tomado conhecimento dela. Isso significa que normalmente o período de prescrição não começa a correr até o momento da descoberta razoável; Trata-se, por outras palavras, de um caso impeditiva (...) A ignorância como fundamento de suspensão inicial da fluência do prazo prescricional (em oposição ao conhecimento como critério para o início do prazo) tem as seguintes vantagens: (i) mesmo se a descoberta determinasse o início do prazo prescricional, também se exigiria que a obrigação houvesse surgido e que o desempenho fosse devido; (ii) que o prazo prescricional não deve correr contra um credor que não pode razoavelmente tomar conhecimento do crédito é uma emanação específica de uma ideia muito mais ampla: a pretensão não deve prescrever, se é impossível para o credor exercê-la (*agere non valent non curritpraescriptio*). É por isso que o prazo prescricional não se inicia em casos de força maior e porque a expiração do prazo prescricional é adiada se o credor for legalmente incompetente e não tiver um representante legal. Não importa se o impedimento já existia no momento de início do prazo prescricional. Assim, parece ser sistematicamente mais satisfatório lidar com a descoberta sob a mesma perspectiva. (...) A prescrição é uma defesa. É invocada pelo devedor, é o devedor que tem de estabelecer os requisitos dessa defesa. O requisito central, é claro, é que o prazo prescricional aplicável à pretensão tenha decorrido. Isso depende da data de início. Se essa fosse a data da descoberta, o devedor enfrentaria, em muitos casos, uma tarefa de dificuldade excessiva".

[464] Segundo destaca Mario Mauro: "*La differenza tra loro ha forti ricadute sul piano probatorio. Se la mancata conoscenza rientra tra i fatti sospensivi, l'onere della prova ricade sul credi-tore; nell'altro*

que, nas hipóteses em que o conhecimento imediato da violação não seja razoavelmente esperado, o prazo prescricional deve ser impedido até que estejam configurados todos os elementos que possibilitem o exercício da pretensão.[465]

Nessa direção, o Quadro Europeu Comum de Referência para o Direito Privado (Draft Common Frame of Reference – DCFR) prevê a ausência de conhecimento das circunstâncias relacionadas à lesão (tais como identidade do agente causador, existência e extensão do dano) como causa impeditiva da prescrição.[466] Idêntica solução é propugnada nos Princípios do Direito Contratual Europeu, nos termos do qual a contagem do prazo prescricional é impedida caso o credor não tenha ciência – ou razoavelmente não possa tê-la – dos fatos relacionados à violação ao direito.[467]

---

caso, invece, spetta al debitore" (MAURO, Mario. *Prescrizione ed Effettivita, nel Dialogo tra Cassazione e Corti Europee*. In: *Persona e Mercato*, 2014, 2, p. 146. Disponível em: <www.personaemercato.it/2014/11/prescrizione-ed-effettivita-nel-dialogo-tra-corti-italiane-e-corti-europee-di-mario-mauro/>. Acesso em: 21 jan. 2017). Tradução livre: "A diferença entre estes tem fortes repercussões em termos probatórios. Se a falta de conhecimento é uma causa impeditiva, o ônus da prova recai sobre credor; no outro caso, no entanto, cabe ao devedor".

[465] Veja-se: "*Also, by and large, and considering the full range of possible claims, the creditor will normally know about his claim at the time the later falls due; at least he can reasonably be expected to know about it. That, exceptionally, he did not do so, is a matter to be raised, and established to the satisfaction of the court, by the creditor. This would come out more clearly if discoverability were not to be made a requirement for commencement of prescription but if the fact that the creditor could not reasonably be aware of his claim were to give rise to an extension of prescription: that prescription is suspended or otherwise extended must, according to general principle, normally be provided by the creditor*" (ZIMMERMANN, Reinhard. *Comparative Foundations of a European Law of Set-Off and Prescription*. Cambridge University Press: Regensburg, 2002, p. 108). Tradução livre: "Além disso, em geral, e considerando toda a gama de possíveis pretensões, o credor normalmente terá conhecimento de sua pretensão na data do vencimento. Pelo menos pode-se razoavelmente esperar que o saiba. Que, excepcionalmente, ele não pudesse sabê-lo, é um assunto a ser levantado, e estabelecido perante o Tribunal, pelo credor. Isto seria mais claro se a possibilidade de descoberta não fosse um requisito para a fluência do prazo prescricional, mas se o fato de o credor não poder razoavelmente estar ciente de sua pretensão desse origem a uma prorrogação da prescrição: a alegação de que o prazo prescricional deve ser suspenso ou de outra forma deve ser prorrogado, de acordo com o princípio geral, normalmente deve ser suscitada pelo credor".

[466] *III. – 7:301: Suspension in case of ignorance The running of the period of prescription is suspended as long as the creditor does not know of, and could not reasonably be expected to know of: (a) the identity of the debtor; or (b) the facts giving rise to the right including, in the case of a right to damages, the type of damage.* Tradução livre: "Suspensão em caso de ignorância. O decurso do prazo prescricional se suspende enquanto o credor não tiver conhecimento e não se puder razoavelmente esperar que ele tenha conhecimento: a) da identidade do devedor; ou b) dos fatos que deram origem ao direito, incluindo, no caso de um direito a indenização, o tipo de dano".

[467] *Article 14:301 Suspension in Case of Ignorance. The running of the period of prescription is suspended as long as the creditor does not know of, and could not reasonably know of: (a) the*

3.5.2 Identificação do conteúdo da ciência exigível para o decurso do prazo prescricional: evento lesivo, autoria, existência e extensão do dano

Uma vez reconhecido que a impossibilidade objetiva de saber impacta o decurso do prazo prescricional – impedindo que este seja iniciado –, importa identificar em que medida e extensão o evento lesivo, sua autoria e dano causado devem ser conhecidos pelo titular para que se deflagre o cômputo do prazo. Essa questão se mostra crucial para a análise do termo inicial da prescrição; a depender do nível de conhecimento exigido, diverso será o momento em que haverá inércia imputável ao titular.

Nessa direção, poderia se indagar em que momento a ciência do titular se aperfeiçoaria (ou poderia ter se aperfeiçoado): bastaria o conhecimento de que seu interesse juridicamente tutelado fora violado por outrem ou seria necessária a delimitação de todos os efeitos resultantes do evento lesivo, de modo a identificar a extensão do dano? A esse respeito, Reinhard Zimmermann esclarece que a ignorância do titular deve recair sobre os fatos que fundamentam a pretensão a ser exercida em face do agente lesivo, nestes compreendida a autoria da lesão.[468]

Com efeito, se o desconhecimento – *rectius*, impossibilidade de saber – implica o impedimento de exercício da pretensão, somente a ciência dos elementos necessários à propositura da ação afastará os óbices que justificam que seja impedido o decurso do prazo prescricional. Em específico, caso o titular tenha ciência do dano, mas desconheça sua autoria – e razoavelmente não possa conhecê-la, adotando-se o *standard* de conduta aplicável –, o prazo prescricional só poderá se iniciar quando

---

identity of the debtor; or (b) the facts giving rise to the claim including, in the case of a right to damages, the type of damage. Tradução livre: "Suspensão em caso de ignorância. O decurso do prazo prescricional se suspende enquanto o credor não tiver conhecimento e não se puder razoavelmente esperar que ele tenha conhecimento: a) da identidade do devedor; ou b) dos fatos que deram origem ao direito, incluindo, no caso de um direito a indenização, o tipo de dano".

[468] *Practically the most important ground for extending the period of prescription is lack of knowledge on the part of the creditor. What, precisely, must his (lack of) knowledge relate to? It seems to be widely agreed that the facts giving rise to his claim and the identity of his debtor are the two key issues* (ZIMMERMANN, Reinhard. *Comparative Foundations of a European Law of Set-Off and Prescription*. Cambridge University Press: Regensburg, 2002, p. 148). Tradução livre: "Praticamente, o fundamento mais importante para estender o prazo prescricional é a falta de conhecimento por parte do credor. A que, precisamente, precisa sua (falta de) conhecimento estar relacionada? Parece haver amplo consenso de que as duas questões centrais recaem sobre os fatos que fundamentam sua pretensão e a identidade do seu devedor".

da imputação do dano a um comportamento lesivo praticado por um sujeito determinado, demonstrando-se o nexo de causalidade necessária entre o resultado danoso e a conduta. De outra parte, o titular poderá ter ciência do evento lesivo e de sua autoria, mas não haver ainda exsurgido do ato lesivo qualquer dano. Nesse caso, a pretensão só surgirá uma vez materializado o dano a um interesse juridicamente tutelado do titular. Se o momento em que é possível ter ciência quanto à ocorrência do evento lesivo e sua autoria pode ser mais facilmente precisado – ou bem se conhece o evento e quem o praticou, ou bem se desconhece qualquer desses elementos –, o conhecimento do resultado danoso e de sua extensão apresenta gradações, a suscitar dificuldades na apuração da data em que o prazo prescricional deva se iniciar.

Ao investigar a aplicação do critério da possibilidade de descoberta ("*discoverability criteria*"), doutrina[469] e legislação[470] estrangeiras[471] fazem referência a alguns elementos que precisam ser conhecidos pelo titular do direito para que se deflagre o prazo prescricional, a saber:

---

[469] Acerca do tema, vejam-se LANDO, Ole. *Principles of European Contract Law*, Kluver Law International, 1999; LONGOBUCCO, Francesco. La prescrizione come "rimedio civile": profili di ragionevolezza dell'istituto. *I Contratti*, Milano, n. 11, 2012; e MAURO, Mario. Prescrizione ed Effettivita, nel Dialogo tra Cassazione e Corti Europee. In: *Persona e Mercato*, 2014, 2, p. 145. Disponível em: <www.personaemercato.it/2014/11/prescrizione-ed-effettivita-nel-dialogo-tra-corti-italiane-e-corti-europee-di-mario-mauro/>. Acesso em: 21 jan. 2017.

[470] Além dos dispositivos legais ilustrativamente já referidos, veja-se o artigo 6:191 do Código Civil holandês: "*Article 6:191 Prescription period- 1. The right of action (legal claim) of the injured person for the recovery of damages against the producer, available to the injured person pursuant to Article 6:185, paragraph 1, becomes prescribed on expiry of three years from the day on which the injured person became aware, or should reasonably have become aware, of the damage, the defect and the identity of the producer.- 2. The right of the injured person to claim damages from the producer pursuant to Article 6:185, paragraph 1, shall be extinguished upon the expiry of a period of 10 years from the date on which the producer put into circulation the actual product which caused the damage, unless the injured person has in the meantime instituted proceedings against the producer. The same applies to the right of recourse which a third person, who is liable as well for the damage, may have against the producer*". Tradução livre: "Artigo 6:191 Prazo prescricional. 1. O direito de ação (ação judicial) da pessoa lesada visando à reparação de danos contra quem a produziu, à disposição do lesado nos termos do artigo 6:185, parágrafo 1, torna-se prescrito no prazo de três anos a contar do dia em que a pessoa lesada ficou ciente, ou devia razoavelmente ter tido conhecimento do dano, do defeito e da identidade do produtor. 2. O direito da pessoa lesada de reclamar uma indenização ao produtor nos termos do artigo 6:185, se extingue prazo prescricional de dez anos a contar da data em que o produtor colocou em circulação o produto efetivo que causou o dano, a menos que o lesado tenha, entretanto, instaurado um processo contra o produtor. O mesmo se aplica ao direito de recurso que um terceiro, que é responsável também pelo dano, possa ter contra o produtor".

[471] Pontue-se que as referências a ordenamentos jurídicos estrangeiros têm caráter meramente exemplificativo, servindo como indicação de parâmetros úteis à individuação dos contornos do critério de possibilidade de descoberta. Por essa razão, ressalva-se que o estudo de direito comparado não integra o objeto deste trabalho.

que o resultado danoso ocorreu, tendo sido causado por determinado comportamento lesivo, cuja responsabilidade é imputável a certo sujeito – imputabilidade subjetiva ou objetiva. Em certos casos, exige-se ainda o conhecimento de que o resultado danoso é relevante, ainda que a lesão não tenha terminado de produzir seus efeitos. A esse propósito, cabe destaque a disciplina adotada na Grã-Bretanha para a reparação de danos à pessoa humana: o prazo prescricional trienal só se inicia quando o lesado tem ciência de que o dano sofrido é significativo.[472] Em sentido diverso, o artigo 498, 1, do Código Civil português entende suficiente, para fins de exercício da pretensão, o conhecimento do direito de reparação que lhe assiste, ainda que restem desconhecidos o responsável e a extensão integral dos danos.[473]

Em primeiro lugar, portanto, o estabelecimento de um termo inicial móvel e dúctil exige que o titular tenha ciência do evento lesivo – ou razoavelmente pudesse tê-lo conhecido. Caso a impossibilidade objetiva de saber seja considerada como causa impeditiva do decurso do prazo prescricional – abordagem que parece mais adequada ao procedimento da prescrição –, caberá ao credor demonstrar que, adotando *standards* objetivos de atuação, não poderia razoavelmente ter conhecido a lesão em momento anterior ao da efetiva ciência.

A se considerar que, em uma relação obrigacional, o credor tem a exata noção de quando o crédito se tornou exigível, parte da doutrina afasta a impossibilidade de conhecimento da violação no âmbito da responsabilidade contratual. Nessa direção, José Fernando Simão aduz que "[a]legar que não sabia que o descumprimento ocorrera, significa, em última análise, que o credor não se preocupou com a execução do contrato, ou seja, que foi descuidado".[474] De igual modo, leciona Câmara Leal:

> Nas ações que nascem do não cumprimento de uma obrigação, denominadas pessoais, porque o direito do titular recai sobre atos do sujeito passivo, que se obrigara a dar, fazer ou não fazer alguma coisa, não pode o titular ignorar a violação ao seu direito, uma vez que essa

---

[472] V. *Limitation Act 1980, Section 14 (I) e 14 A (7)*.

[473] O direito de indemnização prescreve no prazo de três anos, a contar da data em que o lesado teve conhecimento do direito que lhe compete, embora com desconhecimento da pessoa do responsável e da extensão integral dos danos, sem prejuízo da prescrição ordinária se tiver decorrido o respectivo prazo a contar do facto danoso.

[474] SIMÃO, José Fernando. *Prescrição e Decadência – Início dos Prazos*. São Paulo: Atlas, 2013, p. 212.

consiste na falta de cumprimento da obrigação, e, por isso, o início da prescrição, nas ações pessoais, coincide com o momento em que a obrigação devia ser cumprida e não foi.[475]

Apesar de a impossibilidade de conhecer a violação se mostrar excepcional no âmbito da responsabilidade contratual, há de se reconhecer que poderá restar configurada, a depender das peculiaridades do caso concreto. Como já afirmado, nas obrigações negativas, o interesse do credor é satisfeito mediante a abstenção da contraparte de determinado comportamento ou ato. Uma vez praticado o ato do qual o devedor se obrigara a se abster, surgirá para o credor à reparação das perdas e danos[476] – e, a depender das circunstâncias, a pretensão à execução específica da obrigação negativa.[477] O descumprimento de uma obrigação negativa, no entanto, poderá não ser imediatamente cognoscível pelo credor. Nesse cenário, poderá se suscitar a impossibilidade objetiva de ter ciência da violação, dilatando-se o início do prazo prescricional para o momento em que o credor efetivamente conheceu – ou poderia ter conhecido – o descumprimento contratual, do qual se origina sua

---

[475] CÂMARA LEAL, Antônio Luiz da. *Da Prescrição e da Decadência*. Rio de Janeiro: Forense, 1978, p. 23.

[476] Nos termos do artigo 251 do Código Civil: "Praticado pelo devedor o ato, a cuja abstenção se obrigara, o credor pode exigir dele que o desfaça, sob pena de se desfazer à sua custa, ressarcindo o culpado perdas e danos".

[477] A jurisprudência mais recente, a propósito, vem admitindo a mora nas obrigações de não fazer, reconhecendo, consequentemente, a execução específica da obrigação negativa (...). (TEPEDINO, Gustavo; BARBOZA, Heloisa Helena; MORAES, Maria Celina Bodin de. *Código civil interpretado*: conforme a Constituição da República. Rio de Janeiro, RJ: Renovar, 2007, p. 527). Acerca do tema, distingue Pontes de Miranda as espécies de obrigações negativas, cujo conteúdo impactará na possibilidade de execução específica – ou não: "Tais pretensões são a prestações duradouras (à abstenção unitária), ou prestações repetidas, de modo que, ali, se houve violação, que cessou, a pretensão persiste, enquanto não há total infração da pretensão e, aqui, há prazo a cada violação. Se o ato é continuativo, de jeito que apanha todo o tempo em que havia de abster-se o obrigado, ou o excede, a prescrição pode dar-se" (MIRANDA, Pontes de. *Tratado de Direito Privado*. t. XXII. Campinas: Bookseller, 2000, p. 152-153). "Na experiência jurisprudencial recente, aliás, afirma-se o entendimento de que, no direito obrigacional, a regra há de ser a execução específica, relegando-se à posição secundária a indenização por perdas e danos, limitadamente às hipóteses em que o *facere* ou o *non facere* se torna impossível ou desinteressante para o credor" (*ibidem*, *idem*). V. RIO DE JANEIRO (estado). Tribunal de Justiça do Rio de Janeiro. *Apelação Cível nº 199500105072*, da Segunda Câmara Cível. Rio de Janeiro, de 04 de dezembro de 1995. Disponível em: <www4.tjrj.jus.br/ejud/ConsultaProcesso.aspx?N=199500105072>. Acesso em: 29 jan. 2017, às 10h36: "Ação de preceito. Obrigação de fazer. Incidência da Multa Cominatória. No direito moderno a regra é a tutela específica, a execução *in natura*, salvo se essa tutela se tornar impossível. Assim, nas obrigações de fazer ou de não fazer pode e deve o Juiz compelir o devedor a cumprir a obrigação mediante cominação de multa diária, que deverá incidir até o integral cumprimento da obrigação. Desprovimento das obrigações".

pretensão.[478] Imagine-se que as partes hajam convencionado cláusula de confidencialidade, de modo a impedir a divulgação de informações atinentes àquela relação contratual. Eventualmente, poderá haver um lapso temporal entre a violação ao pacto de confidencialidade – com o compartilhamento de informações sigilosas a terceiros – e o momento em que o descumprimento é conhecido – ou poderia ser razoavelmente conhecido – pelo credor. Ora, mostrando-se impossível o conhecimento acerca do descumprimento contratual, não haverá inércia imputável ao credor, tampouco pretensão exigível.[479]

Se, no âmbito da responsabilidade civil contratual, as hipóteses de desconhecimento da violação ao direito se mostram excepcionais, florescem na seara da responsabilidade aquiliana casos em que o titular do direito alega desconhecimento da lesão para modular o início do prazo prescricional. Isso porque, inexistindo prévia relação entre as partes, o dever de reparar se funda na cláusula geral de responsabilidade civil. Nesses casos, será imprescindível identificar se o conhecimento acerca da lesão ao interesse juridicamente tutelado dependia de diligência

---

[478] Em relação à violação do dever geral de abstenção, veja-se: BRASIL. Superior Tribunal de Justiça. Recurso Especial nº 1.400.778/SP. Brasília, de 30 de maio de 2014. Disponível em: <www.stj.jus.br/SCON/jurisprudencia/doc.jsp?livre=1400778&b=ACOR&p=true&l=10&i=1>. Acesso em: 29 jan. 2017, às 10h28. "RECURSO ESPECIAL. CANCELAMENTO DE LOTEAMENTO. MANUTENÇÃO DO REGISTRO DO IMÓVEL E COBRANÇA DE IPTU. CONHECIMENTO DA LESÃO POSTERIORMENTE AO FATO LESIVO. PRESCRIÇÃO. TERMO A QUO. DATA DA CIÊNCIA DA VIOLAÇÃO DO DIREITO. 1. O termo inicial do prazo prescricional apresenta diferenças de acordo com o direito violado. Se é violada uma obrigação pessoal positiva em que é possível ao titular do direito conhecer a ofensa ao direito no momento em que é perpetrada, o surgimento da pretensão coincide com a violação. Se é descumprida obrigação geral-negativa, esse momento é diferido, pois o titular do direito só conhece a violação quando é atingido pelo dano que advém do ato transgressor. 2. Ignorando a parte a lesão a seu direito subjetivo, não há como a pretensão ser demandada em juízo. 3. O termo a quo do prazo prescricional é a data em que o lesado tomou conhecimento da existência da violação ao seu direito de propriedade. 4. Recurso especial provido."

[479] Acerca da experiência italiana, aponta Paolo Vitucci que a jurisprudência não faz distinção entre os casos de responsabilidade contratual ou extracontratual no que tange à consideração do momento em que a ciência se tornou possível. Veja-se: "*Come s'è detto, la giurisprudenza nega che l'inizio della prescrizione debba variare a seconda che trattisi di responsabilità contrattuale o extracontrattuale. Non concorda quella parte della dottrina secondo cui nella responsabilità contrattuale la prescrizione del diritto al risarcimento nasce nel momento di produzione del danno ossia quando sia verifica l'inadempimento, mentre nella responsabilità extracontratuale vale il momento di percezione*" (VITUCCI, Paolo. *La Prescrizione*. Milão, Giuffrè, 1999, p. 169). Tradução livre: "Como já foi dito, a jurisprudência nega que o início da prescrição deva variar segundo se esteja diante de responsabilidade contratual ou extracontratual. Nesse sentido, não concorda com a corrente doutrinária que afirma que, na responsabilidade contratual, a prescrição do direito ao ressarcimento nasce no momento de produção do dano, ou seja, quando se dá o inadimplemento, ao passo que, na responsabilidade extracontratual, vale o momento da ciência".

razoavelmente esperada do credor ou se, ao revés, se configura a impossibilidade objetiva de saber – hipótese em que as providências associadas à ciência prévia extrapolam a atuação normalmente exigida do titular.

Mesmo antes da entrada em vigor do Código de Defesa do Consumidor, a ciência acerca da lesão já era considerada pelos tribunais pátrios como fator relevante, para fins de cômputo do termo inicial do prazo prescricional em casos de responsabilidade médica. A título exemplificativo, veja-se julgado proferido em 2011 envolvendo o abandono de agulha cirúrgica no interior do corpo da paciente em cesariana realizada no ano de 1979. Dada a ausência de manifestações externas, a paciente só veio a detectar o ocorrido 16 (dezesseis) anos após a intervenção cirúrgica, por ocasião da realização de exame radiográfico, em 1995. Não tendo apresentado qualquer sintoma, foi-lhe aconselhado que não efetuasse a retirada do objeto. Em novembro de 2000, a paciente começou a sentir fortes dores pelo corpo e, após novos exames, recomendou-se a imediata extração da agulha cirúrgica. O Juízo de Primeira Instância declarou prescrita a pretensão autoral, entendendo que esta surgira simultaneamente à cirurgia na qual fora abandonado o objeto no interior da paciente. A sentença foi confirmada pelo Tribunal de Justiça do Estado de São Paulo. A Quarta Turma do Superior Tribunal de Justiça, no entanto, entendeu que o prazo prescricional vintenário aplicável só se iniciaria com a ciência do evento lesivo pela paciente, estatuindo que:

> Ignorando a parte que em seu corpo foram deixados instrumentos utilizados em procedimento cirúrgico, a lesão ao direito subjetivo é desconhecida e não há como a pretensão ser demandada em juízo. O termo a quo do prazo prescricional é a data em que o lesado tomou conhecimento da existência do corpo estranho deixado no seu abdome.[480]

A depender do grau de conhecimento exigido do titular do direito, distinta será a solução encontrada para a hipótese fática acima delineada. Com efeito, caso se entenda que a ciência acerca do evento lesivo se mostra suficiente ao concreto exercício da pretensão, fixar-se-á o prazo prescricional na data em que foi realizado o exame radiográfico –

---

[480] BRASIL. Superior Tribunal de Justiça. *Recurso Especial nº 1.020.801/SP*, da Quarta Turma. Brasília, de 03 de maio de 2011. Disponível em: <www.stj.jus.br/SCON/jurisprudencia/toc.jsp?livre=1020801&&tipo_visualizacao=RESUMO&b=ACOR>. Acesso em: 25 jan. 2017, às 8h49.

em 1995 –, argumentando-se que, antes disso, o evento lesivo não se revelava cognoscível à paciente, não lhe sendo exigível a adoção de conduta diversa. Por outro lado, poderia se argumentar que, até novembro de 2000, sequer haviam se configurado os efeitos danosos do evento lesivo, razão pela qual não se recomendara a extração da agulha cirúrgica. Em decorrência, o prazo prescricional somente seria deflagrado pela ciência da extensão do dano à integridade psicofísica.

Em hipótese similar, a 2ª Turma do Superior Tribunal de Justiça considerou que "o termo *a quo* do prazo prescricional deve ser a data da cirurgia em que o autor tomou conhecimento da existência do corpo estranho deixado em sua coluna vertebral, em dezembro de 1992".[481] Tratava-se de ação fundada em negligência médica durante operação de hérnia de disco. Somente ao se submeter à subsequente cirurgia, o paciente "tomou conhecimento de que foi retirado um corpo estranho da sua coluna vertebral, o qual fora deixado ali por ocasião da primeira intervenção cirúrgica, o que poderia agravar sua lesão, ou causar paralisia". Adotou-se, portanto, a ciência da lesão como termo inicial do prazo prescricional.

Em outras oportunidades, o Superior Tribunal de Justiça tem adotado a data de conhecimento do dano oculto – em toda a sua extensão – como termo inicial do prazo prescricional. Antes de examiná-las, no entanto, cabem breves considerações sobre o papel desempenhado pelo dano oculto no ordenamento jurídico brasileiro.

No Código Civil de 2002, a existência de danos ocultos ou latentes é reconhecida em relação a determinados contratos, atribuindo-se ao credor um direito potestativo em face da contraparte, cujo exercício se subordina a um prazo decadencial, contado do surgimento do vício ou defeito oculto. Nessa direção, o artigo 445, §1º,[482] atribui ao adquirente o direito potestativo de requerer a redibição ou o abatimento no preço pago pelo bem caso se verifique um vício oculto; esse direito deverá ser exercido no respectivo prazo decadencial – de 30 (trinta) dias, tratando-se de bem móvel, e 1 (um) ano, se for um bem imóvel –, contado

---

[481] BRASIL. Superior Tribunal de Justiça. *Recurso Especial n. 694.287/RJ*, da Segunda Turma. Brasília, de 20 de setembro de 2006. Disponível em: <www.stj.jus.br/SCON/jurisprudencia/doc.jsp?livre=694287&b=ACOR&p=true&l=10&i=7>. Acesso em: 25 jan. 2017, às 08h53.

[482] Art. 445. O adquirente decai do direito de obter a redibição ou abatimento no preço no prazo de trinta dias se a coisa for móvel, e de um ano se for imóvel, contado da entrega efetiva; se já estava na posse, o prazo conta-se da alienação, reduzido à metade. §1º Quando o vício, por sua natureza, só puder ser conhecido mais tarde, o prazo contar-se-á do momento em que dele tiver ciência, até o prazo máximo de cento e oitenta dias, em se tratando de bens móveis; e de um ano, para os imóveis.

do momento em que o titular tem efetiva ciência do vício oculto. Em paralelo, é fixado um prazo máximo, que atua como barreira temporal para que o dano latente surja ou seja apurado pelo adquirente – correspondente a 180 (cento e oitenta) dias, no caso de bem móvel, ou 1 (um) ano, para imóvel.

A inovação no Código Civil de 2002 foi bem recepcionada pela doutrina, uma vez que o Código Civil de 1916 não contemplava as hipóteses de vícios que, por sua própria natureza, não são imediatamente identificáveis.[483] A despeito da ausência de previsão legal, a jurisprudência já considerava que a impossibilidade de ter ciência obstava a fluência do prazo. Nessa direção, em julgado prolatado em setembro de 1973, o Ministro Thompson-Flores já afirmara que a presunção legal de conhecimento dentro do prazo decadencial cede ante à realidade caso o defeito se afigure irrevelável à época da tradição. Nos termos do voto:

> Se o defeito se fez irrevelado e era irrevelável ao instante da venda, o início do prazo decadencial só ocorre no momento em que ficou revelado, posto que posterior aos quinze dias da tradição. É que, em tal hipótese, a presunção legis do conhecimento dentro de quinze dias cede ante à realidade, a qual evidenciou a inviabilidade da fluência do prazo, pela razão mesma da impossibilidade de conhecimento do defeito, o qual, se sabido, não teria dado margem à compra.[484]

---

[483] Cf. A crítica a esta solução resulta em se defender, em seu lugar, que os prazos do §12 do art. 445 se referem ao período no qual os defeitos hão de necessariamente ser revelados. Se o defeito só se vem a revelar após 180 dias (no caso de móveis) ou um ano (no caso de imóveis), o negócio jurídico respectivo deveria ser mantido, tudo em nome da estabilidade das relações jurídicas. Assim, seria de 180 dias (móveis) ou de um ano (imóveis) o prazo para a manifestação do defeito, iniciando-se a partir de então a contagem do prazo decadencial previsto no *caput* do art. 445 (30 dias, se móvel; 1 ano, se imóvel). Tal solução compatibiliza o pretendido reforço da responsabilidade do alienante com um limite temporal que prestigia a segurança das relações. De mais a mais, não fosse a intenção do CC estabelecer um limite temporal para o surgimento do vício, a parte final do §12 seria inteiramente ociosa. Esse sistema representa notável ampliação da garantia do comprador, refletindo tendência jurisprudencial definida à luz do Código Civil anterior o qual, como já dito, não contemplava a hipótese em tela, de defeitos cuja natureza não permita sejam revelados rapidamente (TEPEDINO, Gustavo et al. *Código Civil Interpretado conforme a Constituição da República*. v. II. Rio de Janeiro: Renovar, 2012). Por sua vez, em críticas à redação do dispositivo legal, veja-se: "Por outro lado, ao tempo do estatuto derrogado, na doutrina preponderava a tese de que o nascimento da responsabilidade por vício de objeto ocorria 'quando, após a entrega, o outorgado vem a conhecer do vício de objeto'. Bem expressou o entendimento dominante a 3ª Turma do STJ, fixando o termo inicial dessa responsabilidade na data, em que o vício tornou-se conhecido pelo adquirente do Imóvel. Esta orientação inspirou a obscura regra do §1º do art. 445, uma segunda e ainda mais complexa exceção ao termo inicial básico" (ARAKEN DE ASSIS et al. *Comentários ao Código Civil brasileiro*. v. V, Rio de Janeiro: Forense, 2007, p. 352).

[484] BRASIL. Supremo Tribunal Federal. *Recurso Extraordinário nº 76.233*, da Segunda Turma. Brasília, 30 de novembro de 1973. Disponível em: <www.stf.jus.br/portal/jurisprudencia/

Por outro lado, a subordinação do decurso do prazo à efetiva ciência é criticada, destacando-se que a "data exata em que o defeito se descerrou, nesta hipótese, representará uma árdua questão de fato, exigindo prova convincente, a cargo do outorgado".[485] Diante disso, constrói-se um paralelo com o critério previsto no artigo 26, §3º, do Código de Defesa do Consumidor, segundo o qual "o prazo decadencial inicia-se no momento em que ficar evidenciado o defeito".

De igual modo, o dano oculto é considerado no âmbito dos contratos de empreitada, prevendo o artigo 618 do Código Civil que o "empreiteiro de materiais e execução responderá, durante o prazo irredutível de cinco anos, pela solidez e segurança do trabalho, assim em razão dos materiais, como do solo". Nos termos do parágrafo único do aludido artigo, o dono da obra decairá do direito à reparação pelos vícios na construção se não propuser a ação contra o empreiteiro no prazo de 180 (cento e oitenta) dias, contados da ocorrência do defeito aparente ou surgimento do vício oculto. Mais uma vez, constata-se a estipulação simultânea de um prazo curto, subordinado à possibilidade de ciência do vício, e um prazo maior, cuja contagem é feita em termos objetivos, dissociada da cognoscibilidade do vício.

Nos casos de empreitada, pode-se cogitar se o decurso do prazo decadencial para reparação de vícios estruturais na construção se vincula ao surgimento dos defeitos aparentes, ainda que insignificantes – como rachaduras ou fraturas –, ou se depende da efetiva descoberta dos vícios na fundação ou estrutura do edifício. Da mesma forma, em relação aos vícios redibitórios, cabe indagar se basta a manifestação dos efeitos externos do vício oculto para a configuração da ciência do titular. A título ilustrativo, imagine-se que um rebanho seja vendido com um vírus, o qual não se possa detectar quando da venda. Ao primeiro efeito externo do vírus se contará o prazo decadencial ou exige-se que o adquirente tenha ciência da causa de tais efeitos, o que consubstancia o vício oculto?

Uma vez que se reconheça a impossibilidade objetiva de saber como uma causa impeditiva da fluência do prazo prescricional, poderá

---

listarJurisprudencia.asp?s1=%2876233%29&base=baseAcordaos&url=http://tinyurl.com/jvayvg7>. Acesso em: 25 jan. 2017, às 08h58. Na mesma direção, veja-se BRASIL. Superior Tribunal de Justiça. *Recurso Especial nº 4.152*, da Terceira Turma. Brasília, de 03 de dezembro de 1990. Disponível em: <www.stj.jus.br/SCON/jurisprudencia/doc.jsp?livre=4152&b=ACOR&p=true&l=10&i=24>. Acesso em: 25 jan. 2017, às 9h00.

[485] ARAKEN DE ASSIS et al. *Comentários ao Código Civil brasileiro*. v. V. Rio de Janeiro: Forense, 2007, p. 353.

ser construído um paralelo entre a contagem do prazo decadencial para exercício do direito potestativo atribuído ao titular, na ocorrência de vícios ocultos, e a fluência do prazo prescricional para exercício da pretensão ressarcitória nas hipóteses de dano oculto. Ou seja, quando houver um intervalo temporal entre o evento lesivo e o conhecimento do resultado danoso, para fins de início do prazo, há de se considerar a manifestação externa como critério de cognoscibilidade do dano pelo titular ou o termo inicial do prazo prescricional deve se ancorar na data em que o titular apurou o dano oculto em si considerado?

Discussão similar já foi travada em sede estrangeira. Em específico, a Corte de Apelação inglesa criou, no ano de 1972, uma nova categoria de responsabilidade por negligência, imputando tanto aos construtores quanto às autoridades locais a responsabilidade por defeitos em construções. A se considerar que tais defeitos, por sua própria natureza, são tipicamente ocultos, o entendimento jurisprudencial se consolidou no sentido de que o prazo prescricional se iniciaria na data em que o dano poderia razoavelmente ser descoberto.[486] A aplicação judicial do critério da possibilidade de descoberta do dano oculto, no entanto, não se revelou consistente: ora se contava o decurso do prazo prescricional da data de constatação do dano latente pelo titular, ora eram tomados os sintomas externos do defeito oculto para o início da fluência do prazo, ainda que as evidências externas fossem de menor relevância (como portas empenadas ou falhas na pintura, decorrentes de uma infiltração estrutural). Com o passar do tempo, firmou-se o entendimento de que a manifestação externa do vício oculto poderia ser considerada para fins de deflagração do prazo prescricional, desde que fosse suficiente para razoavelmente despertar no sujeito indagação quanto à existência de um defeito estrutural na construção. Por outras palavras, caso os efeitos aparentes conduzissem à constatação do vício oculto, o prazo prescricional se iniciaria conjuntamente com tais manifestações externas. Como se vê, a análise recai sobre o nexo de causalidade entre a manifestação externa e o vício oculto: caso este seja facilmente identificável, estará em curso o prazo prescricional.[487]

---

[486] *Sparham Souter v Town and Country Planning Developments Ltd2* [1976] 1 QB 858.

[487] *However judicial formulations of the test were not always consistent. Sometimes it was difficult to ascertain what it wasthat had to be reasonably discoverable - was it the latent defect itself (the foundation problem) or was it the physical symptoms of that defect (the cracks, jamming doors etc.). Because claims of this sort had been conceptualised as claims for physical damage and the test was after all "reasonable discoverability of damage", it was hardly surprising that some trial judges concentrated on when cracks and jamming doors were first discoverable. This was because where the court adopted a "discoverability of physical damage" formula, at the same time it also held*

A solução alcançada em sede estrangeira pode auxiliar o estudo da matéria no ordenamento jurídico brasileiro. Com efeito, tratando-se de pretensão indenizatória decorrente de dano oculto, o prazo prescricional deve se iniciar na data em que este se revele cognoscível ao titular – cessando, em tal momento, a causa impeditiva consubstanciada na impossibilidade objetiva de saber. Para tanto, releva a manifestação externa do dano latente, desde que se apresente de tal modo que permita a identificação de sua causa caso o titular adote o *standard* de diligência exigível naquelas circunstâncias fáticas. Dito diversamente, se se estiver diante de um efeito externo cujo nexo de causalidade com o vício oculto seja facilmente apurável, a partir de mera investigação – exigível de um sujeito minimamente diligente na administração de seus bens e na tutela de seus interesses jurídicos –, o decurso do prazo prescricional será deflagrado com a manifestação externa do defeito oculto. Ao invés de se indagar se se trata de manifestação externa relevante ou irrisória, deve-se apurar se é capaz de conduzir – adotando-se os meios ordinários e em razoável lapso temporal – ao dano oculto. Esse entendimento se mostra consentâneo com o impedimento do decurso do prazo prescricional por impossibilidade objetiva de saber. A partir do momento em que o conhecimento do dano latente se tornou possível, não tendo ocorrido por inação do titular do direito, cuja conduta não correspondeu ao *standard* de atuação aplicável, restará configurada a inércia – que figura como pressuposto fático da prescrição.

(usually through the rubric of the Cartledge distinction between minimal and material damage) that to start the clock ticking, the physical damage discoverable must be of a kind which would put the reasonably diligent houseowner on notice that they have a problem with their foundations. Damage which could reasonably be regarded by a lay person as caused by something else would not qualify as "material" (FRENCH, Christine. Time and the Blamelessly Ignorant Plaintiff: A Review of the Reasonable Discoverability Doctrine and Section 4 of the Limitation Act 1950. OtaLawRw 6; (1998) 9 Otago Law Review 255, p. 259. Disponível em: <http://www.nzlii.org/cgi-bin/sinodisp/nz/journals/OtaLawRw/1998/6.html?query=christine%20french>). Tradução livre: "No entanto, as formulações judiciais do teste nem sempre foram consistentes. Às vezes, era difícil averiguar o que tinha que ser razoavelmente descoberto – se era o próprio defeito latente (o problema da fundação) ou eram os sintomas externos desse defeito (as rachaduras, portas empenadas, etc.). Como as pretensões deste tipo tinham sido conceituadas como pretensões de danos físicos e o teste era, afinal de contas, a 'descoberta razoável de dano', não era de estranhar que alguns juízes se concentrassem na data em que as rachaduras e as portas empenadas foram descobertas pela primeira vez. Isso porque, ao mesmo tempo em que adotava uma fórmula de 'descoberta de dano físico', o Tribunal também sustentava (geralmente por meio da distinção de Cartledge entre dano mínimo e substancial) que, para iniciar a fluência do prazo, o dano físico detectável deveria ser de um tipo que colocaria o dono de casa razoavelmente diligente em aviso de que possui um problema com seus fundamentos. O dano que razoavelmente poderia ser considerado por um leigo como causado por outra coisa não seria qualificado como 'substancial'".

Como já indicado, o debate doutrinário e jurisprudencial acerca do dano oculto mostra-se mais profícuo na seara da responsabilidade extracontratual. Nesse campo, a rígida aplicação da fórmula – previsível e abstrata – do termo inicial do prazo prescricional conduziria, em considerável número de casos, ao contrassenso de o direito à indenização não poder jamais ser exercido pelo titular de direito. Com efeito, em inúmeras oportunidades, o dano experimentado pelo lesado só se manifesta externamente ou pode ser conhecido pelo titular anos após sua ocorrência. Nesse cenário, se o prazo prescricional para a reparação civil se iniciar na data do evento lesivo, a prescrição já poderá ter se consumado, quando do surgimento ou da ciência da ocorrência do dano pelo titular. Segundo pondera Gaetano Anzani, caso desconsiderada a (im)possibilidade de conhecer a lesão, a mera distância temporal entre evento lesivo e manifestação externa do dano colocaria o lesado em uma situação desprivilegiada – se comparado a outros sujeitos lesados –, afastando-se o ressarcimento do dano por fator temporal que não lhe é imputável. Por outro lado, o agente seria beneficiado pelo lapso temporal entre seu comportamento lesivo e a exteriorização do dano na esfera jurídica do lesado, ao que o autor conclui que a cognoscibilidade do dano constitui questão de fato que reverbera na possibilidade jurídica de exercício do direito, determinando a atualidade do interesse de reagir à lesão.[488]

---

[488] *In caso contrario, avremmo da un lato «un soggetto sicuramente danneggiato il quale tuttavia si trova discriminato rispetto agli altri danneggiati solo perché il danno si è manifestato in un momento assai lontano dall'originaria condotta determinando la (apparente) prescrizione dell'azione», dall'altro «un danneggiante sicuramente responsabile il quale è privilegiato rispetto agli altri danneggianti perché gli effetti lesivi della sua condotta si sono manifestati in un momento molto distante nel tempo». Invero, la conoscenza o almeno la conoscibilità del danno sono questioni di fatto che però si riverberano sulla possibilità legale di esercizio del diritto, la quale è apprezzabile solo se una perdurante situazione di «opposizione» ad esso, pur da intendere nel generico senso di divergenza fra la tutela concessa in astratto al titolare ed il godimento concreto di quella tutela, determinino l'attualità dell'interesse a reagire per farlo valere* (ANZANI, Gaetano. Riflessioni su prescrizione e responsabilità civile. In: *La Nuova Giurisprudenza Civile Commentata*, nº 2, Marzo 2012, Ano XXVIII. Milano: CEDAM, p. 207-208). Tradução livre: "Caso contrário, teríamos de um lado, 'um sujeito seguramente lesado o qual, no entanto, é discriminado em comparação a outros lesados apenas porque o dano se configurou em tempo muito distante do comportamento lesivo, conduzindo à prescrição da ação', e, de outro, 'um infrator seguramente responsável, que é privilegiado em relação a outros infratores porque os efeitos nocivos da sua conduta ocorreram em momento muito distante no tempo'. De fato, o conhecimento ou pelo menos a possibilidade de conhecer os danos constitui questão de fato que, no entanto, se reflete sobre a possibilidade legal de exercício da pretensão, a qual é apreciável somente se uma prolongada situação de oposição, apesar de entendida no sentido genérico de divergência entre a tutela concedida em abstrato ao titular e o objeto concreto desta proteção, determina a atualidade do interesse a reagi-la, fazendo exercer seu direito".

Como acima exposto, ilustrações mais significativas de dano oculto são colhidas do âmbito da responsabilidade médica. É o que se denota de controvérsia submetida à Corte de Cassação italiana. Decorridos 4 (quatro) anos após seu matrimônio, um casal se prepara para ter filhos. Nesse contexto, ambos realizam uma série de exames médicos, por meio dos quais descobrem a infertilidade do homem. Nos anos de 1971, 1983 e 1985, este havia se submetido a subsequentes intervenções cirúrgicas para retirada de cistos nos epidídimos. Apesar do aparente sucesso das operações cirúrgicas, estas deixaram-no estéril, ao interromperem o fluxo de espermatozoides. O risco jamais fora informado ao paciente pela equipe médica responsável pelas cirurgias. A incapacidade de reprodução – dano oculto – somente foi identificada em 1994, por ocasião dos exames médicos voltados ao planejamento familiar. Diante disso, em 1996, o casal propõe uma ação judicial em face do médico, requerendo indenização das perdas e danos decorrentes da incapacidade reprodutiva e da lesão à integridade psicofísica do sujeito. Em sede de contestação, o médico deduz preliminar de prescrição da pretensão autoral. Ao apreciar a matéria, o juiz de primeira instância afirma tratar-se de hipótese de responsabilidade contratual, atraindo a aplicação do prazo prescricional geral de 10 (dez) anos. Considerando a data da última intervenção cirúrgica como termo inicial do prazo prescricional, conclui que a pretensão já estaria prescrita à época do primeiro ato de constituição do médico em mora, realizado em fevereiro de 1996. No entender do juiz, cabia ao sujeito adotar as medidas necessárias ao conhecimento do dano oculto, uma vez que a averiguação da própria fertilidade dependia unicamente do seu interesse. Em sede de apelação, o Tribunal de Palermo reforma a sentença, entendendo haver fundamento também para uma pretensão de reparação extracontratual, cujo prazo prescricional se contaria da data da manifestação exterior do ato ilícito, nos termos do artigo 2.947 do Código Civil italiano. A questão foi submetida à Corte de Cassação italiana, a qual, reformando a decisão proferida pelo Tribunal de Palermo, reconheceu a prescrição do pleito autoral. Para tanto, sustentou que (i) a qualificação da matéria como hipótese de responsabilidade contratual não poderia ter sido alterada em segunda instância; (ii) tratando-se de responsabilidade contratual, o prazo prescricional se inicia na data em que o direito pode ser exercido, independentemente da existência de impedimento de fato, a menos que seja reconduzido a uma causa legal suspensiva ou impeditiva; e (iii) tendo em vista que o sujeito afetado também era um médico, mostrar-se-ia inescusável o seu desconhecimento do dano. Possuindo a *expertise* necessária para compreender os riscos atinentes às intervenções cirúrgicas às quais se sujeitou, deveria ter tido a diligência de realizar exames médicos para confirmar que sua fertilidade não havia sido afetada.[489]

Ao tecer comentários sobre referida decisão, Marco Bona aponta que a conclusão ali alcançada se afastou do entendimento jurisprudencial firmado pela Corte de Cassação italiana, desde meados dos anos 1970. Com inspiração na doutrina e legislação tedesca, a Corte de Cassação passou a considerar a cognoscibilidade do dano e de sua autoria como fator relevante para a fixação do termo inicial do prazo prescricional.[490] Nessa direção, por meio de inúmeros julgados, consolidou-se o posicionamento de que a exteriorização do dano se afigura imprescindível à possibilidade concreta de exercício da pretensão, procedendo à interpretação sistemática e axiológica dos artigos 2.935,[491] 2.043[492] e 2.947[493] do Código Civil italiano.

---

[489] *Cass. Civ., Sez. II, 28 gennaio 2004, n. 1547*. A narração do caso fático e da sentença encontra-se disponível em: <http://www.ordineavvocatifrosinone.it/sites/default/files/uploaded/2004%20Sentenza%20n.%201547-04%20della%20Cassazione.pdf>.

[490] *Al riguardo, è storia arcinota come a partire dagli anni settanta, la dottrina e le corti, in primis la Cassazione, vennero a spostare il dies a quo dal verificarsi del "fatto" all'esteriorizzazione del danno, finendo così per accantonare l'interpretazione più restrittiva di detto schema, già nata debole, se sol si considera che la soluzione codicistica venne alla luce in un contesto dottrinale, perlomeno in parte, favorevolmente colpito dal modello tedesco della conoscibilità del danno e della causa (§852 BGB): in particolare, in virtù della regola della decorrenza dal momento della "manifestazione del danno"* (BONA, Marco. *Prescrizione e Dies a Quo Nel Danno Alla Persona: Quale Modello? (Commento Critico Ad Una Sentenza Da Dimenticare)*. Responsabilità civile e previdenza, Milão, 2004, p. 580). Tradução livre: "A este respeito, é muito bem conhecido na história como desde o início dos anos setenta, a doutrina e os tribunais, principalmente o Supremo Tribunal, passaram a fixar o termo inicial do prazo prescricional na externalização de 'fato' do dano, afastando a interpretação a mais restritiva do regime, já nascida deficitária, se se considerar que a solução codicística vem à luz em um contexto doutrinário, pelo menos em parte, favoravelmente influenciado pelo modelo alemão da cognoscibilidade do dano e de sua causa (§852 BGB): em particular, por força da regra em vigor, de fluência do prazo prescricional desde a manifestação do dano".

[491] *La prescrizione comincia a decorrere dal giorno in cui il diritto può essere fatto valere*. Tradução livre: "A prescrição começa a correr a partir da data em que o direito pode ser exercido".

[492] *Qualunque fatto doloso o colposo, che cagiona ad altri un danno ingiusto, obbliga colui che ha commesso il fatto a risarcire il danno*. Tradução livre: "Seja qual for o fato doloso ou culposo, que cause um dano injusto, obriga a pessoa que o cometeu a reparar o dano".

[493] *Il diritto al risarcimento del danno derivante da fatto illecito si prescrive in cinque anni dal giorno in cui il fatto si è verificato. Per il risarcimento del danno prodotto dalla circolazione dei veicoli di ogni specie il diritto si prescrive in due anni. In ogni caso, se il fatto è considerato dalla legge come reato e per il reato è stabilita una prescrizione più lunga, questa si applica anche all'azione civile. Tuttavia, se il reato è estinto per causa diversa dalla prescrizione o è intervenuta sentenza irrevocabile nel giudizio penale, il diritto al risarcimento del danno si prescrive nei termini indicati dai primi due commi, con decorrenza dalla data di estinzione del reato o dalla data in cui la sentenza è divenuta irrevocabile*. Tradução livre: "O direito à reparação do dano delitual prescreve em cinco anos a partir da data em que o evento ocorreu. Para reparação de danos causados pela

Nas palavras de Marco Bona, "*l'orizzonte della prescrizione passò da un limite rigido ad uno 'mobile'*".[494]

Na experiência italiana, o precedente *Ciriachi v. Bisaro* constitui o *leading case* de adoção do parâmetro de cognoscibilidade do dano.[495] Tratava-se de hipótese de responsabilidade médica: em decorrência de um erro médico, a paciente havia sido indevidamente exposta à radiação, daí resultando uma irreversível incapacidade reprodutiva. Por um longo tempo, a incapacidade reprodutiva não foi identificada, uma vez que a paciente experimentava, com a periodicidade adequada, simulacros de menstruação. Ao apreciar a matéria, a Corte de Cassação entendeu que, havendo lapso temporal entre a lesão e a exteriorização dos seus efeitos, é do momento da concreta manifestação do dano que deve decorrer o prazo prescricional, uma vez que, antes, não era dado ao titular conhecer da lesão caso adotasse o *standard* de conduta esperável. Nos termos da decisão:

> *Nel momento della esteriorizzazione, e quindi della conoscibilità, dell'evento dannoso, elemento che perfeziona la fattispecie complessa responsabilità extracontrattuale, comincia a decorrere il termine di prescrizione del diritto al risarcimento del danno: perché in quel momento il diritto nasce e perciò può essere esercitato (art. 2935 c.c.).*[496]

De igual modo, no caso *Calvi v. Frangipane*,[497] afirmou-se que o termo inicial da prescrição se vincula à manifestação externa do dano quando se torna objetivamente perceptível e reconhecível pelo lesado. No cenário fático, a Corte de Cassação entendeu que somente após a

---

circulação de veículos de todos os tipos, o direito prescreve em dois anos. Em qualquer caso, se o fato é considerado pela lei como crime, e em relação a este se estabelece uma prescrição mais longa, esta se aplica também à ação civil. Todavia, se a ação penal se extingue por causa diversa da prescrição ou é prolatada sentença transitada em julgado na ação penal, o direito à reparação dos danos prescreve no prazo indicado nos dois primeiros parágrafos, com fluência a partir da data de extinção da ação penal ou da data em que a sentença se tornou irrevogável".

[494] Tradução livre: "O horizonte da prescrição passou de um limite rígido a um limite móvel".

[495] Cass., Sez. III, 24 marzo 1979, n. 1716, in Resp. Civ. Prev., 1980, 90, in Foro it., 1980, I, 1115, in Giust. Civ., 1979, I, 1440.

[496] Cass., Sez. III, 24 marzo 1979, n. 1716. Tradução livre: "No momento da exteriorização, e portanto da cognoscibilidade do evento danoso, elemento que aperfeiçoa a fattispecie complexa da responsabilidade civil extracontratual, se inicia o termo prescricional do direito ao ressarcimento do dano: porque em tal momento o direito nasce e pode ser exercitado (art. 2.935 c.c.)".

[497] Cass., Sez. III, 9 maggio 2000, n. 5913. Disponível em: <www.dannoallapersona.it>. Acesso em: 15 jan. 2017.

queda do primeiro dente, com distância temporal de três anos da data da prestação de serviços ortodônticos, se afigurara possível ao titular conhecer o fato do serviço.[498]

Ao analisar os julgados da Corte de Cassação italiana,[499] Marco Bona conclui que foi construído, em termos abrangentes, o parâmetro de cognoscibilidade do dano: para fins de fluência do prazo prescricional, não se revela suficiente o conhecimento de efeitos laterais do dano oculto que não conduzam à sua causa – como sintomas externos que não se vinculem necessariamente ao dano latente. Assim, a possibilidade de conhecer o dano oculto só será configurada caso, adotada a diligência exigível naquelas circunstâncias fáticas – *standard* de atuação –, a lesão, sua relevância jurídica e gravidade se mostrem plenamente cognoscíveis pelo titular.[500] O autor estrema tais hipóteses do dano

---

[498] *Il termine di prescrizione del diritto al risarcimento del danno da fatto illecito sorge non dal momento in cui l'agente compie l'illecito o dal momento in cui il fatto del terzo determina ontologicamente il danno all'altrui diritto, bensì dal momento in cui la produzione del danno si manifesta all'esterno divenendo oggettivamente percepibile e riconoscibile* (SAN GIORGIO, Maria Rosaria. *Pareri di Diritto Civile*. Milano: Giuffrè Editore, 2012, p. 317). Tradução livre: "O termo inicial do prazo prescricional do direito à reparação do dano por fato ilícito surge não no momento em que o agente comete o ato ilícito ou no momento em que o fato de terceiro determina a existência de um dano ao direito de outrem, mas no momento em que a produção do dano se manifesta externamente, tornando-se objetivamente perceptível e cognoscível".

[499] Na mesma direção, veja-se: "*Cass., Sez. III, 28 Iuglio 2000, nº. 9927. Il termine di prescrizione del diritto al risarcimento del danno da fatto illecito sorge non dal momento in cui l'agente compie l'illecito o dal momento in cui il fatto del terzo determina ontologicamente il danno all'altrui diritto, bensì dal momento in cui la produzione del danno si manifesta all'esterno divenendo aggettivamente percepibile e riconoscibile*" (ibidem, idem). Tradução livre: "Cass., Sez. III, 28 Iuglio 2000, nº. 9927. O termo inicial do direito à reparação do dano por fato ilícito surge não no momento em que o agente pratica o comportamento lesivo ou no momento em que o fato causa um dano a esfera de outrem, mas a partir do momento em que a produção do dano manifesta-se externamente, tornando-se reconhecível e objetivamente perceptível".

[500] *Nei casi sopra citati emerge pertanto come la Suprema corte non solo ritenga pacifico il principio contestato dalla sentenza in commento, ma sia altresì incline a concepire in senso piuttosto ampio il parametro della "conoscibilità del danno", venendo questo interpretato all'insegna dell'insufficienza, ai fini del decorso del termine prescrizionale, della mera consapevolezza della vittima di "stare male": occorre che quest'ultima si trovi nella possibilità di apprezzare, "usando la normale diligenza", la "gravità" delle conseguenze lesive della sua salute anche con riferimento alla loro "rilevanza giuridica"* (BONA, Marco. *Prescrizione e Dies a Quo Nel Danno Alla Persona: Quale Modello? (Commento Critico Ad Una Sentenza Da Dimenticare)*. Responsabilità civile e previdenza, Milão, 2004, p. 582). Tradução livre: "Nos casos supracitados emergem, portanto, o entendimento de como o Supremo Tribunal não somente considera pacífico o princípio desafiado na sentença ora comentada, mas também se inclina a conceber em sentido muito amplo o parâmetro de "cognoscibilidade de dano", visto que interpretou ser insuficiente, para fins de decurso do prazo prescricional, a mera consciência da vítima de se sentir mal: é necessário que esta última esteja em capacidade de apreciar, usando a normal diligência, a gravidade do resultado lesivo à sua saúde, com referência à sua relevância jurídica".

futuro anteriormente identificável, oferecendo como exemplo uma deficiência física (amputação de um membro) cujos efeitos se protraem no tempo. A despeito de a produção dos efeitos se dar parcialmente no futuro, o quadro clínico é imediatamente cognoscível, possibilitando que o titular exerça a pretensão.[501] [502]

No mesmo sentido, Francesco Longobucco faz referência aos danos latentes, os quais, por sua própria natureza, só podem ser verificados a uma distância temporal do evento lesivo. Ao apreciar caso em que o lesado foi contagiado por uma doença após uma transfusão de sangue, a Corte de Cassação entendeu que a fluência do prazo prescricional só poderia se iniciar após identificado o nexo de causalidade entre dano latente e causa remota, necessário ao exercício do direito

---

[501] BONA, Marco. *Prescrizione e Dies a Quo Nel Danno Alla Persona: Quale Modello? (Commento Critico Ad Una Sentenza Da Dimenticare)*. Responsabilità civile e previdenza, Milão, 2004, p. 582.

[502] A ilustração também é apresentada por Fernando Noronha, que a utiliza para diferençar os danos futuros que constituem um agravamento da situação original de danos cuja ocorrência só se dá em momento posterior à prolação da sentença. Veja-se: "Por exemplo, a perda de uma mão sofrida por um motorista é desde logo dano corporal e é também dano anímico (pelo sofrimento resultante da lesão corporal), que são danos presentes à sua pessoa; ainda danos presentes, mas agora de natureza patrimonial, são as despesas médicas e o custo de eventual prótese substitutiva. Dano presente é também o que esse profissional deixou de ganhar até agora, em razão do tempo de doença e também da situação de incapacidade parcial para o trabalho. Já será, porém, dano futuro a redução da capacidade de trabalho que aquele motorista verossimilmente terá para o resto de sua vida. O dano futuro do motorista pertence à categoria dos danos que constituem prolongamento no tempo de um dano que já existe agora. Se, porém, em vez de um motorista tivéssemos um estudante, seria dano futuro a incapacidade parcial para o trabalho que ele provavelmente experimentaria, quando viesse a iniciar uma atividade profissional. Este seria um dano que só se manifestaria no futuro, embora ainda em decorrência do fato lesivo" (NORONHA, Fernando. *Direito das Obrigações*. São Paulo: Saraiva, 2003, p. 579).

pelo titular.[503] [504] O julgado também é comentado por Paolo Vitucci, o qual destaca que o prazo prescricional decorre *"non dal giorno della transfusione ma da quello in cui la malattia può esser percepita quale danno ingiusto usando l'ordinaria diligenza e tenendo conto della diffusione delle conoscenze scientifiche"*.[505]

A ciência do dano oculto em caso de responsabilidade médica também é frequentemente apreciada pelos tribunais brasileiros, nas chamadas hipóteses de erro médico. A solução, no entanto, é facilitada pela aplicação da disciplina prevista no artigo 27 do Código de Defesa do Consumidor,[506] ancorando-se o decurso do prazo prescricional na

---

[503] *Il riferimento è al sistema dei c.d. danni lungolatenti, per i quali si intende un effetto dannoso che può verificarsi a distanza di tempo, anche notevole, rispetto al momento nel quale è stata posta in essere la condotta dannosa. Le Sezioni Unite della Corte di Cassazione (36), esaminando per esempio ipotesi di malattie infettive causate da contagi virali post-trasfusionali, hanno evidenziato che, in presenza di un danno lungolatente, gli effetti del quale si manifestano in un momento molto successivo alla sua causazione, il termine di prescrizione di cinque anni fissato dall'art. 2947, comma 1, c.c., può farsi decorrere non da quando il fatto si è verificato o il danno è avvenuto, ma da quando il danneggiato, presa coscienza del nesso esistente tra danno presente e causa remota, chiede di potersi avvalere del suo diritto* (LONGOBUCCO, Francesco. La prescrizione come "rimedio civile": profili di ragionevolezza dell'istituto. *I Contratti*, Milano, n. 11, 2012, p. 951). Tradução livre: "A referência é ao chamado sistema dos danos latentes, os quais são entendidos como efeitos danos que pode se manifestar a uma distância de tempo ainda considerável, no que diz respeito ao momento em que se realizou a conduta danosa. As seções unidas da Corte de Cassação, examinando, a título ilustrativo, hipóteses de doenças infecciosas causadas por infecção viral pós-transfusão, evidenciaram que, na presença de um dano latente, cujos efeitos se manifestam em momento muito posterior à sua causa, o prazo prescricional de cinco anos previsto no artigo. 2947, parágrafo 1, do Código Civil deve decorrer não da data em que o comportamento danoso ocorreu ou em que o dano se concretizou, mas do momento em que o lesado tomou conhecimento do nexo de causalidade entre dano atual e causa remota, permitindo que exercite seu direito".

[504] Cass. Sez. Un. 11 gennaio 2008 nn. Da 576 a 684, in Foro it., 2008, I, c. 451.

[505] Cf. VITUCCI, Paolo. *La Prescrizione*, tomo primo. Milão, Giuffrè, 1999, p. 169. Tradução livre: "Não da data da transfusão mas do momento em que a doença pode ser entendida como dano injusto, adotando-se a diligência ordinária e tomando-se em conta a difusão científica".

[506] Acerca da aplicabilidade do prazo prescricional previsto no artigo 27 do CDC às relações entre médico e paciente, confira-se a iterativa jurisprudência do Superior Tribunal de Justiça: "Orientação jurisprudencial desta Corte é de que o prazo para a ação de reparação do dano material, moral e estético decorrente de erro médico é o de 5 (cinco) anos previsto no art. 27 do CDC" (BRASIL. Superior Tribunal de Justiça. *Agravo Regimental No Agravo Em Recurso Especial nº 626.816/SP*, da Terceira Turma. Brasília, de 10 de junho de 2016. Disponível em: <www.stj.jus.br/SCON/jurisprudencia/doc.jsp?livre=626816&b=A COR&p=true&l=10&i=1>. Acesso em: 25 jan. 2017, às 8h40). "AGRAVO REGIMENTAL NO AGRAVO DE INSTRUMENTO. AÇÃO DE INDENIZAÇÃO. ERRO MÉDICO. PRAZO PRESCRICIONAL. ART. 27 DO CDC. 1. Encontra-se pacificado no âmbito do Superior Tribunal de Justiça que o prazo prescricional, na relação médica profissional-cliente, na condição de consumidor, é o ajustado no art. 27 do CDC. Precedentes 2. Agravo regimental a que se nega provimento" (BRASIL. Superior Tribunal de Justiça. *Agravo Regimental No Agravo de Instrumento nº 1278549/RS*, da Quarta Turma. Brasília, de 01 de julho de 2011. Disponível em: <www.stj.jus.br/SCON/jurisprudencia/doc.jsp?livre=1278549&b=A COR&p=true&l=10&i=5>. Acesso em: 25 jan. 2017, às 8h42).

data de conhecimento do dano e de sua autoria. Em específico, subordina-se a contagem do prazo prescricional à "demonstração da efetiva e inequívoca ciência pelo consumidor da consolidação dos danos por ele experimentados decorrentes do fato do serviço ou produto e de sua extensão".[507] Diante da hipossuficiência técnica do paciente, adota-se, em boa parte dos casos, a data em que houve a produção de laudo técnico, diagnosticando a ocorrência de erro médico e do resultado danoso. A título ilustrativo, veja-se demanda submetida à Quarta Turma do STJ, na qual se concluiu que a mera continuidade de dores após a realização de cirurgia não bastaria à possibilidade de descoberta do dano pelo lesado. O termo inicial do prazo prescricional corresponderia à data em que foi produzido laudo técnico confirmando o erro médico, uma vez que não seria exigível do consumidor o conhecimento especializado necessário à identificação da falha na prestação de serviços. Nessa direção, afirmou-se que "por 'constatação efetiva do dano' leia-se constatação técnica cabível de que a obrigação de resultado a que estavam submetidos os embargantes em relação à embargada não foi cumprida". Como se lê:

> De acordo com o que dispõe o art. 27 do CDC, a contagem do prazo prescricional passa a incidir quando do conhecimento do dano e de sua autoria. Nesses termos, salutar ter em vista que o conhecimento do dano e de sua autoria somente passam a existir quando há prova inequívoca de sua ocorrência, em extensão e profundidade, o que significa dizer que somente a partir de um laudo técnico é que se pode afirmar convictamente ter o médico cometido qualquer tipo de erro na cirurgia em que laborou nos problemas de saúde da embargada, autora

---

[507] Os contornos fáticos do caso são delineados no acórdão: "Em que pese incidente, na espécie, o art. 27 do CDC, Na verdade, analisando a evolução dos procedimentos realizados e do quadro resultante das várias cirurgias a que se viu a autora obrigada a realizar, narrado nas decisões prolatadas na origem, não se tem por efetivamente implementado o prazo prescricional previsto no art. 27 do CDC. Sugerem os recorrentes que o início da contagem do prazo quinquenal teria ocorrido em 1992. Não merece acolhida essa alegação, pois a douta sentença foi categórica em reconhecer que a autora ainda sofria intervenções cirúrgicas e tratamentos para apaziguar as dores experimentadas em 1995, sem que, até mesmo nesta data específica, se pudesse concluir que as lesões estavam todos consolidadas e que tivesse a consumidora ciência inequívoca acerca de sua invalidez. Foi operada novamente, por um outro especialista em 10.10.1991, sem melhora do quadro de dor. Em agosto de 1993 realizou nova cirurgia onde constatada lesão do nervo. Foi submetida a diversos procedimentos destinados ao tratamento de dor crônica como instalação de cateter epidural de morfina e estimulador medular em 1995. A perícia a corroborar a invalidez, de outro lado, fora realizada apenas em novembro 2008, no curso da demanda, não se podendo reconhecer, na hipótese, o implemento do prazo prescricional" (BRASIL. Superior Tribunal de Justiça. *Agravo Regimental No Agravo Em Recurso Especial nº 1537273/SP*, da Terceira Turma. Brasília, de 01 de dezembro de 2015. Disponível em: <www.stj.jus.br/SCON/jurisprudencia/doc.jsp?livre=1537273&b=ACOR&p=true&l=10&i=4>. Acesso em: 25 jan. 2017, às 08h44).

da demanda. Não parece razoável admitir-se como argumentação, para o caso em comento, conforme define o d. voto minoritário, o conhecimento do dano tão somente a partir da mera continuidade de dores pela embargada tão logo após a realização da cirurgia. Ora, referidas dores poderiam ter ocorrido por motivos decorrentes e típicos de situações de pós-operatório: no caso de a embargada ter ajuizado a demanda neste momento vulnerável e as dores sentidas fossem, *a posteriori*, comprovadamente resultantes do procedimento cirúrgico a que foi submetida, em que medida se verificaria o uso desnecessário da jurisdição? Nesse ínterim, acertadamente agiu a embargada ao ingressar com a presente ação apenas após ter a prova inequívoca de que seu estado de saúde se agravou tão somente em razão de falha médica realizada na cirurgia a que foi submetida em 02/10/2002. Ainda que após um ano de recorrentes dores, somente em 20/11/2003 é que, através do laudo médico decorrente do exame de eletroneuromiografia, tornou-se possível atribuir a responsabilidade civil dos embargantes à reparação dos extensos danos sofridos pela embargada.[508]

Em outros casos de responsabilidade médica, o Superior Tribunal de Justiça tem julgado ser exigível o conhecimento do dano, em toda a sua extensão, para que seja exercitável a pretensão à reparação. Em tal cenário, a maior dificuldade consiste em estabelecer, com acuidade, o momento em que o dano já se configurou em toda a sua plenitude. A controvérsia foi suscitada em ação indenizatória submetida à Segunda Turma, firmando-se o entendimento de que "[o] termo inicial para contagem do prazo prescricional em casos de erro médico se inicia quando a vítima toma ciência da irreversibilidade do dano". De um lado, a autora afirmava que sofrera uma fratura no ano de 1988. Deste incidente, sucederam-se diversas complicações médicas, tendo sido submetida a tratamentos até o ano de 1997, "momento em que tomou conhecimento de que os danos sofridos eram irreversíveis". Segundo informado pela autora, esta decidira ingressar em juízo "somente depois que todos os tratamentos disponíveis se mostraram ineficientes", a denotar a irreversibilidade do dano sofrido. Nada obstante, a Segunda Turma do STJ entendeu que o prazo prescricional deveria correr a partir do diagnóstico que identificara a deformidade fixa, realizado em agosto de 1993. Ou seja, concluiu que a irreversibilidade do dano era cognoscível desde o momento em que identificada a deformidade permanente, sendo desconsiderados os tratamentos posteriormente

---

[508] BRASIL. Superior Tribunal de Justiça. *Agravo Regimental No Agravo Em Recurso Especial* nº 499.193/RS, da Quarta Turma. Brasília, de 10 de fevereiro de 2015. Disponível em: <www.stj.jus.br/SCON/jurisprudencia/doc.jsp?livre=499193&b=ACOR&p=true&l=10&i=5>. Acesso em: 25 jan. 2017, às 8h47.

realizados pela lesada visando alterar tal diagnóstico. Por conseguinte, reconheceu estar prescrita a pretensão autoral.[509]

Em sentido diverso, a Primeira Turma já considerou que a ciência acerca da irreversibilidade do dano só ocorre quando esgotados os recursos médicos à disposição do paciente. Invocando o critério hermenêutico da razoabilidade, entendeu que não seria exigível do paciente – na condição de leigo – o conhecimento acerca da definitividade do dano sofrido antes de exauridos os tratamentos médicos existentes. Além disso, sustentou que o surgimento da pretensão à reparação subordinava-se à constatação da irreversibilidade da doença. Nos termos do voto do Relator Ministro Humberto Gomes de Barros:

> Partindo do princípio da actio nata, somente após haver o autor tentado reverter o quadro clínico decorrente de erro médico através de outra cirurgia é que teve ciência de que o mesmo era irreversível. Portanto, neste momento é que houve lesão ao seu direito subjetivo, pois antes o dano efetivo não estava caracterizado, pois tinha esperança de poder recuperar-se do problema, eis que enquanto não tivesse esgotado na área médica todos os recursos, não havia condições de conhecer a extensão do dano, não tinha ciência da irreversibilidade da situação. Assim, o autor só teve consciência da lesão ao seu direito subjetivo a partir do momento em que fez todas as cirurgias e esgotou todos os recursos indicados. (...) A lógica do razoável aponta para essa conclusão. Não é lícito imaginar que o recorrido – leigo em assuntos médicos – conhecesse a irreversibilidade do dano que lhe foi causado. Em verdade, se a conhecesse, não teria alienado seu patrimônio, em busca de operação reparadora do mal.[510]

---

[509] RESPONSABILIDADE CIVIL DO ESTADO. INDENIZAÇÃO. ERRO MÉDICO. PRESCRIÇÃO. TERMO INICIAL. CIÊNCIA DA IRREVERSIBILIDADE DO DANO. REFORMA. SÚMULA 07/STJ. PRAZO PRESCRICIONAL. QÜINQÜENAL DECRETO N. 20.910/32. TEMA OBJETO DE RECURSO REPETITIVO.

1· O termo inicial para contagem do prazo prescricional em casos de erro médico se inicia quando a vítima toma ciência da irreversibilidade do dano. Precedentes.

2· A lesão inicial aconteceu em 1988, sendo conhecida a irreversibilidade do dano em 1993. Rever esse posicionamento para acolher a pretensão de que a extensão do dano só foi conhecida em 1997, demandaria reexame do conjunto fático-probatório dos autos, providência que encontra óbice na súmula 07/STJ.

3· Conforme orientação consolidada no julgamento do REsp 1.251.993/PR, submetido ao rito dos repetitivos, a prescrição contra a Fazenda Pública, mesmo em ações indenizatórias, é regida pelo Decreto 20.910/32.

4· Recurso especial conhecido em parte e, nessa parte, não provido.

(BRASIL. Superior Tribunal de Justiça. *Recurso Especial nº 1211537/RJ*, da Segunda Turma. Brasília, de 20 de maio de 2013. Disponível em: <www.stj.jus.br/SCON/jurisprudencia/doc.jsp?livre=1211537&b=ACOR&p=true&l=10&i=2>. Acesso em: 25 jan. 2017, às 8h51).

[510] ADMINISTRATIVO - PRESCRIÇÃO CONTRA O ESTADO - TERMO INICIAL - AÇÃO DE INDENIZAÇÃO - ERRO MÉDICO - MOMENTO EM QUE SE CONSTATOU A

Nessa direção, em julgado prolatado pela Primeira Turma do STJ, afirmou-se que "começa a fluir o prazo prescricional, para o ajuizamento de ação indenizatória por erro médico, a partir da ciência, pela vítima, da impossibilidade da reversão da lesão ocasionada", uma vez que "[n]o período anterior à constatação da irreversibilidade do dano ocorrido, o autor não poderia imaginar que lhe acometeria a deficiência acontecida *a posteriori*". No contexto fático, o lesado havia se internado em unidade hospitalar em junho de 1988, sendo submetido a sucessivas intervenções cirúrgicas. Em 1990, realizou a última cirurgia, após a qual restou comprovada a irreversibilidade da lesão física, tendo o paciente sido informado de que permaneceria com deficiência de cinco centímetros em sua perna esquerda. Segundo o entendimento da Primeira Turma do STJ, somente neste momento teria surgido a pretensão à reparação ao titular do direito, vez que, até então, o dano não se afigurava irreversível.[511]

IRREVERSIBILIDADE DA LESÃO. O prazo prescricional da ação para indenizar dano irreversível causado por erro médico inicia-se com a constatação, pela vítima, da inviabilidade de reverter-se a lesão. Antes de conhecer esta circunstância, o autor não tinha interesse em ação fundada na irreversibilidade. (BRASIL. Superior Tribunal de Justiça. Recurso Especial nº 194.665/RS, da Primeira Turma. Brasília, de 29 de novembro de 1999. Disponível em: <www.stj.jus.br/SCON/jurisprudencia/doc.jsp?livre=194665&b=ACOR&p=true&l=10&i=7>. Acesso em: 25 jan. 2017, às 08h53).

[511] PROCESSUAL CIVIL. AÇÃO DE INDENIZAÇÃO, CONTRA O ESTADO, POR ERRO MÉDICO. PRESCRIÇÃO. TERMO INICIAL. CONSTATAÇÃO DA IRREVERSIBILIDADE DO DANO OCORRIDO.

1· Recurso Especial contra Acórdão que decretou a prescrição do direito de o recorrente pleitear indenização, por erro médico, contra o Estado recorrido, com aplicação do art. 1º, do Decreto nº 20.910/32, ao entendimento de que o prazo inicial conta-se a partir do momento da primeira internação (entrada) no estabelecimento de saúde.

2· Segundo a jurisprudência do Superior Tribunal de Justiça, começa a fluir o prazo prescricional, para o ajuizamento de ação indenizatória por erro médico, a partir da ciência, pela vítima, da impossibilidade da reversão da lesão ocasionada.

3· No período anterior à constatação da irreversibilidade do dano ocorrido, o autor não poderia imaginar que lhe acometeria a deficiência acontecida *a posteriori*.

4· Precedentes desta Corte Superior.

5· Recurso provido, para afastar a prescrição decretada e determinar o retorno dos autos ao Egrégio Tribunal a quo, a fim de que o mesmo continue o julgamento, desta feita sem a prejudicial em tela.

(BRASIL. Superior Tribunal de Justiça. *Recurso Especial nº 302.238/RJ*, da Primeira Turma. Brasília, de 11 de junho de 2001. Disponível em: <www.stj.jus.br/SCON/jurisprudencia/doc.jsp?livre=302238&b=ACOR&p=true&l=10&i=10>. Acesso em: 25 jan. 2017, às 08h57). Na mesma direção, veja-se: "ADMINISTRATIVO. RESPONSABILIDADE CIVIL DO ESTADO. AÇÃO DE INDENIZAÇÃO. DISPOSITIVOS DA LEI MAIOR. EXAME EM RECURSO ESPECIAL. INADMISSIBILIDADE. ERRO MÉDICO. PRAZO PRESCRICIONAL. TERMO A QUO. MOMENTO DA CIÊNCIA DA IRREVERSIBILIDADE DO DANO. PRESCRIÇÃO INTERCORRENTE. FALTA DE PREQUESTIONAMENTO. INDENIZAÇÃO POR

A irreversibilidade do dano também tem sido considerada pela jurisprudência italiana, em aplicação do já mencionado parâmetro de cognoscibilidade do dano oculto. Em específico, no caso *Istituto Tecnico Industriale Statale A. Panella v. Orlando*,[512] a Corte de Cassação sustentou que o prazo prescricional da pretensão à reparação se inicia na data em que o evento danoso se revela em todos os seus componentes principais, a saber, em que seus efeitos de caráter permanente se estabilizam.[513] Nessa direção, no precedente *Comune di Montevarchi c. Unità Sanitaria*

DANO MORAL. CARÁTER PATRIMONIAL. TRANSMISSÃO AOS SUCESSORES. POSSIBILIDADE. ALEGADA AUSÊNCIA DE CULPA OU DOLO E NEXO CAUSAL. SÚMULA 7/STJ. DISSÍDIO NÃO CONFIGURADO.

1. O recurso especial não é sede adequada para a análise de violação de dispositivo constitucional, por competir ao Pretório Excelso tal exame (art. 102, III, da CF).

2. No caso de responsabilidade civil do Estado em virtude de erro médico, o prazo prescricional de cinco anos previsto no Decreto nº 20.910/32 começa a fluir a partir do momento em que a vítima tenha ciência da irreversibilidade do dano. Precedentes. Inexistência de prescrição.

3. A tese relativa à prescrição intercorrente não foi examinada pela Corte de origem. Falta de prequestionamento. Incidência da Súmula 211/STJ.

4. As ações de indenização por dano moral têm caráter patrimonial.

Assim, certo é que os herdeiros podem substituir a parte que porventura venha a falecer no curso do processo. Precedentes.

5. Para se verificar a alegada ausência de demonstração da conduta dolosa ou culposa dos agentes públicos, do dano e do nexo causal, faz-se necessário o reexame do conteúdo fático-probatório dos autos, o que é vedado pela Súmula 7/STJ.

6. Não foram cumpridas as formalidades exigidas pelos artigos 541, parágrafo único, do Código de Processo Civil e 255 do RISTJ.

Ausência de semelhança fática entre os acórdãos confrontados. Dissídio jurisprudencial não configurado.

7. Recurso especial conhecido em parte e não provido.

(BRASIL. Superior Tribunal de Justiça. *Recurso Especial nº 863.457/RJ*, da Segunda Turma. Brasília, de 11 de setembro de 2007. Disponível em: <www.stj.jus.br/SCON/jurisprudencia/doc.jsp?livre=863457&b=ACOR&p=true&l=10&i=2>. Acesso em: 25 jan. 2017, às 09h02).

[512] *Cass., Sez. III, 24 febbraio 1983*, n. 1442, in *Resp. Civ. Prev.*, 1983, 627.

[513] *Si osservi inoltre che, nel caso or ora citato, la Suprema corte si riferiva ad un concetto piuttosto preciso di "evento dannoso": questo veniva fatto coincidere con il "danno permanente". Secondo tale criterio, dunque, la prescrizione comincia a decorrere dal giorno in cui l'evento dannoso si è rivelato in tutte le sue componenti principali, e cioè dal momento in cui le conseguenze di carattere permanente, perlomeno quelle essenziali, si sono stabilizzate* (BONA, Marco. *Prescrizione e Dies a Quo Nel Danno Alla Persona: Quale Modello? (Commento Critico Ad Una Sentenza Da Dimenticare)*. Responsabilità civile e previdenza, Milão, 2004, p. 581). Tradução livre: "Também se observa que, no caso que acabamos de citar, o Supremo Tribunal fez referência a um conceito bastante preciso de 'fato danoso', que coincide com a configuração do 'dano permanente'. De acordo com este critério, portanto, o prazo prescricional se inicia no dia em que o fato danoso se manifestou em todos os seus componentes principais, a saber, a partir do momento em que as consequências de natureza permanente, pelo menos aqueles essenciais, se estabilizaram".

Locale v. c. Menci,[514] a Corte de Cassação estabeleceu, como marco inicial do prazo prescricional, o momento em que o lesado pôde ter real e concreta percepção da existência e gravidade do dano.[515]

Na jurisprudência brasileira, a comprovação da irreversibilidade do dano por meio de laudo técnico também é adotada no âmbito das ações indenizatórias referentes ao seguro de responsabilidade civil obrigatório DPVAT. Segundo a tese firmada pelo Superior Tribunal de Justiça em sede de recurso repetitivo, o prazo prescricional trienal da ação indenizatória (artigo 206, §3º, IX, do Código Civil[516] e Enunciado 405 da Súmula do STJ)[517] deve ser contado da "data em que o segurado teve ciência inequívoca do caráter permanente da invalidez", destacando-se que, "exceto nos casos de invalidez permanente notória, a ciência inequívoca do caráter permanente da invalidez depende de laudo médico, sendo relativa a presunção de ciência".[518]

No mesmo sentido, o Tribunal de Justiça do Estado do Rio de Janeiro (TJRJ) já afirmou que, no âmbito do seguro DPVAT, o prazo prescricional trienal se inicia na data em que o segurado teve ciência inequívoca da invalidez permanente, a qual pode ser apurada a partir da data do laudo médico em que é afirmada a irreversibilidade da lesão.[519]

---

[514] *Cass., Sez. III, 12 agosto 1995, n. 8845.*

[515] Cf. BONA, Marco. *Prescrizione e Dies a Quo Nel Danno Alla Persona: Quale Modello? (Commento Critico Ad Una Sentenza Da Dimenticare)*. Responsabilità civile e previdenza, Milão, 2004, p. 582.

[516] Art. 206. Prescreve: (...)§3º Em três anos:(...) IX - a pretensão do beneficiário contra o segurador, e a do terceiro prejudicado, no caso de seguro de responsabilidade civil obrigatório.

[517] A ação de cobrança do seguro obrigatório (DPVAT) prescreve em três anos.

[518] RECURSO ESPECIAL REPRESENTATIVO DA CONTROVÉRSIA. CIVIL E PROCESSUAL CIVIL. SEGURO DPVAT. TERMO INICIAL DA PRESCRIÇÃO. CIÊNCIA INEQUÍVOCA DO CARÁTER PERMANENTE DA INVALIDEZ. NECESSIDADE DE LAUDO MÉDICO. 1. Para fins do art. 543-C do CPC: 1.1. O termo inicial do prazo prescricional, na ação de indenização, é a data em que o segurado teve ciência inequívoca do caráter permanente da invalidez. 1.2. Exceto nos casos de invalidez permanente notória, a ciência inequívoca do caráter permanente da invalidez depende de laudo médico, sendo relativa a presunção de ciência. 2. Caso concreto: Inocorrência de prescrição, não obstante a apresentação de laudo elaborado quatro anos após o acidente. 3. RECURSO ESPECIAL DESPROVIDO. (BRASIL. Superior Tribunal de Justiça. *Recurso Especial nº 1.388.030/MG*, da Segunda Seção. Brasília, de 01 de agosto de 2014. Disponível em: <www.stj.jus.br/SCON/jurisprudencia/doc.jsp?livre=1388030&b=ACOR&p=true&l=10&i=29>. Acesso em: 25 jan. 2017, às 7h33).

[519] RIO DE JANEIRO (estado). Tribunal de Justiça do Rio de Janeiro. *Apelação Cível nº 0008828-80.2011.8.19.0038*, da Quarta Câmara Cível. Rio de Janeiro, de 26 de setembro de 2016. Disponível em: <www1.tjrj.jus.br/gedcacheweb/default.aspx?UZIP=1&GEDID=0004F9691ABBDD8DFA92664242307DE2C61DC5053B52435B&USER=>. Acesso em: 25 jan. 2017, às 7h35). APELAÇÃO CÍVEL. AÇÃO DE COBRANÇA DE SEGURO OBRIGATÓRIO. DPVAT. PRESCRIÇÃO. INOCORRÊNCIA. TEORIA DA ACTIO NATA. VERBETE Nº 278 DA SÚMULA DO STJ. CORREÇÃO MONETÁRIA. TERMO INICIAL. SINISTRO.

Em outra oportunidade, a Quarta Câmara Cível do TJRJ destacou que:

> Em relação à prescrição aplica-se a teoria da *actio nata*, segundo a qual o curso do prazo prescricional tem início com a efetiva ciência da lesão ou ameaça do direito tutelado, sendo este, portanto, o momento em que nasce a pretensão a ser deduzida em juízo.
>
> Com efeito, tão somente a partir do conhecimento da incapacidade permanente é que poderia o autor-apelante ingressar com o pedido indenizatório, o que no caso em comento ocorreu com a realização do exame de corpo de delito pelo IML de Duque de Caxias, em 26/10/2010, consubstanciado no Laudo nº 9891/10.
>
> Note-se que o apelante submeteu-se a tratamento durante longos anos, inclusive cirúrgico, consoante diversos laudos acostados aos autos.
>
> Registre-se que, segundo a jurisprudência pacífica do STJ, a contagem do prazo se dá a partir da data de emissão do laudo pericial que afere a incapacidade definitiva do segurado.[520]

VERBETE Nº 43 DA SÚMULA DO STJ. CORREÇÃO DE OFÍCIO. - Insurgência do réu com a procedência do pedido autoral de cobrança de indenização relativa ao seguro obrigatório DPVAT, sob alegação de incidência da prescrição. - Prazo prescricional que se inicia na data em que o segurado teve ciência inequívoca da invalidez permanente, nos termos do verbete nº 278 da Súmula de jurisprudência do STJ. - Laudo pericial conclusivo, in casu, elaborado pelo IML em 16/01/2009, tendo sido a ação distribuída em 08/02/2011, antes, portanto, do termo ad quem para propositura da demanda (16/01/2012). Precedentes desta Corte e do STJ. - Na ação de cobrança de indenização do seguro DPVAT o termo inicial da correção monetária é a data do evento danoso (Verbete nº 43 da Súmula do STJ), o que se corrige de ofício, com suporte no verbete nº 161 da Súmula do TJRJ. Precedentes desta Corte e do STJ. NEGO PROVIMENTO AO RECURSO E, DE OFÍCIO, DETERMINO A FLUÊNCIA DA CORREÇÃO MONETÁRIA A PARTIR DO EVENTO DANOSO.

[520] RIO DE JANEIRO (estado). Tribunal de Justiça do Rio de Janeiro. *Apelação Cível nº 0005460492011819007*5, de Quarta Câmara Cível. Rio de Janeiro, de 29 de setembro de 2016. Disponível em: <www1.tjrj.jus.br/gedcacheweb/default.aspx?UZIP=1&GEDID=-0004792F62EC1240288DBA90073C9F85C69FC5053D364E4E&USER=>. Acesso em: 25 jan. 2017, às 7h37). APELAÇÃO CÍVEL. AÇÃO DE COBRANÇA DE SEGURO OBRIGATÓRIO. DPVAT. PRÉVIO REQUERIMENTO ADMINISTRATIVO. DESNECESSIDADE. PRINCÍPIO DA INAFASTABILIDADE DA JURISDIÇÃO. PRESCRIÇÃO. INOCORRÊNCIA. TEORIA DA ACTIO NATA. VERBETE Nº 278 DA SÚMULA DO STJ. ANULAÇÃO DA SENTENÇA. - Insurgência do autor com a sentença que extinguiu o feito pela ocorrência da prescrição. - Prazo prescricional que se inicia na data em que o segurado teve ciência inequívoca da invalidez permanente, nos termos do verbete nº 278 da Súmula de jurisprudência do STJ. - Laudo pericial conclusivo, in casu, elaborado pelo IML em 26/08/2010, tendo sido a ação distribuída em 25/05/2011, antes, portanto, do termo ad quem para propositura da demanda. Precedentes desta Corte e do STJ. - Desnecessária a interposição de requerimento administrativo prévio ao ajuizamento da demanda judicial, com vistas à percepção do seguro DPVAT, diante do princípio da inafastabilidade da jurisdição (art. 5º, XXXV, da CRFB/88). - Sentença que se anula, com fulcro no verbete 168, da Súmula do TJRJ. Precedentes. RECURSO AO QUAL SE DÁ PROVIMENTO, NA FORMA DO ARTIGO 932, V, a, DO CPC/2015.

Adota-se idêntico posicionamento nas hipóteses de pretensão fundada em invalidez ocasionada por acidente de trabalho.[521] [522] Em julgado proferido pela Quinta Turma do Superior Tribunal de Justiça, um sujeito requereu sua reintegração ao Exército, bem como o recebimento de tratamento médico e reforma por invalidez, baseando seu pleito na incapacidade permanente decorrente de acidente no local de trabalho. Afastando a consumação da prescrição, a Quinta Turma entendeu que, "tratando-se de hipótese em que a pretensão tem por fundamento a ocorrência de acidente em serviço, o termo *a quo* do prazo prescricional não está necessariamente relacionado à data do evento, mas, sim, aquela na qual a vítima tenha inequívoca ciência, tanto de sua invalidez, quanto da extensão da incapacidade". Levando em conta que a incapacidade permanente do sujeito não havia se manifestado quando requereu licenciamento do serviço militar e que se afigurava impossível prever os males que poderiam no futuro decorrer de sua enfermidade, concluiu que "não seria razoável exigir-lhe que, no prazo de cinco anos posteriores à desincorporação, fosse em juízo contestar a declaração de que sua doença seria 'pré-existente à incorporação' e

---

[521] MORAIS E MATERIAIS. ACIDENTE DE TRABALHO. PRESCRIÇÃO. TERMO INICIAL. DATA DA EFETIVA CONSTATAÇÃO DO DANO. RECURSO ESPECIAL. MATÉRIA FÁTICA. SÚMULA 07/STJ. 1. Esta Corte já assentou o entendimento de que, em ação de indenização por danos materiais, o prazo prescricional só passa a fluir a partir da efetiva constatação do dano (AgRg no Ag 648.278/MG, Min. Nancy Andrighi, 3ª Turma, DJ 07.11.2005; REsp 735.377/RJ, Min. Eliana Calmon, 2ª Turma, DJ 27.06.2005; REsp 20.109/SP, Min. Sálvio de Figueiredo Teixeira, 4ª Turma, DJ 12.08.2003; AgRg no REsp 329.479/SP, Min. Sálvio de Figueiredo Teixeira, 4ª Turma, DJ 04.02.2002; REsp 302.238/RJ, Min. José Delgado, 1ª Turma, DJ 11.06.2001; REsp 194.665/RS, Min. Humberto Gomes de Barros, 1ª Turma, DJ 29.11.1999). 2. É vedado o reexame de matéria fático-probatória em sede de recurso especial, a teor do que prescreve a Súmula 07 desta Corte. 3. Recurso especial a que se nega provimento (BRASIL. Superior Tribunal de Justiça. *Recurso Especial nº 742.500/RS*, da Primeira Turma. Brasília, de 10 de abril de 2006. Disponível em: <www.stj.jus.br/SCON/jurisprudencia/doc.jsp?livre=742500&b=ACOR&p=true&l=10&i=7>. Acesso em: 25 jan. 2017, às 7h43).

[522] O mesmo entendimento é adotado na jurisprudência italiana. Como destaca Paolo Vitucci: "*La prescrizione dell'azione diretta a conseguire la rendita da inabilità permanente per malattia professionale inizia dal momento in cui uno o più fatti concorrenti forniscano certezza dell'esistenza dello stato morboso o della conoscibilità da parte dell'assicurato presso l'inail, come se è detto nel par. 3. Il medesimo criterio va adottato anche ai fini della decorrenza del termine di prescrizione del diritto al risarcimento del danno non patrimoniale, spettante nei confronti del datore di lavoro*" (VITUCCI, Paolo. *La Prescrizione*, tomo primo. Milão, Giuffrè, 1999, p. 170). Tradução livre: "A prescrição da ação visando à pensão por invalidez permanente decorrente de acidente de trabalho se inicia no momento em que um ou mais fatos concorrentes fornecem a certeza da existência do estado de invalidez permanente ou da cognoscibilidade por parte do assegurado, como prevê o parágrafo 3. O mesmo critério deve ser adotado também para a contagem do prazo prescricional do direito à indenização por danos morais, devido pelo empregador em decorrência do acidente de trabalho".

requerer sua reforma, porquanto correria o risco ter seu pedido julgado improcedente".[523]

Na hipótese acima, a constatação da incapacidade permanente encontra-se diametralmente ligada ao surgimento da pretensão do autor, qual seja, de recebimento de tratamento médico e reforma por invalidez permanente. A rigor, não se está diante de agravamento do dano anteriormente já constatado, mas de uma nova pretensão, que nasce somente com a incapacidade permanente do lesado.

Em hipótese semelhante, foi submetida à Primeira Turma do Superior Tribunal de Justiça discussão acerca do termo inicial em caso de ação indenizatória proposta em face do Estado por dano ocasionado durante a realização da atividade laboral. Em 1998, um funcionário público propôs ação em face da Universidade Federal do Rio Grande do Sul visando à reparação de danos materiais, morais e estéticos oriundos de exposição a vapores de mercúrio em seu local de trabalho, que teria lhe causado uma lesão cerebral. Muito embora a lesão tenha sido descoberta no ano de 1970, o autor sustentou que o diagnóstico definitivo estabelecendo o nexo causal entre a atividade laboral e a lesão cerebral só teria ocorrido em 1997, apresentando o respectivo laudo médico. Em primeira instância, a preliminar de prescrição suscitada pela União foi acolhida, com a extinção do feito com resolução de mérito. Em sede de apelação, o Tribunal Regional Federal da 4ª Região, por maioria de votos, deu parcial provimento ao recurso, afastando a prescrição. Diante disso, a União interpôs embargos infringentes, os quais foram acolhidos, reconhecendo-se a prescrição quinquenal, nos termos do artigo 1º do Decreto nº 20.910/32. Na sequência, o lesado interpôs recurso especial, defendendo que a ciência da extensão dos danos e do nexo de causalidade entre a atividade laboral e a lesão cerebral só teria se dado em 1997, momento em que pôde efetivamente exercer sua pretensão. A Primeira Turma do STJ, no entanto, rejeitou o recurso especial, entendendo que o prazo prescricional teria se iniciado no ano de 1970, momento em que houve a manifestação da lesão cerebral, e surgiu, para o titular do direito, a pretensão, "assim considerada a possibilidade do seu exercício em juízo".[524]

---

[523] BRASIL. Superior Tribunal de Justiça. *Recurso Especial nº 754.908/RS*, da Quinta Turma. Brasília, de 06 de agosto de 2007. Disponível em: <www.stj.jus.br/SCON/jurisprudencia/doc.jsp?livre=754908&b=ACOR&p=true&l=10&i=3>. Acesso em: 25 jan. 2017, às 7h40.

[524] Confira-se: "ADMINISTRATIVO E PROCESSUAL CIVIL. AGRAVO REGIMENTAL NO AGRAVO DE INSTRUMENTO. RESPONSABILIDADE CIVIL DO ESTADO. PRAZO PRESCRICIONAL. TERMO A QUO. ACTIO NATA. PRESCRIÇÃO CARACTERIZADA.

De igual modo, a Corte de Cassação italiana, ao apreciar demanda visando à reparação de dano moral e dano biológico decorrente de doença contraída no ambiente de trabalho, afirmou que a fluência do prazo prescricional só pode se iniciar quando determinados (i) a certeza da doença e (ii) seu nexo de causalidade com o ambiente de trabalho. Tratava-se de doença contraída pela aspiração de pó de amianto (asbestose), a qual, por sua própria natureza, não poderia ser constatada em momento anterior.[525] Também nesse caso, o surgimento da pretensão revela-se simultâneo à cognoscibilidade do dano, não havendo inércia a ser imputada ao titular do direito.

As ilustrações acima apresentadas, extraídas da jurisprudência pátria e estrangeira, permitem que seja apreciado o conteúdo da ciência exigida do titular do direito para que se deflagre o prazo prescricional. Se a impossibilidade de saber é tida como causa impeditiva do decurso do prazo, assim que os elementos necessários à propositura da demanda se revelarem cognoscíveis ao titular, começará a correr o respectivo prazo prescricional.

Conforme visto, nas hipóteses em que se verifica um hiato temporal entre evento lesivo e surgimento do dano, a pretensão à reparação só exsurge quando da ocorrência do dano, ainda que a sua extensão não seja imediatamente aferível. Isso porque a extensão do dano será relevante para fins de liquidação do valor indenizatório, não obstando o exercício da pretensão à reparação. A seu turno, a ocorrência do dano se revela imprescindível ao exercício da pretensão reparatória, uma vez que marca o surgimento do dever de reparar (artigo 927 do Código Civil).[526] Em consequência, o agravamento do dano não importará para fins de fixação do termo inicial da prescrição, a menos que configure um novo dano ressarcível, dando origem à pretensão distinta. A título ilustrativo, imagine-se a pretensão à aposentaria por invalidez

---

1. O termo a quo do prazo prescricional para o ajuizamento de ação de indenização contra ato do Estado conta-se da ciência inequívoca dos efeitos decorrentes do ato lesivo, no presente caso, no momento que o servidor se inteirou da lesão cerebral, constatada no ano de 1970, quando então nasceu a pretensão (actio nata), assim considerada a possibilidade do seu exercício em juízo. Proposta a ação apenas em 1998, resta caracterizada a prescrição. 2. Agravo regimental não provido" (BRASIL, Superior Tribunal de Justiça. *Agravo Regimental no Agravo de Instrumento nº 1.392.572 / RS*, da Primeira Turma. Brasília, de 06 de outubro de 2011. Disponível em: <www.stj.jus.br/SCON/jurisprudencia/doc.jsp?livre=1392572&b=ACOR&p=true&l=10&i=3>. Acesso em: 25 jan. 2017, às 9h55).

[525] Cass. civ., sez. lav., 08 maggio 2007, n. 10441, *Foro it.*, 2007, I, 2701; in *Orient. giur. lav.*, 2007, I, 622 e in *Not. giur. lav.*, 2008, 18.

[526] Art. 927. Aquele que, por ato ilícito (arts. 186 e 187), causar dano a outrem, fica obrigado a repará-lo.

permanente, a qual só se configura uma vez concretizada a incapacidade permanente do lesado. Em hipótese diversa, caso um sujeito sofra uma lesão corporal em decorrência de um acidente, o montante incorrido a título de despesas de tratamento e lucros cessantes poderá ser apurado em sede de liquidação (artigos 944[527] e 949[528] do Código Civil), não figurando, a princípio, como óbice à propositura da demanda indenizatória. O mesmo critério pode ser adotado para distinguir o prejuízo futuro previsível à época do evento lesivo – *e.g.*, tratamento médico ao qual o lesado deva se submeter, após a prolação da sentença, em decorrência de um dano já configurado – do dano autônomo e sucessivo, que guarda com o evento lesivo nexo de causalidade necessária – *e.g.*, dano à integridade psicofísica decorrente de exposição indevida a alto nível de radiação.

Dentre os elementos que devem ser conhecidos pelo titular para exercício da pretensão, destacam-se (i) a existência de um evento lesivo; (ii) a imputabilidade subjetiva da lesão a um sujeito determinado, mediante configuração do nexo de causalidade; e (iii) a ocorrência de um dano. A (im)possibilidade de conhecimento de tais elementos, no entanto, só poderá ser apurada a partir das peculiaridades fáticas, individuando-se a normativa do caso concreto. Para tanto, deverão ser valoradas as manifestações externas aptas a conduzir ao conhecimento do dano oculto caso adotado o parâmetro de diligência exigível (*standard* de conduta). Em tal cenário, a inação do titular em empregar os meios necessários à ciência do dano caracterizará a inércia que constitui pressuposto fático da prescrição. De igual modo, sempre que o conhecimento da lesão e de sua autoria depender, única e exclusivamente, de diligência razoavelmente esperável do titular, restará afastada a impossibilidade de saber.

Conclui-se que, no contexto de multiplicação dos danos ressarcíveis, assume centralidade o momento de configuração e cognoscibilidade do dano, antes do qual não haverá pretensão à reparação exercitável pelo titular. Passa-se de uma noção estática e abstrata de inércia – caracterizada pela mera inação durante determinado período de tempo – à concepção dinâmica e relacional, individuando-se (i) o

---

[527] Art. 944. A indenização mede-se pela extensão do dano. Parágrafo único. Se houver excessiva desproporção entre a gravidade da culpa e o dano, poderá o juiz reduzir, eqüitativamente, a indenização.

[528] Art. 949. No caso de lesão ou outra ofensa à saúde, o ofensor indenizará o ofendido das despesas do tratamento e dos lucros cessantes até ao fim da convalescença, além de algum outro prejuízo que o ofendido prove haver sofrido.

comportamento exigível do titular do direito, naquelas concretas circunstâncias fáticas (*standard* de conduta); (ii) a possibilidade concreta do exercício da pretensão, apurando-se se resta configurada a impossibilidade de agir, a qual inclui a impossibilidade objetiva de saber; e (iii) o comportamento adotado pelo titular do direito.

Tal perspectiva se revela compatível com o remodelado conceito de segurança jurídica, o qual funcionaliza o instituto da prescrição. Com efeito, a segurança jurídica resulta da necessária ponderação entre os valores constitucionais colidentes que a informam, consubstanciada na justa medida entre estabilização das relações sociais e efetividade dos direitos atribuídos aos sujeitos. Nas conclusivas palavras de Paolo Vitucci, o antigo rigor da possibilidade jurídica de exercício do direito dá lugar à exercibilidade concreta da pretensão, a qual só pode ser identificada no âmbito de determinada relação jurídica.[529] Constrói-se, assim, o ordenamento do caso concreto, individuando-se a disciplina mais compatível com os interesses e valores constitucionais colidentes, em operação unitária e complexa.

---

[529] *In queste deroghe al principio della possibilità legale di esercizio del diritto esattamente venne ravvisato un criterio che, introdotto con disposizioni eccezionali oppure con interventi della Corte costituzionale, ha peraltro computo un proprio ciclo evolutivo ed ha perso il carattere di eccezionalità. (...) Il 'rigore antico' del detto principio è stato superato non solamente dall' 'impatto di nuovi interesse emergenti' o dalla 'pressione economica degli interessi di gruppo', ma anche e soprattutto da bilanciamenti di interessi e di valori che non potevano aver luogo quando il principio di eguaglianza di fatto e l'esigenza di tutela giuridica effettiva non venivano percepite con l'urgenza di oggi* (VITUCCI, Paolo. *La Prescrizione, tomo primo*. Milão, Giuffrè, 1999, p. 205). Tradução livre: "Em tais exceções ao princípio da possibilidade jurídica de exercício do direito vem refletido um critério que, introduzido como disposição excepcional decorrente da intervenção da Corte Constitucional, iniciou um ciclo evolutivo, perdendo o caráter de excepcionalidade. (...) O rigor antigo do princípio resta superado não somente por conta do impacto de novos interesses emergentes ou da pressão econômica de interesses de grupo, mas antes e sobretudo do balanceamento de interesses e valores que não tinham lugar quando o princípio da igualdade de fato e a exigência de tutela jurídica efetiva não eram percebidas com a urgência de hoje".

CONCLUSÃO

I didn't go to the moon, I went much further -
for time is the longest distance between two places.
(Tennessee Williams)

"Ok, eu vou te dar uma escolha: dez tapas agora, de imediato, ou cinco tapas, que podem ser dados a qualquer momento, daqui até a eternidade." Na cena – extraída de um *sitcom* americano –, uma personagem enfrenta o dilema de se submeter a uma penalidade mais gravosa, porém imediata, ou sujeitar-se à aplicação de uma pena menor protraída no tempo, sem termo final. Aconselhando-a a optar pela punição imediata, outra personagem argumenta que "o medo constante de saber que, a qualquer momento, você pode receber um tapa na cara, te deixaria louco".[530]

A pacificação das relações sociais tem sido afirmada como a finalidade precípua da prescrição. Em específico, sustenta-se que a pretensão atribuída ao titular de um interesse juridicamente tutelado deve ser exercida dentro de razoável lapso temporal, sob pena de se subordinar as relações jurídicas à perpétua incerteza. A se considerar que o instituto tem por efeito o encobrimento da pretensão – ou, no entendimento predominante à época, a extinção do direito subjetivo –, parte da doutrina clássica elencava a punição à inércia do credor como seu fundamento. Tal entendimento, no entanto, foi progressivamente substituído pelo conceito de segurança jurídica, conforme registrado no capítulo 1. De outra parte, defende-se que o instituto se volta à tutela da posição jurídica do devedor, seja pela dificuldade em demonstrar o cumprimento da prestação, decorrido considerável período de tempo, seja pela irrazoabilidade de se sujeitar o devedor à cobrança feita a qualquer momento pelo credor. Nada obstante, as razões que

---

[530] O relato foi extraído do episódio 9 da temporada 2 do seriado americado *How I Met your Mother*.

justificariam que se adotasse a tutela do devedor como finalidade da prescrição acabam por confluir à noção de segurança jurídica, de sorte que definir os contornos desse conceito assume centralidade na análise funcional do instituto.

Tradicionalmente, o conteúdo da segurança jurídica é apreendido sob a ótica subsuntiva, correspondendo à abstrata certeza jurídica. Para tanto, parte-se da equivocada premissa de que a incidência uniforme das regras prescricionais sobre as mais variadas situações fáticas conduziria a maior segurança nas relações jurídicas, com a previsibilidade do momento em que a pretensão não se revela mais exercitável. Todavia, a adoção da técnica subsuntiva promove indevida subversão da ordem hierárquica estabelecida no ordenamento civil-constitucional. Isso porque a norma prescricional é percebida como unidade lógica isoladamente considerada, cuja aplicação independe da confrontação do fato jurídico à totalidade das normas e valores que integram o ordenamento. Daí se concluir que a segurança jurídica que funcionaliza a prescrição deve ser remodelada à luz dos interesses e valores constitucionais, em afirmação da abertura e complexidade do sistema jurídico, do qual a cláusula geral de tutela da pessoa humana constitui ápice hierárquico. Por conseguinte, a abstrata certeza dá lugar à concreta estabilização de determinada relação jurídica: a fim de individuar a disciplina aplicável, deverão ser ponderados os interesses e valores constitucionais colidentes, bem como as circunstâncias fáticas nas quais a pretensão se origina e pode ser efetivamente exercitada.

Nesse contexto, a inércia do titular – que figura como pressuposto fático da prescrição – assume renovada feição, segundo analisado no capítulo 2. Se, historicamente, a configuração da inércia subordinava-se ao próprio decurso do tempo – correspondendo à ausência de exercício da pretensão durante o prazo legal –, a inação do titular passa a ser apreciada no âmbito da relação jurídica, com referência (i) ao comportamento exigível do titular, avaliando-se o modo pelo qual seu direito é concretamente desfrutado e realizado; (ii) ao momento em que a pretensão surgiu e se tornou exercitável, identificando-se se restou configurada a impossibilidade de agir; e (iii) ao comportamento adotado pelo titular do direito. Desse modo, delineia-se uma concepção dinâmica e funcional da inércia.

Ao remodelar-se o conceito de inércia, ampliam-se as causas suspensivas e impeditivas: a fluência do prazo prescricional passa a depender da possibilidade concreta de o titular exercer a pretensão. Em consequência, nem todo decurso temporal será relevante para fins de consumação da prescrição. Com efeito, os prazos prescricionais correspondem ao período de tempo em que, no entender do legislador, o titular deve razoavelmente exercer sua pretensão. Daí se afirmar que, afigurando-se impossível tal exercício, não será contabilizado o tempo então transcorrido. Essa abordagem se revela consentânea com a segurança jurídica informada por valores constitucionais, na qual ganham relevo a efetividade dos direitos fundamentais e o acesso à justiça. Nesse cenário, são ampliadas não só as causas impeditivas ou suspensivas objetivas – considerando-se outras hipóteses de impossibilidade objetiva de agir, aptas a configurar lesão irresistível –, mas também as causas impeditivas e suspensivas subjetivas dos prazos prescricionais, cuja incidência será estendida a todos os casos concretos que, não obstante não se enquadrarem às *fattispecie* abstratas prevista em lei, guardam com estas identidade funcional, notadamente, evidenciam impossibilidade ou extrema dificuldade de exercício da pretensão.

Uma vez relidos os pressupostos fáticos da prescrição, à luz da segurança jurídica informada pelos valores constitucionais, passa-se à análise do artigo 189 do Código Civil. Na literalidade do dispositivo legal, os prazos prescricionais se contariam desde a data da violação ao direito, independentemente da possibilidade concreta de exercício da pretensão pelo titular. Releva, no entanto, a referência feita por aludido artigo à pretensão, a qual figura como objeto da prescrição: a toda evidência, a fluência do prazo prescricional não poderá se dar antes do efetivo surgimento da pretensão. De igual modo, devem ser valoradas as hipóteses em que, a despeito de ainda inexistir lesão, já se denota uma pretensão exercitável, vinculada a interesse jurídico cuja satisfação depende unicamente da vontade do titular. Tendo em vista que a pretensão traduz a exigibilidade do direito, seu surgimento pode se descolar da ocorrência da lesão ao interesse juridicamente tutelado.

Em primeiro lugar, no entanto, o capítulo 3 detém-se sobre o conceito de violação ao direito, o qual, encabeçando a redação do dispositivo legal, abre as portas à discussão sobre o termo inicial da prescrição. A esse respeito, sublinha-se que o instituto da prescrição foi construído em torno da concepção clássica de direito subjetivo, que traduz a prerrogativa atribuída ao titular de poder exigir de outrem a realização de determinado comportamento visando à satisfação de seus interesses privados. Na metodologia civil-constitucional, todavia, o próprio direito subjetivo é remodelado, impondo-se limites internos e externos ao seu exercício. Com efeito, na configuração solidarista, evolui-se do conceito individualista de direito subjetivo à noção de interesse juridicamente tutelado, identificado no âmbito de situações subjetivas complexas. No âmbito contratual, o inadimplemento passa a abranger também a violação aos deveres de conduta impostos pela boa-fé objetiva, consubstanciando a não realização do resultado útil programado no regulamento de interesses. De igual modo, na responsabilidade civil aquiliana, noticia-se a erosão do direito subjetivo como critério de seleção dos danos ressarcíveis, com a ascensão da cláusula geral de dano. Assume centralidade a configuração do dano, tido como fundamento unitário do dever de reparar. Nesse cenário, multiplicam-se as controvérsias acerca do termo inicial da prescrição.

Delineados os contornos da lesão a um interesse juridicamente tutelado, procedeu-se ao exame do momento em que surge a pretensão. Afastando-se da equiparação entre pretensão e concreta exigência, seu conteúdo restou definido como possibilidade de exigir uma prestação por parte de outrem. Considerando que a pretensão traduz a exigibilidade da prestação que figura como ponto de referência objetivo da relação jurídica, seu surgimento só poderá ser apreciado em perspectiva dinâmica, no âmbito da concreta relação em que se insere. Nessa direção, destacou-se que, nas obrigações negativas, a exigibilidade do dever à abstenção prescinde do descumprimento pelo devedor. Do contrário, a conclusão alcançada seria de que a prestação omissiva só se revelaria exigível uma vez descumprida. O que se denota é que, antes do inadimplemento, o resultado útil ao qual se volta o regulamento de interesses estará sendo atendido, especialmente nas hipóteses de prestação indivisível. Por essa razão, a fluência do prazo prescricional não poderá se dar antes da lesão, momento em que o interesse jurídico tutelado deixa de ser atendido. Em sentido diverso, caso o atendimento do interesse jurídico ao qual se volta a relação jurídica dependa de uma prestação comissiva por parte do devedor, desde que a prestação seja concretamente exigível, deverá ser exercitada a pretensão, decorrendo daí o decurso do prazo prescricional. Acerca do tema, defende-se que, no âmbito das relações obrigacionais, o advento do termo sem que haja adimplemento contratual já configura lesão ao direito do credor, fazendo surgir a pretensão. Tal afirmação genérica, todavia, descura das hipóteses em que caberá ao credor buscar o cumprimento da prestação, antes do que não restará configurado o inadimplemento. A despeito de ainda não haver lesão, a inércia do titular em perseguir a satisfação de seu interesse juridicamente tutelado poderá ser valorada, evitando-se que o titular possa, por vias transversas, modular o termo inicial do prazo prescricional. Conclui-se que o surgimento da pretensão e o momento em que esta se revela exercitável devem ser individuados no bojo de determinada relação jurídica, em perspectiva funcional e dinâmica, voltada à realização do interesse juridicamente tutelado.

Nessa direção, haverá hipóteses em que a pretensão só se revelará concretamente exercitável decorrido certo tempo desde a data do evento lesivo. Em tais circunstâncias, antes que se afigure exercitável a pretensão atribuída ao titular, não restará configurada sua inércia, uma vez que não lhe era exigível, naquele cenário fático, adotar comportamento diverso. Dentre essas hipóteses, destacam-se os casos em que o titular não tem imediata ciência do evento lesivo, sua autoria e resultado danoso. A controvérsia acerca dos impactos da ciência para fins de contagem do prazo prescricional remonta à época em que vigia o Código Civil de 1916, permanecendo irresoluta ainda nos dias atuais. Levando em conta a acentuada subjetividade decorrente da noção de efetiva ciência, propõe-se que seja adotado o critério de possibilidade de descoberta. Em vez de individuar o termo inicial da prescrição na data em que o titular teve ciência da lesão, sugere-se a adoção de parâmetros objetivos para determinar a época em que o titular razoavelmente poderia ter tomado conhecimento dos fatos atinentes à lesão ao interesse juridicamente tutelado, momento em que a pretensão tornou-se exercitável, deflagrando o cômputo do prazo prescricional. Para tanto, constroem-se *standards* de comportamento (fragmentação dos modelos de conduta), cujo conteúdo é definido recorrendo-se ao critério hermenêutico da razoabilidade. Nesse âmbito, o comportamento concretamente adotado pelo titular é confrontado ao *standard* de conduta esperado naquele cenário fático, de modo a se apurar se o conhecimento do dano dependia tão somente da atuação diligente do titular ou se, ao revés, restou configurada a impossibilidade objetiva de saber.

Dessa forma, será possível estremar as hipóteses em que o desconhecimento do dano é imputável à negligência do titular dos casos em que, a despeito de sua conduta amoldar-se ao comportamento exigível naquelas circunstâncias fáticas, não se afigurava possível a ciência da lesão. A partir de tais parâmetros, serão delineados os contornos da impossibilidade objetiva de saber: se esta representa uma causa impeditiva do prazo prescricional, assim que os elementos necessários à propositura da demanda se revelarem cognoscíveis ao titular e, portanto, puder concretamente ser exercitada a pretensão, será iniciada a fluência do prazo prescricional.

Tal perspectiva se mostra compatível com a segurança jurídica informada por valores constitucionais, em que a abstrata certeza jurídica é substituída pela estabilização de determinada relação jurídica, no âmbito da qual são valorados (i) o comportamento exigível do titular; (ii) a possibilidade de exercício da pretensão; e (iii) o comportamento efetivamente adotado pelo sujeito. Em processo unitário e incindível de interpretação e aplicação do direito, os valores constitucionais colidentes – que informam a segurança jurídica – serão ponderados, com a construção do ordenamento do caso concreto que, levando em conta as peculiaridades irrepetíveis do fato jurídico, assegure a realização da tábua axiológica constitucional.

REFERÊNCIAS

ABBOUD, Georges (Coautor). Pontes de Miranda e o Processo Civil: a importância do conceito da pretensão para compreensão dos institutos fundamentais do Processo Civil. *Revista de Processo*, São Paulo, v. 39, n. 231, p. 89-107, maio 2014.

ABILIO NETO. *Código civil anotado*. 10. edição actualizada. Lisboa: EDIFORUM, 1996.

AGUIAR DIAS, José de. *Da Responsabilidade Civil*. Rio de Janeiro: Renovar, 2006.

ALBALADEJO, Manuel. *Derecho Civil*. v. I. Barcelona: Bosch, 2002.

ALBUQUERQUE JUNIOR, Roberto Paulino de. Reflexões iniciais sobre um profundo equivoco legislativo; ou de como o art. 3 da Lei 11.280/2006 subverteu de forma atécnica e desnecessária a estrutura da prescrição no Direito brasileiro. *Revista de Direito Privado*, São Paulo, v. 7, n. 25, p.280-296, jan. 2006.

ALEMANHA. *Bürgerliches Gesetzbuch* (BGB), de 01 de janeiro de 1900. Disponível em: <www.gesetze-im-internet.de/englisch_bgb/index.html>. Acesso em: 22 jan. 2017, às 16h08.

ALMEIDA COSTA, Mário Júlio de. *Direito das Obrigações*. Coimbra: Almedina, 2001.

ALVES, José Carlos Moreira. *A parte geral do projeto de Código Civil brasileiro*. São Paulo: Saraiva, 2003.

ALVES, João Luiz. *Código Civil da República dos Estados Unidos do Brasil*. v. 4. Rio de Janeiro: Editora Borsoi, 1958.

ALVES, Vilson Rodrigues. *Da Prescrição e da Decadência no novo Código Civil*. Campinas: Servanda Editora, 2006.

ALVIM, Agostinho Neves de Arruda. *Da inexecução das obrigações e suas consequências*. 5. ed. São Paulo: Saraiva, 1980.

ALVIM, José Manoel Arruda. Da prescrição intercorrente. In: CIANI, Mirna (Coord.). *Prescrição no Código Civil*: Uma Análise Interdisciplinar. 2. ed. São Paulo: Saraiva, 2006.

ALVIM, José Manoel Arruda. Lei 11.280, de 16.02.2006: análise dos arts. 112, 114 e 305 do CPC e do §5º do art. 219 do CPC. *Revista de Processo*, São Paulo, ano 32, n. 143, p. 13-25, jan. 2007.

ALVIM, José Manoel Arruda. *Manual de direito processual civil*. 11. ed. v. II. São Paulo: Revista dos Tribunais, 2007.

AMARAL NETO, Francisco dos Santos. *Direito civil*: introdução. 6. ed. rev. e aum. Rio de Janeiro, RJ: Forense, 2006.

AMORIM FILHO, Agnelo. Critério científico para distinguir a prescrição da decadência e para identificar as ações imprescritíveis. *Revista de Direito Processual Civil*, São Paulo, v. 2, n. 3, p. 95-132, jan. 1961.

ANDRADE, Manuel A Domingues de. *Teoria geral da relação jurídica*. Coimbra: Almedina, 1960. 2v.

ANDRIGUI, Nancy et al. *Comentários ao Novo Código Civil*. v. IX. Rio de Janeiro: Forense, 2008.

ANZANI, Gaetano. Riflessioni su prescrizione e responsabilità civile. In: *La Nuova Giurisprudenza Civile Commentata*, nº 2, Marzo 2012, Ano XXVIII. Milano: CEDAM.

AVILA, Humberto Bergmann. Repensando o principio da supremacia do interesse publico sobre o particular. *Revista Trimestral de Direito Público*, São Paulo, n. 24, p. 159-180, out. 1998.

AVILA, Humberto Bergmann. *Segurança jurídica*: entre a permanência, mudança e realização no direito tributário. 2. ed. rev., atual. e ampl. São Paulo: Malheiros, 2012.

ASSIS, Araken de; ALVIM, Eduardo Pellegrini de Arruda (Coautor). *Comentários ao código de processo civil*. v. V. Rio de Janeiro, RJ: GZ Editora, 2012.

AZARA, Antonio (Coautor). *Il digesto italiano. Novissimo digesto italiano, diretto da Antonio Azara e Ernesto Eula*. Colaboração de Ernesto Eula. 3. ed. Torino: Unione Tip. Ed. Torinese, 1957-75. 20v.

AZEVEDO, Antônio Junqueira de. *Estudos e Pareceres de Direito Privado*. São Paulo: Saraiva, 2004.

BANDRAC, Monique. *La nature juridique de la prescription extinctive en matière civile*. Paris: Economica, 1986.

BARBOZA, Heloisa Helena. Vulnerabilidade e cuidado: aspectos jurídicos In: OLIVERA, Guilherme de; PEREIRA, Tânia da Silva (Coord.). *Cuidado & vulnerabilidade*. São Paulo: Atlas, 2009.

BARROSO, Luis Roberto. *Temas de direito constitucional*. Rio de Janeiro, RJ: Renovar, 2001.

BAUDRY-LACANTINERIE, G.; TISSIER, Alberto. *Trattado Teorico-Pratico di Diritto Civile*. Della Prescrizione. Milano: Casa Editrice Dottor Francesco Vallardi, 1930.

BAZILONI, Nilton Luiz de Freitas. A prescrição e a decadência no Código de Defesa do Consumidor. *Revista Forense*, Rio de Janeiro, RJ, v. 110, n. 420, p. 477-494, jul./dez. 2014.

BERTARELLI, Chiara. *Tutela dei diritti e time limits*: uno studio alla luce della giurisprudenza europea. Tese de doutoramento defendida na Università degli Studi di Milano – Scuola di Dottorado in Scienze Giuridiche, 2012-2013.

BETTI, Emilio. *Interpretação da lei e dos atos jurídicos*. São Paulo: Martins Fontes, 2007.

BEVILAQUA, Clóvis. *Código civil dos Estados Unidos do Brasil*: comentado. Rio de Janeiro, RJ: Ed. Rio, 1958. 6v. em 2.

BOBBIO, Norberto. *Teoria General Del Derecho*. Madrid: Debate, 1999.

BODIN DE MORAES, Maria Celina. A causa do contrato. *Civilistica.com*, Rio de Janeiro, a. 2. n. 1. 2013. Disponível em: <http://civilistica.com/wp-content/uploads/2015/02/Bodin-de-Moraes-civilistica.com-a.2.n.1.2013.pdf>.

BODIN DE MORAES, Maria Celina. A constitucionalização do direito civil e seus efeitos sobre a responsabilidade civil. In: *Na Medida da pessoa humana*: estudos de direito civil. Rio de Janeiro: Renovar, 2010.

BODIN DE MORAES, Maria Celina. A nova família, de novo – Estruturas e função das famílias contemporâneas. *Revista Pensar*, Fortaleza, v. 18, n. 2, p. 587-628, maio/ago. 2013.

BODIN DE MORAES, Maria Celina. *Danos à Pessoa humana*. São Paulo: Renovar, 2009.

BONA, Marco. *Prescrizione e Dies a Quo Nel Danno Alla Persona: Quale Modello? (Commento Critico Ad Una Sentenza Da Dimenticare)*. Responsabilità civile e previdenza, Milão, 2004, p. 574-636.

BRASIL. *Código Civil*, Lei nº 3.071, de 01 de janeiro de 1916. Disponível em: <www.planalto.gov.br/ccivil_03/leis/L3071.htm>. Acesso em: 25 jan. 2017, às 08h56.

BRASIL. *Código Civil*, Lei nº 10.406, de 10 de janeiro de 2002. Disponível em: <www.planalto.gov.br/ccivil_03/leis/2002/L10406.htm>. Acesso em: 22 jan. 2017, às 15h53.

BRASIL. *Código de Processo Civil*, Lei nº 13.105, de 16 de março de 2015. Disponível em: <www.planalto.gov.br/ccivil_03/_ato2015-2018/2015/lei/l13105.htm>. Acesso em: 22 jan. 2017, às 15h57.

BRASIL. Constituição (1988). *Constituição da República Federativa do Brasil*. Brasília, DF: Senado, 1988. 140 p.

BRASIL. *Estatuto da Pessoa com Deficiência*, Lei nº 13.146, de 6 de julho de 2015. Disponível em: <www.planalto.gov.br/ccivil_03/_ato2015-2018/2015/Lei/L13146.htm>. Acesso em: 22 jan. 2017, às 16h46.

BRASIL. Superior Tribunal de Justiça. *Agravo Interno nos Embargos de Declaração no Agravo em Recurso Especial nº 821.983/SC*, da Terceira Turma. Brasília, de 04 de novembro de 2016. Disponível em: <www.stj.jus.br/SCON/jurisprudencia/toc.jsp?livre=821983&&tipo_visualizacao=RESUMO&b=ACOR>. Acesso em: 29 jan. 2017, às 8h46.

BRASIL. Superior Tribunal de Justiça. *Agravo Interno no Recurso Especial nº 1.349.008/PR*, da Segunda Turma. Brasília, de 22 de novembro de 2016. Disponível em: <www.stj.jus.br/SCON/jurisprudencia/toc.jsp?livre=1349008&&tipo_visualizacao=RESUMO&b=ACOR>. Acesso em: 29 jan. 2017, às 8h59.

BRASIL. Superior Tribunal de Justiça. *Agravo Regimental no Agravo de Instrumento nº 441273-RJ*, da Segunda Turma. Brasília, de 19 de abril de 2004. Disponível em: <www.stj.jus.br/SCON/jurisprudencia/doc.jsp?livre=441273&b=ACOR&p=true&l=10&i=14>. Acesso em: 22 jan. 2017, às 16h27.

BRASIL. Superior Tribunal de Justiça. *Agravo Regimental no Agravo de Instrumento nº 569220/RJ*, da Quarta Turma. Brasília, de 04 de outubro de 2004. Disponível em: <ww2.stj.jus.br/processo/revista/documento/mediado/?componente=ATC&sequencial=1277853&num_registro=200302154982&data=20041004&tipo=5&formato=PDF>. Acesso em: 24 jan. 2017, às 09h33.

BRASIL. Superior Tribunal de Justiça. *Agravo Regimental no Agravo de Instrumento nº 1278549/RS*, da Quarta Turma. Brasília, de 01 de julho de 2011. Disponível em: <www.stj.jus.br/SCON/jurisprudencia/doc.jsp?livre=1278549&b=ACOR&p=true&l=10&i=5>. Acesso em: 25 jan. 2017, às 8h42.

BRASIL, Superior Tribunal de Justiça. *Agravo Regimental no Agravo de Instrumento nº 1.392.572/RS*, da Primeira Turma. Brasília, de 06 de outubro de 2011. Disponível em: <www.stj.jus.br/SCON/jurisprudencia/doc.jsp?livre=1392572&b=ACOR&p=true&l=10&i=3>. Acesso em: 25 jan. 2017, às 9h55.

BRASIL. Superior Tribunal de Justiça. *Agravo Regimental no Agravo em Recurso Especial nº 626.816/SP*, da Terceira Turma. Brasília, de 10 de junho de 2016. Disponível em: <www.stj.jus.br/SCON/jurisprudencia/doc.jsp?livre=626816&b=ACOR&p=true&l=10&i=1>. Acesso em: 25 jan. 2017, às 8h40.

BRASIL. Superior Tribunal de Justiça. *Agravo Interno no Agravo em Recurso Especial nº 876.731/DF*, da Terceira Turma. Brasília, de 30 de setembro de 2016. Disponível em: <www.stj.jus.br/SCON/jurisprudencia/doc.jsp?livre=876731&b=ACOR&p=true&l=10&i=1>. Acesso em: 24 jan. 2017, às 21h58.

BRASIL. Superior Tribunal de Justiça. *Agravo Regimental no Agravo em Recurso Especial nº 499.193/RS*, da Quarta Turma. Brasília, de 10 de fevereiro de 2015. Disponível em: <www.stj.jus.br/SCON/jurisprudencia/doc.jsp?livre=499193&b=ACOR&p=true&l=10&i=5>. Acesso em: 25 jan. 2017, às 8h47.

BRASIL. Superior Tribunal de Justiça. *Agravo Regimental no Agravo em Recurso Especial nº 686.634/DF*, da Terceira Turma. Brasília, de 09 de agosto de 2016. Disponível em: <www.stj.jus.br/SCON/jurisprudencia/doc.jsp?livre=686634&b=ACOR&p=true&l=10&i=4>. Acesso em: 29 jan. 2017, às 08h57.

BRASIL. Superior Tribunal de Justiça. *Agravo Regimental no Agravo em Recurso Especial nº 1537273/SP*, da Terceira Turma. Brasília, de 01 de dezembro de 2015. Disponível em: <www.stj.jus.br/SCON/jurisprudencia/doc.jsp?livre=1537273&b=ACOR&p=true&l=10&i=4>. Acesso em: 25 jan. 2017, às 08h44.

BRASIL. Superior Tribunal de Justiça. *Agravo Regimental no Agravo de Instrumento nº 1337260-PR*, da Primeira Turma. Brasília, de 13 de setembro de 2011. Disponível em: <www.stj.jus.br/SCON/jurisprudencia/doc.jsp?livre=1337260&b=ACOR&p=true&l=10&i=17>. Acesso em: 22 jan. 2017, às 17h02.

BRASIL. Superior Tribunal de Justiça. *Agravo Regimental nos Embargos de Divergência no Recurso Especial nº 302165-MS*, da Primeira Seção. Brasília, de 10 de junho de 2002. Disponível em: <www.stj.jus.br/SCON/jurisprudencia/doc.jsp?livre=302165&b=ACOR&p=true&l=10&i=20>. Acesso em: 22 jan. 2017, às 16h20.

BRASIL. Superior Tribunal de Justiça. *Agravo Regimental no Recurso Especial nº 266.082-RS*, da Segunda Turma. Brasília, de 24 de junho de 2013. Disponível em: <www.stj.jus.br/SCON/jurisprudencia/doc.jsp?livre=266082&b=ACOR&p=true&l=10&i=14>. Acesso em: 22 jan. 2017, às 16h59.

BRASIL. Superior Tribunal de Justiça. *Agravo Regimental no Recurso Especial nº 347918-MA*, da Primeira Turma. Brasília, de 21 de outubro de 2002. Disponível em: <www.stj.jus.br/SCON/jurisprudencia/doc.jsp?livre=347918&b=ACOR&p=true&l=10&i=8>. Acesso em: 22 jan. 2017, às 16h36.

BRASIL. Superior Tribunal de Justiça. *Agravo Regimental no Recurso Especial nº1128042-PR*, da Primeira Turma. Brasília, de 23 de agosto de 2013. Disponível em: <www.stj.jus.br/SCON/jurisprudencia/doc.jsp?livre=1128042&b=ACOR&p=true&l=10&i=5>. Acesso em: 22 jan. 2017, às 16h56.

BRASIL. Superior Tribunal de Justiça. *Agravo Regimental no Recurso Especial nº 1.335.503/MG*, da Segunda Turma. Brasília, de 04 de 02 de 2015. Disponível em: <www.stj.jus.br/SCON/jurisprudencia/doc.jsp?livre=1335503&b=ACOR&p=true&l=10&i=3>. Acesso em: 29 jan. 2017, às 09h03.

BRASIL. Superior Tribunal de Justiça. *Agravo Regimental no Recurso Especial nº 1392941-RS*, da Segunda Turma. Brasília, de 04 de dezembro de 2013. Disponível em: <www.stj.jus.br/SCON/jurisprudencia/doc.jsp?livre=1392941&b=ACOR&p=true&l=10&i=2>. Acesso em: 22 jan. 2017, às 16h50.

BRASIL. Superior Tribunal de Justiça. *Agravo Regimental no Recurso Especial nº 1421163/SP*, da Segunda Turma. Brasília, de 17 de novembro de 2014. Disponível em: <www.stj.jus.br/

SCON/jurisprudencia/toc.jsp?livre=1421163&&tipo_visualizacao=RESUMO&b=ACOR>. Acesso em: 24 jan. 2017, às 20h36.

BRASIL. Superior Tribunal de Justiça. *Recurso Especial nº 4.152*, da Terceira Turma. Brasília, de 03 de dezembro de 1990. Disponível em: <www.stj.jus.br/SCON/jurisprudencia/doc.jsp?livre=4152&b=ACOR&p=true&l=10&i=24>. Acesso em: 25 jan. 2017, às 9h00.

BRASIL. Superior Tribunal de Justiça. *Recurso Especial nº 3.267/RS*, da Terceira Turma. Brasília, de 25 de março de 1991. Disponível em: <ww2.stj.jus.br/processo/ita/documento/mediado/?num_registro=199000048800&dt_publicacao=25-03-1991&cod_tipo_documento=1>. Acesso em: 24 jan. 2017, às 9h28.

BRASIL. Superior Tribunal de Justiça. *Recurso Especial nº 33.409/SP*, da Terceira Turma. Brasília, de 19 de outubro de 1998. Disponível em: <ww2.stj.jus.br/processo/ita/documento/mediado/?num_registro=199300080075&dt_publicacao=19-10-1998&cod_tipo_documento=1>. Acesso em: 24 jan. 17, às 9h30.

BRASIL. Superior Tribunal de Justiça. *Recurso Especial nº 194.665/RS*, da Primeira Turma. Brasília, de 29 de novembro de 1999. Disponível em: <www.stj.jus.br/SCON/jurisprudencia/doc.jsp?livre=194665&b=ACOR&p=true&l=10&i=7>. Acesso em: 25 jan. 2017, às 08h53.

BRASIL. Superior Tribunal de Justiça. *Recurso Especial nº 216117 / RN*, da Terceira Turma. Brasília, de 28 de fevereiro de 2000. Disponível em: <ww2.stj.jus.br/processo/ita/documento/mediado/?num_registro=199900456467&dt_publicacao=28-02-2000&cod_tipo_documento=1>. Acesso em: 24 jan. 2017, às 9h35.

BRASIL. Superior Tribunal de Justiça. *Recurso Especial nº 254.167-PI*, da Segunda Turma. Brasília, 18 de fevereiro de 2002. Disponível em: <www.stj.jus.br/SCON/jurisprudencia/doc.jsp?livre=254167&b=ACOR&p=true&l=10&i=19>. Acesso em: 22 jan. 2017, às 16h29.

BRASIL. Superior Tribunal de Justiça. *Recurso Especial nº 302.238/RJ*, da Primeira Turma. Brasília, de 11 de junho de 2001. Disponível em: <www.stj.jus.br/SCON/jurisprudencia/doc.jsp?livre=302238&b=ACOR&p=true&l=10&i=10>. Acesso em: 25 jan. 2017, às 08h57.

BRASIL. Superior Tribunal de Justiça. *Recurso Especial nº 442.285-RS*, da Segunda Turma. Brasília, 04 de agosto de 2003. Disponível em: <www.stj.jus.br/SCON/jurisprudencia/doc.jsp?livre=442285&b=ACOR&p=true&l=10&i=17>. Acesso em: 22 jan. 2017, às 16h32.

BRASIL. Superior Tribunal de Justiça. *Recurso Especial nº 618.934-SC*, da Primeira Turma. Brasília, 13 de dezembro de 2014. Disponível em: <www.stj.jus.br/SCON/jurisprudencia/doc.jsp?livre=618934&b=ACOR&p=true&l=10&i=14>. Acesso em: 22 jan. 2017, às 16h20.

BRASIL. Superior Tribunal de Justiça. *Recurso Especial n. 694.287/RJ*, da Segunda Turma. Brasília, de 20 de setembro de 2006. Disponível em: <www.stj.jus.br/SCON/jurisprudencia/doc.jsp?livre=694287&b=ACOR&p=true&l=10&i=7>. Acesso em: 25 jan. 2017, às 08h53.

BRASIL. Superior Tribunal de Justiça. *Recurso Especial nº 742.500/RS*, da Primeira Turma. Brasília, de 10 de abril de 2006. Disponível em: <www.stj.jus.br/SCON/jurisprudencia/doc.jsp?livre=742500&b=ACOR&p=true&l=10&i=7>. Acesso em: 25 jan. 2017, às 7h43.

BRASIL. Superior Tribunal de Justiça. *Recurso Especial nº 754.908/RS*, da Quinta Turma. Brasília, de 06 de agosto de 2007. Disponível em: <www.stj.jus.br/SCON/jurisprudencia/doc.jsp?livre=754908&b=ACOR&p=true&l=10&i=3>. Acesso em: 25 jan. 2017, às 7h40.

BRASIL. Superior Tribunal de Justiça. *Recurso Especial nº 845.228-RJ*, da Primeira Turma. Brasília, de 18 de fevereiro de 2008. Disponível em: <www.stj.jus.br/SCON/jurisprudencia/doc.jsp?livre=845228&b=ACOR&p=true&l=10&i=11>. Acesso em: 22 jan. 2017, às 16h53.

BRASIL. Superior Tribunal de Justiça. *Recurso Especial nº 863.457/RJ*, da Segunda Turma. Brasília, de 11 de setembro de 2007. Disponível em: <www.stj.jus.br/SCON/jurisprudencia/doc.jsp?livre=863457&b=ACOR&p=true&l=10&i=2>. Acesso em: 25 jan. 2017, às 09h02.

BRASIL. Superior Tribunal de Justiça. *Recurso Especial nº 890.311/SP*, da Terceira Turma. Brasília, de 23 de agosto de 2010. Disponível em: <www.stj.jus.br/SCON/jurisprudencia/doc.jsp?livre=890311&b=ACOR&p=true&l=10&i=2>. Acesso em: 29 jan. 2017, às 8h54.

BRASIL. Superior Tribunal de Justiça. *Recurso Especial nº 1.020.801/SP*, da Quarta Turma. Brasília, de 03 de maio de 2011. Disponível em: <www.stj.jus.br/SCON/jurisprudencia/toc.jsp?livre=1020801&&tipo_visualizacao=RESUMO&b=ACOR>. Acesso em: 25 jan. 2017, às 8h49.

BRASIL. Superior Tribunal de Justiça. *Recurso Especial nº 1.211.537/RJ*, da Segunda Turma. Brasília, de 20 de maio de 2013. Disponível em: <www.stj.jus.br/SCON/jurisprudencia/doc.jsp?livre=1211537&b=ACOR&p=true&l=10&i=2>. Acesso em: 25 jan. 2017, às 8h51.

BRASIL. Superior Tribunal de Justiça. *Recurso Especial nº 1.252.842/SC*, da Segunda Turma. Brasília, de 14 de junho de 2011. Disponível em: <www.stj.jus.br/SCON/jurisprudencia/doc.jsp?livre=1252842&b=ACOR&p=true&l=10&i=18>. Acesso em: 29 jan. 2017, às 9h08.

BRASIL. Superior Tribunal de Justiça. *Recurso Especial nº 1354348/RS*, da Quarta Turma. Brasília, de 16 de setembro de 2014. Disponível em: <www.stj.jus.br/SCON/jurisprudencia/doc.jsp?livre=1354348&b=ACOR&p=true&l=10&i=12>. Acesso em: 24 jan. 2017, às 21h59.

BRASIL. Superior Tribunal de Justiça. *Recurso Especial nº 1.388.030/MG*, da Segunda Seção. Brasília, de 01 de agosto de 2014. Disponível em: <www.stj.jus.br/SCON/jurisprudencia/doc.jsp?livre=1388030&b=ACOR&p=true&l=10&i=29>. Acesso em: 25 jan. 2017, às 7h33

BRASIL. Superior Tribunal de Justiça. *Recurso Especial nº 1.394.025/MS*, da Segunda Turma. Brasília, de 18 de outubro de 2013. Disponível em: <ww2.stj.jus.br/processo/revista/documento/mediado/?componente=ATC&sequencial=31515247&num_registro=201302271641&data=20131018&tipo=5&formato=PDF>. Acesso em: 24 jan. 2017, às 20h43.

BRASIL. Superior Tribunal de Justiça. *Recurso Especial nº 1.400.778/SP*. Brasília, de 30 de maio de 2014. Disponível em: <www.stj.jus.br/SCON/jurisprudencia/doc.jsp?livre=1400778&b=ACOR&p=true&l=10&i=1>. Acesso em: 29 jan. 2017, às 10h28.

BRASIL. Superior Tribunal de Justiça. *Recurso Especial nº 1.593.786/SC*, da Terceira Turma. Brasília, de 30 de setembro de 2016. Disponível em: <www.stj.jus.br/SCON/jurisprudencia/doc.jsp?livre=1593786&b=ACOR&p=true&l=10&i=3>. Acesso em: 29 jan. 2017, às 8h50.

BRASIL. Supremo Tribunal Federal. *Recurso Extraordinário nº 76.233*, da Segunda Turma. Brasília, 30 de novembro de 1973. Disponível em: <www.stf.jus.br/portal/jurisprudencia/listarJurisprudencia.asp?s1=%2876233%29&base=baseAcordaos&url=http://tinyurl.com/jvayvg7>. Acesso em: 25 jan. 2017, às 08h58.

BRASIL. Supremo Tribunal Federal. *Repercussão Geral no Recurso Extraordinário nº 878694 – MG*, do Tribunal Pleno. Brasília, de 19 de maio de 2015. Disponível em: <www.stf.jus.br/portal/jurisprudencia/listarJurisprudencia.asp?s1=%28878694%29&base=baseRepercussao&url=http://tinyurl.com/zoxhg2g>. Acesso em: 22 jan. 2017, às 17h06.

BRASÍLIA. Tribunal de Justiça do Distrito Federal. *Apelação Cível nº 0068673-61.2009.807.0001,* da Primeira Turma Cível. Brasília, de 16 de dezembro de 2010. Disponível em: <http://cache-internet.tjdft.jus.br/cgi-bin/tjcgi1?NXTPGM=plhtml02&Tit Cabec=2%AA+Inst%E2ncia+%3E+Consulta+Processual&SELECAO=1&CHAVE=0068673-61.2009.807.0001&COMMAND=ok&ORIGEM=INTER>. Acesso em: 29 jan. 2017, às 9h13.

CAENEGEM, R. C. van. *Uma Introdução Histórica ao Direito Privado.* São Paulo: Martins Fontes, 1999.

CAHALI, Yussef Said. *Aspectos processuais da prescrição e da decadência.* São Paulo: Ed. Revista dos Tribunais, 1979.

CÂMARA LEAL, Antônio Luiz da. *Da Prescrição e da Decadência.* Rio de Janeiro: Forense, 1978.

CANARIS, Claus-Wilhelm. O Novo Direito das Obrigações na Alemanha. *Revista da EMERJ,* Rio de Janeiro: EMERJ, v. 7, n. 27, 2004.

CANARIS, Claus-Wilhelm. *Pensamento sistemático e conceito de sistema na ciência do direito.* Lisboa: Fundação Calouste Gulbenkian, 1996.

CANE, Peter. *Atiyah's Accidents, Compensation and the Law.* 8. ed. Cambridge University Press: Canberra, 2013.

CAPITAINE, Georges. *Des courtes prescriptions, des delais et artes de decheance*: peremptions du C.C.S. et du C.O. Geneve: Libr. de l' Universite, 1937.

CARNEIRO, Athos Gusmão. *Intervenção de Terceiros.* 10. ed. São Paulo: Saraiva, 1998.

CARNEIRO, Athos Gusmão. Prescrição trienal e reparação civil. *Revista de Direito Bancário e do Mercado de Capitai*s, São Paulo, v. 13, n. 49, p. 15-21, jul. 2010.

CARNELUTTI, Francesco. *Il danno e il reato.* Milão: Cedam, 1930.

CARNELUTTI, Francesco, 1879-1965. *Instituciones del proceso civil.* Trad. de la 5.ed. italiana por S.Sentis Melendo. Buenos Aires: Ed. Juridicas Europa-America, 1973. 3v.

CARNELUTTI, Francesco, 1879-1965. *Sistema de derecho procesal civil.* v. II. Buenos Aires: UTEHA, 1944.

CARNELUTTI, Francesco, 1879-1965. *Teoria generale del diritto.* Roma: Foro Italiano, 1951.

CARPENTER, Luiz Frederico Sauerbronn. *Da Prescrição.* 3. ed. Rio de Janeiro: Editora Nacional de Direito, 1958.

CARVALHO FILHO, José dos Santos. *Manual de direito administrativo.* 25. ed. rev, ampl e atual. São Paulo: Atlas, 2012.

CAVALIERI FILHO, Sérgio. *Programa de direito do consumidor.* São Paulo: Atlas, 2008.

CHIOVENDA, Giuseppe. *Instituições de Direito Processual Civil.* 2. ed. Campinas: Bookseller, 2000.

CHIRONI, Gian Pietro. *Istituzioni di Diritto Civile Italiano.* v. I. Torino: Fratelli BoccaEditori, 1912.

CHIRONI, Gian Pietro. *Questioni di diritto civile*: studi critici di giurisprudenza civile italiana. Torino: Fratelli Bocca, 1890.

CIANCI, Mirna (Coord.); MOREIRA, Alberto Camiña; WALD, Arnoldo (Coautor). Da Prescrição contra o Incapaz de que Trata o Artigo 3º, Inciso I, do Código Civil. In: *Prescrição no Código Civil - Uma Análise Interdisciplinar.* São Paulo: Saraiva, 2006.

COELHO, Inocêncio Mártires. *Interpretação Constitucional*. Porto Alegre: Sérgio Antônio Fabris, 1997.

CORDEIRO, Antônio Menezes. A ilicitude derivada do exercício do contraditório de um direito: o renascer do *venire contra factum proprium*. *Revista Forense*, Rio de Janeiro: Forense, v. 376, nov./dez. 2004, p. 109-129.

COSTA JUNIOR, Olympio. *A Relação Jurídica Obrigacional*. São Paulo: Saraiva, 1994.

CRUZ, Elisa Costa; SILVA, Franklyn Roger Alves (Coautor). As consequências materiais e processuais da lei brasileira de inclusão da pessoa com deficiência e o papel da Defensoria Pública na assistência jurídica das pessoas com deficiência. *Revista de Processo*, São Paulo, v. 41, n. 258, p. 281-314, ago. 2016.

CRUZ, Gisela Sampaio da. *Lucros cessantes*: do bom-senso ao postulado normativo da razoabilidade. São Paulo: Editora Revista dos Tribunais, 2011.

CRUZ, Gisela Sampaio da. *O Problema do Nexo Causal na Responsabilidade Civil*. Rio de Janeiro: Renovar, 2005.

CRUZ, Gisela Sampaio da; LGOW, Carla. Prescrição: questões controversas. In: TEPEDINO, Gustavo (Org.). *Diálogos sobre Direito Civil*. v. III. Rio de Janeiro: Renovar, 2012.

CUPIS, Adriano de. *Il Danno – Teoria generale della responsabilità civile*. Milano: Giuffrè, 1951.

DANTAS, San Tiago. *Programa de Direito Civil, teoria geral*. Rio de Janeiro: Forense, 2001.

DELGADO, José Augusto et al. *Comentários ao Código Civil Brasileiro*. v. II. Rio de Janeiro: Forense, 2008.

DIDIER JÚNIOR, Fredie et al. *Curso de direito processual civil*: execução. 5. ed. revista, ampliada e atualizada. Salvador: JusPodivm, 2013. v. 5.

DIEZ PICAZO, Luis. *La prescripción en el codigo civil*. Barcelona: Bosch, 1964.

DINAMARCO, Cândido Rangel. *A instrumentalidade do Processo*. São Paulo: Malheiros, 1996.

DINAMARCO, Cândido Rangel. *Fundamentos do Processo Civil Moderno*. 3. ed. São Paulo: Malheiros, 2000.

DINIZ, Maria Helena. *Código Civil Anotado*. 6. ed. São Paulo: Saraiva, 2000.

DINIZ, Maria Helena. *Curso de Direito Civil Brasileiro*. 10. ed. São Paulo: Saraiva, 1996.

ENNECCERUS, Ludwig; KIPP, Theodor; WOLF, Martin. *Tratado de derecho civil*. Tomo I. Parte General II. Trad. espanhola de Blas Pérez González e José Alguer. Barcelona: Bosch, 1950.

ESPÍNOLA, Eduardo. *Sistema do Direito Civil Brasileiro*. v. II. Rio de Janeiro: Conquista, 1961.

FACHIN, Luiz Edson. *Direito de Família*: Elementos críticos à luz do novo Código Civil brasileiro. Rio de Janeiro: Renovar, 2003.

FACHIN, Luiz Edson (Coautor). Problematizações sobre a unicidade da interrupção prescricional do artigo 202 do Código Civil brasileiro. In: VENOSA, Silvio de Salvo; GAGLIARDI, Rafael Villar; NASSER, Paulo Magalhaes (Coord.). *10 anos do Código Civil*: desafios e perspectivas. São Paulo: Atlas, 2012.

FREIRE, Homero. Da pretensão ao direito subjetivo. *Revista Páginas de Direito*, Porto Alegre, ano 2, n. 50, 15 mar. 2002.

FARIAS, Cristiano Chaves de; CUNHA, Rogério Sanches; PINTO, Ronaldo Batista. *Estatuto da Pessoa com Deficiência Comentado artigo por artigo*. 2. ed. Salvador: Editora JusPodivm, 2017.

FERRARA, Francesco. *Trattado di Diritto Civile Italiano*. v. I. Parte I. Roma: Athenaeum, 1921.

FERRUCI, Ruperto. *Prescrizione estintiva, in Novissimo digesto italiano*, XIII, Torino, 1966.

FISCHER, Breno. *A prescrição nos tribunais*. Rio de Janeiro, RJ: J. Konfino, 1957-61. 5v.

FONTES, Andre Ricardo Cruz. *A pretensão como situação jurídica subjetiva*. Belo Horizonte: Del Rey, 2002.

FRANÇA. Code Civil, Decreto-lei 14, de 21 de março de 1804. Disponível em: <www.legifrance.gouv.fr/affichCode.do?cidTexte=LEGITEXT000006070721>. Acesso em: 22 jan. 2017, às 16h10.

FRANCO, Ary de Azevedo, 1900-1963. *A prescrição no código civil brasileiro*: doutrina e jurisprudência. 3. ed. rev. e aum. Rio de Janeiro, RJ: Forense, 1956.

FRANZONI, Massimo. *Il Danno Risarcibile*. t. II. Milano: Giuffrè Editore, 2010.

FREIRE, Homero. Da pretensão ao direito subjetivo. *Revista Páginas de Direito*, Porto Alegre, ano 2, n. 50, 15 mar. 2002.

FREITAS, Augusto Teixeira De, 1816-1883. *A consolidação das leis civis*. 2. ed. augm. Rio de Janeiro, RJ: Laemmert, 1867.

FREITAS, Juarez. *A interpretação sistemática do direito*. 5. ed. São Paulo: Malheiros, 2010.

FRENCH, Christine. *Time and the Blamelessly Ignorant Plaintiff*: A Review of the Reasonable Discoverability Doctrine and Section 4 of the Limitation Act 1950. OtaLawRw 6; (1998) 9 Otago Law Review 255, p. 259. Disponível em: <http://www.nzlii.org/cgi-bin/sinodisp/nz/journals/OtaLawRw/1998/6.html?query=christine%20french>.

GAGLIARDI, Rafael Villar; NASSER, Paulo Magalhaes (Coord.). *10 anos do Código Civil*: desafios e perspectivas. São Paulo: Atlas, 2012.

GIORGI, Giorgio. *Teoria delle Obbligazioni nel Diritto Moderno Italiano*. v. VIII. Firenze: Casa Editrice Libraria Fratelli Cammelli, 1901.

GLANZ, Aida. A prescrição e a decadência no direito privado brasileiro e no direito comparado. *Revista dos Tribunais*, São Paulo, v. 80, n. 672, p. 65-71, out. 1991.

GOMES, Orlando. *Introdução ao Direito Civil*. Rio de Janeiro: Forense, 2009.

GOMES, Orlando. *Obrigações*. Rio de Janeiro: Forense, 2000.

GONÇALVES, Carlos Roberto. *Prescrição*: questões relevantes e polêmicas. São Paulo: Metodo, 2004.

GRÃ-BRETANHA. *Limitation Act 1980*, de 13 de novembro de 1980. Disponível em: <www.legislation.gov.uk/ukpga/1980/58>. Acesso em: 25 jan. 2017, às 8h39.

GRASSO, Biaggio. *Prescrizione e decadenza* [dir. civ.] In: Diritto On Line. Disponível em: <http://www.treccani.it/enciclopedia/prescrizione-e-decadenza-dir-civ_(Diritto-on-line)/>. Acesso em: 11 jan. 2017.

GRINOVER, Ada Pellegrini. *Código de Defesa do Consumidor Comentado Pelos Autores do Anteprojeto*. 6. ed. Rio de Janeiro: Forense Universitária, 2000.

GROPALLO, Enrico. *Contributi alla teoria generale della prescrizione*. Milano: Vita e Pensiero, 1930.

GUIMARÃES, Carlos da Rocha. *Prescrição e Decadência*. 2. ed. Rio de Janeiro: Forense, 1984.

GUGLINSKI, Vitor Vilela. Fato que deva ser apurado no juízo criminal obsta a prescrição na esfera civil. *ADV: Advocacia Dinâmica - Informativo*, Rio de Janeiro, RJ, n. 02, p. 19-17, jan. 2016.

HOLANDA. *Burgerlijk Wetboek*, de 01 de outubro de 1838. Disponível em: <www.dutchcivillaw.com/civilcodegeneral.htm>. Acesso em: 25 jan. 2017, às 8h31.

ITÁLIA. *Codice Civile Italiano*, de 16 de março de 1942. Disponível em: <www.jus.unitn.it/cardozo/obiter_dictum/codciv/Codciv.htm>. Acesso em: 22 jan. 2017, às 16h43.

KATAOKA, Eduardo Takemi Dutra dos Santos. Considerações sobre o problema da prescrição. *Revista Forense*, Rio de Janeiro, RJ, v. 95, n. 348, out. 1999, p. 437-443.

KONDER, Carlos Nelson; RENTERÍA, Pablo. A funcionalização das relações obrigacionais: interesse do credor e patrimonialidade da prestação. *Civilistica.com*, Rio de Janeiro, a. 1, n. 2, jul./dez. 2012. Disponível em: <http://civilistica.com/a-funcionalizacao/>. Acesso em: 05 jan. 2017.

KONDER, Carlos Nelson. Boa-fé objetiva, violação positiva do contrato e prescrição: repercussões práticas da contratualização dos deveres anexos no julgamento do RESP 1276311. *Revista Trimestral de Direito Civil*, Rio de Janeiro, RJ, v. 13, n. 50, p. 217-236, abr. 2012.

LANDO, Ole. *Principles of European Contract Law*, Kluver Law International, 1999, p. 177.

LARENZ, Karl. *Burgerliches gesetzbuch*. 25. ed. München: C. H. Beck, 1980.

LARENZ, Karl. Derecho Civil, Parte General. Madrid, *Revista de Derecho Privado*, 1978.

LEONARDO, Rodrigo Xavier. A Prescrição no Código Civil Brasileiro (ou o Jogo dos Sete Erros). *Revista da Faculdade de Direito UFPR*, v. 51, jun. 2010, p. 101-120.

LIMA, Alvino. *Culpa e risco*. 2. ed. São Paulo: Ed. Revista dos Tribunais, 1999.

LONGOBUCCO, Francesco. La prescrizione come "rimedio civile": profili di ragionevolezza dell'istituto. *I Contratti*, Milano, n. 11, 2012, p. 947-955.

LOPES, Miguel Maria de Serpa. *Curso de Direito Civil*. 4. ed. Rio de Janeiro: Freitas Bastos, 1996.

LOUREIRO, Francisco Eduardo. *A Propriedade como Relação Jurídica Complexa*. Rio de Janeiro: Renovar, 2003.

MARINONI, Luiz Guilherme; MITIDIERO, Daniel. *Código de processo civil*: comentado Artigo por Artigo. São Paulo: Revista dos Tribunais, 2008.

MARQUES, Claudia Lima. *Comentários ao Código de Defesa do Consumidor*. São Paulo: Revista dos Tribunais, 2013.

MARQUES, José Frederico. *Manual de direito processual civil*. 9. ed. Campinas: Millennium, 2003.

MARTINS-COSTA, Judith. Notas Sobre o *Dies a Quo* do Prazo Prescricional. In: MIRANDA, Daniel Gomes de; CUNHA, Leonardo Carneiro da; ALBUQUERQUE JÚNIOR, Renato Paulino de (Orgs.). *Prescrição e Decadência*: Estudos em Homenagem a Agnelo Amorim Filho. 5. ed. v. 5. Salvador: Editora JusPodivm, 2013.

MARTINS, Milton dos Santos. Da prescrição e decadência no Anteprojeto de Código Civil. *AJURIS*, Porto Alegre, v. 7, n. 20, p. 49-55, out. 1980.

MATIELI, Louise Vago. *Análise Funcional Do Artigo 200 Do Código Civil*. 2016. 146 fls. Dissertação – Faculdade de Direito, Universidade do Estado do Rio de Janeiro. Rio de Janeiro, 2016.

MATTIETTO, Leonardo de Andrade. A nova sistemática da prescrição civil. Declaração de Ofício pelo juiz e renúncia do devedor. *Revista IOB de Direito Civil e Processual Civil*, São Paulo, v. 8, n. 44, p. 7-14, nov. 2006.

MAURO, Mario. Prescrizione ed Effettivita, nel Dialogo tra Cassazione e Corti Europee. In: *Persona e Mercato*, 2014, 2, p. 146. Disponível em: <www.personaemercato.it/2014/11/prescrizione-ed-effettivita-nel-dialogo-tra-corti-italiane-e-corti-europee-di-mario-mauro/>. Acesso em: 21 jan. 2017.

MAZEAUD, Henri. *Tratado teorico e practico de la responsabilidad civil delictual y contractual*. Colaboração de Andre Tunc. Buenos Aires: Ed. Juridicas Europa-America, 1961-63.

MAZZEI, Rodrigo Reis. Prescrição: alguns aspectos materiais e processuais: com análise do projeto de "novo" código de processo civil. *Revista Jurídica: Órgão Nacional de Doutrina, Leg. e Crítica Judiciária*, Porto Alegre, v. 61, n. 427, p. 9-42, maio 2013.

MENEZES, Joyceane Bezerra de. Tomada de decisão apoiada: instrumento de apoio ao exercício da capacidade civil da pessoa com deficiência instituído pela Lei Brasileira de Inclusão (Lei n. 13.146/2015). *Revista Brasileira de Direito Civil - IBDCIVIL*, v. 9, jul./set. 2016, p. 31-57.

MIRABELLI, Giuseppe, 1915-2005. *Della prescrizione*. Torino, Unione Tip.-Editr. Torinese, 1915.

MIRANDA, Francisco Cavalcanti Pontes de. *Tratado de Direito Privado*. Tomo V. Campinas: Bookseller, 2000.

MIRANDA, Francisco Cavalcanti Pontes de. *Tratado de direito privado*. Tomo VI. São Paulo: Ed. Revista dos Tribunais, 2012.

MIRANDA, Francisco Cavalcanti Pontes de. *Tratado de Direito Privado*. Tomo XXII. Campinas: Bookseller, 2000.

MODICA, Isidoro. *Teoria della decadenza nel diritto civile italiano*. Torino: Unione Tip. Ed. Torinese, 1906-1915.

MOREIRA, José Carlos Barbosa. Notas sobre pretensão e prescrição no sistema do novo Código Civil brasileiro. *Revista Forense*, Rio de Janeiro, RJ, v. 99, n. 366, p. 119-126, mar. 2003.

MONTEIRO FILHO, Carlos Edson do Rêgo. O conceito de dano moral nas relações de trabalho. *Civilistica.com*, Rio de Janeiro, a. 3, n. 1, jan./jun. 2014. Disponível em: <http://civilistica.com/o-conceito-de-dano-moral-nas-relacoes-de-trabalho/>. Acesso em: 09 jan. 2017.

MONTEIRO, Washington de Barros. *Curso de Direito Civil*. São Paulo: Saraiva, 1960.

NERY JUNIOR, Nelson; NERY, Rosa Maria. *Instituições de Direito Civil*. v. I. t. II. Rio de Janeiro: Revista dos Tribunais, 2015.

NERY JUNIOR, Nelson. *Soluções Práticas de Direito* (volume II) – Direito Privado 1. São Paulo: Ed. Revista dos Tribunais, 2014.

NERY, Rosa Maria Barreto Borriello de Andrade (Coautor). *Novo código civil e legislação extravagante anotados*: atualizado ate 15.03.2002. São Paulo: Ed. Revista dos Tribunais, 2002.

NEVES, Gustavo Kloh Müller. *Prescrição e Decadência no Direito Civil*. 2. ed. Rio de Janeiro: Lumen Juris, 2008.

NOBRE JUNIOR, Edilson Pereira. Prescrição. Decretação de ofício em favor da Fazenda Pública. *Revista Forense*, Rio de Janeiro, RJ, v. 95, n. 345, p. 29-37, jan. 1999.

NORONHA, Fernando. *Direito das Obrigações*. São Paulo: Saraiva, 2003.

OLIVEIRA, Antônio de Almeida. *A prescripção em direito commercial e civil*. Nova ed. acommodada a legislação brasileira. Lisboa: Livr. Classica, 1914.

OLIVEIRA, James Eduardo C. M. *Código civil anotado e comentado*: Doutrina e jurisprudência. 2. ed. Rio de Janeiro, RJ: Gen: Forense, 2010.

OTTOLENGHI, Massimo. *Prescrizione dell'azione per danni*. Milano: Giuffré Ed.,1982.

PAMPLONA FILHO, Rodolfo Mario Veiga (Coautor). *Novo curso de direito civil*. São Paulo: Saraiva, 2008-2009.

PANZA, Giuseppe. *Contributto allo Studio della Prescrizione*. Nápoles: Editora Jovene Napoli, 1984.

PATTI, Salvatore. Certezza e giustizia nel diritto della prescrizione in Europa. *Rivista Trimestrale di Diritto e Procedura Civile*, Milano, v. 64, n. 1, p. 21-36, jan. 2010.

PEREIRA, Alexandre Pimenta Batista. A caminho da superação do dogma da irrenunciabilidade antecipada à prescrição. *Revista Trimestral de Direito Civil*, Rio de Janeiro, RJ, v. 7, n. 25, p. 3-12, jan. 2006.

PEREIRA, Caio Mário da Silva. *Instituições de Direito Civil*. v. I. Rio de Janeiro: Forense, 2006.

PEREIRA, Caio Mário da Silva. *Instituições de direito civil*. v. II. Rio de Janeiro: Forense, 2009.

PEREIRA, Caio Mário da Silva; TEPEDINO, Gustavo José Mendes (Atualizador). *Responsabilidade civil*. 10. ed. rev e atual. Rio de Janeiro, RJ: GZ Editora, 2012.

PERLINGIERI, Pietro. La dottrina del diritto civile nella legalita costituzionale. *Revista Trimestral de Direito Civil*, Rio de Janeiro, RJ, v. 8, n. 31, p. 75-86, jul. 2007.

PERLINGIERI, Pietro. *Manuale di diritto civile*. 2. ed. Napoli: Edizioni Scientifiche Italiane, 2000.

PERLINGIERI, Pietro. *O direito civil na legalidade constitucional*. Rio de Janeiro: Renovar, 2008.

PERLINGIERI, Pietro. *Perfis do direito civil*: introdução ao direito civil constitucional. Tradução de Maria Cristina De Cicco. 3. ed. Rio de Janeiro, RJ: Renovar, 2007.

PINHO, Humberto Dalla Bernardina de. *Direito processual civil contemporâneo*. 3. ed. São Paulo: Saraiva, 2016.

POTHIER, Robert Joseph, 1699-1772. *Traité des obligations*. Paris: Libr. de L'oeuvre de Saint-Paul, 1883.

PITOMBEIRA FILHO, Edésio do Nascimento. Da inteligência do artigo 200 do Código Civil: causa impeditiva da prescrição. *Revista Síntese de Direito Civil e Processual Civil*, Porto Alegre, v. 13, n. 91, p. 31-34, set./out. 2014.

PORTUGAL. Código Civil, Decreto-Lei 47.344, de 25 de novembro de 1966. Disponível em: <www.stj.pt/ficheiros/fpstjptlp/portugal_codigocivil.pdf>. Acesso em: 22 jan. 2017, às 16h00.

PUGLIESE, Giuseppe. *La prescrizione nel diritto civile*. 4. ed. Torino: Unione Tip. Ed. Torinese, 1921-24. 2v.

RADBRUCH, Gustav. *Filosofia do direito*. 4. ed. rev. e acresc. dos últimos pensamentos do autor. Coimbra: A. Amado, 1961.

RANIERI, Fillipo. Exceptio temporis e replicatio doli nel diritto dell'Europa. *Rivista di Diritto Civile*,1971, v. 17, n. 01, p. 253-330.

RAMOS, Carmem Lúcia Silveira; TEPEDINO, Gustavo José Mendes; BARBOZA, Heloisa Helena (Org.). *Dialogos sobre direito civil*: construindo uma racionalidade contemporânea. Rio de Janeiro, RJ: Renovar, 2002.

RIO DE JANEIRO (estado). Tribunal de Justiça do Rio de Janeiro. *Apelação Cível nº 199500105072*, da Segunda Câmara Cível. Rio de Janeiro, de 04 de dezembro de 1995. Disponível em: <www4.tjrj.jus.br/ejud/ConsultaProcesso.aspx?N=199500105072>. Acesso em: 29 jan. 2017, às 10h36.

RIO DE JANEIRO (estado). Tribunal de Justiça do Rio de Janeiro. *Apelação Cível nº 00054604920118190075*, de Quarta Câmara Cível. Rio de Janeiro, de 29 de setembro de 2016. Disponível em: <www1.tjrj.jus.br/gedcacheweb/default.aspx?UZIP=1&GEDID=0004792F62EC1240288DBA90073C9F85C69FC5053D364E4E&USER=>. Acesso em: 25 jan. 2017, às 7h37.

RIO DE JANEIRO (estado). Tribunal de Justiça do Rio de Janeiro. *Apelação Cível nº 0008828-80.2011.8.19.0038*, da Quarta Câmara Cível. Rio de Janeiro, de 26 de setembro de 2016. Disponível em: <www1.tjrj.jus.br/gedcacheweb/default.aspx?UZIP=1&GEDID=0004F9691ABBDD8DFA92664242307DE2C61DC5053B52435B&USER=>. Acesso em: 25 jan. 2017, às 7h35.

RIO DE JANEIRO (estado). Tribunal de Justiça do Rio de Janeiro. *Apelação Cível nº 03496927220098190001*, da Décima Oitava Câmara Cível. Brasília, de 29 de setembro de 2016. Disponível em: <www1.tjrj.jus.br/gedcacheweb/default.aspx?UZIP=1&GEDID=00044CFD612923A1FDFDF44885C9F18A5C27C5053E0B0E40&USER=>. Acesso em: 24 jan. 2017, às 22h05.

RIO GRANDE DO SUL. Tribunal de Justiça do Rio Grande do Sul. *Agravo de Instrumento nº 70004494068*, da Décima Primeira Câmara Cível. Porto Alegre, de 11 de dezembro de 2002. Disponível em: <www1.tjrs.jus.br/busca/?tb=proc>. Acesso em: 29 jan. 2017, às 10h20.

RIO GRANDE DO SUL. Tribunal de Justiça do Rio Grande do Sul. *Apelação Cível nº 70056021942*, da Primeira Câmara Cível. Porto Alegre, de 30 de janeiro de 2014. Disponível em: <www1.tjrs.jus.br/busca/?tb=proc>. Acesso em: 24 jan. 2017, às 20h40.

RIPERT, Georges. *A regra moral nas obrigações civis*. Trad. da 3. ed. francesa por Osório de Oliveira. São Paulo: Saraiva, 1937.

RIZZARDO, Arnaldo. A condição da ação penal para a não fluência da prescrição na esfera cível. *Revista dos Tribunais*, São Paulo, v. 101, n. 925, p. 469-494, nov. 2012.

RIZZARDO, Arnaldo. *Prescrição e decadência*. Rio de Janeiro. Ed. Forense, 2015.

ROSA, Pedro Henrique de Miranda. *Direito Civil*: Parte Geral e Teoria das Obrigações. Rio de Janeiro: Renovar, 2003.

RUFFINI, Francesco, 1863-1934. *La buona fede in materia di prescrizione*: storia della teoria canonistica. Torino: Fratelli Bocca, 1892.

RUGGIERO, Roberto de. *Istituzioni di Diritto Civile*. v. I. Milano: Casa Editrice Giuseppe Principato, 1934.

RUPERTO, Cesare. *Prescrizione e decadenza*. Torino: Unione Tip. Ed. Torinese, 1968.

SAN GIORGIO, Maria Rosaria. *Pareri di Diritto Civile*. Milano: Giuffrè Editore, 2012.

SANTANA, Hector Valverde. *Prescrição e decadência nas relações de consumo*. São Paulo: Ed. Revista dos Tribunais, 2002.

SANTORO-PASSARELLI, Giuseppe. *Teoria geral do direito civil*. Coimbra: Atlantida, 1967.

SANTOS, João Manoel de Carvalho. *Código Civil Brasileiro Interpretado*. v. III. Rio de Janeiro: Freitas Bastos, 1963.

SANTOS, Ulderico Pires dos. *Prescrição*. Rio de Janeiro, RJ: Forense, 1989.

SÃO PAULO (estado). Tribunal de Justiça de São Paulo. *Apelação Cível nº 90000316920038260224*, da 7ª Câmara de Direito Privado. São Paulo, de 20 de maio de 2015. Disponível em: <http://esaj.tjsp.jus.br/cjsg/getArquivo.do?cdAcordao=8472099&cdForo=0>. Acesso em: 22 jan. 2017, às 17h31.

SÃO PAULO (estado). Tribunal de Justiça de São Paulo. *Apelação Cível nº 10293616720148260224*, da 3ª Câmara de Direito Público. São Paulo, de 06 de setembro de 2016. Disponível em: <http://esaj.tjsp.jus.br/cjsg/getArquivo.do?cdAcordao=9777123&cdForo=0&vlCaptcha=epNxz>. Acesso em: 22 jan. 2017, às 17h24.

SARMENTO, Daniel. Interesses Públicos vs. Interesses Privados na Perspectiva da Teoria e da Filosofia Constitucional. In: SARMENTO, Daniel (Org.). *Interesses Públicos versus Interesses Privados*: Desconstruindo o Princípio de Supremacia do Interesse Público. Rio de Janeiro: Lumen Juris, 2005.

SAVIGNY, Friedrich Karl Von, 1779-1861. *Sistema del derecho romano actual*. Trad. de J. Mesia y M. Poley. 2. ed. t. III. Madrid: Gongora, [s.d.].

SAVIGNY, Friedrich Karl Von, 1779-1861. *Traité de droit romain, tome cinquième*. Tradução de Charles Guenoux. Paris: F. Didot, 1855.

SCHAPP, Jan. *Problemas fundamentais da metodologia jurídica*. Trad. de Ernildo Stein. Porto Alegre: S. Fabris, 1985.

SCHREIBER, Anderson. *A proibição de comportamento contraditório – tutela da confiança e venire contra factum proprium*. 2. ed. Rio de Janeiro: Renovar, 2007.

SCHREIBER, Anderson. Compensação de Créditos Em Contrato de Empreitada e Instrumentos Genéricos de Quitação. *Revista Brasileira de Direito Civil*, v. 9, jul./set. 2016, p. 140-162. Disponível em: <www.ibdcivil.org.br/image/data/revista/volume9/rbdcivil_vol_9_parecer.pdf>.

SCHREIBER, Anderson. *Novos paradigmas da responsabilidade civil*: da erosão dos filtros da repartição a diluição dos danos. São Paulo: Atlas, 2007.

SCHREIBER, Anderson. O princípio do equilíbrio das prestações e instituto da lesão. In: VENOSA, Silvio de Salvo; GAGLIARDI, Rafael Villar; NASSER, Paulo Magalhaes (Coord.). *10 anos do Código Civil*: desafios e perspectivas. São Paulo: Atlas, 2012.

SCHREIBER, Anderson. Tomada de Decisão Apoiada: o que é e qual sua utilidade?. Disponível em: <http://www.cartaforense.com.br/conteudo/artigos/tomada-de-decisao-apoiada-o-que-e-e-qual-sua-utilidade/16608>. Acesso em: 04 jan. 17.

SILVA, Ovídio A. Baptista da. *Curso de Processo Civil*. v. I. tomo I. Rio de Janeiro: Forense, 2008.

SILVA, Ovídio A. Baptista da. Direito Subjetivo, Pretensão de Direito Material e Ação. *Revista AJURIS*, 29, novembro. Porto Alegre: Revista da Associação dos Juízes do Rio Grande do Sul, 1983.

SILVEIRA, Alipio. *Hermenêutica no direito brasileiro*. Pref. de T. B. Cavalcanti. São Paulo: Ed. Revista dos Tribunais, 1968.

SOUZA, Carlos Fernando Mathias de. Tempo e direito. In: ALVIM, Arruda (Coord.). *Aspectos Controvertidos do Novo Código Civil*. São Paulo, 2003.

STEINER, Renata Carlos. A ciência do lesado e o início da contagem do prazo prescricional. *Revista de Direito Privado*, São Paulo, v. 13, n. 50, p. 73-92, abr./jun. 2012.

TARTUCE, Flavio. Direito civil: prescrição. *Revista Magister de Direito Civil e Processual Civil*, Porto Alegre, v. 12, n. 70, p. 98-126, jan./fev. 2016.

TARTUCE, Flavio. *Manual de direito civil*: volume único. 4. ed. rev., atual. e ampl. São Paulo: Gen: Metodo, 2014.

TEIXEIRA, Welington Luzia. A prescrição e a sua decretação de ofício pelo juiz. In: ASSIS, Araken de (Coord.) *et al*. *Direito civil e processo*: estudos em homenagem ao professor Arruda Alvim. São Paulo: Ed. Revista dos Tribunais, 2008.

TELLES, Inocêncio Galvão. *Manual de direito das obrigações*. 2. ed. Coimbra: Coimbra Ed., 1965.

TEPEDINO, Gustavo. A Disciplina Civil-Constitucional das Relações Familiares. In: *Temas de Direito Civil*. v. I. Rio de Janeiro: Renovar, 2008.

TEPEDINO, Gustavo. A razoabilidade e a sua adoção à moda do jeitão. *Revista Brasileira de Direito Civil*, v. 8, 2016.

TEPEDINO, Gustavo. Causalidade e responsabilidade atribuída ao hábito de fumar. In: *Soluções Práticas de Direito*. v. I. São Paulo: Editora Revista dos Tribunais, 2012.

TEPEDINO, Gustavo. Responsabilidade civil dos fabricantes de cigarros. In: *Soluções Práticas de Direito*. v. I. São Paulo: Editora Revista dos Tribunais, 2012.

TEPEDINO, Gustavo. Unidade do Ordenamento e Teoria da Interpretação. In: TEPEDINO, Gustavo. *Temas de Direito Civil*. t. III. Rio de Janeiro: Renovar, 2009.

TEPEDINO, Gustavo; BARBOZA, Heloisa Helena; MORAES, Maria Celina Bodin de. *Código civil interpretado*: conforme a Constituição da República. Rio de Janeiro, RJ: Renovar, 2007.

TEPEDINO, Gustavo. Crise de fontes normativas e técnica legislativa na parte geral do Código Civil 2002. *Revista Forense*, Rio de Janeiro, RJ, v. 98, n. 364, p. 113-124, nov. 2002.

TEPEDINO, Gustavo. *Dilemas do Afeto*. Disponível em: <http://jota.info/especiais/dilemas-do-afeto-31122015>. Acesso em: 04 jan. 17.

TEPEDINO, Gustavo. Do Sujeito de Direito à Pessoa Humana. *Revista Trimestral de Direito Civil*, Rio de Janeiro: Padma, 2000, v. 2, Editorial.

TEPEDINO, Gustavo. Notas sobre a função social dos contratos. In: TEPEDINO, Gustavo; FACHIN, Luiz Edson (Org.). *O Direito e o Tempo*: embates jurídicos e utopias contemporâneas. 1. ed. Rio de Janeiro: Renovar, 2008.

TEPEDINO, Gustavo. Notas sobre o nexo de causalidade. *Revista Trimestral de Direito Civil*, Rio de Janeiro, RJ, v. 2, n. 6, p. 3-20, abr. 2001.

TEPEDINO, Gustavo. O ocaso da subsunção. In: TEPEDINO, Gustavo. *Temas de Direito Civil*. t. III. Rio de Janeiro: Renovar, 2009.

TEPEDINO, Gustavo. O princípio da função social no Direito Civil contemporâneo. *Revista do Ministério Público*. Estado do Rio de Janeiro, Rio de Janeiro, RJ, n. 54, p. 141-154, out./dez. 2014.

TEPEDINO, Gustavo. Os Direitos Reais no Novo Código Civil. *Revista da EMERJ*, Rio de Janeiro, p. 168-176, 2004.

TEPEDINO, Gustavo. Princípio da reparação integral e quantificação das perdas e danos derivadas da violação do acordo de acionistas. In: *Soluções Práticas de Direito*. v. I. São Paulo: Editora Revista dos Tribunais, 2012.

TEPEDINO, Gustavo. Inadimplemento contratual e tutela específica das obrigações. In: *Soluções Práticas de Direito*. v. II. São Paulo: Revista dos Tribunais, 2012.

TERRA, Aline de Miranda Valverde. *Inadimplemento anterior ao termo*. Rio de Janeiro, RJ: Renovar, 2009.

THE LAW COMISSION. N. 270. 2001. Londres. *Item 2 of the Seventh Programme of Law Reform: Limitation of Actions*. Disponível em: <www.lawcom.gov.uk/wp-content/uploads/2015/03/lc270_Limitation_of_Actions.pdf>.

THEODORO JUNIOR, Humberto, 1938-. A exceção de prescrição no processo civil. Impugnação do devedor e decretação de ofício pelo Juiz. *Revista IOB de Direito Civil e Processual Civil*, São Paulo, v. 7, n. 41, p. 68-85, maio/set. 2006.

THEODORO JUNIOR, Humberto. *Comentários ao novo código civil*: Volume III, tomo II (arts. 185 a 232), Dos atos jurídicos lícitos, dos atos ilícitos, da prescrição e da decadência, da prova. Rio de Janeiro: Forense, 2008.

THEODORO JUNIOR, Humberto. Contrato de seguro: ação do segurado contra o segurador. *Revista dos Tribunais*, São Paulo, v. 101, n. 924, p. 79-108, out. 2012.

THEODORO JUNIOR, Humberto, 1938-. Distinção científica entre prescrição e decadência. Um tributo a obra de Agnelo Amorim Filho. *Revista dos Tribunais*, São Paulo, v. 94, n. 836, p. 49-68, jun. 2005.

THEODORO JUNIOR, Humberto. Prescrição: ação, exceção e pretensão. *Revista Magister de Direito Civil e Processual Civil*, Porto Alegre, v. 9, n. 51, p. 22-39, nov./dez. 2012.

TORNAGHI, Helio Bastos. *Processo penal*. Rio de Janeiro, RJ: A. Coelho Branco Filho, 1953-55.

TRIMARCHI, Pietro. *Istituzioni di Diritto Privato*. Milano: Giuffrè, 2014.

TROISI, Bruno. *La Prescrizione come Procedimento*. Nápoles, Edizioni scientifiche italiane.1980.

TROPLONG, Raymond. *De la prescription, tome premier*. Paris: Charlie Hungrey, 1857.

TUHR, Andreas Von. *Parte general del derecho civil*. 2. ed. Madrid: V. Suarez, 1927.

VARELA, João de Matos Antunes. *Das obrigações em geral*. Coimbra: Almedina, 1991-95. 2v.

VENOSA, Silvio de Salvo. *Direito civil*: parte geral. 8. ed. São Paulo: Atlas, 2008. 7v.

VIEIRA, José Marcos Rodrigues. A singularidade interruptiva da prescrição civil. *Revista IOB de Direito Civil e Processual Civil*, São Paulo, v. 7, n. 42, p. 92-102, jul. 2006.

VITUCCI, Paolo. La decorrenza della prescrizione nelle azioni di anullamento. *Rivista di Diritto Civile*, Padova, v. 36, n. 2, 1990.

VITUCCI, Paolo. *La Prescrizione, tomo primo*. Milão, Giuffrè, 1999.

VITUCCI, Paolo. *La Prescrizione, tomo secondo*. Milão, Giuffrè, 1999.

WALD, Arnoldo. *Direito Civil – Introdução e Parte Geral*. São Paulo: Saraiva, 2015.

WALD, Arnoldo (Coautor). *Da prescrição*: artigos 161 a 179 do Código Civil. Atual. e notas de Arnoldo Wald. 3. ed. Rio de Janeiro, RJ: Ed. Nacional de Direito, 1958.

WINDSCHEID, Bernardo. *Diritto delle Pandette, volume primo, parte prima*. Torino: Unione Tipografico-Editrice, 1902.

ZIMMERMANN, Reinhard. *Comparative Foundations of a European Law of Set-Off and Prescription*. Cambridge University Press: Regensburg, 2002.

Esta obra foi composta em fonte Palatino Linotype, corpo 10
e impressa em papel Offset 75g (miolo) e Supremo 250g (capa)
pela Gráfica Laser Plus.